레전드
프랑스어
회화사전

NEW **레전드**

프랑스어 회화사전

개정2판 1쇄 **발행** 2024년 7월 10일
개정2판 1쇄 **인쇄** 2024년 7월 1일

저자 홍연기 · 이종은
감수 Najat Sifer
편집 이지영 · Margarine
디자인 IndigoBlue
성우 Fanny Gauthier
녹음 · 영상 BRIDGE CODE

발행인 조경아
총괄 강신갑
발행처 랭귀지북스
등록번호 101-90-85278 **등록일자** 2008년 7월 10일
주소 서울시 마포구 포은로2나길 31 벨라비스타 208호
전화 02.406.0047 **팩스** 02.406.0042
이메일 languagebooks@hanmail.net
MP3 다운로드 blog.naver.com/languagebook

ISBN 979-11-5635-225-9 (13760)
값 21,000원

레전드 프랑스어 회화사전

랭귀지북스

국제기구의 공용어이자 우리에게 친숙한 언어 '**프랑스어**'

우리나라에서 비행기로만 12시간이 걸리고, 언어도 문화도 도통 멀게만 느껴지는 나라 프랑스. 하지만 아이러니하게도 프랑스만큼 우리에게 친숙한 나라도 없는 것 같습니다. 동네에서 흔하게 마주할 수 있는 빵집 간판인 '파리 바게뜨 Paris Baguette'나 '뚜레쥬르 Tous les jours'는 이제 거의 한국어처럼 느껴질 정도죠. '디올 Dior', '샤넬 Channel', '입생로랑 Yves Saint Laurent' 같은 프랑스식 상표도 어렵지 않게 읽을 수 있고, 주말이면 근사한 '레스토랑 restaurant'으로 발길을 옮기거나 브런치 메뉴로 '크레프 crêpe'를 고르는 일도 낯설지 않습니다. '카무플라주 camouflage' 패턴을 거부감 없이 받아들이고, 봄철이면 '블루종 blouson'이 유행하는 우리나라에서 프랑스는 더 이상 멀다고 할 수 없겠지요.

그럼에도 불구하고 프랑스어를 배우는 길은 멀고도 험하게 느껴집니다. 듣기도 따라 하기도 쉽지 않은 발음에서부터, 복잡한 동사 변화에 골치가 아파 오는 문법까지. 프랑스어 공부에 한 번쯤 도전했다가 끝까지 이어 가는 학습자는 적은 것이 사실입니다.

그렇지만 프랑스어는 전 세계 곳곳에서 유용하게 사용할 수 있는 언어입니다. 국제기구의 공용어이자 30여 개국에서 공용어로 사용하는 언어가 바로 프랑스어로, 국제 진출을 원하는 많은 이들에게 영어 못지않은 중요성을 지니고 있습니다. 배우기 어려운 만큼 가치 있는 언어라고 할까요?

복잡하고 어렵지만, 배울수록 점점 더 그 매력을 알게 되는 프랑스어. 그 가치를 공유하고 싶은 마음에서 이 책을 시작하였습니다. 복잡한 문법보다는 실생활에서 쓸 수 있는 유용한 표현부터 상황에 꼭 필요한 맞춤 표현까지, 실용성에 초점을 둔 프랑스어 문장들을 모았습니다.

그렇지만 여전히 발음 때문에 고민하는 분들이 있을지도 모르겠네요. 그런 분들을 위해 한글로 발음을 표기하였습니다. 프랑스어 발음을 한국어로 그대로 옮긴다는 것은 불가능한 일이지만, 한글 표기를 따라 읽다 보면 혼동하기 쉬운 발음이나 잘못된 발음 습관을 조금씩 고쳐갈 수 있을 거예요.

끝으로 이 책이 나오기까지 함께 힘써 주신 랭귀지북스와 열성을 다해 준 Najat Sifer, 그리고 주변에서 응원해 주신 모든 분들께 감사드리며, 험난하지만 즐거운 프랑스어로의 모험을 택한 여러분들께 응원을 보냅니다.

Bon courage !

저자 홍연기 · 이종은

프랑스 현지에서 가장 많이 쓰는 기본 회화를 엄선해 담았습니다. 학습을 통해 자기소개와 취미 말하기부터 직업 소개, 감정 표현까지 다양한 주제의 기본 회화를 쉽게 구사해 보세요.

1. 상황에 따른 3,500여 개 표현!

왕초보부터 초·중급 수준의 프랑스어 학습자를 위한 어휘·표현집으로, DELF A1~B2 수준의 필수 어휘를 기본으로 하여 일상생활에서 자주 접하게 되는 단어를 12개의 챕터에서 큰 주제로 묶고, 다시 500개 이상의 작은 주제로 나눠 3,500여 개의 표현을 제시했습니다.

2. 눈에 쏙 들어오는 그림으로 기본 어휘 다지기!

500여 컷 이상의 일러스트와 함께 기본 어휘를 쉽게 익힐 수 있습니다. 자기소개, 직장생활 등 일상생활에 필요한 기본 단어부터 취미, 감정 등 주제별 주요 단어, 동작 관련 어휘에 이르기까지 꼭 알아야 할 다양한 주제의 필수 어휘를 생생한 그림과 함께 담았습니다.

Au restaurant 식당에서
MP3. Word_C05
restaurant n.m. 식당
menu n.m. 메뉴, 식단
garçon n.m. 웨이터, (식당) 종업원
chef cuisinier 요리사
boisson n.f. 음료
apéritif n.m. 식전주, 아페리티프
vin n.m. 와인, 포도주
entrée n.f. 전채
plat principal 메인 요리
accompagnement n.m. 곁들임 채소, 사이드 메뉴
faire bouillir 끓이다, 삶다
blanchir v. 데치다
faire frire 튀기다
entrecôte n.f. 등심
saumon n.m. 연어
cuire v. 익히다, 굽다
rôtir v. 굽다, 구워지다
pain n.m. 빵
gâteau n.m. 과자, 케이크
glace n.f. 얼음, 아이스크림
assiette n.f. 접시
plateau n.m. 쟁반
bouteille n.f. 병, 술병
158

3. 바로 찾아 바로 말할 수 있는 한글 발음 표기!

기초가 부족한 초보 학습자가 프랑스어를 읽을 수 있는 가장 쉬운 방법은 바로 한글로 발음을 표기해 두는 것입니다. 프랑스어 발음이 우리말과 일대일로 대응하지 않지만, 학습에 편의를 드리고자 프랑스에서 사용하는 표준 발음과 가까운 소리로 한글 발음을 표기하였습니다. 초보자도 언제 어디서나 필요한 표현을 바로 찾아 다양한 문장을 구사할 수 있습니다. 각 표현의 하단에는 사전 없이 바로 이해할 수 있도록 참고 어휘를 정리해 뒀습니다.

4. 꼭! 짚고 가기 & 여기서 잠깐!

수년 간 현지에서 실제 생활한 경험과 정확한 자료 조사를 바탕으로 사회, 문화 전반에 걸친 다양한 프랑스 관련 정보를 알차게 담았습니다. 우리와 다른 그들의 문화를 접하며 표현 익히는 데 재미를 더해 보세요.

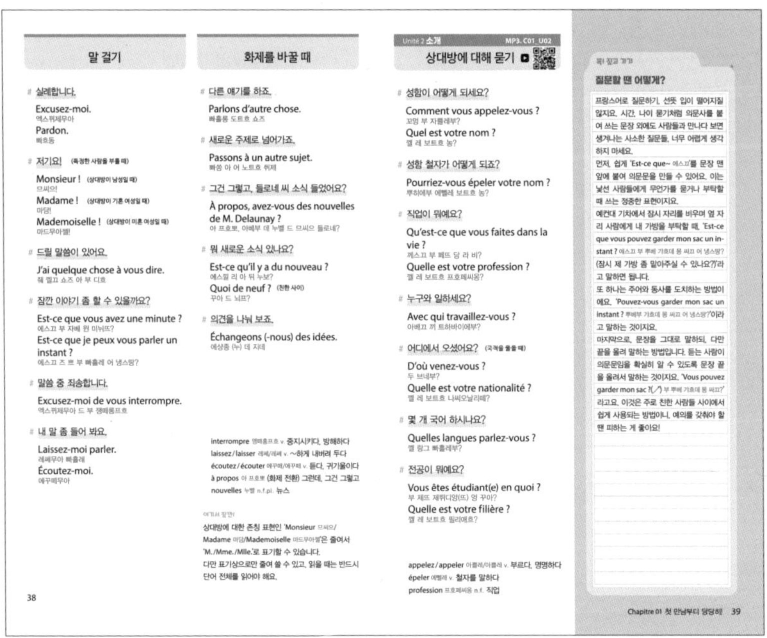

말 걸기

실례합니다.

Excusez-moi.
엑스뀌제무아

Pardon.
빠흐동

저기요! (특정한 사람을 부를 때)

Monsieur ! (상대방이 남성일 때)
므씨외

Madame ! (상대방이 기혼 여성일 때)
마담!

Mademoiselle ! (상대방이 미혼 여성일 때)
마드무아젤!

드릴 말씀이 있어요.

J'ai quelque chose à vous dire.
줴 껠끄 쇼즈 아 부 디흐

잠깐 이야기 좀 할 수 있을까요?

Est-ce que vous avez une minute ?
에스끄 부 자베 윈 미뉘뜨?

Est-ce que je peux vous parler un instant ?
에스끄 즈 쁘 부 빠흘레 어 냉스땅?

말씀 중 죄송합니다.

Excusez-moi de vous interrompre.
엑스뀌제무아 드 부 쟁떼롱프흐

내 말 좀 들어 봐요.

Laissez-moi parler.
레쎄무아 빠흘레

Écoutez-moi.
에꾸떼무아

38

화제를 바꿀 때

다른 얘기를 하죠.

Parlons d'autre chose.
빠흘롱 도트흐 쇼즈

새로운 주제로 넘어가죠.

Passons à un autre sujet.
빠쏭 아 어 노트흐 쒸제

그건 그렇고, 들로네 씨 소식 들었어요?

À propos, avez-vous des nouvelles de M. Delaunay ?
아 프호뽀, 아베부 데 누벨 드 므씨외 들로네?

뭐 새로운 소식 있나요?

Est-ce qu'il y a du nouveau ?
에스낄 리 아 뒤 누보?

Quoi de neuf ? (친한 사이)
꾸아 드 뇌프?

의견을 나눠 보죠.

Échangeons (-nous) des idées.
에샹종 (누) 데 지데

interrompre 앵떼홍프흐 v. 중지시키다, 방해하다
laissez/laisser 레쎄/레쎄 v. ~하게 내버려 두다
écoutez/écouter 에꾸떼/에꾸떼 v. 듣다, 귀기울이다
à propos 아 프호뽀 (화제 전환) 그런데, 그건 그렇고
nouvelles 누벨 n.f.pl. 뉴스

여기서 잠깐!

상대방에 대한 존칭 표현인 'Monsieur 므씨으/Madame 마담/Mademoiselle 마드무아젤'은 줄여서 'M./Mme./Mlle.'로 표기할 수 있습니다.
다만 표기상으로만 줄여 쓸 수 있고, 읽을 때는 반드시 단어 전체를 읽어야 해요.

Unité 2 소개 MP3. C01_U02

상대방에 대해 묻기

성함이 어떻게 되세요?

Comment vous appelez-vous ?
꼬멍 부 자쁠레부?

Quel est votre nom ?
껠 레 보트흐 농?

성함 철자가 어떻게 되죠?

Pourriez-vous épeler votre nom ?
뿌히에부 에뻴레 보트흐 농?

직업이 뭐예요?

Qu'est-ce que vous faites dans la vie ?
께스끄 부 페뜨 당 라 비?

Quelle est votre profession ?
껠 레 보트흐 프호페씨옹?

누구와 일하세요?

Avec qui travaillez-vous ?
아베끄 끼 트하바이예부?

어디에서 오셨어요? (국적을 물을 때)

D'où venez-vous ?
두 브네부?

Quelle est votre nationalité ?
껠 레 보트흐 나씨오날리떼?

몇 개 국어 하시나요?

Quelles langues parlez-vous ?
껠 랑그 빠흘레부?

전공이 뭐예요?

Vous êtes étudiant(e) en quoi ?
부 제뜨 제뛰디앙(뜨) 엉 꾸아?

Quelle est votre filière ?
껠 레 보트흐 필리애흐?

appelez/appeler 아쁠레/아쁠레 v. 부르다, 명명하다
épeler 에뻴레 v. 철자를 말하다
profession 프호페씨옹 n.f. 직업

꼭! 짚고 가기

질문할 땐 어떻게?

프랑스어로 질문하기, 선뜻 입이 떨어지질 않지요. 시간, 나이 묻기처럼 의문사를 붙여 쓰는 문장 외에도 사람들과 만나다 보면 생겨나는 사소한 질문들, 너무 어렵게 생각하지 마세요.
먼저, 쉽게 'Est-ce que~ 에스끄'를 문장 맨 앞에 붙여 의문문을 만들 수 있어요. 이는 낯선 사람들에게 무언가를 묻거나 부탁할 때 쓰는 정중한 표현이지요.
예컨대 기차에서 잠시 자리를 비우며 옆 자리 사람에게 내 가방을 부탁할 때, 'Est-ce que vous pouvez garder mon sac un instant ? 에스끄 부 뿌베 가흐데 몽 싸끄 어 냉스땅? (잠시 제 가방 좀 맡아주실 수 있나요?)'라고 말하면 됩니다.
또 하나는 주어와 동사를 도치하는 방법이에요. 'Pouvez-vous garder mon sac un instant ? 뿌베부 가흐데 몽 싸끄 어 냉스땅?'이라고 말하는 것이지요.
마지막으로, 문장을 그대로 말하되, 다만 끝을 올려 말하는 방법입니다. 듣는 사람이 의문문임을 확실히 알 수 있도록 문장 끝을 올려서 말하는 것이지요. 'Vous pouvez garder mon sac ?(↗) 부 뿌베 가흐데 몽 싸끄?'라고요. 이것은 주로 친한 사람들 사이에서 쉽게 사용되는 방법이니, 예의를 갖춰야 할 땐 피하는 게 좋아요!

Chapitre 01 첫 만남부터 당당히 39

5. 말하기 집중 훈련 유튜브 영상 & MP3!

이 책에는 프랑스어 알파벳부터 기본 단어, 본문의 모든 회화 표현까지 프랑스 원어민의 정확한 발음으로 녹음한 MP3 파일과 본문 영상을 제공합니다.
Unité마다 QR코드를 스캔하여 영상 자료를 쉽게 찾아볼 수 있습니다. 자주 듣고 큰 소리로 따라 말하며 학습 효과를 높여 보세요.

기초 다지기

프랑스어 알파벳 20
프랑스어의 특징 26

Chapitre 01 첫 만남부터 당당히!

Unité 1 인사

처음 만났을 때 34
때에 따른 인사 34
오랜만에 만났을 때 35
안부를 묻는 인사 36
안부 인사에 대한 대답 36
헤어질 때 인사 37
환영할 때 37
말 걸기 38
화제를 바꿀 때 38

Unité 2 소개

상대방에 대해 묻기 39
자기에 대해 말하기 40
개인 신상에 대해 말하기 40
소개하기 41

Unité 3 감사

감사하다① 42
감사하다② 42
감사 인사에 대한 응답 43

Unité 4 사과

사과하기 44
내가 잘못했을 때 44
타인이 잘못했을 때 45
사과에 대한 응답 45

Unité 5 대답

잘 알아듣지 못할 때 46
양해를 구할 때 46
긍정적으로 대답할 때 47
부정적으로 대답할 때 48
완곡히 거절할 때 48
기타 대답 49
맞장구칠 때 49
맞장구치지 않을 때 50
반대할 때 50

Unité 6 주의&충고

주의를 줄 때① 51
주의를 줄 때② 51
충고할 때① 52
충고할 때② 52

Unité 7 기타

존경 53
칭찬 53
격려 54
부탁 54
재촉 55
긍정적 추측 56
부정적 추측 56
동정 57
비난 57

Chapitre 02 사소한 일상에서도!

Unité 1 하루 생활

일어나기 64
씻기 64
식사 65
옷 입기 & 화장하기 66
TV 보기 66
잠자리 들기 67

잠버릇 67
숙면 68
꿈 68

Unité 2 집
화장실 사용 69
화장실 에티켓 70
욕실에서 70
거실에서 71
부엌에서 71
냉장고 72
요리하기 72
식탁에서 73
식사 예절① 74
식사 예절② 74
설거지 75
위생 75
청소 76
분리수거 76
세탁 77
집 꾸미기 78

Unité 3 운전&교통
운전① 78
운전② 79
주차 80
교통체증 80
교통 규정 위반 81
지하철 81

Unité 4 이사
부동산 집 구하기 82
부동산 조건 보기 82
부동산 계약하기 83
이사 계획 84
짐 싸기 84
이사 비용 85
정리 85

Unité 5 전화
전화를 걸 때 86
전화를 받을 때 86
전화를 바꿔 줄 때 87
다시 전화한다고 할 때 88
전화를 받을 수 없을 때 88
전화 메모 남기기 89
잘못 걸려 온 전화 90
전화를 끊을 때 90
전화 기타 91

Chapitre 03 정겨운 말 한마디!

Unité 1 날씨 & 계절
날씨 묻기 98
일기예보 98
맑은 날 99
흐린 날 99
비 오는 날 100
천둥 & 번개 100
봄 날씨 101
황사 102
장마 102
여름 날씨 103
태풍 104
가뭄 104
홍수 105
가을 날씨 105
단풍 106
겨울 날씨 106
눈 107
계절 107

Unité 2 명절&기념일
설날 108
주현절 108
추석 109
크리스마스① 110
크리스마스② 110
부활절 111
생일① 112
생일② 112
축하 113

Unité 3 음주
주량 114
술에 취함 114
술에 대한 충고 115
술에 대한 기호 115
금주 116
술 기타 116

Unité 4 흡연
흡연 117
담배 118
금연① 118
금연② 119

Unité 5 취미
취미 묻기 119
취미 대답하기 120
사진 120
스포츠 121
계절 스포츠 121
구기 스포츠 122
음악 감상 122
악기 연주 123
미술 감상 124
영화 감상 124
영화관 가기 125
독서 125
취미 기타 126

Unité 6 반려동물
반려동물① 126
반려동물② 127
개 키우기① 128
개 키우기② 128
개 키우기③ 129
고양이 키우기 130
반려동물 기타 130

Unité 7 식물 가꾸기
식물 가꾸기① 131
식물 가꾸기② 131

Chapitre 04 거울 속 내 모습!

Unité 1 신체
신체 특징 138
체중 138
체격 & 기타 139

Unité 2 얼굴&피부
모습 & 얼굴 140
얼굴형 140
피부 141
피부 상태 142

Unité 3 이목구비
눈① 142
눈② 143
시력 144
코 144
귀 145

입 & 입술 146
입 관련 동작 146
구강 147
치아 관련 147

Unité 4 헤어스타일&수염
헤어스타일 148
헤어스타일 & 수염 148

Unité 5 스타일
스타일① 149
스타일② 150
닮았다고 말할 때 150
못생긴 외모 151

Unité 6 옷
옷 취향 152
옷차림① 152
옷차림② 153
옷차림③ 153

Unité 7 화장
화장① 154
화장② 154
화장③ 155

Chapitre 05 어디서든 당당하게!

Unité 1 음식점
음식점 추천 162
식당 예약 162
예약 없이 갔을 때 163
메뉴 보기 164
주문하기 - 음료 164
주문하기 - 메뉴 고르기 165
주문하기 - 선택 사항 166
주문하기 - 디저트 166
불만 사항 167
요청 사항 168
맛에 대한 평가 168
계산 169
패스트푸드점에서 169
카페에서 170
기타 식당 관련 170

Unité 2 쇼핑
쇼핑하기 171
쇼핑몰 172
옷 가게① 172
옷 가게② 173
신발 가게 173
화장품 가게 174
구입 결정 174
시장 175
식료품점 & 마트 176
벼룩시장 176
할인 177
계산하기 177
할부 구매 178
환불 & 교환 178

Unité 3 병원&약국
진료 예약 & 접수 179
진찰실 180
외과 180
내과 - 감기 181
내과 - 열 181
내과 - 소화기 182
치과 - 치통 182
치과 - 충치 183
기타 진료 184

입원 & 퇴원 184
수술 185
병원비 & 의료보험 185
문병 186
처방전 186
약국 187

Unité 4 은행&우체국
계좌 개설 187
입출금 188
송금 188
현금인출기 사용 189
신용카드 190
환전 190
환율 191
대출 191
은행 기타 192
편지 발송 192
소포 발송 193
우체국 기타 194

Unité 5 도서관
도서관 194
도서 대출 195
도서 반납 196
연체 & 대출 연장 196

Unité 6 미술관&박물관
관람 안내 197
위치 설명 198
기념품 구입 198
미술관 & 박물관 기타 199

Unité 7 미용실
미용실 상담 200
커트① 200
커트② 201
파마 201
염색 202
네일 202
미용실 기타 203

Unité 8 세탁소
세탁물 맡기기 203
세탁물 찾기 204
세탁물 확인 204
얼룩 제거 205
수선 206

Unité 9 렌터카&주유소
렌터카 대여 206
렌터카 반납 207
주유소① 207
주유소② 208
세차 & 정비 208

Unité 10 서점
서점 209
책 찾기① 209
책 찾기② 210
책 찾기③ 210
도서 구입 211
인터넷 서점 211
헌책방 212

Unité 11 종교
기독교 212
교회 활동 213
교회 기타 활동 214
이슬람교 214
종교 기타① 215
종교 기타② 215

Unité 12 놀이공원&헬스클럽
놀이공원 안내 216

놀이공원 이용 216
헬스클럽 등록 217
헬스클럽 이용 218

Unité 13 영화관&공연장
영화관 218
영화표 219
상영관 에티켓 219
콘서트장 220
공연 기타 220

Unité 14 술집&클럽
술집 221
술 약속 잡기 222
술 권하기 222
술 고르기 223
클럽 223

Unité 15 파티
파티 준비 224
파티 초대 224
파티 후 225
다양한 파티 225

Chapitre 06 감정에 솔직해지세요!

Unité 1 좋은 감정
기쁘다① 232
기쁘다② 232
행복하다 233
안심하다 234
만족하다 234
충분하다 235
재미있다 235

Unité 2 좋지 않은 감정
슬프다 236
괴롭다 236
실망하다 237
화내다① 238
화내다② 238
밉다 239
억울하다 239
후회하다 240
부끄럽다 240
걱정하다 241
애도를 표하다 242
무섭다 242
놀라다① 243
놀라다② 243
지겹다 244
귀찮다 244
짜증 나다 245
아쉽다 246
긴장하다 246
불안하다 247
불평하다 247
신경질적이다 248

Unité 3 성격
낙천적이다 248
착하다 249
진취적이다 250
순진하다 250
내성적이다 251
우유부단하다 251
비관적이다 252
이기적이다 252

Unité 4 기호
좋아하다 253
싫어하다 253

Chapitre 07 사랑이 어디 쉬운가요?

Unité 1 데이트&연애

소개팅 260
소개팅 후 평가 260
데이트① 261
데이트② 261
데이트③ 262
연애 충고① 262
연애 충고② 263

Unité 2 사랑

사랑① 264
사랑② 264

Unité 3 갈등&이별

질투 & 배신 265
갈등 266
이별① 266
이별② 267
기타① 267
기타② 268

Unité 4 결혼

청혼 268
결혼 준비① 269
결혼 준비② 270
결혼식 초대① 270
결혼식 초대② 271
결혼식① 272
결혼식② 272
결혼 생활 273
별거 & 이혼 273

Unité 5 임신&육아

임신 274
육아① 274
육아② 275

Chapitre 08 학교 다녀오겠습니다!

Unité 1 등·하교

등교① 282
등교② 282
하교 283

Unité 2 입학&졸업

입학① 284
입학② 284
진학 285
신입생 286
졸업 286
졸업 요건 287
기타 287

Unité 3 학교생활

학교생활 288
수업 전 288
수업 신청 289
수업 난이도 289
수업 태도 290
수업 기타 290
숙제하기 291
숙제 평가 291
숙제 마친 후 292
숙제 기타 292
시험 전 293
시험 후 293
시험 결과 294
성적표 294
우수한 성적① 295
우수한 성적② 295
나쁜 성적 296
성적 기타 296

Unité 4 방학
방학 전 297
방학 계획 297
여름 방학 298
크리스마스 방학 298
겨울 방학 299
개학 후 299

Chapitre 09 직장인은 피곤해!

Unité 1 출·퇴근
출근 306
정시 출근이 힘들 때 306
출근 기타 307
퇴근(일반) 307
즐거운 퇴근 시간 308
퇴근 5분 전 308
조퇴 관련 309

Unité 2 업무
담당 업무① 310
담당 업무② 310
너무 바쁜 업무 311
업무 지시 & 체크① 311
업무 지시 & 체크② 312
업무 지시에 대한 대답 312
외근 & 기타 313
근무 조건 314
급여① 314
급여② 315
상여금 316
출장 316
스트레스 & 불만① 317
스트레스 & 불만② 317
회사 동료에 대해 말할 때 318
승진 318
회의 시작 319
회의 진행 319
회의 마무리 320

Unité 3 휴가
휴가① 320
휴가② 321
휴가 기타 322

Unité 4 비즈니스
거래처 방문 322
홍보 323
상품 소개① 324
상품 소개② 324
상담 325
주문 325
협상 326
배송 326
클레임 327

Unité 5 해고&퇴직
해고 327
퇴직 328
기타 328

Unité 6 구직
구직 329
이력서 330
면접 330
면접 예상 질문 331

Chapitre 10 여행을 떠나요!

Unité 1 출발 전

여행 계획 338
교통편 예약① 338
교통편 예약② 339
여권 & 비자 339

Unité 2 공항에서

공항 가기 340
발권 340
탑승 341
세관 342
면세점 342
출국 심사 343
보안 검사 344
입국 심사 344
마중 345
공항 기타 345

Unité 3 기내에서

좌석 찾기 346
기내 346
기내식 347

Unité 4 기차에서

기차표 구입 347
기차 타기 348
객실에서 348
역 도착 349
기차 기타 350

Unité 5 숙박

숙박 시설 예약① 350
숙박 시설 예약② 351
체크인 351
체크아웃 352
숙박 시설 이용 352
불편사항 353

Unité 6 관광

관광 안내소 353
투어 참여 354
가이드 안내 354
길 묻기① 355
길 묻기② 355
구경하기 356
관광 기타 356

Unité 7 교통

버스 357
선박 358
트램 358
자전거 359
교통 기타 359

Chapitre 11 위급할 땐 이렇게!

Unité 1 응급 상황

응급 상황 366
구급차① 366
구급차② 367

Unité 2 길을 잃음

길을 잃음 368
미아 368

Unité 3 사건&사고

분실 369
분실 신고 & 분실물 센터 370
도난 370
소매치기 371
사기 372

경찰 신고 372
교통사고① 373
교통사고② 373
안전사고 374
화재 374
자연재해 375

Chapitre 12 **디지털 시대엔 필수!**

Unité 1 **컴퓨터**
컴퓨터 382
모니터 382
키보드 & 마우스 383
프린터 & 스캐너 384
컴퓨터 사양 384
운영 체제 & 프로그램 385
문서 작업 386
파일 저장 & 관리 386

Unité 2 **인터넷**
인터넷① 387
인터넷② 387
이메일 388
SNS 388

Unité 3 **휴대전화**
휴대전화 389
휴대전화 문제 389
휴대전화 기능 390
문자 메시지 390
벨소리 391

Unité 4 **기타 기기**
디지털카메라 391
노트북 392
태블릿 PC 392

프랑스에 관하여

- **국명** 프랑스 공화국 (La République française 라 헤쀠블리끄 프항쎄즈)
- **위치** 유럽 중서부
- **수도** 파리 (Paris 빠히)
- **주요 도시** 보르도, 릴, 리옹, 마르세유, 니스, 낭트, 스트라스부르, 툴롱, 툴루즈 (Bordeaux 보흐도, Lille 릴, Lyon 리옹, Marseille 마흐쎄이, Nice 니쓰, Nantes 낭뜨, Strasbourg 스트하쓰부, Toulon 뚤롱, Toulouse 뚤루즈)
- **언어** 프랑스어 (Français 프항쎄)
- **표어** 자유, 평등, 박애 (Liberté 리베흐떼, Egalité 에갈리떼, Fraternité 프하떼흐니떼)
- **국경일** 7월 14일 (1789년 7월 14일 시민 혁명 기념일)
- **인구** 약 67,810,000명 (2023년 1월 기준)
- **면적** 675,417㎢ (속령 포함, 한반도의 약 3.1배)
- **국내총생산** 1인당 46,000달러 (2023년, OECD 기준)
- **화폐** 유로 (Euro 으호)
- **국가번호** +33

* 출처: 외교부 (mofa.go.kr/), IMF (imf.org/)

프랑스어 알파벳

프랑스어의 특징

MP3. C00_U01

프랑스어 알파벳

Alphabet 알파베

프랑스어는 26개의 기본 알파벳과 다섯 개의 철자 부호를 덧붙여 구성되어 있습니다.

철자 부호	´ accent aigu 악썽 떼귀	` accent grave 악썽 그하브	^ accent circonflexe 악썽 씨흐꽁플렉스	¨ tréma 트헤마	Ç cédille 쎄디이
사용하는 모음자	é	à è ù	â ê î ô û	ë ï ü	ç

1. 모음 voyelles 6개

A/a 아	E/e 으	I/i 이	O/o 오	U/u 위	Y/y 이그헥
t**a**sse 따쓰 찻잔	**e**t 에 그리고	**i**ci 이씨 여기에	m**o**t 모 단어	n**u**it 뉘 밤	l**y**cée 리쎄 고등학교

2. 자음 consonnes 20개

A/a 아	B/b 베	C/c 쎄	D/d 데	E/e 으
	bière 비애(흐) 맥주	**c**eci 쓰씨 이것	**d**ent 덩 치아	
F/f 에프	G/g 제	H/h 아슈	I/i 이	J/j 지
femme 팜 여성	**g**ens 정 사람들	**h**omme 엄 남자		**j**our 주흐 날

K/k 꺄	L/l 엘	M/m 엠	N/n 엔	O/o 오
kiosque 끼오스끄 가판점	**l**iquide 리뀌드 액체	**m**ère 매(흐) 어머니	**n**eige 네즈 눈	
P/p 뻬	**Q/q** 뀌	**R/r** 에흐	**S/s** 에쓰	**T/t** 떼
père 빼(흐) 아버지	**q**uartier 꺄흐띠에 1/4; 구역	**r**obe 호브 원피스	**s**aison 쎄종 계절	**th**é 떼 차

U/u 위	V/v 베	W/w 두블르베	X/x 익스	Y/y 이그렉	Z/z 제드
	vrai 브헤 참된	**w**ifi 위피 와이파이	lu**x**e 뤽쓰 명품		**z**éro 제호 0

3. 발음

(1) **A/a**, **À/à**, **Â/â** 아는 [아] 소리입니다.

(2) **B/b** 베는 [ㅂ] 소리입니다.

(3) **C/c** 쎄는 뒤에 e, i, y가 오면 [ㅆ], a, o, u가 오면 [ㄲ] 소리가 납니다.
Ç/ç는 항상 [ㅆ] 소리가 납니다. ch는 [슈] 소리입니다.

(4) **D/d** 데는 [ㄷ] 소리입니다.

(5) **E/e** 으는 [애] 혹은 [으] 소리입니다. 모음자 **E/e**가 제일 뒤에 위치할 때는 발음을 하지 않지만, 단음절일 때는 발음합니다. **É/é**, **Ê/ê**, **Ë/ë**는 [에] 소리를, **È/è**는 [애] 소리를 냅니다.

(6) **F/f** 에프는 [ㅍ] 소리와 [ㅎ] 소리의 중간 정도로 발음해 줍니다.
이 책에서는 편의상 [ㅍ]로 표기하였습니다.

(7) **G/g** 제는 뒤에 e, i, y가 오면 [ㅈ], a, o, u가 오면 [ㄱ] 소리가 납니다.
g 뒤에 오는 u는 발음하지 않습니다.

(8) **H/h** 아슈는 발음하지 않습니다.

(9) **I/i, Î/î, Ï/ï** 이는 [이] 소리입니다. i가 다른 모음 앞에 올 때는 짧게 발음하는 반모음이 됩니다.

(10) **J/j** 지는 [ㅈ] 소리입니다.

(11) **K/k** 까는 [ㄲ] 소리입니다.

(12) **L/l** 엘은 [ㄹ] 소리입니다.

(13) **M/m** 엠은 [ㅁ] 소리입니다.

(14) **N/n** 엔은 [ㄴ] 소리입니다. gn의 경우 [뉴] 발음을 합니다.

(15) **O/o, Ô/ô** 오는 [오] 소리입니다. au와 eau도 [오]로 발음합니다.

(16) **P/p** 뻬는 [ㅃ] 소리입니다. r 앞에서는 [ㅍ]로 발음합니다.
ph의 경우 [ㅍ] 소리와 [ㅎ] 소리의 중간 정도로 발음합니다.

(17) **Q/q** 뀌는 [ㄲ] 발음이며, q 뒤에 나오는 모음자 u는 발음하지 않습니다.

(18) **R/r** 에흐는 [ㄹ] 소리와 [ㅎ] 소리의 중간 정도로 발음해 줍니다.
이 책에서는 편의상 [ㅎ]로 표기하였습니다.

(19) **S/s** 에쓰는 [ㅆ] 소리입니다. 그러나 모음 사이에 올 경우 [ㅈ] 발음이 납니다.
ss는 항상 [ㅆ] 소리입니다.

(20) **T/t** 떼는 [ㄸ] 소리입니다. r 앞에서는 [ㅌ]로 발음합니다.
-tio, -tia의 경우 t는 [ㅆ] 발음을 내지만, -stio, -stia의 t는 [ㄸ] 소리입니다.

(21) **U/u, Ù/ù, Û/û, Ü/ü** 위는 [위] 발음입니다. [오] 소리를 낼 때처럼 입술을 동그랗게 하고 [이] 소리를 내면 됩니다. 다른 모음 앞에 오면 짧게 발음하는 반모음이 됩니다.

(22) **V/v** 베는 [ㅂ] 소리입니다.

(23) **W/w** 두블르베는 [ㅇ] 소리입니다.

(24) **X/x** 익스는 [ㄱㅆ] 발음입니다. [애] 소리가 나는 모음 사이에 끼어 있는 경우는 [ㄱㅈ]로 발음합니다. 맨 끝에 올 때는 [ㅆ] 소리입니다.

(25) **Y/y** 이그헥은 [이] 소리입니다.

(26) **Z/z** 제드는 [ㅈ] 발음입니다.

프랑스어의 특징

모든 언어는 각각 고유의 특징을 가지고 있습니다. 프랑스어가 다른 언어와 구별되는 가장 큰 특징을 다음과 같이 다섯 가지로 정리하였습니다.

1. 성(性)과 수(數)의 구분은 필수

① 성의 구분

프랑스어의 거의 모든 명사는 성별 구분이 있습니다. 심지어 고유명사도 성이 구분되어 있어요. 이는 라틴어에 뿌리를 둔 로망스어의 특징이기도 합니다. 모든 명사의 성을 외워 두면 좋겠지만, 그러려면 상당한 시간이 필요하지요. 명사의 성을 정확하게 구분하려면 사전을 찾는 것이 가장 좋습니다. 사전을 찾아보면, 단어 옆에 작은 글씨로 '**m.**' 또는 '**f.**' 표시가 있는 것을 발견할 수 있어요. 여기에서 '**m.**'이란 'masculin 마스뀔랭(남성형)'의 약자이며, '**f.**'는 'féminin 페미냉(여성형)'의 약자입니다. 명사의 남성형과 여성형을 알았다면 그에 맞추어 명사를 꾸며주는 형용사를 일치시킵니다. 사전에서는 형용사의 남성형을 표제어로 제시하고, 여성형은 별도로 표시되어 있지요. 남성 형용사를 여성형으로 바꿀 땐 일반적으로 끝에 e를 붙이면 되지만, 예외가 많으니 가급적 사전을 확인해 가며 정확한 형태를 알아 두는 것이 중요합니다.

② 수의 일치

대부분의 명사는 끝에 s를 덧붙여 복수형으로 만들 수 있습니다. 일부 -au, -eu 또는 -eau 형태의 명사는 x를 붙여 복수 형태로 만들기도 합니다. 또한 명사의 성에 따라 형용사가 바뀌듯, 명사가 복수형이라면 형용사도 그에 맞게 복수형으로 만들어야 합니다.

2. 명확한 관사의 사용

프랑스어 관사에는 정관사, 부정관사, 그리고 부분관사가 있습니다. 다음 표를 보며 관사의 형태와 쓰임을 알아봅시다.

	정관사	부정관사	부분관사
남성 단수	le 르	un 엉	du 뒤
여성 단수	la 라	une 윈	de la 들 라
복수	les 레	des 데	des 데
모음 또는 무음h로 시작하는 단수	l' ㄹ	–	de l' ㄷ ㄹ

① 정관사

보통 한정되는 것을 가리킬 때 쓰입니다. 정관사를 사용하는 경우를 몇 가지로 구분하면 다음과 같습니다.

a. **한정적인 것**: 대상을 구체적으로 한정시킬 경우 해당 명사 앞에 정관사를 붙여줍니다.

- C'est **le** livre que Yves a lu. 쎄 르 리브(흐) 끄 이브 아 뤼
  그것은 이브가 읽은 책이다.

b. **총체적인 것**: 어떤 사물이나 사람의 대표격으로 명사가 사용될 때 그 앞에 정관사를 붙여줍니다.

- Julie aime **la** fleur. 쥘리 엠 라 플뢰 줄리는 꽃을 좋아한다.

c. **유일한 것**: 국가 이름, 지역이나 명소 등 세상에 단 하나뿐인 것을 가리킬 때도 정관사가 사용됩니다. 또한 날짜나 개인의 신체 부위에도 정관사를 쓰지요. 단, 도시 이름에는 정관사를 붙이지 않습니다.

- **Le** soleil est une source de l'énergie. 르 솔레이 에 뛴 쑥쓰 드 레네흐지
  태양은 에너지의 근원이다.
- **La** Seine coule à travers Paris. 라 쎈 꿀 아 트하베(흐) 빠히 세느 강은 파리를 관통하여 흐른다.
- Yves a **les** cheveux blonds. 이브 아 레 슈브 블롱 이브는 금발이다.

d. **주기적, 반복적 단위**: 주기적으로 반복되는 요일이나 반복되는 단위를 가리킬 때 정관사가 붙습니다.

- Julie va au parc tous **les** samedis. 쥘리 바 오 빠흐끄 뚜 레 쌈디
  줄리는 토요일마다 공원에 간다.

② 부정관사

부정관사는 어떤 사물이나 사람을 막연히 가리킬 때 쓰입니다. 우리말로는 '어떤'의 의미로 이해할 수 있으며, 경우에 따라 대상이 하나임을 가리키거나(un, une), 불특정 다수를 나타낼 때(des) 부정관사를 사용하기도 합니다.

- Yves a lu **un** livre hier. 이브 아 뤼 엉 리브(흐) 이에 이브는 어제 책 한 권을 읽었다.
- Julie coupe **des** pivoines. 쥘리 꾸쁘 데 삐부안 줄리는 작약꽃들을 꺾는다.

③ 부분관사

수량을 셀 수 없는 물질명사 앞에 부분관사가 붙습니다. 흔히 식품이나 추상적인 대상을 가리킬 때 부분관사를 사용합니다.

- Yves et Julie mangent **du** framage. 이브 에 쥘리 망즈 뒤 프호마즈
  이브와 줄리는 치즈를 먹는다.

3. 동사 변형

프랑스어를 처음 접한 사람들이 당혹스러움을 느끼는 이유 중 하나는 아마도 복잡해 보이는 동사 변화 형태가 아닐까 싶습니다. 실제로 프랑스어 동사는 주어의 인칭에 따라 다양하게 변합니다. 그렇지만 동사 변형에도 어느 정도 규칙이 있습니다. -er로 끝나는 **1군 동사**와 -ir로 끝나는 **2군 동사**는 일정한 규칙을 지닌 동사들이지요. 그 외에 동사 변형에 규칙성이 없는 **3군 동사**가 있습니다. 다음 표를 통해 간단히 알아봅시다.

수	인칭	주어 인칭 대명사	**1군** 동사(-er)	**2군** 동사(-ir)	**3군** 동사(불규칙)	
			aimer 에메 좋아하다	finir 피니 끝내다, 마치다	prendre 프헝드(흐) 받다, 얻다, 먹다	vouloir 불루아 원하다
단수	1인칭	je(j') 즈 나	j'aim**e** 젬	je fini**s** 즈 피니	je pren**ds** 즈 프헝	je veu**x** 즈 브
	2인칭	tu 뛰 너	tu aim**es** 뛰 엠	tu fini**s** 뛰 피니	tu pren**ds** 뛰 프헝	tu veu**x** 뛰 브
	3인칭	il /elle 일/엘 그/그녀	il /elle aim**e** 일/엘 엠	il /elle fini**t** 일/엘 피니	il /elle pren**d** 일/엘 프헝	il /elle veu**t** 일/엘 브
복수	1인칭	nous 누 우리	nous aim**ons** 누 제몽	nous fini**ssons** 누 피니쏭	nous pren**ons** 누 프흐농	nous vou**lons** 누 불롱
	2인칭	vous 부 당신, 당신들	vous aim**ez** 부 제메	vous fini**ssez** 부 피니쎄	vous pren**ez** 부 프흐네	vous vou**lez** 부 불레
	3인칭	ils /elles 일/엘 그들/그녀들	ils /elles aim**ent** 일/엘 젬	ils /elles fini**ssent** 일/엘 피니쓰	ils /elles pren**nent** 일/엘 프헨	ils /elles veu**lent** 일/엘 뵐

- J'**aime** la fraise. 젬 라 프헤즈
  나는 딸기를 좋아한다.
- Tu ne **finit** pas tes devoirs. 뛰 느 피니 빠 떼 드부아
  너는 숙제를 마치지 못한다.
- Il **prend** son stylo. 일 프헝 쏭 스띨로
  그는 펜을 잡았다.
- Nous **voulons** aller au cinéma. 누 불롱 알레 오 씨네마
  우리는 극장에 가고 싶다.

- **자주 쓰는 불규칙 동사**

수	인칭	주어 인칭 대명사	être 에트(흐) ~이다, 있다	avoir 아부아 ~을 가지고 있다
단수	1인칭	je(j') 즈 나	je suis 즈 쒸	j'ai 줴
	2인칭	tu 뛰 너	tu es 뛰 에	tu as 뛰 아
	3인칭	il /elle 일/엘 그/그녀	il / elle est 일/엘 에	il / elle a 일/엘 아
복수	1인칭	nous 누 우리	nous sommes 누 쏨	nous avons 누 자봉
	2인칭	vous 부 당신, 당신들	vous êtes 부 제뜨	vous avez 부 자베
	3인칭	ils /elles 일/엘 그들/그녀들	ils / elles sont 일/엘 쏭	ils / elles ont 일/엘 종

- Je **suis** à l'école. 즈 쒸 자 레꼴 나는 학교에 있다.
- Ils **ont** des livres. 일 종 데 리브(흐) 그들은 책을 가지고 있다.

4. 다양하고 섬세한 시제의 사용

프랑스어의 가장 큰 특징이라면 시제가 매우 다양하다는 것입니다. 한국어와 비교하자면 프랑스어의 시제는 보통 복잡한 것이 아니지만, 그 시제를 명확히 구분해 사용함으로써 의미를 정확히 전달할 수 있는 장점도 있습니다. 직설법 시제는 크게 동사어미 변형만으로 이루어진 단순 시제, 그리고 'avoir 아부아(가지다) 동사'나 'être 에트(흐)(있다) 동사'와 같은 조동사와 함께 사용하는 복합시제로 구분할 수 있어요. 이중 대표적으로 사용하는 직설법 시제 8개를 'parler 빠흘레(말하다) 동사'로 살펴보면 다음과 같습니다.

단순 시제 Les temps simple 레 떵 생쁠	**현재** (présent 프헤정) 지금 벌어지고 있는 사건이나 행위	il parle 일 빠흘 그는 (지금) 말한다
	단순미래 (futur simple 퓌뛰 쌩쁠) 앞으로 일어날 사건이나 행위	il parlera 일 빠흘르하 그는 (앞으로) 말할 것이다
	반과거 (imparfait 앵빠흐페) 과거에 지속된 일이나 계속적인 동작	il parlait 일 빠흘레 그는 (전에) 말하곤 했다
	단순과거 (passé simple 빠쎄 생쁠) 과거에 완료된 사건이나 행위 (회화에서 거의 쓰이지 않음)	il parla 일 빠흘라 그는 (전에) 말했다

복합 시제 Les temps composés 레 떵 꽁뽀제	**복합과거** (passé composé 빠쎄 꽁뽀제) 과거에 완료된 사건이나 행위	il a parlé 일 라 빠흘레 그는 (전에) 말했다
	전미래 (futur antérieur 퓌뛰 앙떼히외) 미래의 어느 시점 이전에 완료된 행위나 추측	il aura parlé 일 로하 빠흘레 그는 (그전에) 말했을 것이다
	대과거 (plus-que-parfait 쁠뤼쓰끄빠흐페) 과거의 사건보다 앞서 일어난 사건이나 행위	il avait parlé 일 라베 빠흘레 그는 (그전에) 말했었다
	전과거 (passé antérieur 빠쎄 앙떼히외) 과거의 사건보다 앞서 일어난 사건이나 행위 (회화에서 거의 쓰이지 않음)	il eut parlé 일 뤼 빠흘레 그는 (그전에) 말했었다

5. 인칭 대명사의 구분

프랑스어에서 인칭 대명사는 주어로 사용될 때와 보어로 사용될 때, 그리고 강조를 위해 사용될 때로 구분하여 쓸 수 있습니다.

수	인칭	주어 인칭 대명사	보어 인칭 대명사		강세형 인칭 대명사
			직접	간접	
단수	1인칭	je(j') 즈 나	me 므	me 므	moi 무아
	2인칭	tu 뛰 너	te 뜨	te 뜨	toi 뚜아
	3인칭	il / elle 일/엘 그/그녀	le / la 르/라	lui 뤼	lui / elle 뤼/엘
복수	1인칭	nous 누 우리	nous 누	nous 누	nous 누
	2인칭	vous 부 당신, 당신들	vous 부	vous 부	vous 부
	3인칭	ils / elles 일/엘 그들/그녀들	les 레	leur 뢰흐	eux / elles 으/엘

- Même si **tu me** détestes, **je t'**aime. 멤 씨 뛰 므 데떼스뜨, 즈 뗌
  네가 날 싫어한다해도 난 너를 좋아해.
- **Elle lui** parle en français. 엘 뤼 빠흘 엉 프항쎄
  그녀는 그에게 프랑스어로 말한다.
- **Je** vais aller chez **eux**, et **toi**? 즈 베 잘레 쉐 즈, 에 뚜아?
  난 그들의 집에 갈거야, 너는?
- **Moi** aussi. 무아 오씨 나도.

Chapitre 01

첫 만남부터 당당히!

Chapitre 01

Unité 1 인사
Unité 2 소개
Unité 3 감사
Unité 4 사과
Unité 5 대답
Unité 6 주의&충고
Unité 7 기타

La présentation 소개
라 프헤정따씨옹

MP3. Word_C01

nom 농 n.m. 이름	**nom de famille** 농 드 파미이 성	**prénom** 프헤농 n.m. 이름
	carte de visite 꺄흐뜨 드 비지뜨 명함	**saluer** 쌀뤼에 v. 인사하다
sexe 쎅스 n.m. 성별	**homme** 옴 n.m. 남자	**monsieur** 므씨으 n.m. ~씨(남성에 대한 존칭)
	femme 팜 n.f. 여자, 부인	**madame** 마담 n.f. ~부인(기혼 여성에 대한 존칭)
		mademoiselle 마드무아젤 n.f. ~양(미혼 여성에 대한 존칭)
âge 아즈 n.m. 나이	**vieux** 비으, **vieille** 비에이 a. 나이 든	**adulte** 아뒬뜨 n. 성인
	jeune 쥔 a. 젊은	**bébé** 베베 n.m. 아기
profession 프호페씨옹 n.f. 직업	**employé(e)** 엉쁠루아이예 n. 사무원, 직원	**bureau** 뷔호 n.m. 사무실

Un jour 하루
엉 주흐

jour 주흐
n.m. 낮

matin 마땡
n.m. 아침

se réveiller 쓰 헤베이에
v. 깨어나다, 잠을 깨다

se lever 쓰 르베
v. (잠자리에서) 일어나다

petit déjeuner 쁘띠 데죄네
n.m. 아침 식사

journée 주흐네
n.f. 낮 시간

travailler 트하바이에
v. 일하다

midi 미디
n.m. 정오

déjeuner 데죄네
n.m. 점심 식사

après-midi 아프해미디
n.m.f. 오후

rendez-vous 헝데부
n.m. 약속

nuit 뉘
n.f. 밤

soir 쑤아
n.m. 저녁

dîner 디네
n.m. 저녁 식사

soirée 쑤아헤
n.f. 저녁 시간

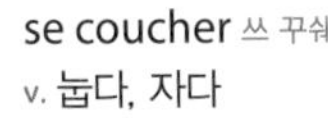

se coucher 쓰 꾸쉐
v. 눕다, 자다

minuit 미뉘
n.m. 자정

dormir 도흐미
v. 잠자다

L'heure 시간
뢰흐

date 다뜨 n.f. 날짜	année 아네 n.f. 연, 연도	mois 무아 n.m. 월, 달	calendrier 깔렁드히에 n.m. 달력
	semaine 쓰멘 n.f. 주, 일주일	jour 주흐 n.m. 요일, 일	week-end 위껜드 n.m. 주말

lundi 렁디
n.m. 월요일

mardi 마흐디
n.m. 화요일

mercredi 메흐크흐디
n.m. 수요일

jeudi 즈디
n.m. 목요일

vendredi 벙드흐디
n.m. 금요일

samedi 쌈디
n.m. 토요일

dimanche 디망슈
n.m. 일요일

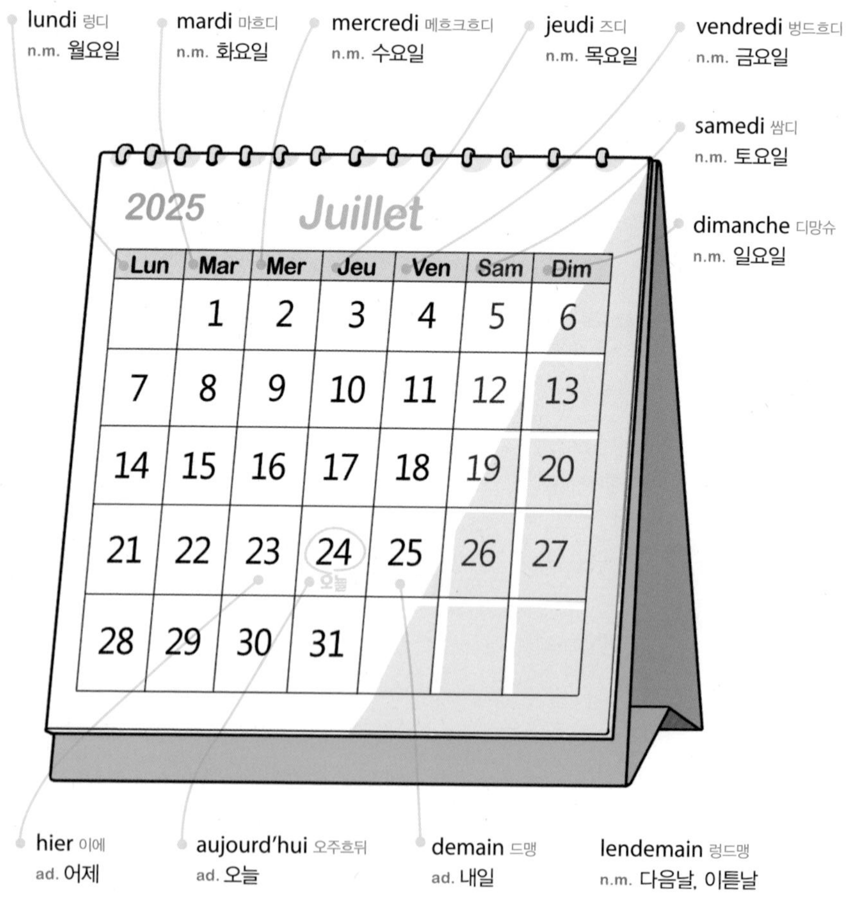

hier 이에
ad. 어제

aujourd'hui 오주흐뒤
ad. 오늘

demain 드맹
ad. 내일

lendemain 렁드맹
n.m. 다음날, 이튿날

La salutation 인사
라 쌀뤼따씨옹

saluer 쌀뤼에 v. 인사하다 	Bonjour. 봉주 안녕하세요. 	Enchanté(e). 엉샹떼 반갑습니다. 
	Bienvenue. 비엉브뉘 환영합니다. 	Ça va (bien) ? 싸 바 (비엉)? 잘 지내요?
	Comment allez-vous ? 꼬멍 딸레부? 어떻게 지내요? 	Au revoir. 오 흐부아 잘 가요. 
remercier 흐메흐씨에 v. 감사하다	Merci. 메흐씨 감사합니다. 	beaucoup 보꾸 ad. 많이
	mille fois 밀 푸아 수없이, 정말로	De rien. 드 히엉, Je vous en prie. 즈 부 정 프히 천만에요. 
	dette 뎃뜨 n.f. 빚, 신세, 은혜  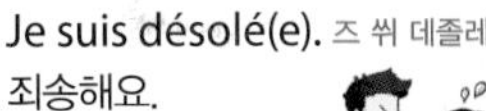	générosité 제네호지떼 n.f. 관대함, 아량, 인심
s'excuser 쎅스뀌제 v. 사과하다, 용서를 구하다 	Je suis désolé(e). 즈 쒸 데졸레 죄송해요. 	se tromper 쓰 트홍뻬 v. 잘못하다, 실수하다
	excuser 엑스뀌제, pardonner 빠흐도네 v. 용서하다 	faute 포뜨 n.f. 잘못 
	reproche 흐프호슈 n.m. 비난 	pardon 빠흐동 n.m. 용서

Unité 1 **인사** MP3. C01_U01

처음 만났을 때

\# 처음 뵙겠습니다.

Enchanté(e).
엉샹떼

\# 만나서 반갑습니다.

Enchanté(e) de vous rencontrer.
엉샹떼 드 부 헝꽁트헤

Je suis ravie de faire votre connaissance.
즈 쒸 하비 드 페흐 보트흐 꼬네쌍스

\# 직접 뵙게 되어 정말 반갑습니다.

Je suis très heureux (heureuse) de vous rencontrer en personne.
즈 쒸 트해 죄흐 (죄흐즈) 드 부 헝꽁트헤 엉 뻬흐쏜

Je suis ravi(e) de vous rencontrer en personne.
즈 쒸 하비 드 부 헝꽁트헤 엉 뻬흐쏜

\# 명함 한 장 주시겠어요?

Pourrais-je avoir votre carte de visite ?
뿌헤즈 아부아 보트흐 꺄흐뜨 드 비지뜨?

\# 여기 제 명함입니다.

Voici ma carte.
부아씨 마 꺄흐뜨

\# 말씀 많이 들었습니다.

J'ai beaucoup entendu parler de vous.
줴 보꾸 뻥떵뒤 빠흘레 드 부

\# 전에 우리 만난 적 있나요?

Est-ce qu'on s'est déjà rencontré ?
에스꽁 쎄 데자 헝꽁트헤?

때에 따른 인사

\# 안녕하세요.

Bonjour. (낮에 만났을 때)
봉주

\# 안녕하세요.

Bonsoir. (저녁에 만났을 때)
봉쑤아

\# 안녕.

Salut. (가까운 사이끼리 만나거나 헤어질 때)
쌀뤼

\# 여러분 안녕하세요.

Bonjour à tous. (많은 사람들에게 인사할 때)
봉주 아 뚜쓰

\# 잘 자요. (밤 시간에 자러 갈 때)

Bonne nuit.
본 뉘

Dors bien.
도흐 비엉

Dormez bien. (상대가 여럿이거나 가까운 사이가 아닐 때)
도흐메 비엉

\# 좋은 꿈 꾸세요.

Faites de beaux rêves.
페뜨 드 보 헤브

\# 좋은 꿈 꿔.

Fais de beaux rêves.
페 드 보 헤브

heureux (heureuse) 외흐 (외흐즈) a. 행복한, 기쁜
carte (de visite) 꺄흐뜨 (드 비지뜨) n.f. 명함
dormez, dors / dormir 도흐메, 도흐/도흐미 v. 자다, 잠들다

오랜만에 만났을 때

\# 오랜만이에요.

Ça fait longtemps.
싸 페 롱떵

\# 오랫동안 뵙지 못했네요.

Ça faisait longtemps que je ne vous avais pas vu.
싸 프제 롱떵 끄 즈 느 부 자베 빠 뷔

\# 요즘 어떻게 지내셨어요?

Que faites-vous ces derniers temps ?
끄 페뜨부 쎄 데흐니에 떵?

À quoi passez-vous votre temps ?
아 꾸아 빠쎄부 보트흐 떵?

\# 하나도 안 변했네요.

Vous n'avez pas changé.
부 나베 빠 샹제

\# 요즘 뵙기 힘드네요.

Je ne vous ai pas vu souvent ces derniers temps.
즈 느 부 제 빠 뷔 쑤벙 쎄 데흐니에 떵

Ce n'est pas facile de vous voir en ce moment.
쓰 네 빠 파씰 드 부 부아 엉 쓰 모멍

\# 여기에서 뵙다니 뜻밖이에요.

Je ne pensais pas vous voir ici.
즈 느 뻥쎄 빠 부 부아 이씨

dernier (dernière) 데흐니에 (데흐니애흐)
a. (명사 앞) 최근의, 최후의, 마지막의, (명사 뒤) 지난, 요전의

꼭! 짚고 가기

프랑스어 형용사의 성(性)과 수(數)

프랑스어를 배울 때 누구나 부딪히는 난관 중 하나는 바로 프랑스어 단어에 있는 성과 수일 거예요. 새로운 어휘도 낯선데 각 어휘가 남성인지, 여성인지, 복수일 땐 또 어떻게 변하는지 외우느라 종종 골치 아프기도 하지요.

일반적으로 프랑스어 형용사의 경우 남성형이 기본이고, 여성형은 끝에 -e만 덧붙이면 대부분 완성됩니다. 주어가 복수라면 해당 형용사나 과거분사 끝에 -s를 붙여 주는 경우가 대부분이고요.

하지만 예외도 있어요!

- **나이 든**
  - vieux 비으 m.
  - → vieille 비에이 f.
  - vieux 비으 m.pl.
  - → vieilles 비에이 f.pl.
- **아름다운**
  - beau 보 m.
  - → belle 벨 f.
  - beaux 보 m.pl.
  - → belles 벨 f.pl.
- **진지한**
  - sérieux 쎄히으 m.
  - → sérieuse 쎄히으즈 f.
  - sérieux 쎄히으 m.pl.
  - → sérieuses 쎄히으즈 f.pl.

이외에도 예외적인 어휘 변화가 여럿 있습니다. 프랑스어로 이야기하다 귀여운 실수를 범하고 싶지 않다면, 미리 다양한 어휘의 성과 수를 익혀두는 게 가장 좋은 방법이에요. 예외가 너무 많다고요? 차근차근 외우다 보면 어느새 능숙하게 이야기하고 있는 자신을 발견하게 될 거예요.

안부를 묻는 인사

잘 지내?

Ça va ?
싸 바?

Ça va bien ?
싸 바 비엉?

어떻게 지내세요?

Comment allez-vous ?
꼬멍 딸레부?

Comment ça va ?
꼬멍 싸 바?

주말 어떻게 보냈어요?

Qu'avez-vous fait ce week-end ?
꺄베부 페 쓰 위껜드?

Comment s'est passé votre week-end ?
꼬멍 쎄 빠쎄 보트흐 위껜드?

가족들은 어떻게 지내나요?

Comment va votre famille ?
꼬멍 바 보트흐 파미이?

무슨 일 있어요?

Qu'est-ce qu'il y a ?
께스낄 리 아?

어디 안 좋아요?

Ça ne va pas ?
싸 느 바 빠?

별일 없니?

Tu vas bien ? (친한 사이에서 간단한 안부 인사)
뛰 바 비엉?

Ça roule ? (아주 친한 사이)
싸 훌?

안부 인사에 대한 대답

잘 지내.

Ça va.
싸 바

Ça va bien.
싸 바 비엉

Je vais bien.
즈 베 비엉

Très bien.
트해 비엉

그럭저럭 지내.

Pas mal.
빠 말

Comme ci comme ça.
꼼 씨 꼼 싸

Bof.
보프

항상 좋아요.

Bien comme toujours.
비엉 꼼 뚜주

늘 비슷해요.

C'est toujours pareil.
쎄 뚜주 빠헤이

별일 없어요.

Rien de spécial.
히엉 드 스뻬씨알

오늘은 기분이 별로예요.

Je ne suis pas de bonne humeur aujourd'hui.
즈 느 쒸 빠 드 본 위뫼 오주흐뒤

헤어질 때 인사

잘 가요.

Au revoir.
오 흐부아

좋은 하루 보내요.

Bonne journée. (낮에 헤어질 때)
본 주흐네
Bonne soirée. (저녁에 헤어질 때)
본 쑤아헤

즐거운 주말 보내세요.

Bon week-end.
봉 위껜드

내일 봐요.

À demain.
아 드맹

곧 만나요.

À bientôt.
아 비엉또
À tout à l'heure. (잠시 후에 만날 경우)
아 뚜 따 뢰흐

연락하고 지내자.

Restons en contact.
헤스똥 엉 꽁딱
Gardons le contact.
갸흐동 르 꽁딱

가족들에게 제 안부 전해 주세요.

Saluez votre famille pour moi.
쌀뤼에 보트흐 파미이 뿌흐 무아
Saluez votre famille de ma part.
쌀뤼에 보트흐 파미이 드 마 빠흐

환영할 때

파리에 오신 것을 환영합니다.

Bienvenue à Paris.
비엉브뉘 아 빠히

저희 집에 오신 것을 환영해요.

Bienvenue chez moi. (혼자 살 경우)
비엉브뉘 쉐 무아
Bienvenue chez nous. (여럿이 함께 살 경우)
비엉브뉘 쉐 누

모두 환영합니다.

Bienvenue à tous.
비엉브뉘 아 뚜스

이곳이 마음에 들기를 바랍니다.

J'espère que cet endroit vous plaît.
줴스빼흐 끄 쎄 떵드후아 부 쁠레

함께 일하게 되어 반가워요.

Je suis ravi(e) de travailler avec vous.
즈 쒸 하비 드 트하바이에 아베끄 부
Je suis heureux (heureuse) que nous puissions travailler ensemble.
즈 쒸 죄흐 (죄흐즈) 끄 누 쀠씨옹 트하바이에 엉썽블르

roule / rouler 훌/훌레 v. 구르다, 달리다, 전개되다
pareil(le) 빠헤이 a. 같은, 비슷한
gardons / garder 갸흐동/갸흐데 v. 지키다, 유지하다
saluez / saluer 쌀뤼에/쌀뤼에 v. 인사하다
souhaite / souhaiter 쑤에뜨/쑤에떼 v. 바라다, 소망하다
travailler 트하바이에 v. 일하다

말 걸기

\# 실례합니다.

Excusez-moi.
엑스뀌제무아

Pardon.
빠흐동

\# 저기요! (특정한 사람을 부를 때)

Monsieur ! (상대방이 남성일 때)
므씨의!

Madame ! (상대방이 기혼 여성일 때)
마담!

Mademoiselle ! (상대방이 미혼 여성일 때)
마드무아젤!

\# 드릴 말씀이 있어요.

J'ai quelque chose à vous dire.
줴 껠끄 쇼즈 아 부 디흐

\# 잠깐 이야기 좀 할 수 있을까요?

Est-ce que vous avez une minute ?
에스끄 부 자베 윈 미뉘뜨?

Est-ce que je peux vous parler un instant ?
에스끄 즈 쁘 부 빠흘레 어 냉스땅?

\# 말씀 중 죄송합니다.

Excusez-moi de vous interrompre.
엑스뀌제무아 드 부 쟁떼롱프흐

\# 내 말 좀 들어 봐요.

Laissez-moi parler.
레쎄무아 빠흘레

Écoutez-moi.
에꾸떼무아

화제를 바꿀 때

\# 다른 얘기를 하죠.

Parlons d'autre chose.
빠흘롱 도트흐 쇼즈

\# 새로운 주제로 넘어가죠.

Passons à un autre sujet.
빠쏭 아 어 노트흐 쒸제

\# 그건 그렇고, 들로네 씨 소식 들었어요?

À propos, avez-vous des nouvelles de M. Delaunay ?
아 프호뽀, 아베부 데 누벨 드 므씨으 들로네?

\# 뭐 새로운 소식 있나요?

Est-ce qu'il y a du nouveau ?
에스낄 리 아 뒤 누보?

Quoi de neuf ? (친한 사이)
꾸아 드 뇌프?

\# 의견을 나눠 보죠.

Échangeons (-nous) des idées.
에샹종 (누) 데 지데

interrompre 앵떼홍프흐 v. 중지시키다, 방해하다
laissez/laisser 레쎄/레쎄 v. ~하게 내버려 두다
écoutez/écouter 에꾸떼/에꾸떼 v. 듣다, 귀기울이다
à propos 아 프호뽀 (화제 전환) 그런데, 그건 그렇고
nouvelles 누벨 n.f.pl. 뉴스

여기서 잠깐!

상대방에 대한 존칭 표현인 'Monsieur 므씨으/Madame 마담/Mademoiselle 마드무아젤'은 줄여서 'M./Mme./Mlle.'로 표기할 수 있습니다.
다만 표기상으로만 줄여 쓸 수 있고, 읽을 때는 반드시 단어 전체를 읽어야 해요.

상대방에 대해 묻기

성함이 어떻게 되세요?

Comment vous appelez-vous ?
꼬멍 부 자쁠레부?

Quel est votre nom ?
껠 레 보트흐 농?

성함 철자가 어떻게 되죠?

Pourriez-vous épeler votre nom ?
뿌히에부 에뻴레 보트흐 농?

직업이 뭐예요?

Qu'est-ce que vous faites dans la vie ?
께스끄 부 페뜨 당 라 비?

Quelle est votre profession ?
껠 레 보트흐 프호페씨옹?

누구와 일하세요?

Avec qui travaillez-vous ?
아베끄 끼 트하바이에부?

어디에서 오셨어요? (국적을 물을 때)

D'où venez-vous ?
두 브네부?

Quelle est votre nationalité ?
껠 레 보트흐 나씨오날리떼?

몇 개 국어 하시나요?

Quelles langues parlez-vous ?
껠 랑그 빠흘레부?

전공이 뭐예요?

Vous êtes étudiant(e) en quoi ?
부 제뜨 제뛰디앙(뜨) 엉 꾸아?

Quelle est votre filière ?
껠 레 보트흐 필리애흐?

appelez/appeler 아쁠레/아쁠레 v. 부르다, 명명하다
épeler 에뻴레 v. 철자를 말하다
profession 프호페씨옹 n.f. 직업

꼭! 짚고 가기

질문할 땐 어떻게?

프랑스어로 질문하기, 선뜻 입이 떨어지질 않지요. 시간, 나이 묻기처럼 의문사를 붙여 쓰는 문장 외에도 사람들과 만나다 보면 생겨나는 사소한 질문들, 너무 어렵게 생각하지 마세요.

먼저, 쉽게 'Est-ce que~ 에스끄'를 문장 맨 앞에 붙여 의문문을 만들 수 있어요. 이는 낯선 사람들에게 무언가를 묻거나 부탁할 때 쓰는 정중한 표현이지요.

예컨대 기차에서 잠시 자리를 비우며 옆 자리 사람에게 내 가방을 부탁할 때, 'Est-ce que vous pouvez garder mon sac un instant ? 에스끄 부 뿌베 갸흐데 몽 싸끄 어 냉스땅? (잠시 제 가방 좀 맡아주실 수 있나요?)'라고 말하면 됩니다.

또 하나는 주어와 동사를 도치하는 방법이에요. 'Pouvez-vous garder mon sac un instant ? 뿌베부 갸흐데 몽 싸끄 어 냉스땅?'이라고 말하는 것이지요.

마지막으로, 문장을 그대로 말하되, 다만 끝을 올려 말하는 방법입니다. 듣는 사람이 의문문임을 확실히 알 수 있도록 문장 끝을 올려서 말하는 것이지요. 'Vous pouvez garder mon sac ?(↗) 부 뿌베 갸흐데 몽 싸끄?'라고요. 이것은 주로 친한 사람들 사이에서 쉽게 사용되는 방법이니, 예의를 갖춰야 할 땐 피하는 게 좋아요!

자기에 대해 말하기

\# 제 이름은 파스칼 들로네입니다.

Je m'appelle Pascal Delaunay.
즈 마뻴 빠스깔 들로네

\# 제 성은 '김'이고, 이름은 '유나'예요.

Mon nom de famille est 'Kim' et mon prénom est 'You-na'.
몽 농 드 파미이 에 '김' 에 몽 프헤농 에 '유나'

\# 저는 파리 은행에서 일하고 있어요.

Je travaille à la Banque de Paris.
즈 트하바이 알 라 방끄 드 빠히

\# 저는 리옹 3 대학 학생입니다.

Je suis étudiant(e) à l'Université Lyon 3.
즈 쒸 제뛰디앙(뜨) 아 뤼니베흐씨떼 리옹 트후아

\# 저는 프랑스 문학을 전공하고 있어요.

Je suis étudiant(e) en littérature française.
즈 쒸 제뛰디앙(뜨) 엉 리떼하뛰흐 프항쎄즈
Je fais de la littérature française.
즈 페 들 라 리떼하뛰흐 프항쎄즈

개인 신상에 대해 말하기

\# 저는 한국인이에요.

Je suis coréen(ne).
즈 쒸 꼬헤엉(꼬헤엔)
Je viens de Corée.
즈 비엉 드 꼬헤

\# 저는 미혼입니다.

Je suis célibataire.
즈 쒸 쎌리바떼흐

\# 저는 혼자 살아요.

J'habite seul(e).
자비뜨 쐴

\# 그는 결혼했어요.

Il est marié.
일 레 마히에

\# 그녀는 결혼했어요.

Elle est mariée.
엘 레 마히에

\# 그는 몇 살인가요?

Quel âge a-t-il ?
껠 라즈 아띨?
Il a quel âge ?
일 라 껠 라즈?

\# 그녀는 몇 살인가요?

Quel âge a-t-elle ?
껠 라즈 아뗄?
Elle a quel âge ?
엘 라 껠 라즈?

\# 그는 32살이에요.

Il a trente-deux ans.
일 라 트헝드 장

소개하기

\# 제 소개를 하겠습니다.

Permettez-moi de me présenter.
삐흐메떼무아 드 므 프헤정떼

Laissez-moi me présenter.
레쎄무아 므 프헤정떼

Je me présente.
즈 므 프헤정뜨

\# 들로네 씨, 뒤부아 부인을 아시나요?

M. Delaunay, connaissez-vous Mme. Dubois ?
므씨으 들로네, 꼬네쎄부 마담 뒤부아?

\# 뒤부아 부인에게 당신을 소개해도 될까요?

Puis-je vous présenter à Mme. Dubois ?
쀠즈 부 프헤정떼 아 마담 뒤부아?

\# 그는 제 오랜 친구예요.

C'est un vieil ami.
쎄 떵 비에이 아미

Il est un vieil ami.
일 레 떵 비에이 아미

\# 모두들 그를 그냥 '장'이라 불러요.

Tout le monde l'appelle juste 'Jean'.
뚜 르 몽드 라뻴 쥐스뜨 '쟝'

célibataire 쎌리바떼흐 a. 독신의

permettez/permettre 뻬흐메떼/뻬흐메트흐 v. 허락하다

꼭! 짚고 가기

프랑스어로 숫자 읽기

프랑스에서도 숫자는 우리와 마찬가지로 아라비아 숫자로 씁니다. 하지만 프랑스어로 숫자를 읽는 방법은 주의 깊게 익혀야 해요. 먼저 1부터 10까지 숫자 읽는 법을 알아봅시다.

1 : un 엉 2 : deux 드
3 : trois 트후아 4 : quatre 꺄트흐
5 : cinq 쌩끄 6 : six 씨쓰
7 : sept 쎄뜨 8 : huit 위뜨
9 : neuf 뇌프 10 : dix 디쓰

그럼 11부터는 어떨까요?

11 : onze 옹즈 12 : douze 두즈
13 : treize 트헤즈 14 : quatorze 꺄또흐즈
15 : quinze 깽즈 16 : seize 쎄즈
17 : dix-sept 디쎄뜨 18 : dix-huit 디즈위뜨
19 : dix-neuf 디즈뇌프 20 : vingt 뱅

20 이후로는 뒤에 일의 자리 숫자를 붙여 읽으면 됩니다. 다만 21은 vingt-et-un 뱅떼엉이라고 읽어요.

30은 trente 트헝뜨, 40은 quarante 꺄항뜨, 50은 cinquante 쌩깡뜨, 60은 soixante 쑤아쌍뜨입니다.

이어지는 숫자들은 마찬가지로 일의 자리 숫자를 붙여 읽으면 되죠. 여기까진 쉽지만 70부터는 약간의 집중력이 필요해요.

70은 60+10이므로 soixante-dix 쑤아쌍디쓰라고 읽어요. 그럼 80은? quatre-vingt 꺄트흐뱅이라고 읽어요. 4×20은 80이니까요. 90은 quatre-vingt dix 꺄트흐뱅 디쓰라고 합니다.

이런 독특한 숫자 읽기는, 오랜 옛날 20진법을 사용하던 것이 그대로 이어진 결과라고 해요. 처음엔 복잡하고 낯설겠지만 꾸준히 읽고 듣다 보면 익숙해질 거예요. 그래도 100은 간단히 cent 썽이라고 읽으니 걱정 마세요!

감사하다①

감사합니다.

Merci.
메흐씨

정말 감사합니다.

Merci beaucoup.
메흐씨 보꾸

Merci mille fois.
메흐씨 밀 푸아

Je vous remercie beaucoup.
즈 부 흐메흐씨 보꾸

여러모로 감사합니다.

Merci pour tout.
메흐씨 뿌흐 뚜

그렇게 말씀해 주시니 감사합니다.

Je vous remercie de dire cela.
즈 부 흐메흐씨 드 디흐 쓸라

Je vous remercie de parler ainsi.
즈 부 흐메흐씨 드 빠흘레 앵씨

당신께 진 빚을 평생 잊지 않겠습니다.

Je n'oublierai jamais ma dette envers vous.
즈 누블리헤 자메 마 뎃뜨 엉베 부

와 주셔서 감사합니다.

Merci d'être venu(e).
메흐씨 데트흐 브뉘

도와주셔서 대단히 감사합니다.

Merci beaucoup de votre aide.
메흐씨 보꾸 드 보트흐 에드

Merci de m'avoir aidé.
메흐씨 드 마부아 에데

감사하다②

신경 써 주셔서 고마워요.

Merci d'avoir pensé à moi.
메흐씨 다부아 뻥쎄 아 무아

초대에 감사드립니다.

Je vous remercie de m'avoir invité.
즈 부 흐메흐씨 드 마부아 앵비떼

기회를 주셔서 감사합니다.

Merci de m'avoir donné une chance.
메흐씨 드 마부아 도네 윈 샹쓰

길을 알려 주셔서 고마워요.

Merci de m'avoir guidé.
메흐씨 드 마부아 기데

시간 내 주셔서 감사합니다.

Merci de m'avoir accordé du temps.
메흐씨 드 마부아 아꼬흐데 뒤 떵

배려해 주셔서 감사합니다.

Merci de votre considération.
메흐씨 드 보트흐 꽁씨데하씨옹

기다려 줘서 고마워요.

Merci de m'avoir attendu.
메흐씨 드 마부아 아떵뒤

remercie / remercier 흐메흐씨/흐메흐씨에 v. 감사하다
oublierai / oublier 우블리헤/우블리에 v. 잊다, 잊어버리다
dette 뎃뜨 n.f. 빚, 신세, 은혜
accordé / accorder 아꼬흐데/아꼬흐데 v. 일치시키다, 맞추다

감사 인사에 대한 응답

천만에요.

De rien.
드 히엉

Je vous en prie.
즈 부 정 프히

Il n'y a pas de quoi.
일 니 아 빠 드 꾸아

오히려 제가 감사드리지요.

C'est plutôt moi qui vous remercie.
쎄 쁠뤼또 무아 끼 부 흐메흐씨

대단한 일도 아닌데요.

Ce n'est pas grave.
쓰 네 빠 그하브

Ce n'est pas important.
쓰 네 빠 쟁뽀흐땅

주저하지 말고 저에게 도움을 청하세요.

N'hésitez pas à me demander de l'aide.
네지떼 빠 아 므 드망데 드 레드

과찬입니다.

Vous me flattez.
부 므 플라떼

도움이 될 수 있어 기뻐요.

Je suis heureux (heureuse) d'avoir pu vous aider.
즈 쒸 죄흐 (죄흐즈) 다부아 쀠 부 제데

plutôt 쁠뤼또 ad. 오히려
grave 그하브 a. 중대한, 중요한
flattez/flatter 플라떼/플라떼
v. 기분좋게 하다, 우쭐하게 하다

사과하기

미안합니다.

Je suis désolé(e).
즈 쒸 데졸레

Désolé(e).
데졸레

Excusez-moi.
엑스뀌제무아

그 일에 대해서는 정말 미안해요.

Je suis vraiment désolé(e) pour cette affaire.
즈 쒸 브헤멍 데졸레 뿌흐 쎗뜨 아페흐

Je suis vraiment désolé(e) pour ce qu'il s'est passé.
즈 쒸 브헤멍 데졸레 뿌흐 쓰 낄 쎄 빠쎄

늦어서 죄송합니다.

Excusez mon retard.
엑스뀌제 몽 흐따

Excusez-moi du retard.
엑스뀌제무아 뒤 흐따

방해해서 죄송합니다.

Excusez-moi de vous déranger.
엑스뀌제무아 드 부 데항제

Je suis désolé(e) de vous interrompre.
즈 쒸 데졸레 드 부 쟁떼홍프흐

다시는 이런 일 없을 겁니다.

Ça ne se reproduira plus.
싸 느 쓰 흐프호뒤하 쁠뤼

기분 나빴다면 미안해요.

Je suis désolé(e) si vous avez été offensé.
즈 쒸 데졸레 씨 부 자베 에떼 오펑쎄

내가 잘못했을 때

제 잘못이에요.

C'est de ma faute.
쎄 드 마 포뜨

죄송해요, 제가 전부 망쳤네요.

Je suis navré(e), j'ai tout raté.
즈 쒸 나브헤, 줴 뚜 하떼

고의로 그런 건 아니었어요.

Je ne l'ai pas fait exprès.
즈 느 레 빠 페 엑스프해

Ce n'était pas mon intention.
쓰 네떼 빠 모 냉떵씨옹

제가 착각했어요.

Je me suis trompé(e).
즈 므 쒸 트홍뻬

제가 실수했어요.

J'ai fait une erreur.
줴 페 윈 에회

미안해요, 잊어버렸어요.

Désolé(e), j'ai oublié.
데졸레, 줴 우블리에

déranger 데항제 v. 방해하다, 가로막다
= interrompre 앵떼홍프흐
raté / rater 하떼/하떼 v. 실패하다, 그르치다, 망치다

타인이 잘못했을 때

그 사람 잘못이에요.

C'est de sa faute.
쎄 드 싸 포뜨

그를 너무 비난하지 마세요.

Ne lui faites pas trop de reproches.
느 뤼 페뜨 빠 트호 드 흐프호슈
Ne le critiquez pas trop.
느 르 크히띠께 빠 트호

그에게 다시 한번 기회를 주세요.

Donnez-lui encore une chance.
도네뤼 엉꼬흐 윈 샹쓰

제가 그를 도와줬어야 했나 봐요.

J'aurais dû l'aider.
조헤 뒤 레데

그는 자기가 뭘 잘못했는지 몰라요.

Il ne sait pas ce qu'il a fait de mal.
일 느 쎄 빠 쓰 낄 라 페 드 말

사과에 대한 응답

괜찮습니다.

Ce n'est pas grave.
쓰 네 빠 그하브

저야말로 사과드려야죠.

C'est moi qui dois m'excuser.
쎄 무아 끼 두아 멕스뀌제

지난 잘못은 잊읍시다.

Oublions les erreurs passées.
우블리옹 레 제회 빠쎄

걱정하지 마세요.

Ne vous inquiétez pas.
느 부 쟁끼에떼 빠

사과를 받아들일게요.

J'accepte vos excuses.
작쎕뜨 보 젝스뀌즈

critiquez / critiquer 크히띠께/크히띠께
v. 비판하다, 비난하다
erreur 에회 n.f. 잘못, 틀림
vous inquiétez / s'inquiéter 부 쟁끼에떼/쟁끼에떼
v. 걱정하다, 불안해하다
accepte / accepter 악쎕뜨/악쎕떼 v. 받아들이다
excuses 엑스뀌즈 n.f.pl. 사과

잘 알아듣지 못할 때

뭐라고요?

Pardon ?
빠흐동?

Comment ?
꼬멍?

무슨 말인지 제대로 못 들었어요.

Je n'ai pas bien entendu de quoi il s'agissait.
즈 네 빠 비엉 넝떵뒤 드 꾸아 일 싸지쎄

Je n'ai pas pu entendre de quoi il s'agissait.
즈 네 빠 쀠 엉떵드흐 드 꾸아 일 싸지쎄

한번 더 말해 주시겠어요?

Pouvez-vous répéter encore une fois ?
뿌베부 헤뻬떼 엉꼬흐 윈 푸아?

좀 더 천천히 말해 주세요.

Parlez plus lentement, s'il vous plaît.
빠흘레 쁠뤼 렁뜨멍, 씰 부 쁠레

좀 더 크게 말해 주세요.

Parlez plus fort, s'il vous plaît.
빠흘레 쁠뤼 포흐, 씰 부 쁠레

죄송하지만, 이해하지 못했어요.

Pardon, je n'ai pas compris.
빠흐동, 즈 네 빠 꽁프히

양해를 구할 때

실례지만, 지나가도 될까요?

Pardon, puis-je passer ?
빠흐동, 쀠즈 빠쎄?

잠시 실례하겠습니다. 곧 돌아올게요.

Veuillez m'excuser, je reviens dans un instant.
뵈이에 멕스뀌제, 즈 흐비엉 당 저 냉스땅

약속이 있어서 먼저 가 볼게요.

Je pars en premier car j'ai un rendez-vous.
즈 빠흐 엉 프흐미에 꺄흐 줴 엉 헝데부

Comme j'ai un rendez-vous, je pars en premier.
꼼 줴 엉 헝데부, 즈 빠흐 엉 프흐미에

잠깐 제 가방 좀 봐 주시겠어요? 금방 돌아올게요.

Est-ce que vous pouvez garder mon sac un instant ?
Je reviens tout de suite.
에스끄 부 뿌베 갸흐데 몽 싸끄 어 냉스땅?
즈 흐비엉 뚜 드 쒸뜨

죄송하지만, 조금 늦게 도착할 것 같아요.

Je suis désolé(e), mais je vais arriver un peu en retard.
즈 쒸 데졸레, 메 즈 베 아히베 엉 쁘 엉 흐따

entendu / entendre 엉떵뒤/엉떵드흐 v. 듣다, 들리다
fort(e) 포흐(뜨) a. 높은, (소리가) 큰, 강한
en premier 엉 프흐미에 우선, 먼저
rendez-vous 헝데부 n.m. 약속

긍정적으로 대답할 때

물론이죠.

Bien sûr.
비엉 쒸흐
Absolument.
압쏠뤼멍
Sûrement.
쒸흐멍

알겠습니다.

D'accord.
다꼬
J'ai compris.
줴 꽁프히
Entendu.
엉떵뒤

기꺼이 하죠.

Avec plaisir.
아베끄 쁠레지

문제없습니다.

(Il n'y a) Pas de problème.
(일 니 아) 빠 드 프호블램

좋아요!

Bien !
비엉!
Parfait !
빠흐페!
Génial !
제니알!

맞아요.

Oui, c'est ça.
위, 쎄 싸
Exactement.
에그작뜨멍

sûr(e) 쒸흐 a. 확실한, 틀림없는
absolument 압쏠뤼멍 ad. 절대적으로, 완전히
plaisir 쁠레지 n.m. 기쁨, 즐거움

꼭! 짚고 가기

비슷한 어휘들

우리말과 마찬가지로 프랑스어에도 쓰다 보면 비슷하지만 미묘한 차이가 있는 어휘가 있어요.

- **J'entends** 정떵 **vs. J'écoute** 줴꾸뜨
  둘 다 '듣는다'라는 뜻이지만 사전적 의미는 차이가 있어요. entendre 엉떵드흐는 내 의도와 상관없이 외부의 소리가 내 귀로 들려오는 것이고, écouter에꾸떼는 의도한 행동, 다시 말해 내가 주의를 기울여 듣는다는 의미예요.
  예를 들어 밖에서 멋진 음악 소리가 들려올 때는, 'J'entends de la musique. 정떵 들 라 뮈지끄'라고 쓸 수 있어요.
  그렇다면 내가 음악을 골라 듣고 있을 땐? 그럴 땐 'J'écoute de la musique. 줴꾸뜨 들 라 뮈지끄'라고 하지요.

- **Je comprends** 즈 꽁프헝 **vs. Je sais** 즈 쎄 **vs. Je connais** 즈 꼬네
  동사 comprendre 꽁프헝드흐와 savoir 싸부아 그리고 connaître 꼬네트흐까지 모두 '알다'란 의미를 가진 단어예요. 하지만 여기에도 차이가 있어요.
  comprendre는 '이해하다'로 해석되지요. 상대방의 처지에 공감하며 호응해 줄 때 'Je comprends'이라고 말할 수 있어요. 그렇지만 savoir는 달라요. 일반적으로 총체적이고 전반적인 이해를 뜻하며, 체험이나 지식 등을 통해 알 때 동사 savoir를 쓸 수 있어요.
  그렇다면 connaître는?
  'Je connais Nicolas 즈 꼬네 니꼴라 (니콜라라는 친구를 잘 안다)'처럼 주로 경험을 통해 아는 것, 익숙해져서 아는 것을 표현할 때 써요. 더 나아가 '누군가를 만났다'고 표현할 때도 쓸 수 있어요. 혹은 '내가 이 지역은 잘 안다'라고 할 때도 쓴다는 것, 기억해 두세요!

부정적으로 대답할 때

\# 전 모르겠네요.

Je ne sais pas.
즈 느 쎄 빠

\# 저는 이해 못했어요.

Je n'ai pas compris.
즈 네 빠 꽁프히

\# 아무것도 아니에요.

Ce n'est rien. (흔히 C'est rien이라고 줄여서 말함)
쓰 네 히엉

\# 아직이에요.

Pas encore.
빠 정꼬흐

\# 물론 아니죠.

Pas forcément.
빠 포흐쎄멍

Ce n'est pas sûr.
쓰 네 빠 쒸흐

\# 말도 안 돼요!

C'est impossible !
쎄 땡뽀씨블르!

Ce n'est pas possible !
쓰 네 빠 뽀씨블르!

완곡히 거절할 때

\# 죄송하지만 전 못하겠어요.

Je suis désolé(e) mais je ne peux pas.
즈 쒸 데졸레 메 즈 느 쁘 빠

\# 전 그렇게 생각하지 않아요.

Je ne pense pas ainsi.
즈 느 뻥쎄 빠 쟁씨

\# 좋은 생각 같진 않네요.

Je pense que ce n'est pas une bonne idée.
즈 뻥쓰 끄 쓰 네 빠 쥔 본 이데

\# 지금은 좀 어려울 것 같아요.

Maintenant, c'est un peu difficile.
맹뜨넝, 쎄 떵 쁘 디피씰

\# 다시 생각해 보는 게 나을 것 같아요.

Il vaudrait mieux qu'on y repense.
일 보드헤 미으 꽁 이 흐뻥쓰

ainsi 앵씨 ad. 이렇게, 그처럼

repense / repenser 흐뻥쓰/흐뻥쎄
v. 다시 생각하다, 재고하다

il vaudrait mieux 일 보드헤 미으
~하는 편이 나을 것 같다

여기서 잠깐!

'어렵다, 힘들다'는 뜻의 difficile 디피씰과 비슷한 의미의 단어로 dur 뒤흐가 있습니다. 우리말 뜻으로 볼 때는 큰 차이가 없지만 difficile은 난이도가 높아서 해결하기 어려운 것, 상황에 의해 난처하고 곤란해져 힘들다는 것을 가리키는 말입니다. dur는 육체적으로나 감정적으로 견디기 힘든 것, 또는 가혹하거나 엄격한 것을 의미합니다.

기타 대답

\# 아마도.

Peut-être.
쁘떼트흐
Sans doute.
쌍 두뜨
Probablement.
프호바블르멍

\# 그건 경우에 따라 달라요.

Ça dépend.
싸 데뻥

\# 믿을 수 없어.

C'est incroyable.
쎄 땡크후아이야블르
Je ne peux pas le croire.
즈 느 쁘 빠 르 크후아흐

\# 장난치지 마!

Sans blague !
쌍 블라그!
Tu m'étonnes !
뛰 메똔!

\# 생각 좀 해 볼게요.

J'y réfléchirai.
쥐 헤플레시헤
J'y songerai.
쥐 쏭즈헤

\# 그럴 기분 아니에요.

Je ne suis pas d'humeur à ça.
즈 느 쒸 빠 뒤뫼 아 싸

\# 다음에 다시 이야기해요.

Reparlons-en plus tard.
흐빠흘롱정 쁠뤼 따흐
Reparlons-en un autre jour.
흐빠흘롱정 어 노트흐 주흐

맞장구칠 때

\# 맞아요.

Vous avez raison.
부 자베 헤종

\# 저도요.

Moi aussi.
무아 오씨

\# 그게 바로 제 생각이에요.

C'est exactement ce que je pense.
쎄 떼그짝뜨멍 쓰 끄 즈 뻥스
Je pense pareil.
즈 뻥쓰 빠헤이

\# 좋은 생각이에요.

C'est une bonne idée.
쎄 뛴 본 이데

\# 동의합니다.

Je suis d'accord.
즈 쒸 다꼬
J'y consens.
쥐 꽁썽

\# 이의 없습니다.

(Il n'y a) Pas d'opposition.
(일 니 아) 빠 도뽀지씨옹
Je n'ai rien à dire contre cela.
즈 네 히엉 아 디흐 꽁트흐 쓸라

peut-être 쁘떼트흐 ad. 아마, 어쩌면
sans doute 쌍 두뜨 아마
incroyable 앵크후아이야블르 a. 믿을 수 없는
croire 크후아흐 v. 믿다, 확신하다
blague 블라그 n.f. 허풍, 장난
étonnes / étonner 에똔/에또네 v. 놀라게하다
réfléchirai / réfléchir 헤플레쒸헤/헤플레쉬 v. 곰곰이 생각하다, 숙고하다
consens / consentir 꽁썽/꽁썽띠 v. ~에 동의하다

맞장구치지 않을 때

별로 좋은 생각 같진 않네요.

Ça ne me semble pas être une bonne idée.
싸 느 므 썽블르 빠 제트흐 윈 본 이데

꼭 그렇지는 않아요.

Pas nécessairement.
빠 네쎄쎄흐멍

그게 항상 옳다고 할 수는 없죠.

On ne peut pas dire que ce soit toujours correct.
옹 느 쁘 빠 디흐 끄 쓰 쑤아 뚜주 꼬헥뜨

저는 좀 생각이 달라요.

Je pense différemment.
즈 뻥쓰 디페하멍

Je ne suis pas de votre avis.
즈 느 쒸 빠 드 보트흐 아비

정말 그렇게 생각하세요?

Pensez-vous vraiment ainsi ?
뻥쎄부 브헤멍 앵씨?

반대할 때

저는 반대합니다.

Je suis contre.
즈 쒸 꽁트흐

Je m'y oppose.
즈 미 오뽀즈

그 계획에 반대합니다.

Je suis contre ce projet.
즈 쒸 꽁트흐 쓰 프호제

Je m'oppose à ce projet.
즈 모뽀즈 아 쓰 프호제

Je réprouve ce projet.
즈 헤프후브 쓰 프호제

전 당신에게 동의하지 않아요.

Je ne suis pas d'accord avec vous.
즈 느 쒸 빠 다꼬흐 아베끄 부

전 당신을 지지하지 않아요.

Je ne peux pas vous appuyer.
즈 느 쁘 빠 부 자쀠이예

당신의 의견은 이 계획에 적절하지 않은 것 같네요.

Votre opinion ne me semble pas convenir à ce projet.
보트흐 오삐니옹 느 므 썽블르 빠 꽁브니 아 쓰 프호제

여기서 잠깐!

접속법은 실제 현실과 무관하게 화자의 머릿속에서 떠오른 주관적인 생각을 나타낼 때 쓰는 어법입니다. 즉 현실에서 일어나지 않았거나 일어나지 않을 사실들을 표현할 때 씁니다.
'On ne peut pas dire que ce soit toujours correct. 옹 느 쁘 빠 디흐 끄 쓰 쑤아 뚜주 꼬헥뜨'에서도 être 에트흐 동사의 접속법 현재 형태인 soit 쑤아가 쓰였습니다. 실제로 '그게 항상 옳다'는 것은 사실이 아니며, 앞으로도 일어나지 않을 가정된 상황을 언급하는 것이기 때문에 접속법이 쓰인 것이지요.

contre 꽁트흐 ad. 반대로, 반대하여
nécessairement 네쎄쎄흐멍 ad. 반드시, 필수적으로
avis 아비 n.m. 견해, 의견
réprouve / réprouver 헤프후브/헤프후베 v. 부인하다, 반대하다
appuyer 아쀠이에 v. 지지하다, 지원하다
convenir 꽁브니 v. 맞다, 적절하다

주의를 줄 때 ①

\# 조심해요!

Faites attention !
페뜨 아떵씨옹!

Soyez prudent(e)(s) !
쑤아이예 프뤼덩(뜨)!

\# 차 조심해요.

Prenez garde aux voitures.
프흐네 갸흐드 오 부아뛰흐

Attention à la voiture ! (바로 앞에 차가 있을 때)
아떵씨옹 알 라 부아뛰흐!

\# 앞에 조심해!

Attention devant !
아떵씨옹 드방!

\# 조용히 해 주세요.

Silence, s'il vous plaît.
씰렁쓰, 씰 부 쁠레

Faites silence.
페뜨 씰렁쓰

\# 시끄러워요!

Taisez-vous !
떼제부!

\# 성급하게 굴지 마세요.

Ne soyez pas impatient(e)(s).
느 쑤아이예 빠 쟁빠씨엉(뜨)

Soyez patient(e)(s).
쑤아이예 빠씨엉(뜨)

\# 서둘러! 시간이 얼마 없어.

Dépêche-toi !
On n'a pas assez de temps.
데뻬슈뚜아! 옹 나 빠 자쎄 드 떵

Vite ! Le temps presse.
비뜨! 르 떵 프헤쓰

주의를 줄 때 ②

\# 그를 너무 믿지 마. 거짓말쟁이라고.

Ne le crois pas trop. C'est un menteur.
느 르 크후아 빠 트호. 쎄 떵 멍뙤

\# 제발 나 좀 귀찮게 하지 마.

Ne me dérange pas, s'il te plaît.
느 므 데항즈 빠, 씰 뜨 쁠레

Je t'en prie, ne m'embête pas !
즈 떵 프히, 느 멍베뜨 빠!

\# 장난 그만둬.

Ne plaisante pas.
느 쁠레장뜨 빠

\# 역에서 소매치기를 조심하세요.

Faites attention aux pickpockets dans la gare.
페뜨 아떵씨옹 오 삑뽀께 당 라 갸흐

\# 이곳은 촬영 금지입니다.

Il est interdit de prendre des photos.
일 레 땡떼흐디 드 프헝드흐 데 포또

\# 밤에 시끄럽게 하지 마세요.

Ne faites pas de bruit la nuit.
느 페뜨 빠 드 브휘 라 뉘

\# 반려견은 출입 금지입니다.

Les chiens sont interdits d'entrée.
레 쉬엉 쏭 땡떼흐디 덩트헤

\# 여긴 주차 금지 구역이에요.

Il est interdit de stationner ici.
일 레 땡떼흐디 드 스따씨오네 이씨

충고할 때①

\# 최선을 다해라.

Fais de ton mieux.
페 드 똥 미으

\# 너무 심각하게 받아들이지 마.

Ne le prends pas si sérieusement.
느 르 프헝 빠 씨 쎄히으즈멍

\# 신중하게 행동해.

Agis avec prudence.
아지 아베끄 프휘덩쓰

Agis avec discrétion.
아지 아베끄 디스크헤씨옹

\# 이 말 명심해.

Sois attentif (attentive) à ces paroles.
쑤아 아떵띠프 (아떵띠브) 아 쎄 빠홀

Rappelle-toi bien de ces paroles.
하뻴뚜아 비엉 드 쎄 빠홀

\# 무엇이든 꾸준히 하는 게 중요해.

C'est important de faire les choses régulièrement.
쎄 땡뽀흐땅 드 페흐 레 쇼즈 헤귈리애흐멍

C'est important de faire les choses sur le long terme.
쎄 땡뽀흐땅 드 페흐 레 쇼즈 쒸흐 르 롱 떼흠므

\# 시간을 아껴 쓰렴.

Ménage ton temps.
메나즈 똥 떵

\# 절대 물러서지 마.

Ne va jamais à reculons.
느 바 자메 아 흐뀔롱

충고할 때②

\# 새로운 일을 시도하는 것을 주저하지 마.

N'hésite pas à essayer de nouvelles choses.
네지뜨 빠 아 에쎄이예 드 누벨 쇼즈

\# 앞으로 더 좋은 기회가 있을 거야.

Il y aura une meilleure opportunité dans l'avenir.
일 리 오하 윈 메이외흐 오뽀흐뛰니떼 당 라브니

\# 항상 웃는 얼굴로 사람들을 대하렴.

Fais toujours face aux gens avec le sourire.
페 뚜주 파쓰 오 정 아베끄 르 쑤히흐

\# 실패를 두려워하지 마.

Ne crains pas l'échec.
느 크랭 빠 레쉐끄

\# 실수를 두려워하지 마.

N'aie pas peur de faire un faux pas.
네 빠 뾔흐 드 페흐 엉 포 빠

\# 너무 기대하지 마.

N'espère pas trop.
네스빼흐 빠 트호

\# 틈틈이 쉬는 게 좋아.

C'est bien de régulièrement faire une pause.
쎄 비엉 드 헤귈리애흐멍 페흐 윈 뽀즈

\# 항상 침착함을 잃지 마.

Ne perds jamais ton sang-froid.
느 뻬흐 자메 똥 쌍프후아

Garde toujours ton calme.
갸흐드 뚜주 똥 꺌므

존경

저는 그 선생님을 존경해요.

Je respecte ce professeur.
즈 헤스뻭뜨 쓰 프호페쐬

많은 이들이 그를 존경해요.

Beaucoup de monde lui porte du respect.
보꾸 드 몽드 뤼 뽀흐뜨 뒤 헤스뻬
Il a l'estime de beaucoup de gens.
일 라 레스띰 드 보꾸 드 정

그는 정말 존경스러운 예술가예요.

Il est un artiste estimable.
일 레 떠 나흐띠스뜨 에스띠마블르

그의 재능을 높이 평가해요.

Je pense qu'il a un très grand talent.
즈 뻥쓰 낄 라 엉 트해 그항 딸렁

우린 그에게 배울 점이 많아요.

Il a beaucoup de choses à nous apprendre.
일 라 보꾸 드 쇼즈 아 누 자프헝드흐
Nous avons beaucoup de choses à apprendre de lui.
누 자봉 보꾸 드 쇼즈 아 아프헝드흐 드 뤼

그 사람처럼 되고 싶어요.

Je veux être comme lui.
즈 브 제트흐 꼼 뤼

능력이 대단하시네요.

Vos compétences sont remarquables.
보 꽁뻬떵쓰 쏭 흐마흐꺄블르

칭찬

훌륭해요!

C'est bien ! (상대방의 행동 등을 칭찬할 때)
쎄 비엉!
Bravo !
브하보!
Extra !
엑스트하!
C'est parfait !
쎄 빠흐페!
C'est bon ! (주로 음식의 맛이 훌륭함을 칭찬할 때)
쎄 봉!

굉장해요!

C'est merveilleux !
쎄 메흐베이으!

멋져요!

C'est magnifique !
쎄 마뉘피끄!
Superbe ! / Chic ! / La classe !
쒸뻬흐브! / 쉬끄! / 라 끌라쓰!

잘하셨습니다.

Vous avez bien fait.
부 자베 비엉 페

너 오늘 멋진데! (외모에 대한 칭찬)

Tu as la classe aujourd'hui !
뛰 아 라 끌라쓰 오주흐뒤!

진짜 예쁘다!

C'est très joli(e) !
쎄 트해 졸리!

비교가 안 되네!

C'est incomparable !
쎄 땡꽁빠하블르!

merveilleux (merveilleuse) 메흐베이으 (메흐베이으즈)
a. 굉장한, 훌륭한
magnifique 마뉘피끄, classe 끌라쓰
a. 굉장한, 멋진, 황홀한

격려

기운 내!

Courage !
꾸하즈!
Bon courage !
봉 꾸하즈!

행운을 빌어.

Bonne chance.
본 샹쓰

포기하지 마.

N'abandonne pas.
나방돈 빠
Ne renonce pas.
느 흐농쓰 빠
Ne baisse pas les bras.
느 베쓰 빠 레 브하

자신감을 가져.

Sois confiant(e).
쑤아 꽁피앙(뜨)
Crois en toi.
크후아 엉 뚜아
Aie confiance en toi.
에 꽁피앙쓰 엉 뚜아

난 항상 네 편이야.

Je suis toujours de ton côté.
즈 쒸 뚜주 드 똥 꼬떼
Je serai toujours ton allié(e).
즈 쓰헤 뚜주 또 날리에
Je suis toujours avec toi.
즈 쒸 뚜주 아베끄 뚜아

좋은 결과가 있을 거야.

Tu peux obtenir de bons résultats.
뛰 쁘 옵뜨니 드 봉 헤쥘따
Tu vas réussir.
뛰 바 헤위씨

부탁

좀 부탁드려도 될까요?

Puis-je vous demander une faveur ?
쀠즈 부 드망데 윈 파뵈?

좀 도와주시겠어요?

Est-ce que vous pouvez m'aider ?
에스끄 부 뿌베 메데?

그것 좀 가져다주시겠어요?

Vous pouvez m'apporter cela, s'il vous plaît ?
부 뿌베 마뽀흐떼 쓸라, 씰 부 쁠레?

창문 좀 닫아 주세요.

Fermez la fenêtre, s'il vous plaît.
페흐메 라 프네트흐, 씰 부 쁠레

저와 같이 이것 좀 들어 주실래요?

Pouvez-vous porter cela avec moi ?
뿌베부 뽀흐떼 쓸라 아베끄 무아?

renonce/renoncer 흐농쓰/흐농쎄 v. 포기하다
baisse/baisser 베쓰/베쎄 v. 낮추다, 굽히다
réussir 헤위씨 v. 성공하다, 좋은 결과를 얻다
faveur 파뵈 n.f. 호의, 은혜
fermez/fermer 페흐메/페흐메 v. 닫다

재촉

서둘러!

Fais vite !
페 비뜨!
Vite !
비뜨!
Dépêche-toi !
데뻬슈뚜아!

어서 출발합시다.

Partons rapidement.
빠흐똥 하삐드멍

전 좀 급해요.

Je suis un peu pressé(e).
즈 쒸 정 쁘 프헤쎄

기한이 내일까지예요.

La date limite est demain.
라 다뜨 리미뜨 에 드맹

우린 시간이 없어요.

Nous n'avons pas de temps.
누 나봉 빠 드 떵

논문 제출이 내일까지예요.

Nous n'avons que jusqu'à demain pour présenter la thèse.
누 나봉 끄 쥐스꺄 드맹 뿌흐 프헤정떼 라 때즈

vite 비뜨 ad. 빨리
dépêche / dépêcher 데뻬슈/데뻬쉐 v. 서두르다
pressé(e) 프헤쎄 a. 바쁜, 긴급한

꼭! 짚고 가기

짧지만 유용한 한마디

프랑스인과 대화를 나눌 때 간단하게 호응을 해주고 싶은 순간이 있지요. 길고 복잡한 문장만 생각하다 보면 정작 상대방의 이야기에 맞장구 칠 여유는 잃을 수 있어요. 그럴 때를 대비해서 간단하지만 대화에 자연스러운 흐름을 더하는 표현들을 알아봅시다.

- Allez 알레
  자, 어서
  (일을 진행시키려 할 때)
- Allez-y 알레지, Vas-y 바지
  어서 해
  (앞서 구체적인 지시 내용이 있을 때)
- Alors 알로
  그리고, 그래서
  (접속사의 역할을 할 때)
  자, 그래
  (문두에서 자주 쓰임)
- Bon ! 봉!
  좋아!
  ('좋다'는 의미도 있지만, 상황을 끝내고 싶을 때 '좋아, 그럼 됐지!'의 의미로 사용)
- Ça alors ! 싸 알로!
  세상에! 저럴 수가!
- Mais oui ! 메 위!
  그럼! 물론이지!
- Voilà 부알라
  자, 여기요
- Voyons 부아이용
  자, 봅시다

긍정적 추측

그럴 것 같았어요.

C'est (bien) ce qu'il me semblait.
쎄 (비엉) 쓰 낄 므 썽블레

잘될 거예요.

Ça ira.
싸 이하

그는 좋은 남자 같아요.

Il a l'air d'être un homme bien.
일 라 레흐 데트흐 어 놈 비엉

당신이 성공할 거라 생각해요.

Je crois que vous réussirez.
즈 크후아 끄 부 헤위씨헤

충분히 가능해요.

C'est bien possible.
쎄 비엉 뽀씨블르

예상했던 대로예요.

C'est ce qu'on avait prévu.
쎄 쓰 꼬 나베 프헤뷔
On n'est pas déçu.
옹 네 빠 데쒸

prévu / prévoir 프헤뷔/프헤부아
v. 예상하다, 예견하다
déçu / décevoir 데쒸/데쓰부아
v. 저버리다, 실망시키다

부정적 추측

불길한 예감이 들어요.

J'ai un mauvais pressentiment.
줴 엉 모베 프헤썽띠멍

그는 결국 해내지 못할 거예요.

Au final, il n'y arrivera pas.
오 피날, 일 니 아히브하 빠

시험에 통과하지 못할 것 같아요.

Je pense que je ne réussirai pas l'examen.
즈 뻥쓰 끄 즈 느 헤위씨헤 빠 레그자멍

최악의 사태가 생길 거라고 예상하지 못했어요.

Je ne pensais pas que le pire arriverait.
즈 느 뻥쎄 빠 끄 르 삐흐 아히브헤

가능성이 거의 없어요.

Il est peu probable.
일 레 쁘 프호바블르
Il n'est guère possible.
일 네 개흐 뽀씨블르

pressentiment 프헤썽띠멍 n.m. 예감, 전조
pire 삐흐 n.m. 최악, 가장 나쁜 것
peu 쁘 ad. 별로(거의) ~않다
probable 프호바블르 a. 그럴듯한, 가능성이 있는
ne ~ guère 느 ~ 개흐 거의 ~않다

동정

\# 참 안됐군요.

C'est dommage.
쎄 도마즈

Tant pis.
땅 삐

Quel dommage.
껠 도마즈

C'est malheureux.
쎄 말뢰흐

\# 그 일에 대해서 유감스럽습니다.

Je suis désolé(e) d'apprendre cela.
즈 쒸 데졸레 다프헝드흐 쓸라

\# 너무 실망하지 마세요.

Ne soyez pas trop déçu(e)(s).
느 쑤아이예 빠 트호 데쒸

\# 운이 나빴을 뿐이에요.

Vous n'avez pas eu de chance.
부 나베 빠 쥐 드 샹쓰

\# 다음엔 잘될 거예요.

Ça ira mieux la prochaine fois.
싸 이하 미으 라 프호쉔 푸아

Ça se passera mieux la prochaine fois.
싸 쓰 빠쓰하 미으 라 프호쉔 푸아

\# 더 좋은 기회가 있을 거예요.

Il y aura une meilleure opportunité.
일 리 오하 윈 메이외흐 오뽀흐뛰니떼

비난

\# 창피한 줄 알아요!

Honte à vous !
옹뜨 아 부!

\# 너 정신 나갔어?

Tu es fou (folle) ?
뛰 에 푸 (폴)?

Tu as perdu l'esprit ?
뛰 아 뻬흐뒤 레스프히?

\# 바보 같아!

C'est bête !
쎄 베뜨!

\# 유치하게 굴지 마.

Ne fais pas l'enfant.
느 페 빠 렁팡

\# 철 좀 들어라!

Grandi un peu !
그항디 엉 쁘!

\# 너 정말 뻔뻔하다.

Tu ne manques pas d'aplomb.
뛰 느 망끄 빠 다쁠롱

\# 그건 아무짝에도 쓸모없어.

Ça ne sert à rien.
싸 느 쎄흐 따 히엉

dommage 도마즈 n.m. 유감스러운 일, 손해, 손실
apprendre 아프헝드흐 v. (배워서, 들어서) 알다
honte 옹뜨 n.f. 치욕, 수치심, 창피함
fou (folle) 푸 (폴르) a. 미친, 머리가 돈
aplomb 아쁠롱 n.m. (비꼬는 의미에서) 뻔뻔스러움

Chapitre 02

사소한 일상에서도!

Chapitre 02

Unité 1 하루 생활

Unité 2 집

Unité 3 운전&교통

Unité 4 이사

Unité 5 전화

À la maison 집에서
알 라 메종

MP3. Word_C02

Réveille-toi ! 헤베이뚜아!, Lève-toi ! 래브뚜아! 일어나!	se lever 쓰 르베 v. 일어나다	se réveiller 쓰 헤베이에 v. 잠에서 깨다
	alarme 알라흠므 n.f. 알람	réveil 헤베이 n.m. 기상
À table ! 아 따블르! 밥 먹자!	cuisine 뀌진 n.f. 부엌	salle à manger 쌀 아 망제 식당
	table 따블르 n.f. 식탁	vaisselle 베쎌 n.f. 설거지 lave-vaisselle 라브베쎌 n.m. 식기세척기
	cuillère 뀌이애흐 n.f. 숟가락	fourchette 푸흐쉣뜨 n.f. 포크
	couteau 꾸또 n.m. 칼	baguettes 바겟뜨 n.f.pl. 젓가락
Prends une douche ! 프헝 윈 두슈! 샤워해야지!	salle de bain 쌀 드 뱅 욕실	toilettes 뚜알렛뜨 n.f.pl. 화장실
	baignoire 베뇨아흐 n.f. 욕조	lavabo 라바보 n.m. 세면대
	se brosser les dents 쓰 브호쎄 레 덩 이를 닦다	se laver les cheveux 쓰 라베 레 슈브 머리를 감다
	prendre une douche 프헝 윈 두슈 샤워하다	se laver le visage 쓰 라베 르 비자즈 세수하다

s'habiller 싸비에
v. 옷을 입다

robe 호브
n.f. 원피스

jupe 쥐쁘
n.f. 치마

T-shirt rayé 띠쉭 헤이예
줄무늬 티셔츠

chemise 슈미즈
n.f. 셔츠

veste 베스뜨
n.f. 재킷

pantalon 빵딸롱
n.m. 긴바지

chaussettes 쇼쎗뜨
n.f.pl. 양말(한 켤레)
chaussette 쇼쎗뜨
n.f. 양말(한 짝)

chaussures 쇼쒸흐
n.f.pl. 신발(한 켤레)
chaussure 쇼쒸흐
n.f. 신발(한 짝)

nettoyer 넷뚜아이예
v. 청소하다
nettoyage 넷뚜아이야즈
n.m. 청소

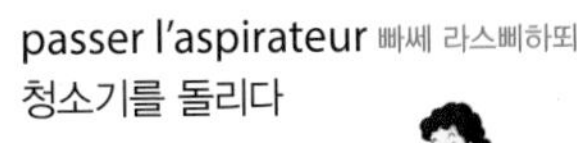

passer l'aspirateur 빠쎄 라스삐하뙤
청소기를 돌리다

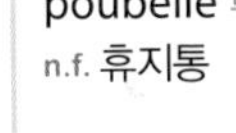

poubelle 뿌벨
n.f. 휴지통

déchet 데쉐
n.m. 쓰레기
poussière 뿌씨애흐
n.f. 먼지

recyclage 흐씨끌라즈
n.m. 재활용
tri sélectif 트히 셀렉띠프
분리수거

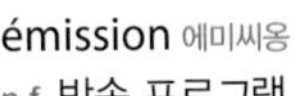

regarder la télévision
흐갸흐데 라 뗄레비지옹
텔레비전을 시청하다

émission 에미씨옹
n.f. 방송 프로그램

son 쏭
n.m. 소리

JT(Journal télévisé) de 20h
지떼(주흐날 뗄레비제) 드 뱅뙤흐
저녁 8시 뉴스

télécommande 뗄레꼬망드
n.f. 리모콘

faire la cuisine 페흐 라 뀌진 요리하다	réfrigérateur, 헤프히제하뙤 frigo 프히고 (구어) n.m. 냉장고	four 푸흐 n.m. 오븐
viande 비앙드 n.f. 고기	poisson 뿌아쏭 n.m. 생선	dessert 데쎄 n.m. 후식, 디저트
légume 레귐 n.m. 야채	tomate 또마뜨 n.f. 토마토	laitue 레뛰 n.f. 상추
poireau 뿌아호 n.m. 대파	ail 아이 n.m. 마늘	oignon 오뇽 n.m. 양파
fruit 프휘 n.m. 과일	pomme 뽐 n.f. 사과	poire 뿌아흐 n.f. 배
fraise 프헤즈 n.f. 딸기	clémentine 끌레멍띤 n.f. 귤	banane 바난 n.f. 바나나
pastèque 빠스때끄 n.f. 수박	pêche 빼슈 n.f. 복숭아	raisin 헤쟁 n.m. 포도
Allez, au lit ! 알레, 오 리!, C'est l'heure de se coucher ! 쎄 뢰흐 드 쓰 꾸쉐! 자, 잘 시간이야!	lit 리 n.m. 침대	oreiller 오헤이에 n.m. 베개
	sommeil 쏘메이 n.m. 잠 rêve 헤브 n.m. 꿈	couverture 꾸베흐뛰흐 n.f. 이불

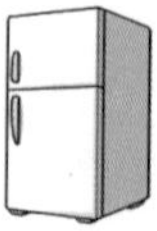

Sur la route 도로에서
쒸흐 라 후뜨

transport 트헝스뽀
n.m. 교통수단

trafic 트하픽끄
n.m. 교통

voiture 부아뛰흐
n.f. 자동차

moto 모또
n.f. 오토바이

vélo 벨로
n.m. 자전거

bus 뷔쓰
n.m. 버스

respecter le code de la route
헤스뻭떼 르 꼬드 드 라 후뜨
운전 법규를 지키다

ceinture de sécurité
쌩뛰흐 드 쎄뀌히떼
안전벨트

klaxon 끌락쏜
n.m. 경적

casque 까스끄
n.m. 헬멧

vitesse 비떼쓰
n.f. 속도

Il y a eu un accident.
일 리 아 위 어 낙씨덩
사고가 났어요.

excès de vitesse 엑쌔 드 비떼쓰
과속

conduire en téléphonant
꽁뒤흐 엉 뗄레포낭
운전 중 통화

conduite en état d'ivresse
꽁뒤뜨 어 네따 디브헤쓰
음주 운전

délit de fuite 델리 드 퓌뜨
뺑소니

se garer 쓰 갸헤
주차하다

stationnement 스따씨온느멍
n.m. 주차

parking 빠흐낑
n.m. 주차장

défense de stationner,
데펑스 드 스따씨오네

parking interdit
빠흐낑 앵떼흐디
주차 금지

Il y a beaucoup de circulation.
일 리 아 보꾸 드 씨흐뀔라씨옹
길이 꽉 막혔어요.

embouteillage 엉부떼이아즈
n.m. 교통 혼잡

bouchon 부숑
n.m. 교통체증

chantier 샹띠에
n.m. 공사

일어나기

\# 일어날 시간이야!

C'est l'heure de te lever !
쎄 뢰흐 드 뜨 르베!

\# 더 자고 싶어.

Laisse-moi dormir.
레쓰무아 도흐미

\# 일어나! 늦겠어.

Réveille-toi ! Tu vas être en retard.
헤베이뚜아! 뛰 바 제트흐 엉 흐따

\# 몇 시에 일어나니?

Tu te lèves à quelle heure ?
뛰 뜨 래브 아 껠 뢰흐?

\# 아침 여섯 시에 일어나.

Je me réveille à six heures du matin.
즈 므 헤베이 아 씨 죄흐 뒤 마땡

\# 알람이 있어야 깰 수 있어요.

J'ai besoin d'une alarme pour me réveiller.
줴 브주앙 뒨 알라흠므 뿌흐 므 헤베이에

\# 일어나기가 힘들어요.

J'ai le réveil difficile.
줴 르 헤베이 디피씰

J'ai du mal à me lever.
줴 뒤 말 아 므 르베

te lever / se lever 뜨 르베/쓰 르베 v. 잠자리에서 일어나다
être en retard 에트흐 엉 흐따 늦다
me réveille / se réveiller 므 헤베이/쓰 헤베이에 v. 깨어나다
alarme 알라흠므 n.f. 알람

씻기

\# 손부터 씻으렴.

D'abord, lave-toi les mains.
다보, 라브뚜아 레 맹

\# 이 닦고 세수했어요.

Je me suis brossé les dents et lavé le visage.
즈 므 쒸 브호쎄 레 덩 에 라베 르 비자즈

\# 달리기를 한 후에는 샤워를 하지요.

Après avoir couru, je prends une douche.
아프해 자부아 꾸휘, 즈 프헝 윈 두슈

\# 미지근한 물로 샤워하렴.

Douche-toi à l'eau tiède.
두슈뚜아 아 로 띠애드

\# 욕조에 물을 받아 놓으려고 해요.

Je vais me faire couler un bain.
즈 베 므 페흐 꿀레 엉 뱅

\# 매일 아침 머리를 감아요.

Je me lave les cheveux tous les matins.
즈 므 라브 레 슈브 뚜 레 마땡

d'abord 다보 먼저, 우선
lave-toi / se laver 라브뚜와/쓰 라베 v. 몸을 씻다
main 맹 n.f. 손
me suis brossé / se brosser les dents
므 쒸 브호쎄/쓰 브호쎄 레 덩 이를 닦다
dent 덩 n.f. 치아
tiède 띠애드 a. 미지근한
cheveux 슈브 n.f.pl. 머리카락

식사

\# 뭐 먹을까요?

Qu'est-ce qu'on mange ?
께스꽁 망즈?

\# 피자 시킬까요?

Si on commandait une pizza ?
씨 옹 꼬망데 윈 삐자?

\# 5분이면 식사 준비가 끝나요.

Le repas sera prêt dans cinq minutes.
르 흐빠 쓰하 프헤 당 쌩 미뉘뜨

\# 샐러드는 제가 이미 준비해 놓았어요.

J'ai déjà préparé une salade.
줴 데자 프헤파헤 윈 쌀라드

\# 자, 식탁에 접시 놓을게요.

Bon, je vais mettre le couvert sur la table.
봉, 즈 베 메트흐 르 꾸베 쒸흐 라 따블르

\# 밥 먹자!

À table !
아 따블르!

\# 주말이 아니면 아침을 먹는 일이 거의 없어요.

Je prends rarement un petit déjeuner sauf pendant les week-ends.
즈 프헝 하흐멍 엉 쁘띠 데죄네 소프 뻥당 레 위껜드

\# 배고프니?

As-tu faim ?
아뛰 팽?

\# 다 먹었니?

As-tu fini de manger ?
아뛰 피니 드 망제?

꼭! 짚고 가기

déjeuner와 petit déjeuner

하루 세 끼를 프랑스어로 뭐라 할까요? 아침 식사는 petit déjeuner 쁘띠 데죄네, 점심 식사는 déjeuner 데죄네, 저녁 식사는 dîner 디네라고 부릅니다. 특이한 점이라면 아침 식사를 'petit déjeuner(작은 점심)'라고 한다는 것입니다.
역사를 거슬러 올라가면, 17세기만 해도 오전에 하는 식사를 déjeuner, 정오 경에 하는 식사를 dîner라고 불렀고, 저녁에 하는 식사는 souper 쑤뻬라고 불렀답니다. 하지만 식사 시간이 점차 늦어지면서 déjeuner는 낮 시간에 먹고, dîner는 저녁으로 밀려난 나머지 18세기 말 공화정 시대 관료들은 일하러 가기 전 déjeuner를 간단히 해결하고, dîner는 오후 5시 정도에 먹는 지경에 이르렀다고 합니다. 그러면서 déjeuner가 점차 오전에 가볍게 먹는 식사와 낮에 먹는 식사로 나뉘게 되었고, 20세기 초에는 사전에 déjeuner는 아침 내지 한낮에 먹는 식사, dîner는 저녁 식사, souper는 저녁 또는 한밤에 먹는 식사로 등재되었지요. 이러한 개념이 더 발전하여 아침 시간 가볍게 먹는 déjeuner를 뜻하는 petit déjeuner라는 용어가 20세기 중반에 등장한 거랍니다.
이러한 변화를 거쳐 오늘날 프랑스에서는 아침 식사를 petit déjeuner라 부르는 것이 완전히 굳어졌지요. 하지만 캐나다 퀘벡 지역은 예외예요. 퀘벡에서는 여전히 아침 식사를 déjeuner, 점심 식사를 dîner, 저녁 식사를 souper라고 한답니다.

옷 입기 & 화장하기

전 화장을 하고 옷 입어요.

Je me maquille puis je m'habille.
즈 므 마끼 쀠 즈 마비

화장하는 데 시간이 얼마나 걸리세요?

Combien de temps mettez-vous à vous maquiller ?
꽁비엉 드 떵 메떼부 아 부 마끼에?

저는 화장하는 데 시간이 오래 걸려요.

Je mets beaucoup de temps à me maquiller.
즈 메 보꾸 드 떵 아 므 마끼에

레아는 푸른색 예쁜 원피스를 입었어요.

Léa porte une jolie robe bleue.
레아 뽀흐뜨 윈 졸리 호브 블르

전 항상 까만 옷을 입지요.

Je m'habille toujours en noir.
즈 마비 뚜주 엉 누아

제 핑크색 와이셔츠에는 어떤 넥타이를 골라야 할까요?

Quelle cravate choisir avec ma chemise rose ?
껠 크하바뜨 슈아지 아베끄 마 슈미즈 호즈?

면접 때는 어떻게 입을까요?

Comment je m'habille pour un entretien d'embauche ?
꼬멍 즈 마비 뿌흐 어 넝트흐띠엉 덩보슈?

me maquille / se maquiller 므 마끼/쓰 마끼에 v. 화장하다
robe 호브 n.f. 원피스
cravate 크하바뜨 n.f. 넥타이
chemise 슈미즈 n.f. 셔츠
m'habille / s'habiller 마비/싸비에 v. 옷을 입다

TV 보기

텔레비전을 켰어요.

J'ai allumé la télévision.
줴 알뤼메 라 뗄레비지옹

텔레비전을 껐어요.

J'ai éteins la télévision.
줴 에땡 라 뗄레비지옹

텔레비전 소리는 어떻게 줄이죠?

Comment baisser le son de la télé ?
꼬멍 베쎄 르 쏭 들 라 뗄레?

당신이 좋아하는 프로그램은 무엇인가요?

Quelle est votre émission préférée ?
껠 레 보트흐 에미씨옹 프헤페헤?

리모콘 좀 주렴.

Donne-moi la télécommande.
돈무아 라 뗄레꼬망드

생방송 저녁 8시 뉴스를 봐요.

Je regarde le JT de vingt heures en direct.
즈 흐갸흐드 르 지떼 드 뱅 뙤흐 엉 디혝

allumé / allumer 알뤼메/알뤼메 v. 켜다
éteins / éteindre 에땡/에땡드흐 v. 끄다
émission 에미씨옹 n.f. 방송
son 쏭 n.m. 소리
télécommande 뗄레꼬망드 n.f. 리모콘
JT/Journal télévisé 제떼/주흐날 뗄레비제 뉴스
en direct 엉 디헥 생방송

잠자리 들기

\# 자, 잘 시간이야!

Allez, au lit !
알레, 오 리!

\# 자기 싫어요.

Je ne veux pas dormir.
즈 느 브 빠 도흐미

\# 졸려요.

J'ai sommeil.
줴 쏘메이

\# 침대에 누우렴.

Allonge-toi sur ton lit.
알롱즈뚜아 쒸흐 똥 리

\# 불을 어둡게 하세요.

Éteignez les lumières.
에떼녜 레 뤼미애흐

\# 자기 전에는 술 마시지 마세요.

Évitez de boire de l'alcool avant d'aller vous coucher.
에비떼 드 부아흐 드 랄꼴 아방 달레 부 꾸쉐

dormir 도흐미 v. 자다
allonge/allonger 알롱즈/알롱제 v. 눕다
lit 리 n.m. 침대
évitez/éviter 에비떼/에비떼 v. 피하다

여기서 잠깐!

'지하철을 타고, 출근하여 일을 하고, 잠이 드는', 쳇바퀴를 돌리는 듯한 현대인의 일상을 표현할 때 'métro 메트호 (지하철), boulot 불로 (일), dodo 도도 (잠)'라는 말을 사용합니다.

잠버릇

\# 저는 항상 늦게 자요.

Je me couche toujours trop tard.
즈 므 꾸슈 뚜주 트호 따흐

\# 잠들자마자 그는 코를 골기 시작했어요.

À peine endormi, il se mit à ronfler.
아 뻰 엉도흐미, 일 쓰 미 따 홍플레

\# 그 사람은 코 고는 게 큰 문제예요.

Le gros problème reste ses ronflements.
르 그호 프호블램 헤스뜨 쎄 홍플르멍

\# 자려고 하면 항상 할 일이 수도 없이 떠올라요.

Au moment d'aller me coucher, je trouve toujours mille choses à faire.
오 모멍 달레 므 꾸쉐, 즈 트후브 뚜주 밀 쇼즈 아 페흐

\# 인형 없이는 잠을 못 자요.

Je ne peux pas dormir sans mon doudou.
즈 느 쁘 빠 도흐미 쌍 몽 두두

\# 그는 자면서 뒤척여요.

Il se tourne dans son sommeil.
일 쓰 뚜흔느 당 쏭 쏘메이

me couche/se coucher 므 꾸슈/쓰 꾸쉐 v. 자다
ronfler 홍플레 v. 코를 골다
ronflement 홍플르멍 n.m. 코골이

숙면

\# 우리는 푹 잘 수 있었어요.

Nous avons pu dormir profondément.
누 자봉 쀠 도흐미 프호퐁데멍

\# 주말엔 부족한 잠을 몇 시간 보충해야 해요.

Pendant le week-end, je dois récupérer quelques heures de sommeil.
뻥당 르 위껜드, 즈 두아 헤뀌뻬헤 껠끄 죄흐 드 쏘메이

\# 잠이 안 와요.

Je n'arrive pas à dormir.
즈 나히브 빠 자 도흐미

\# 밤에 항상 몇 번이고 잠이 깨요.

Je me réveille toujours plusieurs fois par nuit.
즈 므 헤베이 뚜주 쁠뤼지외 푸아 빠흐 뉘

\# 잠이 얕아서 작은 소리에도 잠이 깨요.

J'ai un sommeil très léger,
le moindre petit bruit me réveille.
줴 엉 쏘메이 트해 레제, 르 무앙드흐 쁘띠 브휘 므 헤베이

\# 잘 잤는데도 피곤하네요.

Je suis fatigué(e) même si j'ai bien dormi.
즈 쒸 파띠게 멤 씨 줴 비엉 도흐미

\# 뜬눈으로 밤을 지새웠어요.

J'ai passé une nuit blanche.
줴 빠쎄 윈 뉘 블랑슈

꿈

\# 잘 자요!

Bonne nuit !
본 뉘!

\# 모두들 잘 자요!

Bonne nuit à tous !
본 뉘 아 뚜쓰!
Bon dodo à tous ! (친한 사이)
봉 도도 아 뚜쓰!

\# 진짜 같은 악몽을 꿨어요.

J'ai fait un cauchemar qui semblait réel.
줴 페 엉 꼬슈마 끼 썽블레 헤엘

\# 매일 밤 악몽을 꿔요.

Je fais des cauchemars toutes les nuits.
즈 페 데 꼬슈마 뚜뜨 레 뉘

\# 멋진 꿈을 꿨어요.

J'ai fait un rêve merveilleux.
줴 페 엉 헤브 메흐베이으

\# 해몽을 믿어도 될까요?

Faut-il croire à l'interprétation des rêves ?
포띨 크후아흐 아 랭떼흐프헤따씨옹 데 헤브?

dodo 도도 n.m. 잠
cauchemar 꼬슈마 n.m. 악몽
rêve 헤브 n.m. 꿈

화장실 사용

\# 화장실이 어디에 있나요?

Où sont les toilettes ?
우 쏭 레 뚜알렛뜨?

Où se trouvent les toilettes ?
우 쓰 트후브 레 뚜알렛뜨?

\# 화장실을 찾기가 어렵네요.

Il est difficile de trouver des toilettes.
일 레 디피씰 드 트후베 데 뚜알렛뜨

\# 화장실에 누구 있나요?

Il y a quelqu'un dans les toilettes ?
일 리 아 껠껑 당 레 뚜알렛뜨?

\# 전 화장실에 너무 자주 가요.

Je vais aux toilettes trop souvent.
즈 베 조 뚜알렛뜨 트호 쑤벙

\# 변기가 막혔어요.

Les WC sont bouchés.
레 두블르베쎄 쏭 부쉐

\# 세면대 꼭지가 꼼짝 안 해요.
(세면대 꼭지가 꽉 껴서 안 돌아가요.)

Le robinet du lavabo est coincé.
르 호비네 뒤 라바보 에 꾸앙쎄

robinet 호비네 n.m. 수도꼭지
coincé 꾸앙쎄 a. 움직이지 않는, 꼼짝 않는

여기서 잠깐!

toilettes 뚜알렛뜨는 항상 복수로 씁니다. WC 두블르베쎄는 영어 water closet 워터 클로짓의 약자이고요.

꼭! 짚고 가기

치아와 관련된 해몽과 표현

프랑스어로 '해몽'을 interprétation des rêves 앵떼흐프헤따씨옹 데 헤브라고 하지요. (onirocritique 오니호크히띠끄라는 표현도 있습니다.) 프로이트나 융의 연구 이후 꿈은 어떤 상징이며, 개인의 심리 상태를 대변하는 것으로 알려졌습니다. 꼭 그런 거창한 해석이 아니더라도 흥미 삼아 해몽을 알아보는 경우도 흔하지요.

우리나라에서는 흔히 친인척이 죽거나 직장을 잃고 치아가 빠지는 꿈은 흉몽이라고 알려져 있지요. 마찬가지로 프랑스에서도 이가 빠지는 꿈은 일반적으로 썩 좋지 않게 여긴다고 합니다. 치아는 생명력을 상징하기 때문에, 치아를 잃어버리는 것은 건강함이나 행복을 상실하는 것이라 여기는 것이지요. 치아는 가족을 상징하기도 하므로 이가 빠지는 꿈을 가족을 잃는 꿈이라 생각하기도 합니다. 가까운 친인척의 질병을 의미하기도 하고요.

어떤 공간에서 치아가 빠지는 꿈은 그 곳이 스트레스를 주고 있음을 암시한다고 하는데요, 이를 반영하는 듯한 표현도 있습니다. 'se casser les dents 쓰 꺄쎄 레 덩'이라는 표현은 직역하면 '이가 상하다'라는 뜻이지만, '실패하거나 제대로 처리하지 못한다'는 의미로도 자주 쓰인답니다.

화장실 에티켓

\# 세면대에는 아무것도 안 버려요.

Je ne jette rien dans le lavabo.
즈 느 젯뜨 히엉 당 르 라바보

\# 화장실 변기에 아무것도 버리지 마세요.

Prière de ne rien jeter dans la cuvette des WC.
프히애흐 드 느 히엉 즈떼 당 라 뀌벳뜨 데 두불르베쎄

\# 물을 내렸어요.

J'ai tiré la chasse d'eau.
줴 띠헤 라 샤쓰 도

\# 화장실에 쓰레기, 휴지, 위생용품을 버리지 마시오.

Ne pas jeter de déchets, de serviettes en papier ou de produits hygiéniques dans les toilettes.
느 빠 즈떼 드 데쉐, 드 쎄흐비옛뜨 엉 빠삐에 우 드 프흐뒤 이지에니끄 당 레 뚜알렛뜨

\# 휴지통을 이용해 주세요.

Veuillez utiliser la poubelle.
뵈이에 위띨리제 라 뿌벨

\# 침을 뱉지 않아요.

On ne crache pas.
옹 느 크하슈 빠

\# 물장난을 하지 않아요.

On ne joue pas avec l'eau.
옹 느 주 빠 아베끄 로

욕실에서

\# 욕실이 어디에 있나요?

Où est la salle de bain ?
우 에 라 쌀 드 뱅?

\# 욕조 청소를 해야 해요.

Il faut nettoyer votre baignoire.
일 포 넷뚜아이예 보트흐 베뇨아흐

\# 목욕하려고 해요.

Je vais prendre un bain.
즈 베 프헝드흐 엉 뱅

\# 샤워하는 데 얼마나 걸리나요?

Combien de temps restez-vous sous la douche ?
꽁비엉 드 떵 헤스떼부 수 라 두슈?

\# 전 하루에 세 번까지도 씻어요.

Je prends jusqu'à trois douches par jour.
즈 프헝 쥐스까 트후아 두슈 빠흐 주흐

cuvette 뀌벳뜨 n.f. 변기
serviette en papier 세흐비엣뜨 엉 빠삐에 휴지
hygiénique 이지에니끄 a. 위생의
crache / cracher 크하슈/크하쉐 v. 침을 뱉다
joue / jouer 주/주에 v. 놀다, 장난하다

거실에서

거실에서 음악을 들어요.

On écoute de la musique dans le salon.
오 네꾸뜨 들 라 뮈지끄 당 르 쌀롱

거실에는 소파가 하나 있어요.

Dans la salle de séjour, il y a un canapé.
당 라 쌀 드 쎄주, 일 리 아 엉 꺄나뻬

거실은 가족이 화목하게 어울리기에 좋은 공간이지요.

La salle de séjour peut avoir une influence positive sur l'harmonie de la famille.
라 살 드 쎄주 쁘 따부아 윈 앵플뤼엉스 뽀지띠브 쒸흐 라흐모니 들 라 파미이

거실을 리모델링하고 싶어요.

J'ai envie de réaménager ma salle de séjour.
줴 엉비 드 헤아메나제 마 쌀 드 쎄주

우리는 거실에 둘 낮은 탁자를 고르기 위해 여러 매장을 비교했어요.

Pour bien choisir la table basse de notre salon, on a comparé différents magasins.
뿌흐 비엉 슈아지 라 따블르 바쓰 드 노트흐 쌀롱, 오 나 꽁빠헤 디페헝 마갸쟁

salon 쌀롱 n.m. 거실
salle de séjour 쌀 드 쎄주 n.f. 거실
réaménager 헤아메나제 v. 정비하다, 개조하다
comparé/comparer 꽁빠헤/꽁빠헤 v. 비교하다

부엌에서

크기별로 프라이팬을 정리했어요.

J'ai rangé mes poêles par ordre de taille.
줴 항제 메 뿌알 빠흐 오흐드흐 드 따이

감자를 익혀요.

Je fais cuire les pommes de terre.
즈 페 뀌흐 레 뽐 드 떼흐

그는 채소를 모두 씻고서 양파 껍질을 벗겨요.

Il lave tous les légumes puis épluche l'oignon.
일 라브 뚜 레 레귐 쀠 에쁠뤼슈 로뇽

한 시간 동안 약불에 끓여요.

Je laisse bouillir à feu doux pendant une heure.
즈 레쓰 부이 아 프 두 뻥당 윈 외흐

어떻게 하면 태운 냄비를 다시 쓸 수 있을까요?

Comment récupérer une casserole brulée ?
꼬멍 헤뀌뻬헤 윈 꺄스홀 브휠레?

국자를 찾는 중이에요.

Je suis en train de chercher ma louche.
즈 쒸 정 트랭 드 쉐흐쉐 마 루슈

poêle 뿌알 n.f. 프라이팬
épluche/éplucher 에쁠뤼슈/에쁠뤼쉐 v. 껍질을 벗기다
casserole 꺄쓰홀 n.f. 냄비
louche 루슈 n.f. 국자

냉장고

\# 냉장고에 먹을 것이 있어요.

Il y a des trucs à manger dans le réfrigérateur.
일 리 아 데 트휙 아 망제 당 르 헤프히제하뙤

\# 고기를 냉장고에 넣으면 며칠 동안 보관할 수 있나요?

Combien de jours peut-on conserver la viande au réfrigérateur ?
꽁비엉 드 주흐 쁘똥 꽁세흐베 라 비앙드 오 헤프히제하뙤?

\# 냉장고에 넣기 전 과일과 채소를 씻어야 하나요?

Faut-il laver les fruits et légumes avant de les mettre au frigo ?
포띨 라베 레 프휘 제 레귬 아방 드 레 메트흐 오 프히고?

\# 과일과 채소를 다 넣을 수가 없어요.

Je n'arrive pas à ranger tous les fruits et légumes.
즈 나히브 빠 아 항제 뚜 레 프휘 제 레귬

\# 성능 좋은 냉장고는 성능 나쁜 냉장고보다 전기를 서너 배 덜 소비해요.

Les réfrigérateurs les plus performants consomment jusqu'à trois à quatre fois moins que les moins performants.
레 헤프히제하뙤 레 쁠뤼 뻬흐포흐망 꽁쏨 쥐스꺄 트후아 아 꺄트흐 푸아 무앙 끄 레 무앙 뻬흐포흐망

truc 트휙 n.m. 것
conserver 꽁쎄흐베 v. 보존하다
ranger 항제 v. 정리하다, 제자리에 두다
performant 뻬흐포흐망 a. 고성능의

요리하기

\# 고기를 해동했어요.

J'ai décongelé de la viande.
줴 데꽁즐레 들 라 비앙드

\# 부이야베스는 두 단계에 걸쳐 준비하죠.

La bouillabaisse se prépare en deux étapes.
라 부이야베쓰 쓰 프헤빠흐 엉 드 제따쁘

\# 토마토는 4등분하세요.

Coupez les tomates en quartiers.
꾸뻬 레 또마뜨 엉 꺄흐띠에

\# 틀에 붓고 오븐에서 45~50분간 구우세요.

Versez dans le moule et faites cuire au four environ quarante-cinq à cinquante minutes.
베흐쎄 당 르 물 에 페뜨 뀌흐 오 푸흐 엉비홍 꺄항뜨쌩끄 아 쌩깡뜨 미뉘뜨

\# 오븐을 210도로 예열하세요.

Préchauffez le four à deux cent dix degrés celsius.
프헤쇼페 르 푸흐 아 드 썽 디 드그헤 쎌씨위쓰

\# 버터를 실온에 녹이세요.

Faites ramollir le beurre à température ambiante.
페뜨 하몰리 르 뵈흐 아 떵뻬하뛰흐 앙비앙뜨

décongelé / décongeler 데꽁즐레/데꽁즐레 v. 녹이다
moule 물 n.m. 틀
ramollir 하몰리 v. 부드럽게 하다, 무르게 하다
beurre 뵈흐 n.m. 버터

식탁에서

맛있어 보여요.

Ça a l'air bon.
싸 아 레흐 봉

맛있어요.

C'est bon.
쎄 봉

정말 맛있어요.

C'est délicieux.
쎄 델리씨으

엄청 배고파요.

J'ai très faim.
줴 트해 팽

J'ai une faim de loup.
줴 윈 팽 드 루

같이 한잔했어요.

Nous avons bu un verre ensemble.
누 자봉 뷔 엉 베흐 엉썽블르

건배!

À votre santé !
아 보트흐 쌍떼!

살찌겠어요.

Ça fait grossir.
싸 페 그호씨

저는 새 모이만큼 먹어요.

J'ai un appétit d'oiseau.
줴 어 나뻬띠 두아조

여기서 잠깐!

avoir une faim de loup 아부아 윈 펭 드 루는 직역하면 '늑대처럼 배고프다'라는 뜻으로, 흔히 몹시 허기진 상태를 가리킬 때 쓰는 표현입니다.

꼭! 짚고 가기

조류를 이용한 관용 표현

'조금 먹는다'는 의미인 'avoir un appétit d'oiseau 아부아 어 나뻬띠 두아조'라는 표현은 18세기부터 사용된 표현이라고 합니다. 참새처럼 조금 먹는다는 뜻에서 'manger comme un moineau 망제 꼼 엉 무아노'라고 표현하기도 해요.

우리말에서도 '새 모이만큼 먹는다'고 하는데, 세계 여러 나라 언어에서 조금 먹는다는 의미로 새나 참새를 이용한 표현을 볼 수 있습니다. 영어, 스페인어, 이탈리아어, 폴란드어, 루마니아어, 세르비아어 등이 그 예입니다. 그러나 새 자체가 덩치가 작아 조금 먹는 것으로 보이는 것일 뿐, 몸의 크기에 비해먹는 양으로 따지면 사람보다 많이 먹는 셈이라고 하네요.

이밖에도 조류를 이용한 프랑스어 관용 표현에는 다음과 같은 것이 있어요.

- bayer aux corneilles 베이예 오 꼬흐네이
  (까마귀를 멍하니 바라보다)
  멍하니 하늘만 바라보며 시간을 보내다
- faire le paon 페흐 르 빠옹
  (공작처럼 행동하다)
  으스대다
- faire le perroquet 페흐 르 뻬호께
  (앵무새처럼 행동하다)
  다른 사람의 말을 따라하다
- faire le pied de grue 페흐 르 삐에 드 그휘
  (두루미 발을 하다)
  오래 서서 기다리다
- un froid de canard 엉 프후아 드 꺄나
  (오리 같은 추위)
  지독한 추위

식사 예절 ①

식탁에 앉아 있는 동안 냅킨은 무릎 위에 올려 놓아요.

Pendant qu'on est assis à table, on met sa serviette sur les genoux.
뻥당 꼬 네 따씨 아 따블르, 옹 메 싸 쎄흐비엣뜨 쒸흐 레 즈누

Dès qu'on s'assoit à table, on met sa serviette sur les genoux.
대 꽁 싸쑤아 아 따블르, 옹 메 싸 쎄흐비엣뜨 쒸흐 레 즈누

스프를 먹을 때 숟가락을 입 안에 전부 넣지 마세요.

Ne mettez pas votre cuillère à soupe entièrement dans votre bouche.
느 메떼 빠 보트흐 뀌이애흐 아 수쁘 엉띠애흐멍 당 보트흐 부슈

먹을 때는 입을 다물고, 입에 음식물이 들어가 있을 때는 말하지 않습니다.

Il convient de manger la bouche fermée et de ne pas parler la bouche pleine
일 꽁비엉 드 망제 라 부슈 페흐메 에 드 느 빠 빠흘레 라 부슈 쁠렌

식사 예절 ②

칼과 수프용 숟가락은 항상 접시 오른쪽에 둡니다.

Les couteaux et cuillères à soupe se trouvent toujours à droite de l'assiette.
레 꾸또 에 뀌이애흐 아 쑤쁘 쓰 트후브 뚜주 아 드후아뜨 드 라씨엣뜨

포크는 항상 왼쪽에 둡니다.

Les fourchettes se trouvent toujours à gauche.
레 푸흐쉣뜨 쓰 트후브 뚜주 아 고슈

다 먹은 접시는 오른쪽에 두지요.

L'assiette vide est enlevée du côté droit.
라씨엣뜨 비드 에 떵르베 뒤 꼬떼 드후아

식사가 끝나면 식기를 모아 접시 위에 차곡차곡 올려놓으세요.

Quand vous avez fini de manger, posez vos couverts ensemble et parallèlement sur votre assiette.
깡 부 자베 피니 드 망제, 뽀제 보 꾸베 정썽블르 에 빠하랠르멍 쒸흐 보트흐 아씨엣뜨

assis(e) 아씨(즈) a. 앉은
table 따블르 n.f. 테이블
serviette 쎄흐비엣뜨 n.f. 냅킨
cuillère 뀌이애흐 n.f. 숟가락
couteau 꾸또 n.m. 칼
fourchette 푸흐쉣뜨 n.f. 포크
assiette 아씨엣뜨 n.f. 접시
enlevée/enlever 엉르베/엉르베 v. 치우다

여기서 잠깐!

코스의 종류에 따라 식기의 숫자는 다르지만 일반적으로 포크와 나이프는 바깥쪽부터 사용합니다.
식기는 couvertes de table 꾸베흐뜨 드 따블르라고 하고, 보통 couteau 꾸또(칼), fourchette 푸흐쉣뜨(포크), cuillère à soupe 뀌이애흐 아 쑤쁘(수프용 숟가락), fourchette à dessert 푸흐쉣뜨 아 데쎄(디저트용 포크), cuillère à café 뀌이애흐 아 까페(티스푼)이 포함됩니다.

설거지

\# 저는 설거지를 해요.

Je fais la vaisselle.
즈 페 라 베쎌

\# 설거지하는 건 항상 저예요.

C'est toujours moi qui fais la vaisselle.
쎄 뚜주 무아 끼 페 라 베쎌

\# 여보, 괜찮으면 내가 설거지하는 동안 청소기 밀어 줄래요?

Chéri(e), cela ne te dérange pas de passer l'aspirateur pendant que je fais la vaisselle ?
쉐히, 쓸라 느 뜨 데헝즈 빠 드 빠쎄 라스삐하뙤 뻥당 끄 즈 페 라 베쎌?

\# 개수대에서 설거지를 하기 전에 접시 내용물을 휴지통에 잘 비우세요.

Avant de laver la vaisselle dans l'évier, bien videz le contenu des assiettes dans la poubelle.
아방 드 라베 라 베쎌 당 레비에, 비엉 비데 르 꽁뜨뉘 데 자씨엣뜨 당 라 뿌벨

\# 식기세척기를 쓰는 게 낫겠어요.

C'est mieux d'utiliser le lave-vaisselle.
쎄 미으 뒤띨리제 르 라브베쎌

\# 식기세척기에 물이 안 나와요.

Il n'y a pas d'eau qui sort de mon lave-vaisselle.
일 니 아 빠 도 끼 쏘흐 드 몽 라브베쎌

위생

\# 우리 남편은 위생 관념이 없어요.

Mon mari manque d'hygiène.
몽 마히 망끄 디지앤

\# 당신은 위생에 집착하나요?

Êtes-vous un maniaque de l'hygiène ?
에뜨부 엉 마니아끄 드 리지앤

\# 여성은 남성보다 위생 문제에 더 민감해요.

Les femmes sont davantage sensibles que les hommes aux questions d'hygiène.
레 팜므 쏭 다방따즈 썽씨블르 끄 레 좀므 오 께스띠옹 디지앤

\# 그는 아주 더러운 곳에 살아요.

Il vit dans un lieu très sale.
일 비 당 정 리으 트해 쌀

\# 일주일에 몇 번 씻나요?

Combien de fois par semaine vous lavez-vous ?
꽁비엉 드 푸아 빠흐 쓰멘 부 라베부?

\# 어떻게 하면 사무실을 청결하게 유지할 수 있을까요?

Comment puis-je garder mon bureau propre ?
꼬멍 쀠즈 갸흐데 몽 뷔호 프호프흐?

hygiène 이지앤 n.f. 위생
sale 쌀 a. 더러운
propre 프호프흐 a. 고유한, 깨끗한

청소

\# 나는 일요일마다 방을 청소해요.

Chaque dimanche, je nettoie ma chambre.
샤끄 디멍슈, 즈 넷뚜아 마 샹브흐

\# 청소기를 돌리는 중입니다.

Je suis en train de passer l'aspirateur.
즈 쒸 정 트랭 드 빠쎄 라스삐하뙤

\# 먼지를 털었어요.

J'ai essuyé la poussière.
줴 에쒸이예 라 뿌씨애흐

\# 아내는 집을 치워요.

Ma femme nettoie la maison.
마 팜 넷뚜아 라 메종

\# 넌 네 방을 정리해야 해.

Tu dois ranger ta chambre.
뛰 두아 랑제 따 샹브흐

\# 그는 휴지통을 비워요.

Il vide la poubelle.
일 비드 라 뿌벨

\# 자기 집 문 앞 눈을 쓸어야 해요.

Il faut balayer la neige devant sa porte.
일 포 발레이예 라 네즈 드방 싸 뽀흐뜨

essuyé / essuyer 에쒸이예/에쒸이예 v. 닦다, 털다
poussière 뿌씨애흐 n.f. 먼지
chambre 샹브흐 n.f. 방
balayer 발레이예 v. 쓸다

분리수거

\# 일반 개인도 분리수거를 의무적으로 해야 하나요?

Les particuliers ont-ils l'obligation d'effectuer le tri sélectif ?
레 빠흐띠뀔리에 옹띨 로블리갸씨옹 데펙뛰에 르 트히 쎌렉띠프?

\# 분리수거하기 전에 용기를 헹구어야 하나요?

Faut-il rincer les contenants avant de les trier ?
포띨 행쎄 레 꽁뜨낭 아방 드 레 트히에?

\# 용기를 잘 비워야 다른 쓰레기가 더러워지지 않아요.

Il suffit de bien les vider pour éviter qu'ils ne salissent les autres déchets.
일 쒸피 드 비엉 레 비데 뿌흐 에비떼 낄 느 쌀리쓰 레 조트흐 데쉐

\# 유리는 험하게 처리하기 때문에 별도로 분류해요.

Le verre est collecté à part car il est traité de manière brute.
르 베흐 에 꼴렉떼 아 빠흐 꺄흐 일 레 트헤떼 드 마니애흐 브휘뜨

\# 계란 상자는 어디에 버리나요?

Où jeter les boîtes d'œufs ?
우 즈떼 레 부아뜨 드?

particulier 빠흐띠뀔리에 n. 개인
effectuer 에펙뛰에 v. 행하다
trier 트히에 v. 분류하다
vider 비데 v. 비우다

세탁

\# 우리는 빨래를 해요.

On fait la lessive.
옹 페 라 레씨브

\# 세탁기가 더 이상 작동을 안 해요.

Ma machine à laver ne fonctionne plus.
마 마쉰 아 라베 느 퐁씨온 쁠뤼스

\# 창문에 빨래를 널면 안 돼요.

Il est interdit d'étendre le linge aux fenêtres.
일 레 땡떼흐디 데떵드흐 르 랭즈 오 프네트흐

\# 그는 바지를 다리는 중이에요.

Il est en train de repasser un pantalon.
일 레 떵 트랭 드 흐빠쎄 엉 빵딸롱

\# 세탁물을 세탁소에 보냈죠.

J'envoie du linge au blanchissage.
정부아 뒤 랭즈 오 블랑쉬싸즈
J'envoie du linge au pressing.
정부아 뒤 랭즈 오 프헤씽

\# 셔츠를 어떻게 개나요?

Comment plier la chemise ?
꼬멍 플리에 라 슈미즈?

lessive 레씨브 n.f. 세탁, 빨래
machine à laver 마쉰 아 라베 n.f. 세탁기
linge 랭즈 n.m. 세탁물
repasser 흐빠쎄 v. 다림질하다
plier 플리에 v. 접다, 개다

꼭! 짚고 가기

쓰레기 배출과 분리수거

환경 문제가 세계 어느 나라에서나 이슈가 되면서 쓰레기 배출과 분리수거도 중요한 문제가 되었지요. 하지만 프랑스는 아직까지 한국처럼 철저하게 분리수거를 시행하지 않아요. 쓰레기 처리도 마찬가지여서 음식물 쓰레기도 따로 모아 버리지 않고 일반 봉투에 넣어 처리하지요. 지정된 곳에서 쓰레기 봉투를 구입하여 배출해야 하는 한국과 달리 봉지 역시 각자 편한 것을 사용할 수 있고요.

그렇지만 프랑스도 환경 문제에서 벗어날 수는 없지요. 유럽연합(EU)이 2020년부터 플라스틱 폐기물 매립을 금지하기로 결정하면서, 프랑스도 적극적으로 쓰레기 분리 배출과 재활용에 참여하고 있습니다. 이에 재활용이 가능한 재질은 쓰레기통의 색상에 따라 분류하여 배출하도록 되어 있어요. 노란색 통에는 플라스틱, 박스나 우유갑 그리고 금속 재질을 넣고, 초록색 통은 유리, 파란색 통에는 신문이나 잡지 같은 종이를 넣지요. 결과적으로 유리와 신문을 제외한 거의 모든 재활용품을 노란색 통에 넣으면 되는 것이지요.

나아가 프랑스 환경부가 음식쓰레기 분리수거 또한 2025년까지 일반화할 것이라 밝히면서 일부 지역에서는 시범적으로 음식쓰레기 분리수거를 시행하고 있답니다. 그 밖에도 플라스틱 쓰레기를 줄이고 발생한 폐기물에 대한 분리수거 지침을 강화하는 등 앞으로 프랑스에서의 분리수거도 더욱 깐깐해질 전망이에요.

집 꾸미기

저는 실내 인테리어에 관심이 많아요.

Je m'intéresse à la décoration d'intérieur.
즈 맹떼헤쓰 알 라 데꼬하씨옹 댕떼히외

아이들을 위해 침대 서랍을 구입했어요.

J'ai acheté un tiroir pour le lit de mes enfants.
줴 아슈떼 엉 띠후아 뿌흐 르 리 드 메 정팡

정원을 관리하려면 전문가의 조언이 필요해요.

Il a besoin des conseils d'un expert pour aménager son jardin.
일 라 브주앙 데 꽁쎄이 덩 엑스페 뿌흐 아메나제 쏭 자흐댕

제 방에 달 녹색 커튼을 샀어요.

J'ai acheté des rideaux verts pour mettre dans ma chambre.
줴 아슈떼 데 히도 베흐 뿌흐 메트흐 당 마 샹브흐

이 벽에 어울리는 색깔이 뭐가 있을까요?

Quelle couleur irait bien sur ce mur ?
껠 꿀뢰 이헤 비엉 쒸흐 쓰 뮈흐?

aménager 아메나제 v. 정비하다, 정돈하다
rideaux 히도 n.m.pl. 커튼

운전①

운전 법규를 지켜야 해요.

Il faut respecter le code de la route.
일 포 헤스뻭떼 르 꼬드 들 라 후뜨

우측통행이에요.

La circulation se fait à droite.
라 씨흐뀔라씨옹 쓰 페 따 드후아뜨

안전벨트 착용은 의무입니다.

La ceinture de sécurité est obligatoire.
라 쌩뛰흐 드 쎄뀌히떼 에 또블리갸뚜아흐

오토바이를 탈 때는 헬멧 착용이 의무입니다.

Pour les motos, le port du casque est obligatoire.
뿌흐 레 모또, 르 뽀흐 뒤 꺄스끄 에 또블리갸뚜아흐

경적을 울리면 안 돼요.

L'usage du klaxon est interdit.
뤼자즈 뒤 끌락손 에 땡떼흐디

버스 전용차로에서는 운행이 금지됩니다.

Il est interdit d'utiliser les couloirs de bus.
일 레 땡떼흐디 뒤띨리제 레 꿀루아 드 뷔쓰

code de la route 꼬드 드 라 후뜨 운전 법규
ceinture de sécurité 쌩뛰흐 드 쎄뀌히떼 안전벨트
moto 모또 n.f. 오토바이
casque 꺄스끄 n.m. 헬멧
couloirs de bus 꿀루아 드 뷔쓰 버스 전용차로

운전②

\# 자동차를 도둑맞았어요.

Ma voiture a été volée.
마 부아뛰흐 아 에떼 볼레

\# 두 자동차 사이에 사고가 있었어요.

Il y a eu un accident entre deux voitures.
일 리 아 위 어 낙씨덩 엉트흐 드 부아뛰흐

\# 차들이 길을 가로막았어요.

Les voitures ont bloqué la route.
레 부아뛰흐 옹 블로께 라 후뜨

\# 눈이 오면 도로에서 사고 위험이 높아져요.

La neige augmente les risques d'accidents sur la route.
라 네즈 오그멍뜨 레 히스끄 닥씨덩 쒸흐 라 후뜨

\# 규정 속도를 지키세요.

Prenez garde à la limitation de vitesse.
프흐네 갸흐드 알 라 리미따씨옹 드 비떼쓰

voiture 부아뛰흐 n.f. 자동차
augmente/augmenter 오그멍뜨/오그멍떼 v. 증가시키다

꼭! 짚고 가기

프랑스의 교통 법규

프랑스와 우리나라의 도로 교통법이 비슷하다는 점 때문에 렌터카를 이용해 프랑스를 여행하는 이들이 많아졌지요. 하지만 차이점도 많습니다. 우리나라와 마찬가지로 프랑스도 우측 통행을 하지만, 제일 먼저 눈에 들어오는 차이점은 아무래도 중앙선이 주황색이 아닌 흰색이라는 것이에요. 또한 신호등이 없는 교차로에서는 운전자의 오른쪽 차량이 주행 우선권을 갖습니다. 프랑스에서 자주 볼 수 있는 원형 교차로 'rond point 홍 뿌앙'에서도 마찬가지로 진입 시 운전자의 오른쪽에서 진입하는 차량이 항상 우선입니다.

횡단보도에선 철저히 보행자가 우선입니다. 파리 시내의 경우 일방통행로가 많아 초행자에겐 운전하기 쉽지 않다는 것도 유의할 점입니다. 프랑스의 벌점제도 역시 다른데, 12점에서 시작해 각 위반 사항에 해당하는 벌점을 깎아 0점이 될 때까지 감점하는 방식이에요.

12점을 모두 잃게 되면 운전 면허증은 효력을 잃게 되지요. 최소 반년이 지나야 운전 면허를 다시 가질 자격이 생기고, 이때 면허 시험 절차를 처음부터 다시 거쳐야 합니다.

주차

제 차는 집 맞은편에 주차했어요.

Ma voiture est garée en face de la maison.
마 부아뛰흐 에 갸헤 엉 파쓰 들 라 메종

주차 공간은 터미널에서 가장 가까운 곳에 있어요.

Les espaces parking sont situés au plus près des terminaux.
레 제스빠스 빠흐낑 쏭 씨뛰에 오 쁠뤼 프해 데 떼흐미노

주차 금지 (표지판)

Défense de stationner
데펑쓰 드 스따씨오네

파리에서는 어디에 주차할 수 있나요?

Où peut-on se garer dans Paris ?
우 쁘똥 쓰 갸헤 당 빠히?

운전자가 잘못 주차했어요.

Le conducteur s'est mal stationné.
르 꽁뒥뙤 쎄 말 스따씨오네

만차입니다.

Le parking est complet.
르 빠흐낑 에 꽁쁠레

제 차는 주차장에 두었어요.

J'ai mis ma voiture au parking.
줴 미 마 부아뛰흐 오 빠흐낑

교통체증

리옹의 교통체증을 피하려면 어떻게 해야 할까요?

Comment éviter les bouchons à Lyon ?
꼬멍 에비떼 레 부숑 아 리옹?

파리 외곽순환도로로 이어지는 6번 고속도로와 118번 국도는 가장 혼잡한 도로입니다.

L'A6 et la N118 sont les axes menant au périphérique qui sont les plus encombrés.
라씨스 에 라 엔썽디즈위뜨 쏭 레 작쓰 므넝 오 뻬히페히끄 끼 쏭 레 쁠뤼 정꽁브헤

브뤼셀은 유럽에서 교통체증이 가장 심한 도시이지요.

Bruxelles est la ville la plus embouteillée d'Europe.
브휘셀 에 라 빌 라 쁠뤼 정부때이에 드호쁘

혼잡한 시간에 연달아 사고가 나서 차가 막혀요.

Une série d'accidents ayant eu lieu à l'heure de pointe a causé des ralentissements.
윈 쎄히 닥씨덩 에이양 위 리으 아 뢰흐 드 뿌앙뜨 아 꼬제 데 할렁띠쓰멍

길이 꽉 막혔어요.

Il y a beaucoup de circulation.
일 리 아 보꾸 드 씨흐뀔라씨옹
Il y a beaucoup de trafic.
일 리 아 보꾸 드 트하픽끄

bouchon 부숑 n.m. 마개, 교통체증
circulation 씨흐뀔라씨옹 n.f. 순환, 통행량
trafic 트하픽끄 n.m. 교통

교통 규정 위반

그들은 빨간 신호등을 그냥 지나갑니다.

Ils brûlent le feu rouge.
일 브휠 르 프 후즈

장은 과속 운전을 해요.

Jean roule vite.
정 훌 비뜨

레아는 음주 운전을 해요.

Léa conduit en état d'ivresse.
레아 꽁뒤 어 네따 디브헤쓰

도심에서 속력은 시속 50㎞ 이내로 제한됩니다.

En agglomération, la vitesse est restreinte à cinquante kilomètres par heure.
어 나글로메하씨옹, 라 비떼쓰 에 헤스트행뜨 아 쌩껑뜨 낄로매트흐 빠흐 외흐

운전 중 전화를 하다가 벌금을 부과받았어요.

J'ai reçu une amende pour avoir conduit en téléphonant.
줴 흐쒸 윈 아멍드 뿌흐 아부아 꽁뒤 엉 뗄레포넝

빵소니 범죄가 점점 늘어나네요.

Les délits de fuite augmentent de plus en plus.
레 델리 드 퓌뜨 오그멍뜨 드 쁠뤼 정 쁠뤼쓰

그는 화요일 밤 11시에 검문을 당했어요.

Il a été interpellé mardi soir à vingt-trois heures.
일 라 에떼 앵떼흐뻘레 마흐디 쑤아 아 뱅트후아 죄흐

brûlent / brûler 브휠/브휠레
v. 불태우다, 서지 않고 통과하다
roule / rouler 훌/훌레 v. 구르다, 차를 몰다
conduit / conduire 꽁뒤/꽁뒤흐 v. 운전하다

지하철

다음 지하철역은 어디인가요?

Où se trouve la prochaine station de métro ?
우 쓰 트후브 라 프호쉔느 스따씨옹 드 메트호?

몽파르나스-비앙브뉘 역보다 라스파이 역에서 환승하는 것이 나아요.

Il vaut mieux changer à Raspail plutôt qu'à Montparnasse-Bienvenüe.
일 보 미으 샹제 아 하스파이 쁠뤼또 꺄 몽빠흐나쓰비엉브뉘

라데팡스 역에 가실 때는 T+ 티켓 한 장으로 1호선을 타시는 게 나아요.

Si vous souhaitez aller à La Défense prenez plutôt le métro ligne une avec un ticket t plus.
씨 부 쑤에떼 알레 알 라 데펑쓰 프흐네 쁠뤼또 르 메트호 린뉴 윈 아베끄 엉 띠께 떼 쁠뤼스

T+ 티켓은 1시간 30분 동안 지하철 간 환승이 가능해요.

Le ticket t plus permet les correspondances entre métro pendant une heure trente.
르 띠께 떼 쁠뤼스 뻬흐메 레 꼬헤스뽕당쓰 엉트흐 메트호 뻥당 윈 외흐 트헝뜨

티켓은 파리 내 수도권 급행열차 전체에서 사용 가능해요.

Le ticket est valable sur la totalité des réseaux RER dans Paris.
르 띠께 에 발라블르 쒸흐 라 또딸리떼 데 헤조 에흐으에흐 당 빠히

부동산 집 구하기

내놓으신 아파트를 보러 왔어요.

Je viens visiter l'appartement que vous louez.
즈 비엉 비지떼 라빠흐뜨멍 끄 부 루에

학생들에게 적합한 매물이에요.

La location de studio est pleinement adaptée aux étudiants.
라 로꺄씨옹 드 스뛰디오 에 쁠랜느멍 따답떼 오 제뛰디앙

작은 원룸은 엘리베이터가 있는 7층으로 관리인이 있어요.

La studette est au sixième étage avec ascenseur dans un immeuble sécurisé avec gardien.
라 스뛰뎃뜨 에 또 씨지앰 에따즈 아베끄 아썽쐬 당 정 이뫼블르 쎄뀌히제 아베끄 갸흐디엉

원룸은 에펠탑 근처에 있습니다.

Le studio est situé près de la tour Eiffel.
르 스뛰디오 에 씨뛰에 프해 들 라 뚜흐 에펠

이 집에 관심이 있어요.

Je suis intéressé(e) par ce logement.
즈 쒸 잿떼헤쎄 빠흐 쓰 로즈멍

방문해 보고 싶어요.

Je souhaiterais visiter.
즈 수에뜨헤 비지떼

부동산 조건 보기

월세는 얼마인가요?

Combien coûte le loyer mensuel ?
꽁비엉 꾸뜨 르 루아이예 멍쒸엘?

공과금을 포함해 1000유로입니다.

C'est mille euros, charges comprises.
쎄 밀 으호, 샤흐즈 꽁프히즈

보증금을 요구하시나요?

Exigez-vous une caution ?
에그지제부 윈 꼬씨옹?

집세는 언제 내야 하나요?

Quand le loyer doit-il être payé ?
깡 르 루아이예 두아띨 에트흐 뻬이예?

매월 1일마다 선불하셔야 합니다.

Il doit être payé en avance, le premier de chaque mois.
일 두아 에트흐 뻬이예 어 나방쓰, 르 프흐미에 드 샤끄 무아

가구가 구비되어 있나요?

Est-ce un appartement meublé ?
에쓰 어 나빠흐뜨멍 뫼블레?

모든 주거 설비를 갖추고 있습니다.

Il est complètement meublé.
일 레 꽁쁠래뜨멍 뫼블레

appartement 아빠흐뜨멍 n.m. 아파트
studio 스뛰디오 n.m. 원룸, 작업실
studette 스뛰뎃뜨 n.f. 작은 원룸
ascenseur 아썽쐬 n.m. 승강기
immeuble 이뫼블르 n.m. 건물

loyer mensuel 루아이예 멍쒸엘 월세
charge 샤흐즈 n.f. 공과금, 관리비
caution 꼬씨옹 n.f. 보증금
payé / payer 뻬이예/뻬이예 v. 지불하다
meublé 뫼블레 a. 가구를 갖춘

부동산 계약하기

보증인은 어떻게 찾나요?

Comment trouver un garant ?
꼬멍 트후베 엉 갸항?

보증인이 임대 계약에 서명해 주지 않았어요.

Le garant a refusé de signer le bail.
르 갸항 아 흐퓌제 드 씨녜 르 바이

임대 계약은 어떻게 성립되나요?

Comment établir un contrat de location ?
꼬멍 에따블리 엉 꽁트하 드 로꺄씨옹?
Comment établir le bail ?
꼬멍 에따블리 르 바이?

임대 계약을 맺었어요.

J'ai signé un bail.
줴 씨녜 엉 바이

집주인이 더는 집을 안 빌려줘요.

Le propriétaire ne veut plus louer.
르 프호프히에떼흐 느 브 쁠뤼 루에

임대 계약을 취소했어요.

J'ai résilié un bail.
줴 헤질리에 엉 바이

가구가 없는 집의 경우 최소 계약 기간은 보통 3년이에요.

Pour un logement vide, la durée minimale de contrat est normalement de trois ans.
뿌흐 엉 로즈멍 비드, 라 뒤헤 미니말 드 꽁트하 에 노흐말멍 드 트후아 장

bail 바이 n.m., location 로꺄씨옹 n.f. 임대차 계약
contrat 꽁트하 n.m. 계약
propriétaire 프호프히에떼흐 n. 집주인

꼭! 짚고 가기

집 구하기

프랑스에서 집을 구해 계약을 체결하기까지는 꽤 복잡하고 험난한 과정을 거치게 됩니다. 파리처럼 수요가 많은 대도시에서는 더욱 힘든 일이지요.
월세나 매매만 가능한 프랑스의 집은 가구가 포함된 la location meublée 라 로꺄씨옹 뫼블레와 가구가 포함되지 않은 la location vide 라 로꺄씨옹 비드로 나뉩니다. 오래된 건물이 많은 편이므로 집을 임대하거나 매매할 때는 꼼꼼하게 살피셔야 해요. 계약 시 보증인이 필요한데, 경우에 따라 3개월치 집세에 해당하는 보증금을 거는 것으로 대신하기도 합니다. 좋은 집에는 많은 사람들이 몰려 집주인이 임차인의 재정 상태를 보고 임대를 결정하기도 하고요.
이사를 할 예정이라면 3개월 전에 lettre résiliation de bail 레트흐 헤질리아씨옹 드 바이를 작성해 집주인에게 등기로 알려야 합니다. 그러나 만약 실직 등의 특수한 상황이라면 1개월 전 알려도 괜찮다고 해요.

이사 계획

\# 새로운 집을 찾았어요.

J'ai trouvé un nouveau logement.
줘 트후베 엉 누보 로즈멍

\# 곧 이사해요.

Je vais bientôt déménager.
즈 베 비엉또 데메나제

\# 파리로 이사 가요.

J'emménage à Paris
정메나즈 아 빠히

\# 체류증을 변경했어요.

J'ai fait modifier ma carte de séjour.
줴 페 모디피에 마 꺄흐뜨 드 쎄주

\# 보험 회사에 이사를 알렸어요.

J'ai informé les compagnies d'assurance de mon déménagement.
줴 앵포흐메 레 꽁빠뉘 다쒸항쓰 드 몽 데메나즈멍

\# 인터넷 계약을 해지해야 해요.

Vous devez résilier votre contrat d'abonnement internet.
부 드베 헤질리에 보트흐 꽁트하 다본느멍 땡떼흐네뜨

\# 새로운 도시로 이사를 가면 아이 학교도 옮겨야만 하나요?

Un enfant qui déménage dans une nouvelle ville doit-il changer d'école ?
어 넝펑 끼 데메나즈 당 쥔 누벨 빌 두아띨 샹제 데꼴?

짐 싸기

\# 짐 다 쌌나요?

Tout est-il emballé ?
뚜 떼띨 엉발레?

\# 깨지기 쉬운 물건은 잘 포장했나요?

Les objets fragiles sont-ils bien protégés ?
레 조브제 프하질 쏭띨 비엉 프호떼제?

\# 가구는 어떻게 하나요?

Comment faire avec les meubles ?
꼬멍 페흐 아베끄 레 뫼블르?

\# 상자를 쌓아 놓았어요.

On a empilé les cartons.
오 나 엉삘레 레 꺄흐똥

\# 새 주소로 식기와 전등을 보낼 수 있었어요.

J'ai pu envoyer la vaisselle et les lampes à la nouvelle adresse.
줴 쀠 엉부아이예 라 베쎌 에 레 랑쁘 알 라 누벨 아드헤쓰

adresse 아드헤쓰 n.f. 주소
carton 꺄흐똥 n.m. 상자
emballé / emballer 엉발레/엉발레 v. 짐을 싸다
fragile 프하질 a. 부서지기 쉬운
meuble 뫼블르 n.m. 가구

이사 비용

이삿짐 업체는 어떻게 고르나요?

Comment choisir le déménageur ?
꼬멍 슈아지 르 데메나죄?

옮기는 집기 양에 따라 가격은 달라집니다.

Le prix est variable en fonction du volume de mobilier à déménager.
르 프히 에 바히아블르 엉 퐁씨옹 뒤 볼륌 드 모빌리에 아 데메나제

이사가 걱정이에요.

Je m'inquiète pour le déménagement.
즈 맹끼애뜨 뿌흐 르 데메나즈멍

그는 저렴한 예산에 꼭 맞는 가격을 제안했어요.

Il a proposé des offres réellement adaptées aux petits budgets.
일 라 프호뽀제 데 조프흐 헤엘멍 따답떼 조 쁘띠 뷧제

이사 관련 비용은 얼마나 들어요?

Combien coûtent les frais liés au déménagement ?
꽁비엉 꾸뜨 레 프헤 리에 오 데메나즈멍?

déménager 데메나제 v. 옮기다, 이사하다

정리

오늘이 이삿날이에요.

C'est aujourd'hui le jour du déménagement.
쎄 또주흐뒤 르 주흐 뒤 데메나즈멍

물건 정리할 자리가 없나요?

Vous manquez de place pour ranger vos affaires ?
부 망께 드 쁠라쓰 뿌흐 항제 보 자페흐?

상자를 오늘 다 풀려고 하지 마세요.

Ne tentez pas de défaire les cartons aujourd'hui.
느 떵떼 빠 드 데페흐 레 꺄흐똥 오주흐뒤

이사가 끝나면 일단 쉬세요.

Détendez-vous une fois le déménagement terminé.
데떵데부 윈 푸아 르 데메나즈멍 떼흐미네

우린 집들이를 했어요.

On a fêté notre installation.
오 나 페떼 노트흐 앵스딸라씨옹
On a pendu la crémaillère.
오 나 뻥뒤 라 크헤마이애흐

여전히 정리 중이에요.

On est encore en train de faire du rangement.
오 네 떵꼬흐 엉 트행 드 페흐 뒤 항즈멍

défaire 데페흐 v. 해체하다, 풀다
détendez/détendre 데떵데/데떵드흐 v. 느슨해지다, 몸을 편하게 하다

전화를 걸 때

\# 여보세요!

Allô !
알로!
Bonjour !
봉주!
Bonsoir !
봉쑤아!

\# 엘렌이야.

C'est Hélène.
쎄 엘랜
Hélène à l'appareil.
엘랜 아 라빠헤이

\# 롤라와 통화하고 싶어요.

Je voudrais parler à Lola.
즈 부드헤 빠흘레 아 롤라

\# 이 선생님과 통화할 수 있을까요?

Pourrais-je parler à M. Lee, s'il vous plaît ?
뿌헤즈 빠흘레 아 므씨으 리, 씰 부 쁠레?

\# 저는 애플사 뒤퐁 과장님의 비서입니다.

Je suis le (la) secrétaire de monsieur Dupont, directeur de la Société Apple.
즈 쒸 르 (라) 쓰크헤떼흐 드 므씨으 뒤뽕, 디헥뙤 들 라 쏘씨에떼 아쁠

전화를 받을 때

\# 여보세요!

Allô !
알로!
Bonjour !
봉주!
Bonsoir !
봉쑤아!

\# 누구세요?

Qui est à l'appareil ?
끼 에 따 라빠헤이?
À qui ai-je l'honneur ?
아 끼 에즈 로뇌?

\# 여행사의 페르난데즈입니다.

C'est Monsieur Fernandez de l'agence de voyage.
쎄 므씨으 페흐낭데즈 드 라정쓰 드 부아이야즈

\# 삼성의 텔리에입니다.

Je suis M. Tellier de la société Samsung.
즈 쒸 므씨으 뗄리에 들 라 쏘씨에떼 쌈썽

\# 씨엘 부동산입니다, 안녕하세요.

Ciel immobilier, bonjour.
씨엘 이모빌리에, 봉주

\# 들리세요?

Vous m'entendez ?
부 멍떵데?

\# 잘 안 들려요.

Je vous entends mal.
즈 부 정떵 말

여기서 잠깐!

전화통화에서 '여보세요'라고 말할 때 사용하는 감탄사 allô 알로는 o 오에 '^(악상시르콩플렉스)'를 붙이지 않고 allo 알로라고 쓰기도 합니다. 발음은 두 개 모두 똑같이 [alo]라고 하고요.

전화를 바꿔 줄 때

끊지 마세요!

Ne quittez pas !
느 낏떼 빠!
Veuillez rester en ligne !
뵈이에 헤스떼 엉 린뉴!
Un instant, s'il vous plaît !
어 냉스떵, 씰 부 쁠레!
Veuillez patienter !
뵈이에 빠씨엉떼!
Ne coupez pas !
느 꾸뻬 빠!

기다려 주시겠어요?

Voulez-vous patienter ?
불레부 빠씨엉떼?

어느 회사의 누구세요?

C'est de la part de qui ?
쎄 들 라 빠흐 드 끼?

김 선생님 바꿔 주시겠어요?

Est-ce que je pourrais parler à M. Kim ?
에스끄 즈 뿌헤 빠흘레 아 므씨으 낌?
Pourriez-vous me passer M. Kim ?
뿌히에부 므 빠쎄 므씨으 낌?

네 엄마 다시 바꿔 줄게.

Je te repasse ta mère.
즈 뜨 흐빠쓰 따 매흐

잠시만요, 연결해 드릴게요.

Un moment, s'il vous plaît, je vous le (la) passe.
엉 모멍, 씰 부 쁠레, 즈 부 르 (라) 빠쓰

꼭! 짚고 가기

프랑스의 전화번호

프랑스의 국가 코드는 33번이에요. 전화번호는 우리와 달리 두 자리씩 끊어 적어요. 한국과 마찬가지로 프랑스의 유선 전화도 번호 앞자리 숫자를 보면 어느 지역인지 알 수 있어요. 프랑스에서 유선 전화에 할당된 지역 번호는 01번부터 05번입니다.

- 01
  수도가 있는 일드프랑스 지역
  (région Île de France 헤지옹 일 드 프항쓰)
- 02
  루와르(Loire 루아흐),
  노르망디(Normandie 노흐망디),
  브르타뉴(Bretagne 브흐따뉴) 지방
- 03
  로렌(Lorraine 로헨),
  부르고뉴(Bourgogne 부흐고뉴),
  알자스(Alsace 알자쓰),
  프랑슈-콩테(Franche-Comté 프항슈-꽁떼) 등이 포함된 북동쪽
- 04
  랑그독-루시옹
  (Languedoc-Roussillon 랑그도끄-후씨옹),
  프호벙쓰-알뻐쓰-꼬뜨 다쥐
  (Provence-Alpes-Côte d'Azur
  프호벙쓰-알뻐쓰-꼬뜨 다쥐),
  론-알프스(Rhône-Alpes 혼-알뻐쓰),
  코르시카(Corse 꼬흐쓰) 섬이 있는
  남동쪽
- 05
  미디-피레네(Midi-Pyrénées 미디-삐헤네),
  아키텐(Aquitaine 아끼뗀) 등이 있는
  남서쪽

휴대전화는 주로 06번으로 시작하는데 07번인 경우도 있어요.

다시 전화한다고 할 때

다시 전화할게요.

Je rappellerai plus tard.
즈 하뻴르헤 쁠뤼 따흐

Je te rappelle.
즈 뜨 하뻴

5분 내로 다시 전화해 주세요.

Veuillez rappeler dans 5 minutes.
뵈이에 하쁠레 당 쌩끄 미뉘뜨

잠시 후에 다시 전화 주시겠어요?

Voulez-vous me rappeler plus tard ? (전화를 한 사람이 요청하는 경우)
불레부 므 하쁠레 쁠뤼 따흐?

Pouvez-vous me rappeler plus tard ? (전화를 받은 사람이 요청하는 경우)
뿌베부 므 하쁠레 쁠뤼 따흐?

Vous pouvez rappeler un peu plus tard ?
부 뿌베 하쁠레 엉 쁘 쁠뤼 따흐?

Pouvez-vous rappeler plus tard ?
뿌베부 하쁠레 쁠뤼 따흐?

Voulez-vous rappeler un peu plus tard ?
불레부 하쁠레 엉 쁘 쁠뤼 따흐?

그에게 제게 다시 전화해 달라고 전해 주시겠어요?

Pouvez-vous lui demander de me rappeler, s'il vous plaît ?
뿌베부 뤼 드망데 드 므 하쁠레, 실 부 쁠레?

전화를 받을 수 없을 때

통화 중이에요.

La ligne est occupée.
라 린뉴 에 또뀌뻬

J'ai quelqu'un en ligne.
줴 껠껑 엉 린뉴

J'ai un autre appel. (통화대기가 가능한 경우)
줴 어 노트흐 아뻴

죄송하지만 통화 중입니다.

Je regrette mais la ligne est occupée.
즈 흐그헷뜨 메 라 린뉴 에 또뀌뻬

죄송하지만 현재 연결해 드릴 수 없네요.

Je regrette de ne pouvoir donner suite à votre appel.
즈 흐그헷뜨 드 느 뿌부아 도네 쒸뜨 아 보트흐 아뻴

안느는 지금 없어요.

Anne est absente pour le moment.
안느 에 땁썽뜨 뿌흐 르 모멍

폴은 회의 중이에요.

Paul est en réunion.
뽈 에 떵 헤위니옹

죄송하지만, 잘 들리지 않아요.

Excusez-moi, je ne vous entends pas bien.
엑스뀌제무아, 즈 느 부 정떵 빠 비엉

Pardon mais je ne capte pas bien.
빠흐동 메 즈 느 깝뜨 빠 삐엉

소리가 잘 안 들리네요.

Le son est faible.
르 쏭 에 페블르

전화 메모 남기기

메시지를 전해 주시겠어요?

Pourriez-vous lui laisser un message ?
뿌히에부 뤼 레쎄 엉 메싸즈?

Pourriez-vous lui transmettre un message ?
뿌히에부 뤼 트항쓰메트흐 엉 메싸즈?

Puis-je lui laisser un message ?
쀠즈 뤼 레쎄 엉 메싸즈?

Puis-je lui transmettre un message ?
쀠즈 뤼 트헝스메트흐 엉 메싸즈?

메시지를 남기시겠어요?

Vous désirez laisser un message ?
부 데지헤 레쎄 엉 메싸즈?

남기실 메시지는 무엇인가요?

Quel est le message ?
껠 레 르 메싸즈?

제가 전화했다고 전해 주시겠어요?

Pourriez-vous lui dire que j'ai appelé ?
뿌히에부 뤼 디흐 끄 줴 아쁠레?

06 06 00 00 00번으로 제게 전화해 달라고 말씀해 주시겠어요?

Pourriez-vous lui dire de m'appeler au 06 06 00 00 00 ?
뿌히에부 뤼 디흐 드 마쁠레 오 제호씨쓰 제호씨쓰 제호제호 제호제호 제호제호?

텔리에씨께 제가 10분 정도 늦을 것 같다고 전해 주시겠어요?

Pouvez-vous dire à M. Tellier que je serai en retard de dix minutes environ ?
뿌베부 디흐 아 므씨으 뗄리에 끄 즈 쓰헤 엉 흐따 드 디 미뉘뜨 엉비홍?

잘못 걸려 온 전화

죄송합니다. 전화를 잘못 걸었어요.

Excusez-moi, j'ai dû faire un mauvais numéro.
엑스뀌제무아, 줴 뒤 페흐 엉 모베 뉘메호

Je suis désolé(e), j'ai fait un mauvais numéro.
즈 쒸 데졸레, 줴 페 엉 모베 뉘메호

죄송합니다. 헷갈렸네요.

Excusez-moi, je me suis trompé.
엑스뀌제무아 즈 므 쒸 트홍뻬

전화 잘못 거신 것 같습니다.

Je pense que vous faites erreur.
즈 뻥쓰 끄 부 페뜨 제회

번호 잘못 누르셨네요.

Vous avez composé un mauvais numéro.
부 자베 꽁뽀제 엉 모베 뉘메호

실례지만 전화번호를 헷갈리셨어요.

Je regrette mais vous vous êtes trompé de numéro.
즈 흐그헷뜨 메 부 부 제뜨 트홍뻬 드 뉘메호

저는 06 98 33 24 34번이 아닙니다.

Non, je ne suis pas le zéro six quatre-ving-dix-huit trente-trois vingt-quatre trente-quatre.
농, 즈 느 쒸 빠 르 제호 씨쓰 꺄트호뱅디즈위뜨 트헝뜨트후아 뱅꺄트호 트헝뜨꺄트호

전화를 끊을 때

끊어야겠네요.

Il faut que je vous laisse.
일 포 끄 즈 부 레쓰

전화 끊어.

Raccroche le téléphone.
하크호슈 르 뗄레폰

그가 전화를 갑자기 끊어 버렸어요.

Il a raccroché au nez.
일 라 하크호쉐 오 네

안녕히 계세요.

Au revoir.
오 흐부아

안녕.

Ciao. (친한 사이)
챠오

다음에 봐요.

À plus tard.
아 쁠뤼 따흐

아주 급한 일이에요. 최대한 빨리 전화해 달라고 전해 주세요.

C'est assez urgent. Dites-lui de me rappeler le plus vite possible.
쎄 따쎄 위흐정. 디뜨뤼 드 므 하쁠레 르 쁠뤼 비뜨 뽀씨블르

잘 알겠습니다.

Bien entendu.
비어 넝떵뒤

D'accord.
다꼬

전화 기타

\# 일본에 전화하는 데 얼마가 들까요?

Combien ça coûte pour appeler au Japon ?
꽁비엉 싸 꾸뜨 뿌흐 아쁠레 오 자뽕?

\# 독일에 전화하려면 49를 눌러야 해요.

Pour appeler en Allemagne, il faut composer le 49.
뿌흐 아쁠레 엉 알마뉴, 일 포 꽁뽀제 르 꺄헝뜨뇌프

\# 위급한 경우엔 몇 번으로 전화해야 하죠?

En cas d'urgence, quel numéro faut-il appeler ?
엉 꺄 뒤흐정쓰, 껠 뉘메호 포띨 아쁠레?

\# 휴대전화가 꺼졌어요.

Mon portable s'est éteint.
몽 뽀흐따블르 쎄 떼땡

\# 휴대전화를 충전해야겠어요.

Il faut que je recharge mon portable.
일 포 끄 즈 흐샤흐즈 몽 뽀흐따블르

\# 휴대전화 좀 빌릴 수 있을까요?

Est-ce que je peux me servir de votre portable ?
에스끄 즈 뻐 므 쎄흐비 드 보트흐 뽀흐따블르?

꼭! 짚고 가기

위급 시 전화번호

다음은 프랑스에서 위급 상황이 닥쳤을 때 도움 요청을 할 수 있는 전화번호 목록입니다.

- **112**
  모든 EU 국가 내에서 발생한 위급 상황 (특히 휴대전화용)
- **15**
  의료구급대 (S.A.M.U. 싸뮈, le Service d'aide médical urgente 르 쎄흐비쓰 데드 메디깔 위흐정뜨의 약자)
- **17**
  경찰 (police secours 뾸리쓰 쓰꾸)
- **18**
  소방구조대 (sapeurs-pompiers 싸뾔뽕삐에)
- **114**
  청각 장애인이 위급 상황에 처했을 때 문자, 팩스, 앱 등으로 도움 요청
- **115**
  노숙자 보호
- **116 000**
  미아
- **119**
  아동 학대
- **08 21 00 25 25**
  분실물
- **01 47 07 77 77**
  응급 의사 (SOS médecin 에쓰오에쓰 메드쌩)

여행 중 관광 안내나 공항에 대한 정보가 필요할 때는 다음의 전화번호로 연락해 도움을 얻을 수 있지요.

- **01 49 52 42 63**
  관광 안내
- **3950**
  CDG 쎄데줴 / Orly 오흘리 공항 안내

Chapitre 03

정겨운 말 한마디!

Chapitre 03

Unité 1 날씨 & 계절

Unité 2 명절 & 기념일

Unité 3 음주

Unité 4 흡연

Unité 5 취미

Unité 6 반려동물

Unité 7 식물 가꾸기

Le temps 날씨
르 떵

MP3. Word_C03

Il fait beau. 일 페 보 날씨가 좋다.	soleil 쏠레이 n.m. 태양	chaud(e) 쇼(드) a. 따뜻한
Il fait très chaud. 일 페 트해 쇼 날씨가 아주 덥다. Il fait sec. 일 페 쎄끄 날씨가 건조하다.	chaleur 샬뢰 n.f. 열기, 더위	aridité 아히디떼 n.f. 가뭄
Il fait gris. 일 페 그히 날씨가 흐리다.	nuage 뉘아즈 n.m. 구름 vent 벙 n.m. 바람	frais 프헤, fraîche 프헤슈 a. 서늘한, 쌀쌀한 brouillard 브후이아 n.m., brume 브휨 n.f. 안개
Il pleut. 일 쁠르 비가 온다.	typhon 띠퐁 n.m. 태풍 pluie 쁠뤼 n.f. 비	humide 위미드 a. 눅눅한, 습기찬 inondation 이농다씨옹 n.f. 홍수
Il fait froid. 일 페 프후아 날씨가 춥다.	froid(e) 프후아(드) a. 차가운, 추운 neige 네즈 n.f. 눈 flocon 플로꽁 n.m. 눈송이	vague de froid 바그 드 프후아 한파 bonhomme de neige 보놈 드 네즈 눈사람
saison 쎄종 n.f. 계절	printemps 프행떵 n.m. 봄 automne 오똔 n.m. 가을	été 에떼 n.m. 여름 hiver 이베 n.m. 겨울

La fête 명절
라 페뜨

Jour de l'an 주흐 드 랑
설날

nouvelle année 누벨 아네
새해

porter un toast 뽀흐떼 엉 또스뜨
건배하다

vœu 브
n.m. 소원

souhaiter 쑤에떼
v. 바라다, 희망하다

Épiphanie 에삐파니
n.f. 주현절

tirer les rois 띠헤 레 후아
(주현절 과자를 먹으며) 왕을 뽑다

galette 갈렛뜨
n.f. 갈레트(주현절에 먹는 케이크)

Noël 노엘
n.m. 크리스마스

préparatifs de Noël
프헤빠하띠프 드 노엘
크리스마스 준비

Père Noël 빼흐 노엘
산타클로스

saison de Noël 쎄종 드 노엘
크리스마스 시즌

sapin de Noël 사뺑 드 노엘
크리스마스트리

cadeau 꺄도
n.m. 선물

carte de Noël 꺄흐뜨 드 노엘
크리스마스카드

Pâques 빠끄
n.m. 부활절

calendrier lunaire
꺌렁드히에 뤼네흐
음력

œuf 외프
n.m. 달걀

résurrection 헤쥐혝씨옹
n.f. 부활

chocolat de Pâques
쇼꼴라 드 빠끄
부활절 초콜릿

Le passe-temps 취미
르 빠쓰떵

faire du sport 페흐 뒤 스뽀
운동하다

ski 스끼
n.m. 스키

patin à glace 빠땡 아 글라쓰
스케이트

patiner 빠띠네
v. 스케이트 타다

piscine 삐씬
n.f. 수영장

nage 나즈
n.f. 수영, 헤엄

football 풋볼
n.m. 축구

base-ball 베이스볼
n.m. 야구

yoga 요가
n.m. 요가

basket-ball 바스께볼
n.m. 농구

patins à roues 빠땡 아 후
롤러스케이트

rollers en ligne 홀레 엉 린뉴
인라인스케이트

volley-ball 볼레볼
n.m. 배구

tennis 떼니쓰
n.m. 테니스

taekwondo 때퀀도
n.m. 태권도

badminton 바드민똔
n.m. 배드민턴

ping-pong 삥뽕
n.m. 탁구

jouer d'un instrument 주에 더 냉스트휘멍 악기를 연주하다 	guitare 기따흐 n.f. 기타 	tambour 땅부 n.m. 드럼, 북 
	concert 꽁쎄 n.m. 콘서트 	chanteur 샹뙤 n.m. (남자) 가수 chanteuse 샹뙤즈 n.f. (여자) 가수 
	piano 삐아노 n.m. 피아노 	violon 비올롱 n.m. 바이올린 
	chef d'orchestre 쉐프 도흐께스트흐 (오케스트라) 지휘자 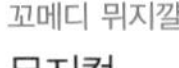	comédie musicale 꼬메디 뮈지꺌 뮤지컬 
voir un film 부아 엉 필므 영화를 보다 	cinéma 씨네마 n.m. 영화관 	sortie 쏘흐띠 n.f. 개봉
	réalisateur 헤알리자뙤 n.m. (남자) 영화감독 réalisatrice 헤알리자트히쓰 n.f. (여자) 영화감독	acteur 악뙤 n.m. (남자) 배우 actrice 악트히쓰 n.f. (여자) 배우 
lire un livre 리흐 엉 리브흐 책을 읽다 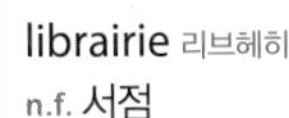	roman 호망 n.m. 소설 	poème 뽀앰 n.m. 시
	librairie 리브헤히 n.f. 서점 	auteur 오뙤, écrivain 에크히뱅 n. 작가

날씨 묻기

오늘 날씨 어때요?

Quel temps fait-il aujourd'hui ?
껠 떵 페띨 오주흐뒤?

그곳 날씨는 어떤가요?

Quel temps fait-il là-bas ?
껠 떵 페띨 라바?

내일 날씨는 어떨까요?

Quel temps fera-t-il demain ?
껠 떵 프하띨 드맹?

오늘 기온이 몇 도예요?

Quelle température fait-il aujourd'hui ?
껠 떵뻬하뛰흐 페띨 오주흐뒤?

어떤 날씨를 좋아하세요?

Quel temps aimez-vous ?
껠 떵 에메부?

언제까지 이런 날씨가 계속될까요?

Jusqu'à quand ce temps va-t-il durer ?
쥐스꺄 깡 쓰 떵 바띨 뒤헤?

Quand est-ce que ce temps va changer ?
깡 떼스끄 쓰 떵 바 샹제?

어제보다 날씨가 좋아졌죠?

Il fait plus beau qu'hier, non ?
일 페 쁠뤼쓰 보 끼에, 농?

temps 떵 n.m. 날씨, 시간
hier 이에 ad. 어제

일기예보

오늘 일기예보 확인했어요?

Avez-vous vu la météo pour aujourd'hui ?
아베부 뷔 라 메떼오 뿌흐 오주흐뒤?

일기예보에서 내일 날씨가 흐릴 거래요.

La météo prévoit qu'il fera gris demain.
라 메떼오 프헤부아 낄 프하 그히 드맹

주말 일기예보는 어때요?

Que dit la météo pour ce week-end ?
끄 디 라 메떼오 뿌흐 쓰 위껜드?

Quel temps est prévu pour ce week-end ?
껠 떵 에 브헤뷔 뿌흐 쓰 위껜드?

주말 일기예보를 미리 확인해 보세요.

Vérifiez à l'avance la météo pour ce week-end.
베히피에 아 라방쓰 라 메떼오 뿌흐 쓰 위껜드

일기예보가 또 틀렸어요.

La météo s'est encore trompée.
라 메떼오 쎄 떵꼬흐 트홍뻬

La météo a encore commis une erreur.
라 메떼오 아 엉꼬흐 꼬미 윈 에회

météo 메떼오 n.f. 일기예보
(météorologie 메떼오홀로지의 약어)
s'est trompée / se tromper 쎄 트홍뻬/쓰 트홍뻬
v. 잘못하다, 실수하다

맑은 날

\# 오늘 날씨 정말 좋네요!

Il fait très beau aujourd'hui !
일 페 트해 보 오주흐뒤!
Il fait un temps magnifique aujourd'hui !
일 페 엉 떵 마뉘피끄 오주흐뒤!

\# 날씨가 맑아요.

Il fait clair.
일 페 끌레

\# 햇볕이 참 좋아요.

Il y a beaucoup de soleil.
일 리 아 보꾸 드 쏠레이

\# 요즘은 날씨가 좋아요.

Il fait beau ces jours-ci.
일 페 보 쎄 주흐씨

\# 하늘에 구름 한 점 없어요.

Il n'y a pas un seul nuage dans le ciel.
일 니 아 빠 정 쐴 뉘아즈 당 르 씨엘

\# 항상 이렇게 맑은 날씨면 좋겠어요.

Ce serait bien s'il faisait toujours aussi beau.
쓰 쓰헤 비엉 씰 프제 뚜주 오씨 보

\# 외출하기 좋은 날씨예요.

C'est un beau temps pour sortir.
쎄 떵 보 떵 뿌흐 쏘흐띠
C'est un temps parfait pour sortir.
쎄 떵 떵 빠흐페 뿌흐 쏘흐띠

nuage 뉘아즈 n.m. 구름

흐린 날

\# 오늘은 날이 흐리네요.

Il fait gris aujourd'hui.
일 페 그히 오주흐뒤
Il fait mauvais aujourd'hui.
일 페 모베 오주흐뒤

\# 날이 흐려졌어요.

Le ciel se couvre.
르 씨엘 쓰 꾸브흐
Le temps se gâte.
르 떵 쓰 갸뜨

\# 구름이 많이 꼈어요.

Le ciel est chargé de nuages.
르 씨엘 에 샤흐제 드 뉘아즈

\# 비가 올 것 같아요.

Le temps est à la pluie.
르 떵 에 딸 라 쁠뤼
Il va pleuvoir.
일 바 쁠르부아

\# 날씨가 변덕이 심해요.

C'est un temps capricieux.
쎄 떵 떵 꺄프히씨으
Quel temps capricieux !
껠 떵 꺄프히씨으!
Le temps n'arrête pas de changer.
르 떵 나해뜨 빠 드 샹제
Le temps n'est pas stable.
르 떵 네 빠 스따블르

mauvais(e) 모베(즈) a. 나쁜, 불량한
se couvre / se couvrir 쓰 꾸브흐/쓰 꾸브히 v. (하늘이) 흐리다
se gâte / se gâter 쓰 갸뜨/쓰 가떼 v. 악화되다, 나빠지다
capricieux (capricieuse) 꺄프히씨으 (꺄프히씨으즈) a. 변덕스러운

비 오는 날

\# 밖에 비가 와요.

Il pleut dehors.
일 쁠르 드오

\# 빗방울이 떨어지기 시작했어요.

Des gouttes de pluie commencent à tomber.
데 굿뜨 드 쁠뤼 꼬멍쓰 아 똥베

\# 비가 올 것 같으니 우산 가져가세요.

Prenez un parapluie parce qu'il va pleuvoir.
프흐네 엉 빠하쁠리 빠흐쓰 낄 바 쁠르부아

\# 비가 억수같이 쏟아져요.

Il pleut très fort.
일 쁠르 트해 포흐
Il pleut à verse.
일 쁠르 아 베흐쓰
Il tombe des cordes.
일 똥브 데 꼬흐드

\# 하루 종일 비가 오락가락해요.

Il pleut toute la journée par intermittence.
일 쁠르 뚜뜨 라 주흐네 빠흐 앵떼흐미떵쓰

\# 우산 없이는 밖에 못 나가요.

Vous ne pouvez pas sortir dehors sans parapluie.
부 느 뿌베 빠 쏘흐띠 드오 쌍 빠하쁠뤼

goutte 구뜨 n.f. 방울, 물방울
à verse 아 베흐쓰 (비가) 억수같이 쏟아지는
intermittence 앵떼흐미떵쓰 n.f. (일시적인) 중단

천둥 & 번개

\# 번개가 쳐요.

Il y a des éclairs.
일 리 아 데 제끌레

\# 천둥이 심해요.

Le tonnerre est fort.
르 또네흐 에 포흐

\# 조금 전에 번개가 저 나무 위로 떨어졌어요.

Un éclair est tombé sur l'arbre tout à l'heure.
어 네끌레 에 똥베 쒸흐 라흐브흐 뚜 따 뢰흐

\# 천둥소리에 밤새 잠을 못 잤어요.

Je n'ai pas pu dormir de la nuit à cause du tonnerre.
즈 네 빠 쀠 도흐미 들 라 뉘 아 꼬즈 뒤 또네흐

\# 갑자기 번개가 치고 비바람이 몰아쳤어요.

Il y a soudainement eu des éclairs et la tempête s'est déchainée.
일 리 아 쑤덴멍 위 데 제끌레 에 라 떵빼뜨 쎄 데쉐네

\# 내일은 천둥을 동반한 비가 예상됩니다.

De la pluie et du tonnerre sont prévus pour demain.
들 라 쁠뤼 에 뒤 또네흐 쏭 프헤뷔 뿌흐 드맹

éclair 에끌레흐 n.m. 번개, 번갯불, 섬광
tonnerre 또네흐 n.m. 천둥
soudainement 쑤덴멍 ad. 갑자기, 느닷없이
tempête 떵빼뜨 n.f. 폭풍우, 돌풍
s'est déchainée/se déchainer 쎄 데쉐네/쓰 데쉐네 v. 맹위를 떨치다, 거세게 일다

봄 날씨

\# 날씨가 따뜻해요.

Le temps est chaud.
르 떵 에 쇼

\# 날씨가 좋아요.

Il fait bon.
일 페 봉

\# 겨울도 다 끝났네요.

L'hiver touche à sa fin.
리베 뚜슈 아 싸 팽

\# 봄의 문턱에 다다랐어요.

Le printemps est arrivé à nos portes.
르 프행떵 에 따히베 아 노 뽀흐뜨

\# 봄 기운이 완연하네요.

L'air printanier est incontestable.
레흐 프행따니에 에 땡꽁떼스따블르

\# 바깥 공기가 포근해졌어요.

L'air du dehors devient doux.
레흐 뒤 드오 드비엉 두
Il fait doux.
일 페 두

\# 이른 봄이라 날씨가 아직은 춥네요.

Comme c'est juste le début du printemps, il fait encore froid.
꼼 쎄 쥐스뜨 르 데뷔 뒤 프행떵, 일 페 엉꼬흐 프후아

\# 저는 봄이 가장 좋아요.

Ma saison préférée est le printemps.
마 쎄종 프헤페헤 에 르 프행떵

incontestable 앵꽁떼스따블르
a. 이론의 여지 없는, 명백한

꼭! 짚고 가기

날씨와 관련된 재미있는 표현들

'Il tombe des cordes. 일 똥브 데 꼬흐드'를 직역하면 잠시 어리둥절해지죠. '밧줄이 떨어진다.'? 이건 비가 정신없이 주룩주룩 내리는 날씨를 가리켜요. 밧줄이 주르륵 떨어지듯 비가 내리는 모습을 연상하면 이해가 되지요? 이처럼 프랑스어 표현 중 직역으로는 뜻을 파악하기 어려운 표현들도 있어요. 특히 날씨와 관련된 표현들은 자주 쓰이기 때문에 알아 두면 유용해요. 그런 재미있는 표현들, 몇 가지 알아볼까요?

- Il fait un temps de chien.
  일 페 떵 떵 드 쉬엉
  (개 같은 날씨야.)
  끔찍한 날씨야.
- Il fait un temps de canard.
  일 페 떵 떵 드 꺄나
  (오리 같은 날씨야.)
  엄청 추운 날씨야.
- Il pleut comme vache qui pisse.
  일 쁠르 꼼 바슈 끼 삐쓰
  (암소가 오줌 누듯 비가 와.)
  비가 억수같이 퍼부어.
- Qu'il pleuve ou qu'il vente.
  낄 쁠뢰브 우 낄 벙뜨
  (비가 오거나 바람이 불거나.)
  비가 오나 눈이 오나, 어떤 상황이든 간에.
- Il est dans le brouillard.
  일 레 당 르 브후이아
  (그는 안개 속에 있다.)
  그는 혼란에 빠졌다.
- Il vit sur son petit nuage.
  일 비 쒸흐 쏭 쁘띠 뉘아즈
  (그는 그의 작은 구름 위에서 살고 있다.)
  그는 엉뚱한 생각을 하고 있다.
  (뜬구름 잡는다는 의미)

황사

\# 한국에선 봄철마다 황사가 옵니다.

Tous les printemps, en Corée, il y a des tempêtes de sable jaune.
뚜 레 프랭떵, 엉 꼬헤, 일 리 아 데 떵뻬뜨 드 싸블르 존

\# 황사는 중국에서 발생하는 현상이에요.

Les tempêtes de sable jaune sont un phénomène venant de Chine.
레 떵뻬뜨 드 싸블르 존 쏭 떵 페노맨 브낭 드 쉰

\# 바람에 오염 물질이 실려 오기 때문에 황사 문제는 심각해요.

Les vents des tempêtes de sable jaune sont un problème sérieux car ils transportent des produits polluants.
레 벙 데 떵뻬뜨 드 싸블르 존 쏭 떵 프호블램 쎄히으 꺄흐 일 트항스뽀흐뜨 데 프호뒤 뽈뤼앙

\# 황사 때문에 기침이 심해졌어요.

Ma toux s'est aggravée à cause de la tempête de sable jaune.
마 뚜 쎄 따그하베 아 꼬즈 들 라 떵뻬뜨 드 싸블르 존

\# 봄 날씨는 좋아하지만 황사는 싫어요.

J'aime le temps printanier, mais pas les vents de sable jaune.
쳄 르 떵 프행따니에, 메 빠 레 벙 드 싸블르 존

\# 황사가 올 때는 외출을 삼가는 게 좋아요.

Il vaut mieux éviter de sortir durant la saison des tempêtes de sable jaune.
일 보 미으 에비떼 드 쏘흐띠 뒤항 라 쎄종 데 떵뻬뜨 드 싸블르 존

장마

\# 벌써 장마철이에요.

La saison des pluies est déjà là.
라 쎄종 데 쁠뤼 에 데자 라

C'est déjà la mousson.
쎄 데자 라 무쏭

\# 온 집안이 눅눅해요.

Toute la maison est humide.
뚜뜨 라 메종 에 뛰미드

\# 장마철엔 집에 곰팡이가 피기 쉬워요.

Durant la mousson, les moisissures apparaissent très facilement dans les maisons.
뒤항 라 무쏭, 레 무아지쒸흐 아빠헤쓰 트해 파씰멍 당 레 메종

\# 장마철엔 우산이 꼭 필요해요.

Le parapluie est nécessaire durant la saison des pluies.
르 빠하쁠뤼 에 네쎄쎄흐 뒤항 라 쎄종 데 쁠뤼

\# 장마 전선이 북상하고 있습니다.

La pluie va vers le nord.
라 쁠뤼 바 베흐 르 노흐

\# 장마가 끝났어요.

La mousson est finie.
라 무쏭 에 피니

sable 싸블르 n.m. 모래
jaune 존 a. 노란, 황색의
toux 뚜 n.f. 기침
s'est aggravée/s'aggraver 쎄 따그하베/싸그하베 v. 악화되다, 더 심해지다
mousson 무쏭 n.f. 열대 계절풍, 장마
moisissure 무아지쒸흐 n.f. 곰팡이

여름 날씨

\# 날씨가 정말 덥네요.

Il fait très chaud.
일 페 트해 쇼

\# 푹푹 찌는 날씨예요.

Il fait une chaleur étouffante.
일 페 뛴 샬뢰 에뚜팡뜨

\# 더워 죽겠어요.

Il fait chaud à crever.
일 페 쇼 아 크흐베

\# 한국의 여름은 후텁지근해요.

L'été coréen est chaud et humide.
레떼 꼬헤엉 에 쇼 에 위미드

\# 전 더위 먹을 것 같아요.

Je sens que je vais avoir un coup de chaud.
즈 썽 끄 즈 베 아부아 엉 꾸 드 쇼

\# 낮이 길어졌어요.

Les jours se sont allongés.
레 주흐 쓰 쏭 딸롱제

\# 더위 때문에 밤새 한잠도 못 잤어요.

Je n'ai pas pu dormir de la nuit à cause de la chaleur.
즈 네 빠 쀠 도흐미 들 라 뉘 아 꼬즈 들 라 샬뢰

étouffant(e) 에뚜팡(뜨) a. 숨막히는, 질식할 것 같은
crever 크흐베 v. 터지다, 죽을 지경이다(속어)
se sont allongés/s'allonger 쓰 쏭 딸롱제/쌀롱제 v. 길어지다

꼭! 짚고 가기

프랑스의 서머 타임

프랑스 여행을 계획하는 분들이라면 프랑스와 한국의 시차를 확인하기 마련이죠. 한국 시간이 통상 프랑스보다 8시간 빠른데, 하절기에는 달라요.

프랑스에서는 여름의 길어진 낮 시간을 활용하고 에너지를 절약하기 위해 서머 타임제를 실시하고 있어요. 한여름이 되면 저녁 8~9시까지 밖이 환할 정도로 낮이 길어지기 때문이죠. 서머 타임에 따라 정해진 기간 동안 유럽 표준시를 한 시간 앞당겨 쓰기 때문에 이때는 프랑스와 한국과의 시차도 7시간으로 줄어들게 됩니다.

l'heure d'été 뢰흐 데떼라고 부르는 프랑스의 서머 타임은 3월 마지막 주 일요일 오전 2시부터 적용됩니다. 다시 말해 이날 오전 2시는 곧 오전 3시가 되는 거죠.

그럼 다시 기존의 표준 시간으로 돌아오는 건 언제? 바로 10월 마지막 주 일요일 오전 3시부터이며, 이때부터 프랑스는 서머 타임에서 벗어나게 됩니다.

혹시라도 3월이나 10월 마지막 주 일요일이 여행 기간에 포함되어 있다면, 잊지 말고 시계를 다시 맞춰 주세요. 기차나 비행기 시간을 놓치고 싶지 않다면요!

태풍

\# 태풍이 한반도로 다가오고 있습니다.

Le typhon s'approche de la péninsule coréenne.
르 띠퐁 싸프호슈 들 라 뻬냉쉴 꼬헤엔

\# 강풍이 부네요.

Le vent souffle fort.
르 벙 쑤플 포흐

\# 오늘은 태풍이 오니 밖에 나가지 마세요.

Le typhon arrive aujourd'hui, ne sortez pas dehors.
르 띠퐁 아히브 오주흐뒤, 느 쏘흐떼 빠 드오

\# 태풍으로 인해 나무가 쓰러졌어요.

L'arbre a été renversé par le typhon.
라흐브흐 아 에떼 헝베흐쎄 빠흐 르 띠퐁

\# 바람이 어찌나 센지!

Quel vent fort !
껠 벙 포흐!

\# 바람 때문에 날아가는 줄 알았어요!

J'ai cru m'envoler à cause du vent !
줴 크뤼 멍볼레 아 꼬즈 뒤 벙!

\# 이제 태풍은 지나갔어요.

Le typhon est passé maintenant.
르 띠퐁 에 빠쎄 맹뜨낭

typhon 띠퐁 n.m. 태풍

s'approche/s'approcher 싸프호슈/싸프호쉐 v. 가까이 오다

renversé/renverser 헝베흐쎄/헝베흐쎄 v. 넘어뜨리다, 쓰러뜨리다

envoler 엉볼레 v. (바람에) 날리다, 흩어지다

가뭄

\# 올 여름은 가뭄이 심해요.

Il n'a pas plu cet été.
일 나 빠 쁠뤼 쎄 떼떼

Il ne pleut pas assez cet été.
일 느 쁠르 빠 자쎄 쎄 떼떼

Cet été, il y a une terrible aridité.
쎄 떼떼, 일 리 아 윈 떼히블르 아히디떼

Cet été est très aride.
쎄 떼떼 에 트해 자히드

\# 가뭄 때문에 식물들이 시들었어요.

L'aridité a détruit la flore.
라히디떼 아 데트휘 라 플로흐

\# 가뭄으로 농작물이 큰 피해를 입었어요.

Les cultures ont gravement été touchées par l'aridité.
레 뀔뛰흐 옹 그하브멍 에떼 뚜쉐 빠흐 라히디떼

\# 비 한 방울 내리지 않아요.

Il n'est pas tombé une goutte de pluie.
일 네 빠 똥베 윈 굿뜨 드 쁠뤼

\# 올 여름에는 가뭄이 장기간 지속될 예정입니다.

Cet été, l'aridité va durer longtemps.
쎄 떼떼, 라히디떼 바 뒤헤 롱떵

\# 오랜 가뭄으로 강 수위가 낮아졌습니다.

L'aridité ayant durée longtemps, le niveau du fleuve est descendu.
라히디떼 에이양 뒤헤 롱떵, 르 니보 뒤 플뢰브 에 데썽뒤

aridité 아히디떼 n.f. 건조, 가뭄

durer 뒤헤 v. 지속되다, 계속되다

descendu/descendre 데썽뒤/데썽드흐 v. 내려가다, 내려오다

홍수

매년 이맘때면 홍수가 나요.

Chaque année à cette période, il y a une inondation.
샤끄 아네 아 쎄뜨 뻬히오드, 일 리 아 윈 이농다씨옹

도시 전체가 물에 잠겼어요.

Toute la ville a été inondée.
뚜뜨 라 빌 아 에떼 이농데

비가 그치질 않아요.

La pluie ne finit pas de tomber.
라 쁠뤼 느 피니 빠 드 똥베

Il ne s'arrête pas de pleuvoir.
일 느 싸헤뜨 빠 드 쁠르부아

이 지역은 홍수에 취약해요.

Cette région est inondable.
쎗뜨 헤지옹 에 띠농다블르

Cette région est souvent inondée.
쎗뜨 헤지옹 에 쑤벙 이농데

홍수로 다리가 떠내려갔어요.

Le pont a été emporté par l'inondation.
르 뽕 아 에떼 엉뽀흐떼 빠흐 리농다씨옹

우리 집 안까지 물이 찼어요.

L'eau est entrée jusque dans ma maison.
로 에 떵트헤 쥐스끄 당 마 메종

홍수로 수많은 이재민이 발생했어요.

L'inondation a fait beaucoup de victimes.
리농다씨옹 아 페 보꾸 드 빅띰

inondation 이농다씨옹 n.f. 홍수

inondable 이농다블 a. 범람 위험이 있는

가을 날씨

날씨가 선선해요.

Il fait frais.
일 페 프헤

Le temps est frais.
르 떵 에 프헤

가을로 접어들었어요.

On entre dans l'automne.
오 넝트흐 당 로똔

L'automne s'approche.
로똔 싸프호슈

선선한 가을 바람이 좋아요.

J'aime le vent frais de l'automne.
젬 르 벙 프헤 드 로똔

파리의 가을은 아름다워요.

L'automne à Paris est toujours beau.
로똔 아 빠히 에 뚜주 보

가을은 여행하기 좋은 계절이죠.

L'automne est la saison idéale pour voyager.
로똔 에 라 쎄종 이데알 뿌흐 부아이야제

가을은 추수의 계절이죠.

L'automne est la saison des récoltes.
로똔 에 라 쎄종 데 헤꼴뜨

가을이 눈 깜짝할 사이에 지나갔어요.

L'automne est passé en un clin d'œil.
로똔 에 빠쎄 어 넝 끌랭 되이

emporté/emporter 엉뽀흐떼/엉뽀흐떼 v. 가져가다, 실어가다

idéal(e) 이데알 a. 이상적인, 완벽한

récolte 헤꼴뜨 n.f. 수확, 채집

en un clin d'œil 어 넝 끌랭 되이 눈 깜짝할 사이에, 순식간에

단풍

나무마다 단풍이 물들었어요.

Tous les arbres ont changé de couleurs.
뚜 레 자흐브흐 옹 샹제 드 꿀뢰

Les feuilles de tous les arbres deviennent rouges.
레 푀이 드 뚜 레 자흐브흐 드비엔 후즈

가을이 되면 낙엽이 져요.

Les arbres perdent leurs feuilles à l'automne.
레 자흐브흐 뻬흐드 뢰흐 푀이 아 로똔

Les feuilles tombent à l'automne.
레 푀이 똥브 아 로똔

단풍잎이 붉게 물들어요.

Les feuilles d'érable rougissent.
레 푀이 데하블르 후지쓰

공원이 온통 낙엽 천지예요.

Le parc est plein de feuilles.
르 빠끄흐 에 쁠렁 드 푀이

마당에 있는 낙엽을 쓸어야겠어요.

Je vais balayer les feuilles de la cour.
즈 베 발레이예 레 푀이 들 라 꾸흐

rouge 후즈 a. 빨간색의, 붉은
feuille 푀이 n.f. 나뭇잎
rougissent/rougir 후지쓰/후지 v. 붉어지다
balayer 발레이예 v. 비로 쓸다, 청소하다
cour 꾸흐 n.f. 안뜰, 안마당

겨울 날씨

날씨가 점점 추워지네요.

Le temps se refroidit.
르 떵 쓰 흐프후아디

Il fait de plus en plus froid.
일 페 드 쁠뤼 정 쁠뤼 프후아

이젠 정말 겨울인 것 같아요.

Ça sent vraiment l'hiver.
싸 썽 브헤멍 리베

Il semble que l'hiver est vraiment arrivé.
일 썽블르 끄 리베 에 브헤멍 아히베

올 겨울은 유난히 춥네요.

Cet hiver est particulièrement froid.
쎄 띠베 에 빠흐띠뀔리애흐멍 프후아

Il fait particulièrement froid cet hiver.
일 페 빠흐띠뀔리애흐멍 프후아 쎄 띠베

얼어붙을 것 같아요!

On va geler !
옹 바 즐레!

추위가 누그러졌어요.

Le froid a diminué.
르 프후아 아 디미뉘에

작년 겨울보다는 덜 추운 것 같아요.

Il me semble qu'il fait moins froid que l'hiver dernier.
일 므 썽블르 낄 페 무앙 프후아 끄 리베 데흐니에

겨울도 곧 지나가겠죠.

L'hiver va vite passer.
리베 바 비뜨 빠쎄

se refroidit/se refroidir 쓰 흐프후아디/쓰 흐프후아디 v. 식다, 차가워지다
geler 즐레 v. 얼다, 영하가 되다
diminué/diminuer 디미뉘에/디미뉘에 v. 줄다, 축소하다

눈

\# 눈이 내려요!

Il neige !
일 네즈!
La neige tombe !
라 네즈 똥브!

\# 올 겨울 첫눈이에요.

C'est la première neige cet hiver.
쎄 라 프흐미애흐 네즈 쎄 띠베

\# 함박눈이 내려요.

La neige tombe à gros flocons.
라 네즈 똥브 아 그호 플로꽁

\# 눈발이 흩날려요.

La neige poudroie.
라 네즈 뿌드후아

\# 어제는 폭설이 내렸어요.

Il a neigé dur hier.
일 라 네제 뒤흐 이에

\# 몇몇 마을은 폭설로 고립되었어요.

Plusieurs villes sont isolées par les fortes chutes de neige.
쁠뤼지외 빌 쏭 띠졸레 빠흐 레 포흐뜨 쉬뜨 드 네즈

\# 눈이라면 지긋지긋해요.

J'en ai marre de la neige.
저 네 마흐 들 라 네즈

gros(se) 그호(쓰) a. 굵은, 두꺼운, 큰
flocon 플로꽁 n.m.
폭신폭신한 뭉치, (눈·수증기 등의) 송이
poudroie/poudroyer 뿌드후아/뿌드후아이예
v. 먼지가 일다, 먼지처럼 되다
une forte chute de neige 윈 포흐뜨 쉬뜨 드 네즈 폭설

계절

\# 한국은 사계절이 뚜렷해요.

En Corée, quatre saisons se distinguent clairement.
엉 꼬헤, 꺄트흐 쎄종 쓰 디스땡그 끌레흐멍

\# 저는 계절이 바뀔 때마다 감기에 잘 걸려요.

J'attrape facilement un rhume à chaque changement de saisons.
자트하쁘 파씰멍 엉 휨 아 샤끄 샹즈멍 드 쎄종

\# 저는 추위를 잘 타요.

Je suis très sensible au froid.
즈 쒸 트해 썽씨블르 오 프후아

\# 계절이 바뀌기 전에 집안 청소를 해야겠어요.

Je vais nettoyer la maison avant que cette saison change.
즈 베 넷뚜아이예 라 메종 아방 끄 쎗뜨 쎄종 샹즈
Je dois faire le ménage avant la prochaine saison.
즈 두아 페흐 르 메나즈 아방 라 프호쉔 쎄종

\# 언제쯤 계절이 바뀔까요?

Quand la saison changera-t-elle ?
깡 라 쎄종 샹즈하뗄?

se distinguent/se distinguer 쓰 디스땡귀/쓰 디스땡귀에
v. 구별되다
sensible à 썽씨블르 아 ~에 민감한, 예민한
nettoyer 넷뚜아이예 v. 청소하다, 깨끗이 하다
ménage 메나즈 n.m. 집안 청소

설날

\# 새해 복 많이 받으세요!

Bonne année !
본 아네!
Bonne et heureuse année !
본 에 외흐즈 아네!

\# 설날까지 이틀 남았어요.

Il reste deux jours avant le jour de l'an.
일 헤스뜨 드 주흐 아방 르 주흐 드 랑

\# 설날에는 부모님 댁에 갈 생각이에요.

Je vais aller chez mes parents pour le jour de l'an.
즈 베 잘레 쉐 메 빠헝 뿌흐 르 주흐 드 랑

\# 새해 소원이 뭐예요?

Quels sont vos vœux pour la nouvelle année ?
껠 쏭 보 브 뿌흐 라 누벨 아네?
Que souhaitez-vous pour la nouvelle année ?
끄 쑤에떼부 뿌흐 라 누벨 아네?

\# 새해엔 꼭 좋은 직장을 구하고 싶어요.

Cette année, je veux obtenir un bon emploi.
쎗뜨 아네, 즈 브 옵뜨니 엉 보 넝쁠루아

\# 새해를 맞아 건배합시다!

Buvons à la nouvelle année !
뷔봉 잘 라 누벨 아네!
Portons un toast à la nouvelle année !
뽀흐똥 정 또스뜨 알 라 누벨 아네!

vœux 브 n.m.pl. 소원, 희망

주현절

\# 주현절엔 무얼 하나요?

Qu'est-ce que l'on fait à l'Épiphanie ?
께스끄 롱 페 아 레삐파니?

\# 이번 주현절엔 엄마가 주현절 과자를 구우셨어요.

Ma mère a cuit une galette des Rois pour cette Épiphanie.
마 매흐 아 뀌 윈 갈렛뜨 데 후아 뿌흐 쎗뜨 에삐파니

\# 친구들과 주현절 과자를 나눠 먹을 거예요.

Je vais partager une galette des Rois avec des amis.
즈 베 빠흐따제 윈 갈렛뜨 데 후아 아베끄 데 자미

\# 주현절에 쓸 과자를 샀어요.

J'ai acheté un gâteau pour l'Épiphanie.
줴 아슈떼 엉 갸또 뿌흐 레삐파니

\# 주현절은 프랑스 전통 명절이에요.

L'Épiphanie est une fête traditionnelle en France.
레삐파니 에 뛴 페뜨 트하디씨오넬 엉 프항쓰

\# 한국인에게 주현절은 생소해요.

L'Épiphanie est peu connue des Coréens.
레삐파니 에 쁘 꼬뉘 데 꼬헤엉

cuit/cuire 뀌/뀌흐 v. 익히다, 굽다

추석

추석은 음력 8월 15일이에요.

Chuseok a lieu le quinzième jour du huitième mois lunaire.
추석 아 리으 르 깽지앰 주흐 뒤 위띠앰 무아 뤼네흐

추석에 한국인들은 성묘를 하러 갑니다.

À Chuseok, les Coréens visitent les tombes.
아 추석, 레 꼬헤엉 비지뜨 레 똥브

À Chuseok, les Coréens vont au cimetière.
아 추석, 레 꼬헤엉 봉 또 씸띠애흐

한국에서는 추석 때 연휴가 있어요.

En Corée, il y a des vacances pendant la période de Chuseok.
엉 꼬헤, 일 리 아 데 바깡쓰 뻥당 라 뻬히오드 드 추석

추석은 가을 추수 후 가족들과 함께 보내는 한국 명절이에요.

Chuseok est un jour de fête coréen qui est passé en famille, après la récolte d'automne.
추석 에 떵 주흐 드 페뜨 꼬헤엉 끼 에 빠쎄 엉 파미이, 아프해 라 헤꼴뜨 도똔

한국인들은 추석에 송편을 먹어요.

Les Coréens mangent des Songpyeon à Chuseok.
레 꼬헤엉 망즈 데 송편 아 추석

프랑스에도 추석과 비슷한 명절이 있나요?

Existe-il un jour similaire à Chuseok en France ?
에그지스띨 엉 주흐 씨밀레흐 아 추석 엉 프항쓰?

lunaire 뤼네흐 a. 달의, 음력의
tombe 똥브 n.f. 무덤, 묘
cimetière 씸띠애흐 n.f. 묘지

꼭! 짚고 가기

날짜 표기법

나라마다 날짜를 표기하는 방법도 조금씩 차이가 있죠. 우리나라는 '연도-월-일' 순서로 날짜를 적지만, 프랑스는 대부분의 유럽 국가들처럼 '일-월-연도' 순으로 적습니다.

- 2025년 5월 20일
  → 20 Mai 2025 (= 20.05.2025.)
  뱅 메 두밀뱅쌩끄

1월부터 12월까지는 프랑스어로 다음과 같습니다.

- 1월 janvier 장비에
- 2월 février 페브히에
- 3월 mars 마흐쓰
- 4월 avril 아브힐
- 5월 mai 메
- 6월 juin 쥐앵
- 7월 juillet 쥐이에
- 8월 août 우뜨
- 9월 septembre 쎄떵브흐
- 10월 octobre 옥또브흐
- 11월 novembre 노벙브흐
- 12월 décembre 데썽브흐

크리스마스 ①

곧 있으면 크리스마스네요.

Noël s'approche.
노엘 싸프호슈
Noël est tout près.
노엘 에 뚜 프해

크리스마스 준비는 잘 되어 가세요?

Les préparatifs de Noël se déroulent bien ?
레 프헤빠하띠프 드 노엘 쓰 데훌 비엉?

어제 집에서 크리스마스트리를 만들었어요.

Hier, j'ai fait un sapin de Noël à la maison.
이에, 줴 페 엉 싸뺑 드 노엘 알 라 메종

이번 크리스마스에 줄 가족 선물은 샀어요?

Avez-vous acheté des cadeaux de Noël pour votre famille ?
아베부 아슈떼 데 꺄도 드 노엘 뿌흐 보트흐 파미이?

크리스마스 시즌이라 백화점마다 복잡해요.

Tous les grands magasins sont plein de gens pour la saison de Noël.
뚜 레 그항 마갸쟁 쏭 쁠렁 드 정 뿌흐 라 쎄종 드 노엘

저는 크리스마스 때 더 바쁠 것 같아요.

Je serai encore plus occupé à Noël.
즈 쓰헤 엉꼬흐 쁠뤼 조뀌뻬 아 노엘

préparatif 프헤빠하띠프 n.m. 준비, 채비
se déroulent/se dérouler 쓰 데훌/쓰 데훌레
v. 풀리다, 펼쳐지다, 전개되다
occupé(e) 오뀌뻬 a. 바쁜, 일에 매인

크리스마스 ②

메리 크리스마스!

Joyeux Noël !
주아이으 노엘!

아이들이 크리스마스만 기다리고 있어요.

Les enfants n'attendent que Noël.
레 정팡 나떵드 끄 노엘

올해 크리스마스는 목요일이네요.

Noël tombe un jeudi cette année.
노엘 똥브 엉 즈디 쎗뜨 아네

온 가족이 크리스마스날 할머니 댁에서 모이기로 했어요.

Toute ma famille sera chez ma grand-mère à Noël.
뚜뜨 마 파미이 쓰하 쉐 마 그항매흐 아 노엘

산타클로스가 우리에게 선물을 가져다줄 거예요.

Le Père Noël nous apportera des cadeaux.
르 빼흐 노엘 누 자뽀흐트하 데 꺄도

넌 아직도 산타클로스가 있다고 믿니?

Tu crois encore que le Père Noël existe ?
뛰 크후아 엉꼬흐 끄 르 빼흐 노엘 에그지스뜨?

제 크리스마스 선물은 뭔가요? 제발 말해 주세요.

Qu'est-ce que c'est mon cadeau de Noël ? Dites le moi, s'il vous plaît.
께스끄 쎄 몽 꺄도 드 노엘? 디뜨 르 무아, 씰 부 쁠레

Père Noël 빼흐 노엘 산타클로스

부활절

부활절은 음력에 따라 결정되기 때문에 날짜가 매년 바뀝니다.

La date de Pâques change chaque année parce qu'elle est déterminée par rapport au calendrier lunaire.
라 다뜨 드 빠끄 샹즈 샤끄 아네 빠흐쓰 껠 레 데떼흐미네 빠 하뽀 오 꺌렁드히에 뤼네흐

부활절은 보통 4월에 있죠.

Pâques tombe généralement en avril.
빠끄 똥브 제네할멍 어 나브힐

부활절은 예수의 부활을 기념하는 날이에요.

Pâques est un jour qui célèbre la résurrection de Jésus.
빠끄 에 떵 주흐 끼 쎌래브흐 라 헤쥐헥씨옹 드 제쥐

프랑스에서 부활절이면 아이들은 달걀 찾기를 큰 즐거움으로 여기죠.

En France, les enfants s'amusent à chercher des œufs à Pâques.
엉 프항쓰, 레 정팡 싸뮈즈 아 쉐흐쉐 데 즈 아 빠끄

부활절 연휴 때 난 잠깐 니스에 갈 거예요.

Pendant les vacances de Pâques, je vais aller quelques jours à Nice.
뻥당 레 바깡쓰 드 빠끄, 즈 베 알레 껠끄 주흐 아 니쓰

Je vais passer quelques jours à Nice pour Pâques.
즈 베 빠쎄 껠끄 주흐 아 니쓰 뿌흐 빠끄

즐거운 부활절 되세요!

Joyeuses Pâques !
주아이으즈 빠끄!

par rapport à 빠 하뽀 아 ~과 관련하여

꼭! 짚고 가기

프랑스의 명절①

여느 나라처럼 프랑스에도 특별한 의미를 가진 명절들이 있어요. 과거 가톨릭이 국가 종교였던 만큼, 현재까지 이어지는 명절들도 종교적 배경을 지닌 경우가 많답니다. 그렇다면 명절에는 어떻게 인사할까요? 명절 앞에 bon 봉 또는 joyeux 주아이으를 붙는 것이 가장 간단하고 일반적인 방법입니다. 하지만 여기에서도 명절 명(名)이 남성이냐 여성이냐, 또는 단수냐 복수냐에 따라 bon과 joyeux도 일치시켜 줘야 한다는 것, 잊지 마세요. 그럼 프랑스에 어떤 명절들이 있는지 간단하게 알아봅시다.

- **Saint-Sylvestre, Nouvel An**
  쌩씰베스트흐, 누벨 앙
  새해 첫날을 보내는 마음은 세계 어느 나라 사람이나 비슷하죠. 프랑스는 새해가 밝기 전날부터 가족, 친구들과 함께 모이는 전통이 있어요. 'Saint-Sylvestre'라 부르는 12월 31일부터 모두가 화려한 저녁 식사 자리에 모여 자정에 이르도록 즐기다가 12시를 알리는 종소리를 들으며 새해를 맞이한답니다.
- **L'Épiphanie** 레삐파니
  우리말로 '주현절'이라고 부르는 기독교 명절이죠. 예수가 이 땅에 온 것을 기리는 날로, 1월 6일에 기념해요. 이 날엔 'Gallette des Rois 갈렛뜨 데 후아'라는 일종의 케이크를 사람들과 나눠 먹는데, 그 케이크 안에 'fève 패브'를 넣어서 패브가 들어간 조각을 가져간 사람이 왕관을 쓰고 그날의 왕이 된답니다.
- **Mardi gras** 마흐디 그하
  2월 말이나 3월에 열리는 카니발 'Mardi gras'는 기독교의 사순절, 즉 예수가 광야에서 40일 동안 금식을 하며 사탄과 싸운 기간을 기념하는 날이에요. 여전히 마르디 그라 날이면 지방마다 카니발 행사를 열기도 하고, 크레프나 'beignet 베녜'라 부르는 빵을 즐겨 먹죠.

생일 ①

생일이 언제예요?

Quand est votre anniversaire ?
깡 떼 보트흐 아니베흐쎄흐?

오늘은 유나의 생일이에요.

Aujourd'hui, c'est l'anniversaire de You-na.
오주흐뒤, 쎄 라니베흐쎄흐 드 유나

오늘이 내 생일인 거 어떻게 알았어요?

Comment avez-vous su que mon anniversaire était aujourd'hui ?
꼬멍 따베부 쒸 끄 모 나니베흐쎄흐 에떼 오주흐뒤?

하마터면 여자 친구 생일을 잊어버릴 뻔 했어요.

J'ai failli oublier l'anniversaire de ma petite amie.
줴 파이 우블리에 라니베흐쎄흐 드 마 쁘띠뜨 아미

네 생일을 완전히 잊어버렸네. 정말 미안해.

J'ai totalement oublié ton anniversaire. Je suis vraiment désolé(e).
줴 또딸멍 우블리에 또 나니베흐쎄흐. 즈 쒸 브헤멍 데졸레

내 생일까지 3일밖에 안 남았어요.

Mon anniversaire est dans seulement trois jours.
모 나니베흐쎄흐 에 당 쐴멍 트후아 주흐

anniversaire 아니베흐쎄흐 n.m. 기념일, 생일
failli/faillir 파이/파이 v. 자칫 ~할 뻔하다

생일 ②

생일 축하해요!

Bon anniversaire !
보 나니베흐쎄흐!
Joyeux anniversaire !
주아이으 자니베흐쎄흐!

이번 생일에 저는 20살이 됩니다.

J'aurai vingt ans à cet anniversaire.
조헤 뱅 땅 아 쎄 따니베흐쎄흐

그의 생일 파티는 파스칼의 집에서 할 거예요.

On va fêter son anniversaire chez Pascal.
옹 바 페떼 쏘 나니베흐쎄흐 쉐 빠스깔

친구들과 함께 유나의 생일을 축하하려고 해요.

On va célébrer l'anniversaire de You-na avec des amis.
옹 바 쎌레브헤 라니베흐쎄흐 드 유나 아베끄 데 자미

그는 나에게 생일 선물로 특이한 모자를 주었어요.

Pour mon anniversaire, il m'a offert un chapeau très original.
뿌흐 모 나니베흐쎄흐, 일 마 오페 엉 샤뽀 트해 조히지날

그녀가 오기 전에 잊지 말고 선물을 잘 포장해 둬.

N'oublie pas d'emballer son cadeau, avant qu'elle n'arrive.
누블리 빠 덩발레 쏭 꺄도, 아방 껠 나히브

offert/offrir 오페/오프히 v. 주다, 제공하다
original(e) 오히지날 a. 독창적인, 참신한
emballer 엉발레 v. 짐을 꾸리다, 포장하다

축하

축하해요!

Félicitations !
펠리씨따씨옹!

Je vous félicite !
즈 부 펠리씨뜨!

결혼 축하해요!

(Toutes mes) Félicitations pour votre mariage !
(뚜뜨 메) 펠리씨따씨옹 뿌흐 보트흐 마히아즈!

시험에 합격한 걸 축하해요.

Félicitations pour votre succès à l'examen.
펠리씨따씨옹 뿌흐 보트흐 쒹쌔 아 레그자멍

딸이 태어난 걸 축하드려요.

Je vous félicite de la naissance de votre fille.
즈 부 펠리씨뜨 들 라 네쌍쓰 드 보트흐 피이

아기가 태어난 걸 축하하는 의미에서 그에게 꽃다발을 보냈어요.

Je lui ai envoyé un bouquet de fleurs pour féliciter de la naissance de son bébé.
즈 뤼 에 엉부아이예 엉 부께 드 플뢰 뿌흐 펠리씨떼 들 라 네쌍쓰 드 쏭 베베

정말 잘됐네요.

Ça, c'est bien pour vous.
싸, 쎄 비엉 뿌흐 부

꼭! 짚고 가기

프랑스의 명절②

- **Pâques** 빠끄

예수의 부활을 기념하는 부활절로, 날짜는 유동적이지만 보통 3월 22일에서 4월 25일 사이에 시작하죠. 부활절은 하루로 끝나지 않고 연휴로 쉬기 때문에 짧은 휴가를 보내는 경우도 있어요. 부활절에는 아이들에게 초콜릿으로 만든 달걀을 나눠주는 전통이 있어요. 이 초콜릿 달걀을 정원에 숨겨두고 아이들이 찾게 하는 재미있는 행사를 하기도 해서 이날을 기대하는 아이들도 많답니다.

- **Noël** 노엘

모두가 잘 아는 12월 25일 성탄절이에요. 예수의 탄생을 기념하는 날이자 프랑스에선 온 가족이 함께 모이는 즐거운 날이기도 하죠. 프랑스에서는 성탄절 전부터 축제 기간에 접어들어요. 특히 아이들에겐 'Calendrier de l'Avent 깔렁드히에 드 라벙'이라고 부르는 게 있어요. 총 24개의 주머니 또는 작은 상자 등으로 이루어져 있는데 12월 1일부터 성탄절 전까지 총 24일간 먹을 사탕이나 초콜릿이 담겨요. 아이들은 여기에서 매일 사탕을 하나씩 꺼내 먹으며 성탄절을 기다리게 되죠.

- **Fête nationale** 페뜨 나씨오날

7월 14일은 프랑스 혁명을 기념하는 국경일이에요. 이날은 휴일일 뿐만 아니라, 프랑스 전체가 축제의 장으로 변하죠. 특히 파리 샹젤리제 거리에서는 화려한 군대 열병식과 불꽃 축제까지 볼 수 있어요.

- **Fête de travail** 페뜨 드 트하바이

노동절이라 부르는 이날은 5월 1일은 오늘날 세계 여러 나라에서 노동자의 날로 지키고 있죠. 프랑스의 노동절은 공휴일로 지정되어 있어요. 이날엔 'muguet 뮈게'라고 하는 은방울꽃을 서로 주고받는 전통이 있어요.

주량

\# 전 술이 약해요.

Je tiens mal l'alcool.
즈 띠엉 말 랄꼴

Je supporte mal l'alcool.
즈 쒸뽀흐뜨 말 랄꼴

\# 전 요즘 술이 약해졌어요.

Je supporte moins bien l'alcool ces temps-ci.
즈 쒸뽀흐뜨 무앙 비엉 랄꼴 쎄 떵씨

\# 전 식전주가 부담스러워요.

J'ai du mal à prendre l'apéritif.
줴 뒤 말 아 프헝드흐 라뻬히띠프

\# 한 잔만 마셔도 얼굴이 빨개져요.

Mon visage rougi même après un seul verre.
몽 비자즈 후지 멤 아프해 정 쐴 베흐

J'ai le visage en feu après avoir à peine bu un verre.
줴 르 비자즈 엉 프 아프해 자부아 아 뻰 뷔 엉 베흐

\# 그는 독한 술도 잘 마셔요.

Il tient bien les alcools forts.
일 띠엉 비엉 레 잘꼴 포흐

\# 전 그가 취하는 걸 본 적이 없어요.

Je ne l'ai jamais vu ivre.
즈 느 레 자메 뷔 이브흐

\# 보드카에도 그는 아무렇지 않아요.

La vodka ne lui fait rien.
라 보드까 느 뤼 페 히엉

ivre 이브흐 a. 취한, 도취한

술에 취함

\# 그는 벌써 꽤 취했어요.

Il est déjà ivre.
일 레 데자 이브흐

\# 그는 이미 술 한 병을 다 비웠어요.

Il a déjà vidé toute une bouteille.
일 라 데자 비데 뚜뜨 윈 부떼이

\# 난 취하지 않았어.

Je ne suis pas ivre.
즈 느 쒸 빠 지브흐

\# 그는 술에 취해 뻗어 버렸어요.

Il est tombé d'ivresse.
일 레 똥베 디브헤쓰

\# 그는 곤드레만드레 취했어요.

Il est saoul comme un cochon.
일 레 쑤 꼼 엉 꼬숑

Il est saoul à se rouler sous la table.
일 레 쑤 아 쓰 훌레 쑤 라 따블르

Il est complètement fait. (친구끼리 쓰는 표현)
일 레 꽁쁠래뜨멍 페

\# 술에 취하면 그는 자기가 한 말을 기억하지 못해요.

Il ne se souvient pas de ce qu'il dit quand il est saoul.
일 느 쓰 쑤비엉 빠 드 쓰 낄 디 깡 띨 레 쑤

saoul(e) 쑤(쑬) a. 취한

술에 대한 충고

\# 술은 적당히 마시는 게 좋아요.

Il vaut mieux consommer l'alcool avec modération.
일 보 미으 꽁소메 랄꼴 아베끄 모데하씨옹

\# 당신에게 독한 술은 좋지 않아요.

Les alcools forts ne sont pas bons pour vous.
레 잘꼴 포흐 느 쏭 빠 봉 뿌흐 부

\# 취하도록 마시지 말아요.

Ne buvez pas au point d'être saoul.
느 뷔베 빠 조 뿌앙 데트흐 쑤

\# 평소 5잔 마시던 걸 3잔으로 줄이세요.

Vous devez réduire votre consommation de cinq à trois verres.
부 드베 헤뒤흐 보트흐 꽁쏘마씨옹 드 생끄 아 트후아 베흐

\# 당신은 식사 때 와인 마시는 정도면 충분해요.

Boire du vin pendant les repas est suffisant pour vous.
부아흐 뒤 뱅 뻥당 레 흐빠 에 쒸피장 뿌흐 부

\# 비싼 와인이 꼭 좋은 건 아니에요.

Un vin cher n'est pas toujours bon.
엉 뱅 쉐흐 네 빠 뚜주 봉

consommer 꽁쏘메 v. (음식물을) 먹다, 마시다
modération 모데하씨옹 n.f. 절제, 중용, 온건
conviennent/convenir à 꽁비엔/꽁브니 아 v. ~에 맞다, 적절하다, 유익하다
réduire 헤뒤흐 v. 줄이다, 축소하다
suffisant 쒸피쌍 a. 만족스러운, 충분한

술에 대한 기호

\# 어떤 와인을 좋아하세요?

Quel vin aimez-vous ?
껠 뱅 에메부?

\# 전 맥주를 그다지 좋아하지 않아요.

Je n'aime pas trop la bière.
즈 넴 빠 트호 라 비애흐

\# 그는 항상 보르도 와인만 고집해요.

Il persiste à ne prendre que du vin de Bordeaux.
일 빼흐씨스뜨 아 느 프헝드흐 끄 뒤 뱅 드 보흐도

\# 전 샴페인보다 맥주가 더 좋아요.

Je préfère la bière au champagne.
즈 프헤패흐 라 비애흐 오 샹빠뉴

\# 저희 아버지는 와인 없이는 식사도 안 하세요.

Mon père ne mange pas sans vin.
몽 빼흐 느 망즈 빠 쌍 뱅

Mon père ne prend pas le repas sans vin.
몽 빼흐 느 프헝 빠 르 흐빠 쌍 뱅

\# 한국인들은 소주를 즐겨 마시죠.

Les Coréens aiment boire du soju.
레 꼬헤엉 엠 부아흐 뒤 소주

persiste/persister 빼흐씨스뜨/빼흐씨스떼 v. 고집하다, 끈질기게 ~하다

금주

\# 전 당분간 술은 못 마셔요.

Je ne peux pas boire d'alcool pour quelques temps.
즈 느 쁘 빠 부아흐 달꼴 뿌흐 껠끄 떵

\# 의사가 당분간 술은 마시지 말라고 했어요.

Le médecin m'a interdit de boire pour l'instant.
르 메드쌩 마 앵떼흐디 드 부아흐 뿌흐 랭스땅

\# 알코올 중독자가 될 게 아니라면 술 좀 그만 마셔!

Si tu ne veux pas devenir un alcoolique, arrête de boire !
씨 뛰 느 브 빠 드브니 어 날꼴리끄, 아헤뜨 드 부아흐!

\# 그는 위장병을 앓고 나서 술을 완전히 끊었어요.

Il a totalement arrêté de boire après avoir eu des troubles gastriques.
일 라 또딸멍 아헤떼 드 부아흐 아프해 자부아 위 데 트후블르 갸스트히끄

\# 그는 자신이 너무 많이 마신다는 것을 깨닫고 더 이상 마시지 않아요.

Il ne boit plus car il a réalisé qu'il buvait trop.
일 느 부아 쁠뤼 꺄흐 일 라 헤알리제 낄 뷔베 트호

\# 그는 이제 술은 한 방울도 안 마셔요.

Il ne boit plus une seule goutte d'alcool.
일 느 부아 쁠뤼 쥔 쐴 굿뜨 달꼴

interdit/interdire 앵떼흐디/앵떼흐디흐 v. 막다, 금하다
alcoolique 알꼴리끄 n. 알코올 중독자
gastriques 갸스트히끄 a. 위(胃)의

술 기타

\# 제가 안주를 준비할게요.

Je vais préparer des amuse-gueules.
즈 베 프헤빠헤 데 자뮈즈괼

\# 이 근처에 분위기 좋은 술집을 알아요.

Je connais un bar à l'ambiance sympa dans le coin.
즈 꼬네 엉 바 아 랑비앙쓰 쌩빠 당 르 꾸앙

\# 그는 오늘 아침 숙취로 고생했어요.

Ce matin, il a souffert car il avait la gueule de bois.
쓰 마땡, 일 라 쑤페 꺄흐 일 라베 라 괼 드 부아

\# 그건 그가 술김에 한 소리였어요.

C'était une parole sous l'emprise de la boisson.
쎄떼 윈 빠홀 쑤 렁프히즈 들 라 부아쏭

Il parlait sous l'emprise de l'alcool.
일 빠흘레 쑤 렁프히즈 드 랄꼴

\# 그녀는 우울할 때 술 한 잔씩 마셔요.

Elle prend un verre quand elle est triste.
엘 프헝 엉 베흐 깡 뗄 레 트히스뜨

\# 자기 전에 한 잔 마시면 푹 잘 거예요.

Vous dormiriez bien, si vous buviez un verre avant de vous coucher.
부 도흐미히에 비엉, 씨 부 뷔비에 엉 베흐 아방 드 부 꾸쉐

amuse-gueules 아뮈즈괼
(아페리티프와 함께 먹는) 간단한 음식, 안주
ambiance 앙비앙쓰 n.f. 분위기, 환경
coin 꾸앙 n.m. 모서리, 모퉁이, 구석
gueule de bois 괼 드 부아 숙취
emprise 엉프히즈 n.f. 영향력, 지배
vous coucher/se coucher 부 꾸셰/쓰 꾸셰 자다, 눕다

흡연

\# 저는 가끔 담배를 피워요.

Je fume parfois.
즈 퓜 빠흐푸아
Je fume de temps en temps.
즈 퓜 드 떵 정 떵

\# 그는 지독한 골초예요.

Il est un gros fumeur.
일 레 떵 그호 퓌뫼
Il est un grand fumeur.
일 레 떵 그항 퓌뫼
Il fume comme un pompier.
일 퓜 꼼 엉 뽕삐에
Il fume comme une locomotive.
일 퓜 꼼 윈 로꼬모띠브

\# 여기에서 담배 피워도 될까요?

Puis-je fumer ici ?
쀠즈 퓌메 이씨?
Est-ce qu'il est permis de fumer ici ?
에스낄 레 뻬흐미 드 퓌메 이씨?

\# 담배 피우려면 나가서 피우세요.

Vous pouvez fumer dehors.
부 뿌베 퓌메 드오
Si vous voulez fumer, vous devez sortir.
씨 부 불레 퓌메, 부 드베 쏘흐띠

\# 흡연 구역은 주차장 옆에 있습니다.

La zone fumeur est située à côté du parking.
라 존 퓌뫼 에 씨뛰에 아 꼬떼 뒤 빠흐낑

\# 그는 긴장하면 담배를 피워요.

Il fume quand il est nerveux.
일 퓜 깡 띨 레 네흐브

fume/fumer 퓜/퓌메 v. (담배를) 피우다, 흡연하다
pompier 뽕삐에 n.m. 소방관
locomotive 로꼬모띠브 n.f. 기관차, 증기 기관차

꼭! 짚고 가기

흡연 문화

한때 흡연자들의 천국이라 불릴 정도로 흡연에 관대했던 프랑스도 많이 바뀌고 있죠. 무엇보다 흡연으로 인한 사망자 수가 늘면서 프랑스도 흡연을 강력히 제재하는 추세예요.

한때 공항에서도 흡연이 가능했던 프랑스이지만 이젠 공항뿐 아니라 카페에서의 흡연도 금지되었어요.

그리고 흡연율을 줄이기 위해 전자 담배와 같은 담배 대체물 흡연자들에 대한 지원금 제공, 금연 캠페인, 담뱃갑에 담배 소비를 자극하는 문구 삽입 금지 등 각종 정책을 펼치고 있어요. 무엇보다 담배 소비를 줄이기 위해 담배 가격을 단계적으로 인상하여 2020년에는 담배 한 갑이 평균 9.95유로, 우리 돈으로 만 원이 훌쩍 넘는 수준에 이르렀지요.

이 밖에도 프랑스의 공공장소 및 폐쇄 공간에서는 흡연이 금지되어 있다는 것과, 흡연은 별도 지정된 구역에서만 가능하다는 사실은 애연가들에게 슬픈 소식일 듯하네요.

담배

\# 담뱃불 좀 빌릴 수 있을까요?

Avez-vous du feu ?
아베부 뒤 프?
Pourrais-je avoir du feu ?
뿌헤즈 아부아 뒤 프?

\# 담배꽁초를 바닥에 버리지 마세요.

Ne jetez pas vos mégots par terre.
느 즈떼 빠 보 메고 빠흐 떼흐

\# 담배꽁초는 재떨이에 버려 주세요.

Jetez vos mégots dans un cendrier, s'il vous plaît.
즈떼 보 메고 당 정 셩드히에, 씰 부 쁠레

\# 전 담배 냄새가 정말 싫어요.

Je déteste l'odeur de la cigarette.
즈 데떼스뜨 로되 들 라 씨가헷뜨

\# 담배 좀 꺼 주시겠어요?

Pourriez-vous éteindre votre cigarette ?
뿌히에부 에땡드흐 보트흐 씨가헷뜨?

\# 담배 냄새가 나면 피우고 싶어져요.

Quand je sens l'odeur du tabac, j'ai envie de fumer.
깡 즈 셩 로되 뒤 따바, 줴 엉비 드 퓌메

\# 그는 진짜 담배 대신 전자 담배를 피워요.

Il fume une cigarette électronique au lieu d'une vraie cigarette.
일 퓜 윈 씨가헷뜨 엘렉트호니끄 오 리으 뒨 브헤 씨가헷뜨

jetez/jeter 즈떼/즈떼 v. 버리다, 던지다
mégot 메고 n.m. 담배꽁초
éteindre 에땡드흐 v. (불을) 끄다
ai envie de/avoir envie de 에 엉비 드/아부아 엉비 드 ~을 하고(가지고) 싶다
au lieu de 오 리으 드 ~대신에

금연①

\# 이곳은 흡연 금지 구역입니다.

Il est interdit de fumer dans cet endroit.
일 레 땡떼흐디 드 퓌메 당 쎄 떵드후아
C'est une zone non-fumeur, ici.
쎄 뛴 존 농퓌뫼, 이씨

\# 지하철 안에서 담배 피우면 안 돼요!

Ne fumez pas dans le métro !
느 퓌메 빠 당 르 메트호!

\# 그는 건강 때문에 담배를 끊어야 해요.

Il doit arrêter de fumer pour sa santé.
일 두아 아헤떼 드 퓌메 뿌흐 싸 쌍떼

\# 흡연은 건강에 아무런 도움도 안 돼요.

Fumer n'est d'aucune aide pour votre santé.
퓌메 네 도뀐 에드 뿌흐 보트흐 쌍떼

\# 요즘은 금연 구역이 많이 늘었어요.

Les espaces non-fumeur ont récemment beaucoup augmenté.
레 제스파쓰 농퓌뫼 옹 헤싸멍 보꾸 오그멍떼

\# 공공 장소에서 흡연 시 벌금을 물어야 합니다.

Si vous fumez dans un lieu public, vous devrez payer une amende.
씨 부 퓌메 당 정 리으 쀠블리끄, 부 드브헤 뻬이예 윈 아멍드

\# 담배를 끊는 게 쉽지는 않죠.

Ce n'est pas facile d'arrêter de fumer.
쓰 네 빠 파씰 다헤떼 드 퓌메

santé 쌍떼 n.f. 건강, 건강 상태
augmenté/augmenter 오그멍떼/오그멍떼 v. 증가하다
amende 아멍드 n.f. 벌금

금연②

\# 나도 이젠 담배 끊어야겠어. 담뱃값이 너무 올랐거든.

Je dois arrêter de fumer parce que le prix des cigarettes a trop augmenté.
즈 두아 자헤떼 드 퓌메 빠흐쓰 끄 르 프히 데 씨갸헷뜨 아 트호 뽀그멍떼

\# 올해는 담배를 꼭 끊기로 결심했어.

J'ai décidé d'arrêter de fumer cette année.
줴 데씨데 다헤떼 드 퓌메 쎗뜨 아네
J'ai pris la décision de ne plus fumer cette année.
줴 프히 라 데씨지옹 드 느 쁠뤼 퓌메 쎗뜨 아네

\# 그는 금연에 성공했어.

Il a réussi à arrêter de fumer.
일 라 헤위씨 아 아헤떼 드 퓌메

\# 그는 지금도 담배를 끊으려고 노력하고 있어.

Il essaie toujours de ne plus fumer.
일 레쎄 뚜주 드 느 쁠뤼 퓌메
Il s'efforce toujours à arrêter de fumer.
일 쎄포흐쓰 뚜주 아 아헤떼 드 퓌메

\# 그가 어떻게 담배를 끊었는지 알고 싶어.

Je veux savoir comment il a arrêté de fumer.
즈 브 싸부아 꼬멍 일 라 아헤떼 드 퓌메

\# 난 그가 담배 끊은 줄 알았더니만 다시 피우던데!

Je pensais qu'il avait arrêté de fumer, mais il a recommencé !
즈 뻥쎄 낄 라베 아헤떼 드 퓌메, 메 질 라 흐꼬멍쎄!

취미 묻기

\# 취미가 뭐예요?

Quel est votre passe-temps ?
껠 레 보트흐 빠쓰떵?
Quels sont vos loisirs ?
껠 쏭 보 루아지?
Qu'est-ce que vous faites comme passe-temps ?
께스끄 부 페뜨 꼼 빠쓰떵?

\# 시간 있을 땐 뭘 하세요?

Qu'est-ce que vous faites quand vous avez du temps ?
께스끄 부 페뜨 깡 부 자베 뒤 떵?

\# 기분 전환할 땐 뭘 하세요?

Qu'est-ce que vous faites pour vous divertir ?
께스끄 부 페뜨 뿌흐 부 디베흐띠?

\# 특별히 좋아하는 활동이 있나요?

Avez-vous une occupation particulière ?
아베부 윈 오뀌빠씨옹 빠흐띠뀔리애흐?

\# 주말엔 주로 뭘 하세요?

Que faites-vous le week-end en général ?
끄 뻬뜨부 르 위껜드 엉 제네할?

\# 취미로 뭘 하면 좋을까요?

Qu'est-ce que je peux faire comme loisirs ?
께스끄 즈 쁘 페흐 꼼 루아지?

passe-temps 빠쓰떵 n.m. 여가 활동, 놀이, 오락
loisirs 루아지 n.m.pl. 여가 활동, 취미

취미 대답하기

저는 취미가 다양해요.

J'ai des loisirs variés.
줴 데 루아지 바히에

J'ai des passe-temps très divers.
줴 데 빠쓰떵 트해 디베

시간 있을 땐 이것저것 하죠.

Quand j'ai du temps, je fais ceci et cela.
깡 줴 뒤 떵, 즈 페 쓰씨 에 쓸라

딱히 취미랄 게 없어요.

Je n'ai pas de loisirs particulier.
즈 네 빠 드 루아지 빠흐띠뀔리에

저는 뭐든 꾸준히 하질 못해요.

Je ne fais rien de façon régulière.
즈 느 페 히엉 드 파쏭 헤귈리애흐

Je ne peux rien faire durablement.
즈 느 쁘 히엉 페흐 뒤하블르멍

그는 별난 취미를 가졌어요.

Il a un passe-temps bizarre.
일 라 엉 빠쓰떵 비자흐

Il a des goûts bizarres.
일 라 데 구 비자흐

우린 공통된 관심사가 있네요.

Nous avons un centre d'intérêt en commun.
누 자봉 엉 썽트흐 댕떼헤 엉 꼬멍

divers 디베 a. 서로 다른, 각양각색의

durablement 뒤하블르멍 ad. 지속적으로

goût 구 n.m. 기호

사진

사진 촬영은 제 취미 중 하나예요.

La photographie est l'un de mes hobbies.
라 포또그하피 에 렁 드 메 오비

풍경 사진 촬영에 관심이 있어요.

Je m'intéresse à la photographie de paysage.
즈 맹떼헤쓰 알 라 포또그하피 드 뻬이자즈

아버지가 주신 카메라로 사진을 찍기 시작했어요.

J'ai commencé à prendre des photos avec l'appareil photo que mon père m'a offert.
줴 꼬멍쎄 아 프헝드흐 데 포또 아베끄 라빠헤이 포또 끄 몽 빼흐 마 오페

저는 여전히 필름 카메라로 찍는 걸 더 좋아하죠.

Je préfère utiliser un appareil photo analogique.
즈 프헤패흐 위띨리제 어 나빠헤이 포또 아날로지끄

흑백 사진이 더 마음에 들어요.

Je préfère les photos en noir et blanc.
즈 프헤패흐 레 포또 엉 누아 에 블랑

어떤 종류의 카메라를 갖고 있나요?

Quel type d'appareil avez-vous ?
껠 띠쁘 다빠헤이 아베부?

paysage 뻬이자즈 n.m. 경치, 풍경

appareil 아빠헤이 n.m. 카메라

스포츠

\# 어떤 스포츠를 좋아하세요?

Quel sport aimez-vous ?
껠 스뽀 에메부?

\# 전 스포츠라면 다 좋아해요.

J'aime tous les sports.
쥄 뚜 레 스뽀

\# 저는 운동엔 자신이 없어요.

Je ne suis pas bon en sport.
즈 느 쒸 빠 보 넝 스뽀
Je n'ai pas confiance en moi en ce qui concerne le sport.
즈 네 빠 꽁피앙쓰 엉 무아 엉 쓰 끼 꽁쎄흔느 르 스뽀

\# 썩 잘하는 운동이 없어요.

Il n'y a pas un sport en particulier pour lequel je suis bon.
일 니 아 빠 정 스뽀 엉 빠흐띠뀔리에 뿌흐 르껠 즈 쒸 봉

\# 그는 스포츠광이에요.

Il adore le sport.
일 라도흐 르 스뽀
C'est un maniaque du sport.
쎄 떵 마니아끄 뒤 스뽀

\# 스포츠는 하는 것보다 보는 걸 좋아하죠.

Je préfère regarder que faire du sport.
즈 프헤패흐 흐갸흐데 끄 페흐 뒤 스뽀

\# 매일 운동해야 기분이 풀려요.

Je me défoule tous les jours en faisant du sport.
즈 므 데풀 뚜 레 주흐 엉 프장 뒤 스뽀

confiance 꽁피앙쓰 n.f. 신뢰감, 자신감
me défoule/se défouler 므 데풀/쓰 데풀레
v. (본능·욕구를) 발산하다, 만족시키다

계절 스포츠

\# 겨울엔 스키를 꼭 타러 가죠.

Je vais faire du ski tous les hivers.
즈 베 페흐 뒤 스끼 뚜 레 지베

\# 지난 겨울엔 매주 스키를 탔어요.

L'hiver dernier, j'ai fait du ski toutes les semaines.
리베 데흐니에, 줴 페 뒤 스끼 뚜뜨 레 쓰멘

\# 함께 스케이트 타러 갈래요?

Vous voulez aller faire du patin à glace avec moi ?
부 불레 알레 페흐 뒤 빠땡 아 글라쓰 아베끄 무아?

\# 여름 스포츠 중에서는 수영을 제일 좋아해요.

Comme sport d'été, je préfère la nage.
꼼 스뽀 데떼, 즈 프헤패흐 라 나즈

\# 정기적으로 수영장에 다니고 있어요.

Je vais régulièrement à la piscine.
즈 베 헤귈리애흐멍 알 라 삐씬

\# 평영이 제 특기예요.

Je suis spécialisé(e) dans la brasse.
즈 쒸 스뻬씨알리제 땅 라 브하쓰

\# 그는 계절마다 즐겨하는 스포츠가 있어요.

Il change de sport en fonction de la saison.
일 샹즈 드 스뽀 엉 퐁씨옹 들 라 쎄종

patin à glace 빠땡 아 글라쓰 스케이트(신발)
nage 나즈 n.f. 헤엄, 수영
piscine 삐씬 n.f. 수영장
en fonction de 엉 퐁씨옹 드 ~에 따라

구기 스포츠

그녀는 이제야 테니스에 푹 빠졌어요.

Elle aime enfin faire du tennis.
엘 엠 엉팽 페흐 뒤 떼니쓰

그는 야구 경기 보는 것뿐만 아니라 하는 것도 좋아해요.

Il aime autant regarder que jouer au base-ball.
일 렘 오땅 흐갸흐데 끄 주에 오 베이스볼

언제 경기가 있나요?

Quand est-ce que le match aura lieu ?
깡 에스끄 르 마치 오하 리으?

그녀는 지난주부터 골프를 치기 시작했어요.

Elle s'est mise au golf depuis la semaine dernière.
엘 쎄 미즈 오 골프 드쀠 라 쓰멘 데흐니애흐

그 소년은 오후마다 농구 경기를 해요.

Le garçon fait du basket tous les après-midis.
르 갸흐쏭 페 뒤 바스께 뚜 레 자프해미디

그는 농구를 잘하진 않아도 좋아해요.

Même s'il ne joue pas bien au basket, il aime ça.
멤 씰 느 주 빠 비엉 오 바스께, 일 렘 싸

언제부터 농구를 하게 되었니?

Depuis quand fais-tu du basket ?
드쀠 깡 페뛰 뒤 바스께?

s'est mise à/se mettre à 쎄 미즈 아/쓰 메트흐 아
~하기 시작하다

음악 감상

음악 듣는 걸 좋아해요.

J'aime écouter de la musique.
쥄 에꾸떼 들 라 뮈지끄

어떤 음악을 좋아하세요?

Quelle sorte de musique aimez-vous ?
껠 쏘흐뜨 드 뮈지끄 에메부?
Quel type de musique est-ce que vous aimez ?
껠 띠쁘 드 뮈지끄 에스끄 부 제메?
Quel genre de musique aimez-vous ?
껠 정흐 드 뮈지끄 에메부?

좋아하는 가수는 누구인가요?

Qui est votre chanteur préféré ?
끼 에 보트흐 샹뙤 프헤페헤?

장르에 상관없이 음악이라면 다 들어요.

J'écoute n'importe quel genre de musique.
제꾸뜨 냉뽀흐뜨 껠 정흐 드 뮈지끄

로큰롤 음악이라면 꿰고 있죠.

Je m'y connais en rock.
즈 미 꼬네 엉 혹

최근 클래식 음악을 듣기 시작했어요.

Je me suis récemment mis(e) à écouter du classique.
즈 므 쒸 헤싸멍 미즈 아 에꾸떼 뒤 끌라씨끄

적어도 한 달에 한 번 콘서트에 가요.

Je vais voir un concert au moins une fois par mois.
즈 베 부아 엉 꽁쎄 오 무앙 윈 푸아 빠흐 무아

악기 연주

\# 다룰 줄 아는 악기가 있으세요?

De quel instrument jouez-vous ?
드 껠 랭스트휘멍 주에부?

Est-ce que vous jouez d'un instrument ?
에스끄 부 주에 더 냉스트휘멍?

\# 피아노를 좀 칠 줄 알아요.

Je joue un peu de piano.
즈 주 엉 쁘 드 삐아노

\# 기타는 몇 곡 정도 연주할 수 있어요.

Je sais jouer quelques morceaux de guitare.
즈 쎄 주에 껠끄 모흐쏘 드 기타흐

\# 매주 드럼 연주를 배우고 있어요.

J'apprends à jouer du tambour chaque semaine.
자프헝 아 주에 뒤 땅부 샤끄 쓰멘

\# 특별히 다룰 줄 아는 악기가 없어요.

Je ne sais pas jouer d'un instrument en particulier.
즈 느 쎄 빠 주에 더 냉스트휘멍 엉 빠흐띠뀔리에

\# 제게 한 곡 연주해 주실래요?

Pouvez-vous jouer un morceau de musique pour moi ?
뿌베부 주에 엉 모흐쏘 드 뮈지끄 뿌흐 무아?

\# 음악은 제 삶의 활력소예요.

La musique me stimule.
라 뮈지끄 므 스띠뮐

morceau 모흐쏘 n.m. 조각, 단편, (음악) 곡
apprends/apprendre 아프헝/아프헝드흐
v. 배우다, 터득하다
stimule/stimuler 스띠뮐/스띠뮐레
v. 자극하다, 활발하게 하다

꼭! 짚고 가기

다양한 학생 혜택

젊을 때 실컷 즐기라는 이야기, 종종 들으셨죠? 하지만 나이가 어릴수록 문화생활을 즐기기엔 경제적 부담이 크다고 느낄 수 있어요. 그렇지만 프랑스에서는 예외입니다. 프랑스에서 학생(중·고등학생뿐 아니라 대학생, 대학원생까지)이라면 많은 문화적 혜택을 누릴 수 있으니까요.

특히 교통비가 비싼 프랑스에서 26세 미만이면 지하철, 버스, 트램 등을 50%가량 저렴하게 이용할 수 있는 패스권을 제공하고 있어요. 대표적으로 파리에서 사용할 수 있는 Imagine R 이마지네 흐 카드가 있지요. 현지 학생뿐만 아니라 유학생들도 신청하면 발급받을 수 있는데, 교통비를 절약할 수 있어 매우 유용한 카드예요.

또한 박물관, 미술관, 각종 연극이나 공연도 학생들에겐 부담 없이 볼 수 있도록 무료입장 내지 할인을 해 주죠. 특히 루브르 박물관, 오르세 미술관 등 이름만 들어도 알 만한 곳들도 18세 미만은 무료이거니와, 18세에서 25세까지는 유럽 거주민 또는 학생인 경우 무료입장이 가능합니다.

한창 많은 것을 접하고 배워 나갈 학생들에게 기회를 제공하는 프랑스, 괜히 문화 강대국이 아니랍니다.

미술 감상

저는 주말마다 미술 전시회에 가요.

Tous les week-ends, je vais à une exposition d'œuvre d'art.
뚜 레 위껜드, 즈 베 아 윈 엑스뽀지씨옹 되브흐 다흐

전 조소 작품보다 회화 작품이 더 끌려요.

Je m'intéresse plus à la peinture qu'à la sculpture.
즈 맹떼헤쓰 쁠뤼쓰 알 라 빵뛰흐 꺄 라 스뀔뛰흐

최근 오르세 미술관에서 하는 특별전에 가보셨나요?

Est-ce que vous êtes allé(e)(s) voir l'exposition tenue au musée d'Orsay ces temps-ci ?
에스끄 부 제뜨 알레 부아 렉스뽀지씨옹 뜨뉘 오 뮈제 도흐쎄 쎄 떵씨?

가장 인상적이었던 작품은 무엇인가요?

Quelle est votre œuvre d'art préférée ?
껠 레 보트흐 외브흐 다흐 프헤페헤?
Quelle œuvre est la plus impressionnante pour vous ?
껠 뢰브흐 에 라 쁠뤼 쟁프레씨오낭뜨 뿌흐 부?

19세기 회화 작품들이 굉장히 멋졌어요.

Les peintures du dix-neuvième siècle sont très belles.
레 빵뛰흐 뒤 디즈뇌비앰 씨애끌 쏭 트해 벨

œuvre 외브흐 n.f. 작업, 일, 작품, 저서
impressionnant(e) 앵프헤씨오낭(뜨) a. 인상적인

영화 감상

전 영화 보는 걸 좋아해요.

J'aime regarder des films.
젬 흐갸흐데 데 필므

어떤 종류의 영화를 좋아하세요?

Quel genre de film aimez-vous ?
껠 정흐 드 필므 에메부?

저는 공상 과학 영화를 제일 좋아해요.

Je préfère les films de science-fiction.
즈 프헤패흐 레 필므 드 씨엉쓰픽씨옹

이제껏 본 영화 중 가장 멋진 영화였어요.

C'est le meilleur film que j'ai vu jusqu'à aujourd'hui.
쎄 르 메이외 필므 끄 줴 뷔 쥐스꺄 오주흐뒤

그 영화는 너무 감동적이어서 결코 잊지 못할 거예요.

Ce film est si touchant que je ne l'oublierai jamais.
쓰 필므 에 씨 뚜샹 끄 즈 느 루블리헤 자메

그 배우가 출연하는 영화는 전부 봤어요.

J'ai vu tous les films de cet acteur (cette actrice).
줴 뷔 뚜 레 필므 드 쎄 딱뙤 (쎗뜨 악트히쓰)
J'ai vu tous ses films.
줴 뷔 뚜 쎄 필므

그 영화를 극장에서 보지 못해 아쉬워요.

Je regrette de ne pas avoir vu ce film au cinéma.
즈 흐그헷뜨 드 느 빠 자부아 뷔 쓰 필므 오 씨네마

touchant(e) 뚜샹(뜨) a. 감동적인

영화관 가기

영화 보러 자주 가세요?

Vous allez souvent au cinéma ?
부 잘레 쑤벙 오 씨네마?

새로 개봉한 영화가 뭐 있나요?

Quel film est sorti cette semaine ?
껠 필므 에 쏘흐띠 쎗뜨 쓰멘?
Quels sont les nouveaux films à l'affiche ?
껠 쏭 레 누보 필므 아 라피슈?

지금 극장에서 뭐 하나요?

Qu'est-ce qui passe au cinéma ?
께스끼 빠쓰 오 씨네마?
Quels films y a-t-il au cinéma ?
껠 필므 이아띨 오 씨네마?

한동안 영화를 보지 못했어요.

Ça fait un moment que je n'ai pas vu de film.
싸 페 엉 모멍 끄 즈 네 빠 뷔 드 필므

꼭 보고 싶었던 영화가 개봉했어요.

Le film que je voulais absolument voir est sorti.
르 필므 끄 즈 불레 압쏠뤼멍 부아 에 쏘흐띠

그 영화는 몇 시에 시작하나요?

À quelle heure commence ce film ?
아 껠 뢰흐 꼬멍 쓰 필므?

오늘 저녁 영화 보러 갈래요?

On va au cinéma ce soir ?
옹 바 오 씨네마 쓰 쑤아?

affiche 아피슈 n.f. 게시물, 포스터, 공연 프로그램
le film à l'affiche 르 필므 아 라피슈 상영 중인 영화

독서

저는 한가할 때 독서로 시간을 보내요.

Je passe mon temps libre à lire.
즈 빠쓰 몽 떵 리브흐 아 리흐

한 달에 몇 권 정도 읽으세요?

Combien de livres lisez-vous par mois ?
꽁비엉 드 리브흐 리제부 빠흐 무아?

한 달에 두 권 정도는 읽어요.

Je lis environ deux livres par mois.
즈 리 엉비홍 두 리브흐 빠흐 무아

저는 프랑스 소설을 아주 좋아해요.

J'aime beaucoup les romans français.
쥄 보꾸 레 호망 프항쎄

저는 손에 잡히는 대로 다 읽어요.

Je lis tout ce qui me passe sous la main.
즈 리 뚜 쓰 끼 므 빠쓰 쑤 라 멩

얼마 전부터 파트릭 모디아노의 소설을 읽기 시작했어요.

Depuis quelque temps, j'ai commencé à lire un roman de Patrick Modiano.
드쀠 껠끄 떵, 줴 꼬멍쎄 아 리흐 엉 호망 드 빠트히끄 모디아노

저는 어려서부터 독서하는 습관을 들였어요.

J'ai pris l'habitude de lire depuis mon enfance.
줴 프히 라비뛰드 드 리흐 드쀠 모 넝팡쓰

lisez/lire 리제/리흐 v. 읽다
roman 호망 n.m. 소설

취미 기타

\# 그는 뮤지컬 보러 가는 게 취미예요.

Son passe-temps est d'aller voir des comédies musicales.
쏭 빠쓰떵 에 달레 부아 데 꼬메디 뮈지꺌

\# 동전 수집을 시작한 지 얼마나 되었나요?

Depuis combien de temps avez-vous commencé à collectionner les pièces de monnaies ?
드쀠 꽁비엉 드 떵 아베부 꼬멍쎄 아 꼴렉씨오네 레 삐애쓰 드 모네?

\# 전 오래 전부터 동전을 모으고 있어요.

Ça fait longtemps que je collectionne les pièces de monnaie.
싸 페 롱떵 끄 즈 꼴렉씨온 레 삐애쓰 드 모네

\# 저희 어머니는 시간이 날 때마다 뜨개질을 하세요.

Ma mère tricote chaque fois qu'elle a du temps.
마 매흐 트히꼬뜨 샤끄 푸아 껠 라 뒤 떵

\# 어머니가 완성한 작품이 벌써 수십 개는 돼요.

Ma mère a déjà fait quelques dizaines d'ouvrages.
마 매흐 아 데자 페 껠끄 디젠 두브하즈

\# 다른 취미 생활은 없나요?

Vous n'avez pas d'autre passe-temps ?
부 나베 빠 도트흐 빠쓰떵?

pièce de monnaie 삐애쓰 드 모네 주화, 화폐
tricote/tricoter 트히꼬뜨/트히꼬떼 v. 짜다, 뜨개질하다

반려동물 ①

\# 저는 반려동물 키우는 걸 좋아해요.

J'aime avoir un animal de compagnie.
젬 아부아 어 나니말 드 꽁빠뉘

\# 지금 키우고 있는 반려동물이 있나요?

Avez-vous un animal de compagnie ?
아베부 어 나니말 드 꽁빠뉘?

\# 어렸을 때 반려동물을 키워 봤나요?

Aviez-vous un animal de compagnie dans votre enfance ?
아비에부 어 나니말 드 꽁빠뉘 당 보트흐 엉팡쓰?

\# 전에 개 키워 보셨어요?

Avez-vous déjà élevé un chien ?
아베부 데자 엘르베 엉 쉬엉?

\# 개와 함께 집에서 생활하는 게 불편하진 않나요?

Ce n'est pas inconfortable d'avoir un chien à la maison ?
쓰 네 빠 쟁꽁포흐따블르 다부아 엉 쉬엉 알 라 메종?

Ce n'est pas gênant d'avoir un chien à la maison?
쓰 네 빠 제낭 다부아 엉 쉬엉 알 라 메종?

\# 개를 키울 때 주의해야 할 점은 무엇인가요?

À quoi faut-il faire attention lorsqu'on élève un chien ?
아 꾸아 포띨 페흐 아떵씨옹 로흐스꽁 엘래브 엉 쉬엉?

\# 동물을 키우는 건 정말 어려워요.

C'est très difficile d'élever un animal.
쎄 트해 디피씰 델르베 어 나니말

반려동물②

\# 고양이를 키우고 싶지만 제 룸메이트가 원하지 않아요.

Je voudrais avoir un animal de compagnie, mais mon (ma) colocataire ne veut pas.
즈 부드헤 자부아 어 나니말 드 꽁빠뉘, 메 몽 (마) 꼴로꺄떼흐 느 브 빠

\# 지금 개를 키우고 있지만 고양이도 키우고 싶어요.

En ce moment j'ai un chien, mais je voudrais aussi avoir un chat.
엉 쓰 모멍 줴 엉 쉬엉, 메 즈 부드헤 오씨 아부아 엉 샤

\# 동물을 키우는 건 정서적으로 도움이 되죠.

Élever un animal aide affectivement.
엘르베 어 나니말 에드 아펙띠브멍

\# 저는 아이가 있는 가정이라면 동물을 키우는 게 좋다고 생각해요.

Je pense que c'est bien pour une famille avec enfant d'élever un animal.
즈 뻥쓰 끄 쎄 비엉 뿌흐 윈 파미이 아베끄 엉팡 델르베 어 나니말

\# 반려동물을 데리고 갈 수 있는 식당을 찾고 있어요.

Je cherche un restaurant acceptant les animaux.
즈 쉐흐슈 엉 헤스또항 악쎕땅 레 자니모

\# 여기는 반려동물을 데려와도 되나요?

Est-il permis d'entrer ici avec un animal de compagnie ?
에띨 뻬흐미 덩트헤 이씨 아베끄 어 나니말 드 꽁빠뉘?

affectivement 아펙띠브멍 ad. 감정적으로, 정서적으로

꼭! 짚고 가기

프랑스의 유별난 동물 사랑

반려동물에 대한 애정은 어디에서나 볼 수 있지만, 프랑스 같은 곳도 드물죠. 특히 반려견 하면 프랑스를 빼놓을 수 없어요. 장소, 나이, 직업을 불문하고 개 한 마리씩을 안고 걷는 이들이나 주인과 함께 거리를 걷는 반려견들을 만날 수 있으니까요.
프랑스를 알아 가는 우리에겐 동물들에 대한 애정만큼이나 정확한 프랑스어 표현을 알아두는 것도 중요하죠. 동물마다 암수 구분에 따라 이름이 달라지는 경우가 대다수이기 때문에 기억해 둘 필요가 있어요. 아래의 표를 보면서 동물의 명칭을 알아봅시다.

동물 명칭	수컷	암컷	새끼
chien 쉬엉 개	chien 쉬엉	chienne 쉬엔	chiot 쉬오
chat 샤 고양이	chat 샤	chatte 샷뜨	chaton 샤똥
lapin 라뺑 토끼	lapin 라뺑	lapine 라삔	lapereau 라쁘호
mouton 무똥 양	mouton 무똥	brebis 브흐비	agneau 아뇨
cheval 슈발 말	cheval 슈발	jument 쥐멍	poulain 뿔랭
vache 바슈 소	taureau 또호	vache 바슈	vachette 바쉣뜨
cochon 꼬숑 돼지	verrat 베하	truie 트휘	porcelet 뽀흐쓸레
coq 꼬끄 닭	coq 꼬끄	poule 뿔	poussin 뿌쌩

개 키우기①

그는 3년 전부터 개를 키우고 있어요.

Ça fait trois ans qu'il élève un chien.
싸 페 트후아 장 낄 엘래브 엉 쉬엉

그의 개는 그에게 가족 같은 존재예요.

Son chien est comme un membre de sa famille pour lui.
쏭 쉬엉 에 꼼 엉 멍브흐 드 싸 파미이 뿌흐 뤼

저는 매일 저녁 개와 함께 산책을 해요.

Je me promène avec mon chien chaque soir.
즈 므 프호맨 아베끄 몽 쉬엉 샤끄 쑤아

개와 함께 산책하는 건 즐거워요.

C'est un plaisir d'aller en promenade avec mon chien.
쎄 떵 플레지 달레 엉 프호므나드 아베끄 몽 쉬엉

전 이제 개 없이 못 살 것 같아요.

Je pense que maintenant je ne peux pas vivre sans chien.
즈 뻥쓰 끄 맹뜨낭 즈 느 쁘 빠 비브흐 쌍 쉬엉

이제 강아지에게 먹이를 줄 시간이에요.

Maintenant, il est l'heure de nourrir le chiot.
맹뜨낭, 일 레 뢰흐 드 누히 르 쉬오

강아지가 밥 먹을 땐 만지지 마세요.

Ne touchez pas le chiot lorsqu'il mange.
누 뚜쉐 빠 르 쉬오 로흐스낄 망즈

promène/promener 프호맨/프호므네 v. 산책시키다
promenade 프호므나드 n.f. 산책

개 키우기②

그는 강아지 이름을 디디에라고 지었어요.

Il a nommé son chien Didier.
일 라 노메 쏭 쉬엉 디디에

그녀는 루이라는 이름의 골든 리트리버를 키워요.

Elle a un golden retriever nommé Louis.
엘 라 엉 골덴 흐트리베 노메 루이

그 개는 꽤 크지만 귀여워요.

Ce chien est très grand mais mignon.
쓰 쉬엉 에 트해 그항 메 미뇽

저희 개는 온순해요.

Mon chien est docile.
몽 쉬엉 에 도씰

그의 개는 경계심이 많아서 잘 짖어요.

Son chien étant très méfiant, il aboie souvent.
쏭 쉬엉 에땅 트해 메피앙, 일 라부아 쑤벙

그의 개는 검은 색 잡종견이에요.

Son chien est un (chien) bâtard noir.
쏭 쉬엉 에 떵 (쉬엉) 바따 누아

저는 견종과 상관없이 개는 다 좋아요.

J'aime tous les chiens peu importe leur race.
쥄 뚜 레 쉬엉 쁘 앵뽀흐뜨 뢰흐 하쓰

docile 도씰 a. 온순한, 유순한
méfiant(e) 메피앙(뜨) a. 경계심이 많은
aboie/aboyer 아부아/아부아이예 v. 짖다
bâtard(e) 바따(드) a. 잡종의, 순종이 아닌

개 키우기 ③

\# 우리 개는 교육을 잘 받았어요.

Mon chien est bien éduqué.
몽 쉬엉 에 비엉 에뒤께

\# 그의 개는 아직도 대소변을 못 가려요.

Son chien n'a pas encore appris à être propre.
쏭 쉬엉 나 빠 정꼬흐 아프히 아 에트흐 프호프흐

\# 개는 사회적인 동물인데다가 주인에 대한 충성심이 강하죠.

Le chien est un animal sociable et fidèle à son maître.
르 쉬엉 에 떠 나니말 쏘씨아블르 에 피댈 아 쏭 메트흐

\# 우리 개가 아픈 것 같아요.

Mon chien a l'air malade.
몽 쉬엉 아 레흐 말라드

\# 수의사에게 빨리 개를 데려가 보세요.

Emmenez rapidement votre chien voir le vétérinaire.
엉므네 하삐드멍 보트흐 쉬엉 부아 르 베떼히네흐
Emmenez vite votre chien chez le vétérinaire.
엉므네 비뜨 보트흐 쉬엉 쉐 르 베떼히네흐

\# 가까운 동물 병원이 어디에 있나요?

Où est la clinique vétérinaire la plus près d'ici ?
우 엘 라 끌리니끄 베떼히네흐 라 쁠뤼 프해 디씨?

propre 프호프흐 a. 깨끗한, 청결한, 대소변을 가리는
emmenez/emmener 엉므네/엉므네 v. 데리고 가다
vétérinaire 베떼히네흐 a. 수의사의 n. 수의사

고양이 키우기

고양이는 매력적인 동물이에요.

Le chat est un animal charmant.
르 샤 에 떠 나니말 샤흐망

그의 고양이는 사나워요.

Son chat est méchant.
쏭 샤 에 메샹

그의 고양이가 저를 두 번이나 할퀴었어요!

Son chat m'a griffé deux fois !
쏭 샤 마 그히페 드 푸아!

우리 고양이가 어젯밤에 새끼를 낳았어요.

Ma chatte a fait des petits hier soir.
마 샤뜨 아 페 데 쁘띠 이에 쑤아

고양이들은 상자 속에 들어가는 걸 좋아해요.

Les chats aiment entrer dans les boîtes.
레 샤 엠 엉트헤 당 레 부아뜨

고양이를 키울 땐 모래 상자가 꼭 필요해요.

Il est nécessaire d'avoir un carré de sable pour élever un chat.
일 레 네쎄쎄흐 다부아 엉 까헤 드 싸블르 뿌흐 엘르베 엉 샤

Il est nécessaire d'avoir une litière quand on élève un chat.
일 레 네쎄쎄흐 다부아 윈 리띠애흐 깡 또 넬래브 엉 샤

그의 고양이가 왜 계속 우는지 모르겠어요.

Je ne sais pas pourquoi son chat n'arrête pas de miauler.
즈 느 쎄 빠 뿌흐꾸아 쏭 샤 나헤뜨 빠 드 미올레

charmant(e) 샤흐망(뜨) a. 매력적인
méchant(e) 메샹(뜨) a. 심술궂은, 사나운
a griffé/griffer 아 그히페/그히페 v. 할퀴다, 긁다

반려동물 기타

그는 특이한 동물들을 키워요.

Il élève des animaux particuliers.
일 레래브 데 자니모 빠흐띠뀔리에

그는 도마뱀과 이구아나를 위해 큰 사육장을 마련했어요.

Il a aménagé une grande cage pour son lézard et son iguane.
일 라 아메나제 윈 그항드 꺄즈 뿌흐 쏭 레자 에 쏘니구안

그녀가 키우는 열대어는 희귀종이에요.

Le poisson tropical qu'elle élève est d'une race très rare.
르 뿌아쏭 트호삐꺌 껠 레래브 에 뒨 하쓰 트해 하흐

어항 청소하기 어렵지 않아요?

N'est-il pas difficile de nettoyer l'aquarium ?
네띨 빠 디피씰 드 넷뚜아이예 라꾸아히엄?

집에서 토끼를 키울 땐 신선한 채소를 주세요.

Lorsqu'on élève un lapin à la maison, il faut le nourrir avec des légumes frais.
로흐스꼬 넬래브 엉 라뺑 알 라 메종, 일 포 르 누히 아베끄 데 레귐 프헤

저희 어머니는 햄스터 키우는 걸 싫어하세요.

Ma mère ne veut pas que j'ai un hamster.
마 매흐 느 브 빠 끄 줴 엉 암스떼

식물 가꾸기 ①

저는 정원 가꾸며 시간을 보낼 때가 많아요.

Je passe beaucoup de temps à faire du jardinage.
즈 빠쓰 보꾸 드 떵 아 페흐 뒤 자흐디나즈

그녀는 자기 책상 위에 있는 화초들에 이틀에 한 번씩 물을 줘요.

Elle arrose les plantes qui sont sur son bureau, une fois tous les deux jours.
엘 아호즈 레 쁠랑뜨 끼 쏭 쒸흐 쏭 뷔호, 윈 푸아 뚜 레 드 주흐

이 화초는 일주일에 한 번 이상 물을 주면 안 돼요.

Vous ne devriez pas arroser cette plante plus d'une fois par semaine.
부 느 드브히에 빠 자호제 쎗뜨 쁠랑뜨 쁠뤼 뒨 푸아 빠흐 쓰멘

이 화초는 햇빛을 많이 봐야 해요.

Cette plante a besoin de beaucoup de soleil.
쎗뜨 쁠랑뜨 아 브주앙 드 보꾸 드 쏠레이

이 화초는 봄마다 예쁜 꽃을 피워요.

Cette plante fait de belles fleurs au printemps.
쎗뜨 쁠랑뜨 페 드 벨 플뢰 오 프행떵

화초가 자꾸 시들면 자리를 옮겨 보세요.

Si une plante a tendance à faner, changez la d'emplacement.
씨 윈 쁠랑뜨 아 떵당쓰 아 파네, 샹제 라 덩쁠라쓰멍

jardinage 자흐디나즈 n.m. 정원 가꾸기, 원예
arrose/arroser 아호즈/아호제 v. 물을 주다
bureau 뷔호 n.m. 책상, 사무실, 집무실
faner 파네 v. 마르다, 시들다
emplacement 엉쁠라쓰멍 n.m. 용지, 부지

식물 가꾸기 ②

그는 최근 정원에 장미 나무를 심었어요.

Il a récemment planté un rosier dans son jardin.
일 라 헤싸멍 쁠랑떼 엉 호지에 당 쏭 자흐댕

그의 정원에는 식용 허브가 심어져 있어요.

Des herbes comestibles sont plantées dans son jardin.
데 제흐브 꼬메스띠블르 쏭 쁠랑떼 당 쏭 자흐댕

전 틈틈이 정원의 잡초를 뽑아요.

J'arrache souvent les mauvaises herbes du jardin.
자하슈 쑤벙 레 모베즈 제흐브 뒤 자흐댕

내년 봄에는 튤립을 심을 거예요.

Je planterai des tulipes au printemps prochain.
즈 쁠랑뜨헤 데 뛸리쁘 오 프행떵 프호쉥

난초는 꽃을 피우기 정말 어려워요.

C'est vraiment difficile de faire fleurir une orchidée.
쎄 브헤멍 디피씰 드 페흐 플뢰히 윈 오흐끼데

내년이면 당신네 정원도 훌륭해질 거예요.

L'année prochaine, votre jardin sera magnifique.
라네 프호쉔, 보트흐 자흐댕 쓰하 마뉘피끄

comestible 꼬메스띠블 a. 먹을 수 있는, 식용의
arrache/arracher 아하슈/아하쉐 v. (나무·채소 등을) 뿌리째 뽑다

Chapitre 04

거울 속 내 모습!

Chapitre 04

Unité 1 신체

Unité 2 얼굴&피부

Unité 3 이목구비

Unité 4 헤어스타일&수염

Unité 5 스타일

Unité 6 옷

Unité 7 화장

Notre corps 우리의 신체

노트흐 꼬흐

MP3. Word_C04

corps 꼬흐
n.m. 신체

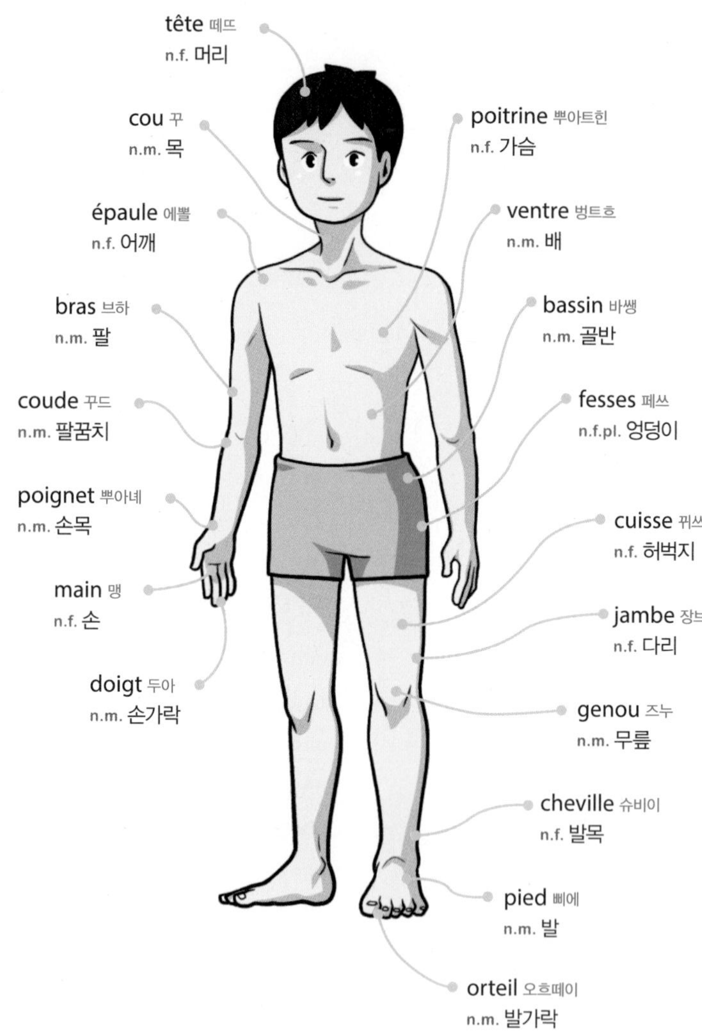

visage 비자즈
n.m. 얼굴

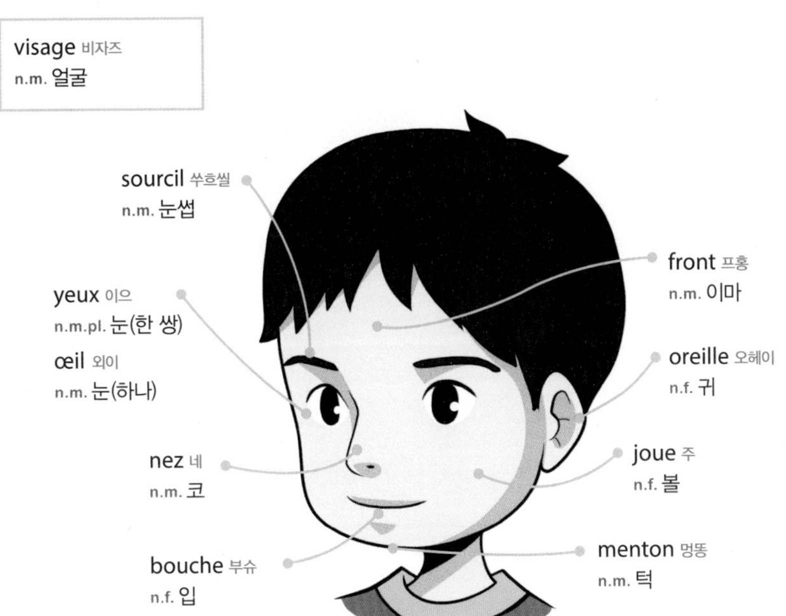

얼굴	visage ovale 비자즈 오발 계란형 얼굴	visage gonflé 비자즈 공플레 부은 얼굴
	visage carré 비자즈 까헤 사각턱 얼굴	visage rond 비자즈 홍 동그란 얼굴
poids 뿌아 n.m. 체중	gros 그호, grosse 그호쓰 a. 뚱뚱한	obèse 오배즈 a. 비만의
	mince 맹쓰 a. 날씬한	maigre 메그흐 a. 마른

S'habiller 옷을 입다
싸비에

vêtements pour femme 베뜨멍 뿌흐 팜 여성복	jupe plissée 쥐쁘 쁠리쎄 주름치마	mini(-)jupe 미니쥐쁘 n.f. 미니스커트
	robe à pois 호브 아 뿌아 물방울 무늬 원피스	robe de mariée 호브 드 마히에 웨딩드레스
vêtements pour homme 베뜨멍 뿌흐 옴 남성복	pantalon de costume 빵딸롱 드 꼬스뛰 양복 바지	blazer 블라제 n.m. 양복 재킷
	cravate 크하바뜨 n.f. 넥타이	chemise 슈미즈 n.f. 셔츠
vêtement 베뜨멍 n.m. 옷	blouson 블루종 n.m. 잠바	T-shirt 띠-쉭 n.m. 티셔츠
	pantalon en coton 빵딸롱 엉 꼬똥 면바지	jeans 진쓰 n.m. 청바지
vêtements d'hiver 베뜨멍 디베 겨울옷	pull 쀨 n.m. 스웨터	gilet 질레 n.m. 카디건, 조끼
	pull à col roulé 쀨 아 꼴 훌레 터틀넥 스웨터	gilet en laine 질레 엉 렌 모직 카디건

	manteau 망또 n.m. 코트	doudoune 두둔 n.f. 패딩
	bonnet 보네 n.m. 비니	gants 강 n.m.pl. 장갑
vêtements d'été 베뜨멍 데떼 여름옷	maillot de bain 마이오 드 뱅 수영복	short 쇼흐뜨 n.m. 반바지
	manche courte 망슈 꾸흐뜨 반팔	sans manches 쌍 망슈 민소매
etc. 에 쎄떼하 기타	sac 싸끄 n.m. 가방	chaussures de sport 쇼쒸흐 드 스뽀 n.f.pl. 운동화
	ceinture 쌩뛰흐 n.f. 허리띠	chapeau 샤뽀 n.m. 모자
	écharpe 에샤흡쁘 n.f. 스카프	pyjama 피자마 n.m. 잠옷
	sous-vêtement 쑤베뜨멍 n.m. 속옷	lingerie 랭즈히 n.f. 여성 속옷

신체 특징

어깨가 떡 벌어지셨군요.

Vous avez les épaules carrées.
부 자베 레 제뽈 꺄헤
Vous avez les épaules larges.
부 자베 레 제뽈 라흐즈

제 여동생 다리는 길고 가늘어요.

Ma petite sœur a les jambes longues et fines.
마 쁘띠뜨 쐬흐 아 레 장브 롱그 에 핀

아기 엉덩이가 동그랗네요.

Bébé a les fesses rondes.
베베 아 레 페쓰 홍드

제 딸은 오른손잡이예요.

Ma fille est droitière.
마 피이 에 드후아띠애흐

제 아들은 왼손잡이예요.

Mon fils est gaucher.
몽 피쓰 에 고쉐

저는 평발이에요.

J'ai les pieds plats.
줴 레 삐에 쁠라

épaule 에뽈 n.f. 어깨
jambe 장브 n.f. 다리
droitier (droitière) 드후아띠에 (드후아띠애흐)
a. 오른손잡이의 n.m.f. 오른손잡이
gaucher (gauchère) 고쉐 (고쉐흐)
a. 왼손잡이의 n.m.f. 왼손잡이
pied 삐에 n.m. 발

체중

저는 뚱뚱해요.

Je suis gros(se).
즈 쒸 그호(쓰)

저는 비만이에요.

Je suis obèse.
즈 쒸 조배즈

그녀는 날씬해요.

Elle est mince.
엘 레 맹쓰

그는 말랐어요.

Il est maigre.
일 레 메그흐

다이어트를 해도 체중이 줄지 않아요.

Même si je fais un régime, je ne perds pas de poids.
멤 씨 즈 페 엉 헤짐, 즈 느 뻬흐 빠 드 뿌아
Je ne perds pas de poids malgré que je fasse un régime.
즈 느 뻬흐 빠 드 뿌아 말그헤 끄 즈 파쓰 엉 헤짐

그는 70킬로그램이에요.

Il pèse soixante-dix kilos.
일 빼즈 수아쌍디 낄로

1m 70㎝에 이상적인 체중은 얼마일까요?

Quel est le poids idéal pour un mètre soixante-dix ?
껠 레 르 뿌아 이데알 뿌흐 엉 매트흐 수아쌍디쓰?

비만이면 여러 만성 질환에 걸리기 쉬워요.

L'obésité peut accroître le risque de plusieurs maladies chroniques.
로베지떼 쁘 아크후아트흐 르 히스끄 드 쁠뤼지외 말라디 크호니끄

체격 & 기타

\# 그는 중간 체격이에요.

Il est de taille moyenne.
일 레 드 따이 무아이옌

\# 키가 어떻게 되세요?

Combien mesurez-vous ?
꽁비엉 므쥐헤부?

\# 제 남편은 키가 1m 65㎝예요.

Mon mari mesure un mètre soixante-cinq.
몽 마히 므쥐흐 엉 매트흐 수아쌍쌩끄

Mon mari fait un mètre soixante-cinq.
몽 마히 페 엉 매트흐 수아쌍쌩끄

\# 전 건장한 체격을 가지고 있죠.

J'ai un corps athlétique.
줴 엉 꼬흐 아뜰레띠끄

\# 배가 나와요.

J'ai du ventre.
줴 뒤 벙트흐

\# 배에 살이 붙었어요.

J'ai pris du ventre.
줴 프히 뒤 벙트흐

\# 배만 나왔어요.

Je n'ai pris que du ventre.
즈 네 프히 끄 뒤 벙트흐

여기서 잠깐!

여러분도 뱃살을 줄이는 것에 관심이 많은가요? 프랑스어로 살이 나오지 않은 납작한 배는 'ventre plat 벙트흐 쁠라'라고 해요. 볼록 튀어나온 배는 'ventre gonflé 벙트흐 공플레'라고 하지요.

꼭! 짚고 가기

'아스테릭스'와 프랑스 민족

'프랑스 사람' 하면 어떤 모습이 떠오르나요? 금발에 파란 눈을 가진 흰 피부를 떠올리기 쉬운데요, 사실 오늘날 프랑스는 여러 문화권에서 유입된 다양한 사람들이 섞여 사는 다인종 국가입니다. 그렇다면 진짜 토종 프랑스인들은 어떤 사람들이었을까요? 그 힌트가 바로 프랑스 만화 '아스테릭스(Astérix 아스떼릭스)'입니다. 1959년 만화 잡지에서 시작된 '아스테릭스'는 오랜 옛날 프랑스 땅에 살았던 토종 프랑스인 골족(Gaulois 골루아) 사람들을 주인공으로 하는 이야기예요. 여기에서 골족은 작은 체구에 수다스러우면서도 여유를 즐기는 한편 코믹하고 재치 있게 로마 군대를 물리치고 난관을 극복하는 인물들로 그려집니다.
실제로 골족은 프랑스 땅에 살았던 민족으로, 기원전 52년 프랑스 중부 지역에서 시저가 이끄는 로마군에 당당히 맞서 싸웠으나 끝내 패배하면서 로마제국의 식민지가 되었어요. 이 전투를 이끈 골족 리더 베르생제토릭스(Vercingétorix 베흐쌩제또릭쓰)는 비록 패전 장수이지만 끝까지 당당함을 잃지 않았다고 해요. 지금도 베르생제토릭스는 프랑스 국민의 영웅으로 추앙받고 있지요. 그러니 앞으로 '진짜' 프랑스인이라 하면 만화 '아스테릭스'를 한번 떠올려 보는 게 어떨까요?

모습 & 얼굴

\# 그녀는 보조개가 있어요.

Elle a des fossettes.
엘 라 데 포쎗뜨

\# 넌 웃을 때 예뻐. (여성에게 말할 때)

Tu es belle quand tu souris.
뛰 에 벨 깡 뛰 쑤히

\# 저는 못생기고 추해요.

Je suis laid(e) et moche.
즈 쒸 레(드) 에 모슈

\# 저는 다섯 살은 어려 보여요.

Je parais cinq ans de moins.
즈 빠헤 쌩 깡 드 무앙

\# 사라는 제 나이로 안 보여요.

Sarah ne fait vraiment pas son âge.
싸하 느 페 브헤멍 빠 쏘 나즈

\# 일어나면 얼굴이 부어 있어요.

J'ai le visage gonflé au réveil.
줴 르 비자즈 공플레 오 헤베이

visage 비자즈 n.m. 얼굴

여기서 잠깐!

sourire 쑤히흐 동사의 2인칭 단수형은 souris 쑤히였지요. 그런데 '생쥐'를 뜻하는 명사 역시 souris 쑤히로 철자가 같아요. 또한 동사 원형 sourire 쑤히흐와 '미소'를 의미하는 명사 sourire 쑤히흐도 형태가 같답니다.

얼굴형

\# 얼굴 형태가 어떻게 되나요?

Quelle est la forme de votre visage ?
껠 레 라 포흠므 드 보트흐 비자즈?

\# 전 동그랗고 통통한 얼굴을 가지고 있어요.

J'ai le visage rond et poupin.
줴 르 비자즈 홍 에 뿌뺑

\# 전 계란형 얼굴이에요.

J'ai le visage ovale.
줴 르 비자즈 오발

\# 계란형 얼굴은 머리 하기 꽤 쉬운 편이지요.

Les visages à forme ovale sont assez faciles à coiffer.
레 비자즈 아 포흠므 오발 쏭 아쎄 파씰 아 꾸아페

\# 그의 얼굴은 역삼각형이에요.

Il a un visage en forme de triangle pointé vers le bas.
일 라 엉 비자즈 엉 포흠므 드 트리앙글 뿌앙떼 베흐 르 바

\# 삼각형 얼굴은 위아래가 비대칭이에요.

Les visages triangulaires présentent une dissymétrie verticale.
레 비자즈 트리앙귈레흐 프헤정뜨 윈 디씨메트히 베흐띠깔

\# 사각턱 얼굴에는 어떤 헤어스타일이 좋을까요?

Quelle coupe de cheveux irait le mieux à un visage carré ?
껠 꾸쁘 드 슈브 이헤 리 미으 아 엉 비자즈 까헤?

ovale 오발 a. 타원형의
triangulaire 트리앙귈레흐 a. 삼각형의
carré(e) 까헤 a. 네모난

피부

도자기 피부를 가지고 싶어요.

Je veux avoir un teint de porcelaine.
즈 브 자부아 엉 땡 드 포흐슬렌

사람들은 구릿빛 피부를 꿈꾸죠.

Les gens rêvent d'une peau bronzée.
레 정 헤브 뒨 뽀 브홍제

안색이 좀 창백해 보이네요.

Votre teint semble un peu pâle.
보트흐 땡 썽블르 엉 쁘 빨

복숭앗빛의 윤기 나는 피부를 가지고 계시네요.

Vous avez une peau de pêche et un teint éclatant.
부 자베 윈 뽀 드 뻬슈 에 엉 땡 에끌라땅

저는 지성 피부예요.

J'ai la peau grasse.
줴 라 뽀 그하쓰

제 피부는 민감해요.

J'ai la peau sensible.
줴 라 뽀 썽씨블르

제 피부는 너무 건조해요.

Ma peau est très sèche.
마 뽀 에 트해 쌔슈

피부에 수분을 공급하는 것이 중요하죠.

Il est important de bien hydrater la peau.
일 레 땡뽀흐땅 드 비엉 이드하떼 라 뽀

피부 상태

\# 어떻게 하면 여드름 없는 피부를 가질 수 있나요?

Comment faire pour avoir une peau sans boutons ?
꼬멍 페흐 뿌흐 아부아 윈 뽀 쌍 부똥?

\# 왼뺨에 아주 큰 여드름이 났어요.

J'ai un gros bouton qui est apparu sur la joue gauche.
줴 엉 그호 부똥 끼 에 따빠휘 쒸흐 라 주 고슈

\# 피지와 불순물로 인해 모공이 막혀 있어요.

Les pores sont bouchés par le sébum et les impuretés.
레 뽀흐 쏭 부쉐 빠흐 르 쎄범 에 레 쟁쀠흐떼

\# 전 눈가에 주름이 있어요.

J'ai des rides autour des yeux.
줴 데 히드 오뚜 데 지으

\# 주근깨를 없앨 효과적인 방법을 찾았어요.

J'ai cherché un moyen efficace d'enlever mes taches de rousseur.
줴 쉐흐쉐 엉 무아이영 에피꺄쓰 덩르베 메 따슈 드 후쐬

bouton 부똥 n.m. 여드름
peau 뽀 n.f. 피부
pore 뽀흐 n.m. 모공
ride 히드 n.f. 주름
taches de rousseur 따슈 드 후쐬 주근깨

눈①

\# 저는 쌍꺼풀이 있어요.

J'ai une double paupière.
줴 윈 두블르 뽀삐애흐

\# 쌍꺼풀이 있으면 눈이 커 보여요.

Avec des doubles paupières, les yeux semblent plus grands.
아베끄 데 두블르 뽀삐애흐, 레 지으 썽블르 쁠뤼 그항
Les doubles paupières ont un effet grandissant sur les yeux.
레 두블르 뽀삐애흐 옹 떠 네페 그헝디쌍 쒸흐 레 지으

\# 울고 났더니 눈이 조금 부었어요.

J'ai les yeux un peu bouffis d'avoir pleuré.
줴 레 지으 엉 쁘 부피 다부아 쁠뢰헤

\# 어제 저녁부터 눈이 부어 있어요.

Depuis hier soir, j'ai les yeux gonflés.
드쀠 이에흐 쑤아, 줴 레 지으 공플레

\# 눈꺼풀이 빨개졌어요.

Mes paupières sont devenues rouges.
메 뽀삐애흐 쏭 드브뉘 후즈
Mes paupières ont rougies.
메 뽀삐애흐 옹 후지

\# 마스카라를 안 해도 제 속눈썹은 길어요.

Même sans mettre de mascara, j'ai de très longs cils.
멤 쌍 메트흐 드 마스꺄하, 줴 드 트해 롱 씰

\# 시험삼아 인조 속눈썹을 해 봤어요.

J'ai testé les faux cils.
줴 떼스떼 레 포 씰

cil 씰 n.m. 속눈썹
paupière 뽀삐애흐 n.f. 눈꺼풀
doubles paupière 두블르 뽀삐애흐 쌍꺼풀

눈②

\# 그녀의 눈은 짙은 갈색이에요.

Elle a les yeux marrons foncés.
엘 라 레 지으 마홍 퐁쎄

\# 녹색은 가장 드문 눈 색상이지요.

Le vert est la couleur la plus rare pour les yeux.
르 베흐 에 라 꿀뢰 라 쁠뤼 하흐 뿌흐 레 지으

Le vert est la plus rare des couleurs pour les yeux.
르 베흐 에 라 쁠뤼 하흐 데 꿀뢰 뿌흐 레 지으

\# 제가 보기에 제 눈은 너무 작아요.

Mes yeux sont trop petits à mon goût.
메 지으 쏭 트호 쁘띠 아 몽 구

\# 당신 눈이 꽤 몰렸네요.

Vos yeux sont trop rapprochés.
보 지으 쏭 트호 하프호쉐

\# 저는 눈이 째졌어요.

J'ai les yeux bridés.
줴 레 지으 브히데

\# 저는 움푹 들어간 눈을 가지고 있어요.

J'ai les yeux enfoncés.
줴 레 지으 엉퐁쎄

J'ai les yeux creux.
줴 레 지으 크흐

\# 눈을 감아 보세요.

Fermez les yeux.
페흐메 레 지으

꼭! 짚고 가기

눈의 색상

눈 색상은 유전에 따른 것으로, 멜라닌 색소의 비율에 따라 달라지지요. 거의 모든 사람이 갈색 눈을 가지고 있는 우리나라와는 달리, 비교적 여러 인종이 함께 살아가는 프랑스에서는 사람들마다 눈 색상이 여러 가지에요.

눈의 색상을 표현하는 단어에는 bruns 브헝(갈색), verts 베흐(녹색) 그리고 bleus 블르(청색)가 있습니다.

이밖에도 밝은 갈색과 어두운 녹색의 중간 정도인 noisette 누아젯뜨(담갈색)나 어두운 청색이나 회색으로 보이는 bleu-gris 블르그히(청회색)도 있고요.

유럽 지역에서는 푸른색 눈을 가진 사람들을 많이 볼 수 있으며 프랑스에서는 독일 접경 지역, 노르망디 그리고 브르타뉴 지방의 30~40% 정도의 사람들이 푸른색 눈을 가지고 있다고 합니다. 반면 프랑스 남부 지역에 가면 이 비율이 15~20% 정도로 낮아지고요.

시력

시력이 어떻게 되세요?

À combien est votre acuité visuelle ?
아 꽁비엉 에 보트흐 아뀌이떼 비쥐엘?

시력이 좋으신가요?

Avez-vous de bons yeux ?
아베부 드 봉 지으?

시력이 안 좋아요.

Je n'ai pas une bonne vue.
즈 네 빠 윈 본 뷔

약간 근시예요.

J'ai une faible myopie.
줴 윈 페블르 미오삐

갈수록 레이저로 근시 수술을 많이 하죠.

L'opération au laser de la myopie est de plus en plus pratiquée.
로뻬하씨옹 오 라제 들 라 미오삐 에 드 쁠뤼 정 쁠뤼 프하띠께

컴퓨터 화면을 보느라 시력이 나빠졌어요.

Je m'use les yeux à force de regarder l'écran PC.
즈 뮈즈 레 지으 아 포흐쎄 드 흐갸흐데 레크항 뻬쎄

그는 눈이 보이지 않아요.

Il est aveugle.
일 레 따뵈글

그는 시력을 되찾았어요.

Il a retrouvé la vue.
일 라 흐트후베 라 뷔

코

제 코는 들창코예요.

J'ai un nez retroussé.
줴 엉 네 흐트후쎄

J'ai un nez en trompette.
줴 엉 네 엉 트홍뻿뜨

제 코는 납작해요.

J'ai un nez camus.
줴 엉 네 꺄뮈

J'ai un nez écrasé.
줴 엉 네 에크하제

저는 크고 납작한 코를 가지고 있죠.

J'ai un gros nez plat.
줴 엉 그호 네 쁠라

제 코는 매부리코예요.

J'ai un nez crochu.
줴 엉 네 크호슈

J'ai un nez en bec d'aigle.
줴 엉 네 엉 베끄 데글

저는 코에 피어싱을 할 생각이 있어요.

J'ai l'intention de me faire un piercing au nez.
줴 랭떵씨옹 드 므 페흐 엉 삐에흐씽 오 네

여기서 잠깐!

'뚫다'라는 의미를 가진 동사는 percer 뻬흐쎄이지요. 이 단어는 구멍을 뚫거나 낼 때, 혹은 무언가를 간파하고 관통할 때도 사용해요. 귀를 뚫을 때 역시 이 단어를 쓰고요. 비슷한 의미로 피어싱(piercing)을 할 때는 '피어싱을 하다'란 뜻의 동사로 piercer 삐에흐쎄를 사용하기도 하는데 이 단어는 영어에서 온 말입니다.

귀

그는 귀가 커요.

Il a de grandes oreilles.
일 아 드 그항드 조헤이

저는 귀가 밝아요.

J'ai l'oreille fine.
줴 로헤이 핀

저는 귀가 어두워요.

Je suis dur d'oreille.
즈 쒸 뒤흐 도헤이

저는 가는귀가 먹었어요.

Je suis dur de la feuille.
즈 쒸 뒤흐 들 라 푀이

저는 귀를 뚫었어요.

Je me suis fait percer les oreilles.
즈 므 쒸 페 페흐쎄 레 조헤이

귀에 귀지가 가득찬 게 틀림없어요.

Je dois avoir les oreilles pleines de cire.
즈 두아 아부아 레 조헤이 쁠렌 드 씨흐

가장 저렴한 보청기를 찾고 있어요.

Je suis en train de rechercher l'appareil auditif le moins cher.
즈 쒸 엉 트행 드 흐쉐흐쉐 라빠헤이 오디띠프 르 무앙 쉐흐

꼭! 짚고 가기

프랑스어의 동음이의어

프랑스어로 동음이의어를 'homonyme 오모님'이라고 합니다. 앞에서 나온 'souris 쑤히(sourire 쑤히흐 동사의 2인칭 단수형)'와 생쥐를 의미하는 'souris 쑤히'가 그 예입니다. 이외에도 동음이의어가 무엇이 있는지 한번 알아볼까요?

- [mɛːʀ] 메흐
  mer 바다, mère 어머니, maire 시장
- [vɛːʀ] 베흐
  vers ~의 쪽으로, ver 지렁이, verre 유리, vert 녹색/녹색의, vair 청백의 세로 줄무늬
- [sɛ̃] 쌩
  sain 건강한, saint 성인/신성한, sein 가슴, ceint 착용된
- [sɑ̃] 쌍
  sang 피, cent 100, sans ~가 없는, sent 느끼다(sentir 동사의 3인칭 단수)
- [so] 쏘
  sot 바보/어리석은, saut 뛰어오르기/내리기, sceau 인감, seau 양동이

동음이의어를 이용한 말장난도 있습니다.

- [avɔka] 아보꺄
  Un **avocat** mange de l'**avocat**.
  어 나보꺄 망즈 드 라보꺄
  변호사는 아보카도를 먹는다.
- [fwa] 푸아
  Il était une **fois**, dans la ville de **Foix**, une marchande de **foie** qui disait : 'Ma **foi**, c'est la première **fois**, et la dernière **fois**, que je vends du **foie**, dans la ville de **Foix**.'
  일 에떼 윈 푸아, 당 라 빌 드 푸아, 윈 마흐샹드 드 푸아 끼 디제 : '마 푸아, 쎄 라 프흐미애흐 푸아 에 라 데흐니애흐 푸아 끄 즈 벙 뒤 푸아 당 라 빌 드 푸아.'
  옛날 옛적에, 푸아 마을에서 간 장수가 말하길, "맙소사, 내가 간을 파는 건 이번이 처음이고 마지막이야"라고 했다.

입 & 입술

그는 입이 작아요.

Sa bouche est petite.
싸 부슈 에 쁘띠뜨

제 입술은 예뻐요.

J'ai de belles lèvres.
줴 드 벨 래브흐

우리 아기는 입으로만 숨을 쉬어요.

Mon bébé ne respire que par la bouche.
몽 베베 느 헤스삐흐 끄 빠흐 라 부슈

우리 남편은 입냄새가 심해요.

Mon mari sent mauvais de la bouche.
몽 마히 썽 모베 들 라 부슈

저는 이 립스틱을 세 가지 색상 가지고 있어요.

Je possède ce rouge à lèvres en trois teintes différentes.
즈 뽀쌔드 쓰 후즈 아 래브흐 엉 트후아 땡뜨 디페헝뜨

전 부드러운 입술이 좋아요.

J'aime les lèvres douces.
쥄 레 래브흐 두스

어떻게 하면 입술이 계속 반짝거릴까요?

Comment faire tenir son brillant à lèvres ?
꼬멍 페흐 뜨니 쏭 브히양 아 래브흐?

bouche 부슈 n.f. 입
lèvre 래브흐 n.f. 입술

입 관련 동작

그가 소금을 혀로 핥아요.

Il lèche du sel avec sa langue.
일 래슈 뒤 쎌 아베끄 싸 랑그

혀를 데었어요.

Je me suis brûlé(e) la langue.
즈 므 쒸 브휠레 라 랑그

엄마는 혀를 끌끌 찼어요.

Ma mère a claqué sa langue.
마 매흐 아 끌라께 싸 랑그

그는 입을 벌리고 자요.

Il dort la bouche ouverte.
일 도흐 라 부슈 우베흐뜨

그들은 입맞춤을 해요.

Ils s'embrassent sur la bouche.
일 썽브하쓰 쒸흐 라 부슈

그는 입을 열려고 하지 않아요.

Il ne veut pas ouvrir la bouche.
일 느 브 빠 우브히 라 부슈

lèche / lécher 래슈/레쉐 v. 핥다
langue 랑그 n.f. 혀, 언어, 말
claqué / claquer 끌라께/끌라께 v. 부딪치는 소리가 나다
s'embrassent / s'embrasser 썽브하쓰/썽브하쎄 v. 껴안다, 입맞추다
ouvrir 우브히 v. 열다, 벌리다

구강

\# 잇몸이 부어 있네요.

Vos gencives sont gonflées.
보 정씨브 쏭 공플레

\# 전 웃을 때 잇몸이 보여요.

Ma gencive est apparente quand je souris.
마 정씨브 에 따빠헝뜨 깡 즈 쑤히

J'ai un sourire gingival.
줴 엉 쑤히흐 쟁지발

\# 가글로 박테리아를 제거해요.

Les bains de bouche sont utiles pour éliminer les bactéries.
레 뱅 드 부슈 쏭 뛰띨 뿌흐 엘리미네 레 박떼히

\# 가글을 하고 나서 입을 헹궈야 하나요?

Faut-il se rincer la bouche après un bain de bouche ?
포띨 쓰 행쎄 라 부슈 아프해 엉 뱅 드 두슈?

\# 전 식사 후 입을 헹궈요.

Je me rince la bouche à l'eau après les repas.
즈 므 행쓰 라 부슈 아 로 아프해 레 흐빠

\# 식사 후에 양치는 필수죠.

Le brossage des dents est incontournable après le repas.
르 브호싸즈 데 덩 에 땡꽁뚜흐나블르 아프해 르 흐빠

치아 관련

\# 유치는 몇 살 쯤 되면 빠질까요?

À quel âge bébé sort-il ses premières dents ?
아 껠 라즈 베베 쏘흐띨 쎄 프흐미애흐 덩?

\# 유치가 안 빠졌어요.

Mes dents de lait ne sont pas tombées.
메 덩 드 레 느 쏭 빠 똥베

\# 꿈에서 제 이가 빠졌어요.

J'ai perdu mes dents dans mon rêve.
줴 뻬흐뒤 메 덩 당 몽 헤브

\# 사랑니를 뽑아야만 할까요?

Faut-il extraire les dents de sagesse ?
포띨 엑스트헤흐 레 덩 드 싸제쓰?

\# 이가 아파요.

J'ai mal aux dents.
줴 말 오 덩

\# 어금니가 흔들려요.

J'ai une molaire qui bouge.
줴 윈 몰레흐 끼 부즈

\# 앞니에 충치가 있어요.

J'ai une carie sur la dent de devant.
줴 윈 꺄리 쒸흐 라 덩 드 드벙

gencive 정씨브 n.f. 잇몸
gingival 쟁지발 a. 잇몸의
bain de bouche 뱅 드 부슈 가글
me rince/se rincer 므 행쓰/쓰 행쎄
v. 자신의 ~을 씻다, 헹구다
brossage des dents 브호싸즈 데 덩 양치질

헤어스타일

\# 그는 대머리예요.

Il est chauve.
일 레 쇼브

\# 머리카락이 한 움큼씩 빠져요.

Je perds mes cheveux par poignées.
즈 뻬흐 메 슈브 빠흐 뿌아녜

\# 계란형 얼굴에 앞머리를 할 수 있을까요?

Peut-on faire une frange sur un visage ovale ?
뿌똥 페흐 윈 프항즈 쒸흐 엉 비자즈 오발?

\# 전 가볍게 층진 스타일이 좋아요.

J'aimerais avoir un léger dégradé.
줴므헤 자부아 엉 레제 데그하데

\# 전 백발이에요.

J'ai les cheveux blancs.
줴 레 슈브 블랑

\# 전 새치가 있어요.

J'ai des cheveux blancs.
줴 데 슈브 블랑

\# 어떤 커트가 유행인가요?

Quelles sont les coupes de cheveux tendances ?
껠 쏭 레 꾸쁘 드 슈브 떵당쓰?

\# 저는 머리카락을 단발로 잘랐어요.

J'ai coupé mes cheveux au carré.
줴 꾸뻬 메 슈브 오 꺄헤

헤어스타일 & 수염

\# 제 머리는 엄청 길어요.

J'ai les cheveux très longs.
줴 레 슈브 트해 롱

\# 그는 금발이에요.

Il a les cheveux blonds.
일 라 레 슈브 블롱

\# 폴린은 곱슬머리예요.

Pauline a les cheveux frisés.
뽈린 아 레 슈브 프히제

\# 에바의 머리는 양처럼 곱슬곱슬하죠.

Eva est frisée comme un mouton.
에바 에 프히제 꼼 엉 무똥

\# 고데기 없이 웨이브 머리를 만드는 방법에는 뭐가 있을까요?

Comment avoir des cheveux bouclés sans fer à friser ?
꼬멍 아부아 데 슈브 부끌레 쌍 페흐 아 프히제?

\# 저는 머리카락이 뻣뻣해요.

J'ai les cheveux raides.
줴 레 슈브 헤드

\# 그는 수염이 자라는 걸 내버려두고 있어요.

Il se laisse pousser la barbe.
일 쓰 레쓰 뿌쎄 라 바흐브

\# 그는 콧수염이 없는 게 더 나아요.

Il est mieux sans moustache.
일 레 미으 쌍 무스따슈

여기서 잠깐!

'단발머리'는 'cheveux au carré 슈브 오 꺄헤'라고 합니다. '네모난'이라는 뜻을 가진 'carré 꺄헤'를 이용한 몇 가지 표현이 있는데, 'épaules carrées 에뽈 꺄헤'는 '떡 벌어진 어깨'를, 'visage carré 비자즈 꺄헤'는 '사각턱 얼굴'을 뜻한답니다.

스타일①

\# 그는 매우 잘생겼어요.

Il est très beau.
일 레 트해 보

\# 실비는 귀엽죠.

Sylvie est mignonne.
씰비 에 미뇬

\# 제 여자 친구는 몸매가 좋아요.

Ma copine est très bien faite.
마 꼬삔 에 트해 비엉 페뜨
Ma copine a un beau corps.
마 꼬삔 아 엉 보 꼬흐
Ma copine est bien foutue.
마 꼬삔 에 비엉 푸뛰
(격식을 차리지 않아도 되는 자리일 때)

\# 저 여자 섹시하네요.

Elle est sexy.
엘 레 쎅씨
Elle est chaude. (아주 친한 사이)
엘 레 쇼드

\# 사라는 놀랄 만큼 아름다워요.

Sarah est d'une beauté renversante.
싸하 에 뒨 보떼 헝베흐쌍뜨

\# 그는 제가 생각한 것보다 더 멋있어요.

Il est plus beau que je ne pensais.
일 레 쁠뤼 보 끄 즈 느 뻥쎄

beau, beaux (belle, belles) 보, 보 (벨, 벨)
a. 아름다운, 예쁜
mignon (mignonne) 미뇽(미뇬) a. 귀여운

꼭! 짚고 가기

프랑스의 미용실

미용실에서 서비스를 받을 때 멋진 스타일을 완성하기 위해 사용할 수 있는 단어입니다.

- shampoing 샴뿌앙 샴푸
- coupe 꾸쁘 커트
- coupe frange 꾸쁘 프항즈 앞머리 커트

- brushing cheveux courts
  브휘씽 슈브 꾸흐 짧은 머리 드라이
- brushing cheveux mi-longs
  브휘씽 슈브 미롱 중간 머리 드라이
- brushing cheveux longs
  브휘씽 슈브 롱 긴머리 드라이

- coloration racines
  꼴로하씨옹 하씬 뿌리 염색
- coloration tête entière
  꼴로하씨옹 떼뜨 엉띠애흐 머리 전체 염색
- balayage 발레이야즈 탈색

- défrisage 데프히싸즈
  머리 펴기, 스트레이트
- chignon mariée 쉬뇽 마히에
  결혼식을 위한 올림머리

스타일②

\# 너 멋있다!

Tu es superbe !
뛰 에 쒸뻬흐브!

Tu es chic !
뛰 에 쉬끄!

\# 너 끝내준다.

Tu es canon. (친한 사이일 경우)
뛰 에 까농

\# 오늘은 안색이 좋으시네요.

Vous avez bonne mine aujourd'hui.
부 자베 본 민 오주흐뒤

\# 우리 남편은 너무 애 같아요.

Mon homme est très gamin.
모 놈 에 트해 갸맹

\# 평소에 저는 옷을 수수하게 입어요.

Au quotidien, je m'habille sobrement.
오 꼬띠디엉, 즈 마비 쏘브흐멍

\# 외모만 보고 사람을 판단하면 안 되죠.

Il ne faut pas juger quelqu'un sur son apparence.
일 느 포 빠 쥐제 껠껑 쒸흐 쏘 나빠헝쓰

여기서 잠깐!

canon 꺄농이라는 단어를 명사로 사용하게 되면 '대포, 교회의 정경이나 법령, 예술의 규준' 등의 의미를 가져요. '끝내준다, 근사하다'고 말할 때도 역시 사용하는데 이때는 formidable 포흐미다블르나 très bien 트해 비엉의 뜻을 나타내죠. 이 표현은 구어이기 때문에 친한 사이에서만 사용하는 것이 좋아요.

닮았다고 말할 때

\# 레아는 자기 어머니를 닮았어요.

Léa ressemble à sa mère.
레아 흐썽블르 아 싸 매흐

\# 부부는 결국 닮아요.

Les couples finissent par se ressembler.
레 꾸쁠 피니쓰 빠흐 쓰 흐썽블레

\# 닮은 사람들끼리 모여요.

Les gens qui se ressemblent s'assemblent.
레 정 끼 쓰 흐썽블르 싸썽블르

\# 태어났을 때 그는 자기 아버지를 닮았었죠.

À la naissance, il ressemblait à son père.
알 라 네쌍쓰, 일 흐썽블레 아 쏭 빼흐

\# 네 눈은 다이아몬드 같아.

Tes yeux ressemblent à des diamants.
떼 지으 흐썽블르 아 데 디아망

\# 남자들은 자신의 어머니와 닮은 여자를 선호해요.

Les hommes préfèrent les femmes qui ressemblent à leur mère.
레 좀 프헤패흐 레 팜 끼 흐썽블르 아 뢰흐 매흐

ressembler 흐썽블레 v. ~을 닮다
se ressembler 쓰 흐썽블레 v. 서로 닮다
* sembler 썽블레 v. ~처럼 보이다, ~인 것 같다

못생긴 외모

제 남자친구는 못생겼어요.

Je trouve mon copain moche.
즈 트후브 몽 꼬뺑 모슈

Mon petit-ami est laid.
몽 쁘띠따미 에 레

우리 딸은 못생기고 뚱뚱해요.

Ma fille est laide et grosse.
마 피이 에 레드 에 그호쓰

그이는 못생겼지만 저는 그를 사랑해요.

Il est moche mais je l'aime.
일 레 모슈 메 즈 렘

외모는 봐줄 만해요.

Son look est tout juste passable.
쏭 루끄 에 뚜 쥐스뜨 빠싸블르

Son look est tout juste acceptable.
쏭 루끄 에 뚜 쥐스뜨 악쎕따블르

신체적 외형이 채용에 영향을 미칠까요?

L'apparence physique a-t-elle un impact sur le recrutement ?
라빠헝쓰 피지끄 아뗄 어 냉빡 쒸흐 르 흐크뤼뜨멍?

못생긴 여자는 없어요, 당신 취향이 아닐 뿐이죠.

Aucune fille n'est moche, c'est juste qu'elle n'est pas à votre goût.
오뀐 피이 네 모슈, 쎄 쥐스뜨 껠 네 빠 자 보트흐 구

옷 취향

저는 제 취향대로 옷을 입어요.

Je m'habille comme je le veux.
즈 마비 꼼 즈 르 브
Je m'habille en fonction de mes préférences.
즈 마비 엉 퐁씨옹 드 메 프헤페헝쓰
Je m'habille en fonction de mes goûts.
즈 마비 엉 퐁씨옹 드 메 구

검은색 옷 입는 걸 좋아해요.

Je préfère m'habiller en noir.
즈 프헤패흐 마비에 엉 누아

그녀는 속이 비치는 치마를 입고 있어요.

Elle porte une jupe transparente.
엘 뽀흐뜨 윈 쥐쁘 트항스파헝뜨

평소에 원피스를 잘 입지는 않아요.

Je n'ose pas porter mes robes au quotidien.
즈 노즈 빠 뽀흐떼 메 호브 오 꼬띠디엉

블라우스를 자주 입어요.

Je porte souvent des chemisiers.
즈 뽀흐뜨 쑤벙 데 슈미지에

제게 어울리는 스타일을 찾고 싶어요.

Je veux trouver le style qui me correspond.
즈 브 트후베 르 스띨 끼 므 꼬헤스뽕

chemisier 슈미지에 n.m. 블라우스
m'habille/s'habiller 마비이/싸비에 v. 옷을 입다
jupe 쥐쁘 n.f. 치마
robe 호브 n.f. 원피스
style 스띨 n.m. 스타일

옷차림 ①

상황에 맞는 옷을 찾기 위해 옷방을 뒤지는 중이에요.

Je cherche dans mon dressing ce qui pourrait convenir pour l'occasion.
즈 쉐흐슈 당 몽 드헤씽 스 끼 뿌헤 꽁브니 뿌흐 로꺄지옹

양복점에서 사는 맞춤 정장은 얼마쯤 할까요?

Combien coûte un costume chez un tailleur sur mesure ?
꽁비엉 꾸뜨 엉 꼬스뜀 쉐 엉 따이외 쒸흐 므쥐흐?

패션 사이트에서 푸른색 외투를 주문할지 말지 고민하고 있어요.

J'hésite à commander un manteau bleu sur un site de mode.
제지뜨 아 꼬망데 엉 망또 블르 쒸흐 엉 씨뜨 드 모드

한 친구가 제게 녹색과 노란색으로 된 스카프를 줬어요.

Un(e) ami(e) m'a offert un foulard vert et jaune.
엉(윈) 아미 마 오페흐 엉 풀라 베흐 에 존

그건 제가 하기에는 좀 색이 화려해요.

C'est un peu trop voyant pour moi.
쎄 떵 쁘 트호 부아이양 뿌흐 무아

그건 여름에나 착용해 봐야겠어요.

Je vais essayer de le mettre en été.
즈 베 제쎄이예 들 르 메트흐 어 네떼
À l'occasion, je le mettrai en été.
아 로꺄지옹, 즐 르 메트헤 어 네떼

chez un tailleur 쉐 엉 따이외 양복점에서
sur mesure 쒸흐 므쥐흐 치수에 맞추어, 맞춤
voyant 부아이양 a. 눈에 띄는, 화려한

옷차림 ②

\# 저는 유행을 따르진 않아요.

Je ne m'habille pas selon les tendances.
즈 느 마비 빠 쓸롱 레 떵당쓰

\# 전 패딩으로 겨울을 났어요.

Je suis passé(e) à l'hiver avec une doudoune.
즈 쒸 빠쎄 아 리베 아베끄 윈 두둔
Je suis entré(e) dans l'hiver, en mettant ma doudoune.
즈 쒸 엉트헤 당 리베, 엉 므땅 마 두둔

\# 제 어린 딸은 옷차림이 가벼워요.

La jeune fille porte une tenue vestimentaire légère.
라 죈 피이 뽀흐뜨 윈 뜨뉘 베스띠멍떼흐 레재흐

\# 저는 비니를 썼어요.

Je mets un bonnet.
즈 메 엉 보네

\# 저는 스웨터를 입었어요.

J'ai enfilé un pull.
줴 엉필레 엉 쀨

\# 전 니트 입기 싫어요.

Je ne veux pas porter de tricot.
즈 느 브 빠 뽀흐떼 드 트히꼬

doudoune 두둔 n.f. 패딩
bonnet 보네 n.m. 비니
pull 쀨 n.m. 스웨터
tricot 트히꼬 n.m. 니트, 뜨개질

옷차림 ③

\# 트렌치코트는 너무 두껍지 않아서 좋아요.

Le trench-coat est idéal puisqu'il n'est pas trop épais.
르 트헨치꼬뜨 에 띠데알 쀠스낄 네 빠 트호 뻬뻬

\# 짧은 드레스를 긴 치마로 갈아입어도 돼요.

Vous pouvez troquer votre robe courte contre une jupe longue.
부 뿌베 트호께 보트흐 호브 꾸흐뜨 꽁트흐 윈 쥐쁘 롱그

\# 제 웨딩드레스를 고르기가 어려워요.

C'est difficile de choisir ma robe de mariée.
쎄 디피씰 드 슈아지 마 호브 드 마히에

\# 흰색은 웨딩드레스 컬렉션에서 여전히 가장 많이 등장하는 색이죠.

Le blanc reste dominant dans les collections de robes de mariée.
르 블랑 헤스뜨 도미넝 당 레 꼴렉씨옹 드 호브 드 마히에

\# 모든 색상의 꽃이 그 드레스에 문제없이 잘 어울릴 거예요.

Toutes les couleurs de fleurs pourront s'harmoniser à la robe sans problème.
뚜뜨 레 꿀뢰 드 플뢰 뿌홍 싸흐모니제 알 라 호브 쌍 프호블램

\# 재판장은 사법관복을 입었어요.

Le président du tribunal est revêtu de sa robe de magistrat.
르 프헤지덩 뒤 트히뷔날 에 흐베뛰 드 싸 호브 드 마지스트하

화장①

\# 소피는 화장을 고치기로 마음먹었어요.

Sophie a décidé de refaire son maquillage.
쏘피 아 데씨데 드 흐페흐 쏭 마끼아즈

\# 화장을 자연스럽게 하려면 무슨 색을 골라야 할지 모르겠어요.

Je ne sais pas choisir les bonnes couleurs pour obtenir un maquillage naturel.
즈 느 쎄 빠 슈아지 레 본 꿀뢰 뿌흐 옵뜨니 엉 마끼아즈 나뛰헬

\# 안 한 듯한 화장을 원해요.

J'ai envie d'un maquillage léger.
줴 엉비 덩 마끼아즈 레제

\# 화장을 가볍게 하고 싶다면 비비크림을 사용하세요.

Si vous préférez une couvrance légère, optez pour une BB crème.
씨 부 프헤페헤 윈 꾸브항쓰 레재흐, 옵떼 뿌흐 윈 베베 크햄

\# 하루 종일 화장을 지속시키는 방법을 찾고 있어요.

Je cherche à faire tenir mon maquillage toute la journée.
즈 쉐흐슈 아 페흐 뜨니 몽 마끼아즈 뚜뜨 라 주흐네

여기서 잠깐!

한 듯 안 한 듯한 화장을 말할 때는 프랑스어로 어떤 표현을 쓸까요? '화장'을 의미하는 단어 maquillage 마끼아즈 뒤에 discret 디스크헤, léger 레제, naturel 나뛰헬 같은 형용사를 붙이면 됩니다. discret은 '신중한, 눈에 띄지 않는' 등의 뜻이 있고, léger는 '가벼운, 얇은' 등의 의미를 나타내지요. naturel은 '자연'을 뜻하는 명사 nature 나뛰흐에서 온 것으로 알 수 있듯이 '자연의, 자연스러운' 등의 표현입니다.

화장②

\# 고등학교 갈 때 화장은 어떻게 하나요?

Comment se maquiller pour aller au lycée ?
꼬멍 쓰 마끼에 뿌흐 알레 오 리쎄?

\# 열다섯 살이면 화장을 시작할 나이지.

Quinze ans est l'âge pour commencer à se maquiller.
깽즈 앙 에 라즈 뿌흐 꼬멍쎄 아 쓰 마끼에

\# 전 영구 화장을 그냥 놔뒀어요.

J'ai laissé de mon maquillage permanent.
줴 레쎄 드 몽 마끼아즈 뻬흐마넝

\# 전 영구 화장을 없애고 싶어요.

Je veux faire effacer mon maquillage permanent.
즈 브 페흐 에파쎄 몽 마끼아즈 뻬흐마넝

\# 화장은 쉬워요.

Le maquillage est facile.
르 마끼아즈 에 파씰
Il est facile de se maquiller.
일 레 파씰 드 쓰 마끼에

\# 화장이 쉽게 지워져서 짜증 나요.

J'en ai marre du maquillage qui s'efface facilement.
저 네 마흐 뒤 마끼아즈 끼 쎄파쓰 파씰멍

\# 그는 향수를 뿌렸죠.

Il se met du parfum.
일 쓰 메 뒤 파흐펑

maquillage 마끼아즈 n.m. 화장
se maquiller 쓰 마끼에 v. 화장하다

화장③

얼굴에 파우더를 발랐어요.

J'ai poudré mon visage.
쥐 뿌드헤 몽 비자즈

전 마스카라를 해요.

Je me mets du mascara.
즈 므 메 뒤 마스꺄하

아이섀도를 칠하세요.

Appliquez-vous un fard à paupières.
아쁠리께부 엉 파흐 아 뽀삐애흐

투명한 피부를 위해서는 자외선 차단 지수(SPF)가 높아 자외선을 막아 주는 기능이 있는 수분 크림이 필수죠.

Pour les peaux claires, un soin hydratant suivi de l'application d'une protection solaire à SPF élevé est indispensable.
뿌흐 레 뽀 끌레흐, 엉 쑤앙 이드하떵 쒸비 드 라쁠리꺄씨옹 뒨 프호떽씨옹 쏠레흐 아 에스뻬에프 엘르베 에 땡디스뼁싸블르

파운데이션을 바를 때 손가락으로 하는 게 낫나요 아니면 브러쉬를 쓰는 게 낫나요?

Pensez-vous qu'il est mieux d'appliquer le fond de teint avec les doigts ou un pinceau ?
뻥쎄부 낄 레 미으 다쁠리께 르 퐁 드 땡 아베끄 레 두아 우 엉 뺑쏘?

손톱에 매니큐어를 칠했어요.

J'ai mis du vernis à ongles.
쥐 미 뒤 베흐니 아 옹글

fard à paupières 파흐 아 뽀삐애흐 n.m. 아이섀도
soin hydratant 쑤앙 이드하떵 수분 크림
fond de teint 퐁 드 뗑 파운데이션

꼭! 짚고 가기

온천에서 탄생한 화장품

프랑스 화장품은 오랜 역사만큼 효과와 효능이 뛰어나 우리나라에서도 인기가 많지요. 게다가 발음하기 어려운 프랑스어로 된 브랜드명이 어쩐지 고급스러운 느낌을 주기도 하는데, 알고 보면 의외로 소박한 뜻을 갖고 있기도 합니다. 특히 온천수를 약물로 활용하던 지역에서 생겨난 화장품 브랜드들이 그 예인데요. 몇 가지 살펴볼까요?

- **비쉬** (Vichy)
  온천으로 유명한 프랑스의 도시 Vichy 비쉬에서 시작된 브랜드입니다. Vichy는 17세기부터 약용 온천수로 유명한 도시로 피부질환, 류머티즘 치료를 위해 유럽 곳곳에서 사람들이 찾아오던 곳이에요. 이곳에서 1931년 의사였던 Haller 알레흐 박사가 설립하였습니다.
- **아벤느** (Avène)
  프랑스 남쪽에 위치한 Avène 아벤도 온천수로 유명한 도시입니다. 이곳 온천수는 옛날부터 각종 피부질환에 탁월한 효과를 보여 1874년 정부로부터 공익 자원으로 인정받기도 했지요. 이를 1975년 인수한 Pierre Fabre 삐에흐 파브흐 그룹이 전문 온천센터와 피부과학 연구소를 설립하여 아벤느가 탄생합니다.
- **라로슈포제** (La Roche-Posay)
  프랑스 중부에 위치한 La Roche-Posay 라 호슈뽀제는 14세기부터 온천으로 유명한 작은 도시로, 오늘날에도 프랑스 최대 온천센터를 자랑합니다. 피부과학 연구소를 중심으로 온천수를 활용한 화장품을 연구, 개발하고 있습니다.
- **유리아쥬** (Uriage)
  알프스 산맥을 끼고 있는 Uriage-les-bains 위히아즈레뱅는 로마시대부터 온천수로 알려진 도시예요. 1977년 피부과학 연구소가 설립되면서 화장품 유리아쥬도 탄생하게 되었지요.

Chapitre 05

어디서든 당당하게!

Chapitre 05

Unité 1 음식점

Unité 2 쇼핑

Unité 3 병원&약국

Unité 4 은행&우체국

Unité 5 도서관

Unité 6 미술관&박물관

Unité 7 미용실

Unité 8 세탁소

Unité 9 렌터카&주유소

Unité 10 서점

Unité 11 종교

Unité 12 놀이공원&헬스클럽

Unité 13 영화관&공연장

Unité 14 술집&클럽

Unité 15 파티

Au restaurant 식당에서
오 헤스또항

MP3. Word_C05

restaurant 헤스또항
n.m. 식당

menu 므뉘
n.m. 메뉴, 식단

garçon 갸흐쏭
n.m. 웨이터, (식당) 종업원

chef cuisinier 쉐프 뀌지니에
요리사
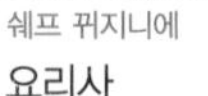

boisson 부아쏭
n.f. 음료

apéritif 아뻬히띠프
n.m. 식전주, 아페리티프

vin 뱅
n.m. 와인, 포도주

entrée 엉트헤
n.f. 전채

plat principal 쁠라 프행씨빨
메인 요리

accompagnement 아꽁빠뉴멍
n.m. 곁들임 채소, 사이드 메뉴

faire bouillir 페흐 부이
끓이다, 삶다

blanchir 블랑쉬
v. 데치다

faire frire 페흐 프히흐
튀기다

entrecôte 엉트흐꼬뜨
n.f. 등심

saumon 쏘몽
n.m. 연어

cuire 뀌흐
v. 익히다, 굽다

rôtir 호띠
v. 굽다, 구워지다

pain 빵
n.m. 빵

gâteau 갸또
n.m. 과자, 케이크

glace 글라쓰
n.f. 얼음, 아이스크림

assiette 아씨엣뜨
n.f. 접시

plateau 쁠라또
n.m. 쟁반

bouteille 부떼이
n.f. 병, 술병

sel 쎌
n.m. 소금

poivre 뿌아브흐
n.m. 후추

soupe 쑤쁘
n.f. 수프

addition 아디씨옹
n.f. 계산서

pourboire 뿌흐부아흐
n.m. 팁

table 따블르
n.f. 탁자, 테이블

café 꺄페
n.m. 카페, 커피

décaféiné(e) 데꺄페이네
a. 카페인을 제거한,
디카페인의

crème 크헴
n.f. 크림

sucre 쒸크흐
n.f. 설탕

lait 레
n.m. 우유

jus 쥐
n.m. 주스

thé 떼
n.m. 차

limonade 리모나드
n.f. 탄산음료

eau gazeuse 오 갸즈즈
탄산수

verre 베흐
n.m. (유리)잔, 컵, 글라스

serviette 쎄흐비엣뜨
n.f. 냅킨

cuillère à café
뀌이애흐 아 꺄페
찻숟가락

tasse 따쓰
n.f. 찻잔

À la banque 은행에서
알 라 방끄

banque 방끄 n.f. 은행 	argent 아흐정 n.m. 돈, 은, 은화 	espèces 에스빼쓰 n.f.pl. 현금, 화폐 
	chèque 쉐끄 n.m. 수표	monnaie 모네 n.f. 잔돈, 거스름돈 
	compte 꽁뜨 n.m. 계좌 	virement 비흐멍 n.m. 계좌 이체 
	compte courant 꽁뜨 꾸항 보통 예금	compte épargne 꽁뜨 에빠흐뉴 적금
	intérêt 앵떼헤 n.m. 이자, 수익 	taux 또 n.m. 세율, 이율, 금리
	distributeur (automatique) de billets 디스트히뷔뙤 (오또마띠끄) 드 비에 현금 (자동) 인출기 	carte de crédit 꺄흐뜨 드 크헤디, carte bancaire 꺄흐뜨 방께흐, carte bleue 꺄흐뜨 블르 신용카드 
	banque en ligne 방끄 엉 린뉴 인터넷 뱅킹 	mot de passe 모 드 빠쓰 비밀번호 
	déposer 데뽀제 v. 예금하다, 입금하다 	retirer 흐띠헤 v. 돈을 찾다, 출금하다 

Au musée 미술관에서
오 뮈제

musée 뮈제 n.m. 미술관	tarif 따히프 n.m. 요금	prix d'entrée 프히 덩트헤 입장료	billet d'entrée 비에 덩트헤 입장권
	tarif plein 따히프 쁠랭 n.m. 전액 요금 (할인되지 않은 요금)	tarif réduit 따히프 헤뒤 n.m. 할인 요금	gratuit(e) 그하뛰(뜨) a. 무료의, 공짜의
entrée 엉트헤 n.f. 들어가기, 입장, 입구	horaire 오헤흐 n.m. 운영 시간, 일정표	ouverture 우베흐뛰흐 n.f. 열기, 개장	fermeture 페흐므뛰흐 n.f. 닫기, 폐장
accueil 아뀌에이 n.m. 안내	guide 기드 n.m. 가이드	audioguide 오디오기드 n.m. 오디오 가이드	visite 비지뜨 n.f. 방문, 관람, 구경
exposition 엑스뽀지씨옹 n.f. 전시회	œuvre 외브흐 n.f. 작품	art 아흐 n.m. 예술, 미술	artistique 아흐띠스띠끄 a. 예술적인
peinture 뺑뛰흐 n.f. 그림, 회화	sculpture 스뀔뛰흐 n.f. 조각, 조각품	visiteur, visiteuse 비지뙤, 비지뜨즈 n. 방문객, 관람객	groupe 그후쁘 n.m. 단체

음식점 추천

\# 이 근처에 맛있게 하는 음식점 있나요?

Est-ce qu'il y a un bon restaurant près d'ici ?
에스낄 리 아 엉 봉 헤스또항 프해 디씨?

\# 두 사람이 조용히 식사할 수 있는 곳이면 좋겠어요.

Je cherche un restaurant calme pour deux personnes.
즈 쉐흐슈 엉 헤스또항 꺌므 뿌흐 드 뻬흐쏜

\# 오후 2시 이후에 주문할 수 있는 식당이 있나요?

Y a-t-il un restaurant où il est possible de commander après quatorze heures ?
이아띨 엉 헤스또항 우 일 레 뽀씨블르 드 꼬망데 아프해 까또흐즈 외흐?

\# 음식점 많은 곳이 어디인가요?

Où est-ce qu'il y a beaucoup de restaurants ?
우 에스낄 리 아 보꾸 드 헤스또항?

\# 이 거리에서 추천할 만한 음식점 있나요?

Y a-t-il un restaurant recommandable dans ce quartier ?
이아띨 엉 헤스또항 흐꼬망다블르 당 쓰 꺄흐띠에?

\# 채식주의자를 위한 음식점 있나요?

Est-ce qu'il y a un restaurant pour les végétariens ?
에스낄 리 아 엉 헤스또항 뿌흐 레 베제따히엉?

commander 꼬망데 v. 주문하다, 명령하다, 지시하다
recommandable 흐꼬망다블 a. 추천할 만한

식당 예약

\# 오늘 저녁 7시 예약하고 싶은데요.

Je voudrais faire une réservation pour sept heures ce soir.
즈 부드헤 페흐 윈 헤제흐바씨옹 뿌흐 쎄 뙤흐 쓰 쑤아

\# 몇 분이신가요?

Combien de personnes êtes-vous ?
꽁비엉 드 뻬흐쏜 에뜨부?

\# 네 명이요.

Nous sommes quatre.
누 쏨 꺄트흐

\# 금연석으로 부탁합니다.

Je voudrais un espace non-fumeur, s'il vous plaît.
즈 부드헤 어 네스빠쓰 농퓌뫼, 씰 부 쁠레

\# 창가 쪽 테이블로 해 주세요.

Je voudrais une table près de la fenêtre.
즈 부드헤 윈 따블르 프해 들 라 프네트흐

\# 예약을 변경할 수 있나요?

Est-ce qu'il est possible de modifier ma réservation ?
에스낄 레 뽀씨블르 드 모디피에 마 헤제흐바씨옹?
Puis-je changer ma réservation ?
쀠즈 샹제 마 헤제흐바씨옹?

\# 예약을 취소해 주세요.

Je voudrais annuler une réservation.
즈 부드헤 아뉠레 윈 헤제흐바씨옹

non-fumeur (non-fumeuse) 농퓌뫼 (농퓌뫼즈) n. 비흡연자
modifier 모디피에 v. 변경하다

예약 없이 갔을 때

세 명이 식사 가능할까요?

Est-il possible d'avoir une table pour trois personnes ?
에띨 뽀씨블르 다부아 윈 따블르 뿌흐 트후아 뻬흐쏜?

죄송하지만 지금은 자리가 다 찼습니다.

Je suis navré(e) mais aucune table n'est libre pour le moment.
즈 쒸 나브헤 메 오뀐 따블르 네 리브흐 뿌흐 르 모멍

Je regrette. Toutes les tables sont maintenant occupées.
즈 흐그헷뜨. 뚜뜨 레 따블르 쏭 맹뜨낭 오뀌뻬

오래 기다려야 하나요?

Est-ce que je dois attendre longtemps ?
에스끄 즈 두아 아떵드흐 롱떵?

30분 정도 기다리셔야 합니다. 기다리시겠어요?

Il y a trente minutes d'attente. Voulez-vous attendre ?
일 리 아 트헝뜨 미뉘뜨 다떵뜨. 불레부 아떵드흐?

흡연석에 자리 있나요?

Y a-t-il une table disponible dans l'espace fumeur ?
이아띨 윈 따블르 디스뽀니블르 당 레스빠쓰 퓌뫼?

Est-ce qu'il reste une table fumeur ?
에스낄 헤스뜨 윈 따블르 퓌뫼?

메뉴 보기

메뉴판 좀 주세요.

Je voudrais voir la carte, s'il vous plaît.
즈 부드헤 부아 라 꺄흐뜨, 씰 부 쁠레

오늘의 요리는 무엇인가요?

Quel est le plat du jour ?
껠 레 르 쁠라 뒤 주흐?

이 샐러드는 주재료가 무엇인가요?

Quel est le principal ingrédient de cette salade ?
껠 레 르 프행씨빨 앵그헤디엉 드 쎗뜨 쌀라드?
Qu'y a-t-il dans cette salade ?
끼아띨 당 쎗뜨 쌀라드?

메인 요리로 하나 추천해 주세요.

Pourriez-vous me recommender un plat principal ?
뿌히에부 므 흐꼬멍데 엉 쁠라 프행씨빨?

이 요리의 재료에 대해 설명해 주시겠어요?

Pourriez-vous m'expliquer la composition de ce plat ?
뿌히에부 멕쓰쁠리께 라 꽁뽀지씨옹 드 쓰 쁠라?

이 요리에 들어가는 '뮌스터'는 무엇인가요?

Pourriez-vous me dire ce qu'est le « Münster » qui entre dans la composition de ce plat ?
뿌히에부 므 디흐 쓰 껠 르 '뮌스떼' 끼 엉트흐 당 라 꽁뽀지씨옹 드 쓰 쁠라?

주문하기 - 음료

음료는 무엇으로 하시겠어요?

Que prendrez-vous comme boisson ?
끄 프헝드헤부 꼼 부아쏭?

사과 주스 부탁해요.

Je voudrais du jus de pomme.
즈 부드헤 뒤 쥐 드 뽐

물 한 병 주세요.

Apportez-moi une bouteille d'eau, s'il vous plaît.
아뽀흐떼무아 윈 부떼이 도, 씰 부 쁠레

탄산수를 드시나요 아니면 일반 물을 드시나요?

Prenez-vous de l'eau gazeuse ou plate ?
프흐네부 드 로 갸즈즈 우 쁠라뜨?

식전주는 무엇으로 하시겠어요?

Que voulez-vous boire comme apéritif ?
끄 불레부 부아흐 꼼 아뻬히띠프?

전 키르 한 잔 부탁해요.

Pour moi, un kir, s'il vous plaît.
뿌흐 무아, 엉 끼흐, 씰 부 쁠레

bouteille 부떼이 n.f. 병, 술병
gazeux (gazeuse) 갸즈 (갸즈즈)
a. 가스의, 탄산 가스를 함유한
plat(e) 쁠라(뜨) a. 평평한, 밋밋한, 탄산을 함유하지 않은

여기서 잠깐!

프랑스의 식당에서는 물도 사서 마시는 게 일반화되어 있어요. 만약 공짜로 물을 마시고 싶다면 'une carafe d'eau 윈 까하프 도' 또는 'de l'eau du robinet 들 로 뒤 호비네'를 주문하세요. 수돗물을 따라 주는 것이라 별도의 비용이 추가되지 않아요.

주문하기 – 메뉴 고르기

주문하시겠어요?

Avez-vous décidé ?
아베부 데씨데?

Avez-vous choisi ?
아베부 슈아지?

전채로 가스코뉴식 테린을 하겠습니다.

Comme entrée, je vais prendre une terrine de gascogne.
꼼 엉트헤, 즈 베 프헝드흐 윈 떼힌 드 가스꼬뉴

등심 스테이크 하나와 연어구이 둘 주세요.

Une entrecôte et deux saumons rôtis, s'il vous plaît.
윈 엉트흐꼬뜨 에 드 쏘몽 호띠, 씰 부 쁠레

여기에 어울리는 와인 추천해 주시겠어요?

Quel vin irait avec ce plat ?
껠 뱅 이헤 아베끄 쓰 쁠라?

Quel vin me conseillez-vous ?
껠 뱅 므 꽁쎄이에부?

이 중 무엇이 이 지방 요리인가요?

Parmi ces plats, lesquels sont des spécialités régionales ?
빠흐미 쎄 쁠라, 레껠 쏭 데 스뻬씨알리떼 헤지오날?

가벼운 음식으로 주세요.

Je voudrais quelque chose de léger.
즈 부드헤 껠끄 쇼즈 드 레제

conseillez/conseiller 꽁쎄이에/꽁쎄이에
v. 권하다, 조언하다

spécialité 스뻬씨알리떼 n.f. 특산물, 특제품

꼭! 짚고 가기

식당 구분하기

'식당'은 프랑스어로 restaurant 헤스또항이라 부르지요. 하지만, restaurant 외에도 bistro 비스트호나 brasserie 브하쎄히라고 부르는 식당들도 있습니다. 겉보기엔 크게 차이가 없지만 실제로는 분명한 구분이 있답니다.

restaurant은 일반적인 식당을 말합니다. 점심이나 저녁 식사를 주문할 수 있고, 어느 정도 격식을 차려야 출입할 수 있는 고급 식당도 꽤 있지요. 고급 식당은 대부분 코스로 식사가 나옵니다.

덧붙여 프랑스에서 restaurant은 점심 시간과 저녁 시간 사이에 쉬는 시간이 있습니다. 보통 오후 2시부터 저녁 6시 정도인데, 이 시간에는 주문을 받지 않습니다.

bistro는 restaurant과 비슷하지만 좀더 서민적인 식당이라고 생각하면 됩니다. 고급스런 음식보다 프랑스 가정식이 주 메뉴이며, 이와 함께 저렴하고 편안하게 술을 즐길 수 있는 곳입니다.

brasserie는 규모가 보통 restaurant이나 bistro보다 크고, 주로 술을 파는 곳입니다. 술과 함께 먹을 만한 간단한 요리를 제공하기도 하지요. brasserie는 중간에 쉬는 시간이 없기 때문에 오후에 부담 없이 가벼운 식사와 술을 즐길 수 있는 곳이기도 합니다.

주문하기 – 선택 사항

\# 사이드 메뉴로 감자튀김, 밥, 강낭콩 요리가 있습니다. 무엇으로 하시겠어요?

En accompagnement, il y a des frites, du riz et des haricots verts. Que prendrez-vous ?
어 나꽁빠뉴멍, 일 리 아 데 프히뜨, 뒤 히 에 데 아히꼬 베흐. 끄 프헝드헤부?

\# 사이드 메뉴는 강낭콩 요리로 할게요.

Je voudrais des haricots verts en accompagnement.
즈 부드헤 데 아히꼬 베흐 어 나꽁빠뉴멍

\# 오늘은 양파 수프가 있습니다. 주문하시겠어요?

Aujourd'hui, nous avons une soupe à l'oignon.
En voudriez-vous ?
오주흐뒤, 누 자봉 윈 쑤쁘 아 로뇽.
엉 부드히에부?

\# 양파 수프로 주시고, 후추는 빼 주세요.

Une soupe à l'oignon sans poivre, s'il vous plaît.
윈 쑤쁘 아 로뇽 쌍 뿌아브흐, 씰 부 쁠레

\# 고기는 어떻게 익혀 드릴까요?

Quelle cuisson pour la viande ?
껠 뀌쏭 뿌흐 라 비앙드?

\# 미디엄으로 부탁해요.

À point, s'il vous plaît.
아 뿌앙, 씰 부 쁠레

\# 디저트는 식사 후에 주문할게요.

Je commanderai le dessert après le repas.
즈 꼬망드헤 르 데쎄 아프해 르 흐빠

주문하기 – 디저트

\# 디저트로 무엇이 있나요?

Qu'est-ce que vous avez comme dessert ?
께스끄 부 자베 꼼 데쎄?

\# 디저트로 오렌지 셔벗 주세요.

Comme dessert, je prendrai un sorbet à l'orange.
꼼 데쎄, 즈 프헝드헤 엉 쏘흐베 아 로항즈

\# 초콜릿케이크 말고 다른 것은 없나요?

Il n'y a pas autre chose que du gâteau au chocolat ?
일 니 아 빠 조트흐 쇼즈 끄 뒤 갸또 오 쇼꼴라?
Vous n'avez pas autre chose que du gâteau au chocolat ?
부 나베 빠 조트흐 쇼즈 끄 뒤 갸또 오 쇼꼴라?
Y a-t-il autre chose que du gâteau au chocolat ?
이아띨 오트흐 쇼즈 끄 뒤 갸또 오 쇼꼴라?

\# 너무 달지 않은 디저트로 무엇이 있나요?

Qu'est-ce que vous avez comme dessert pas trop sucré ?
께스끄 부 자베 꼼 데쎄 빠 트호 쒸크헤?

\# 아이스크림 위에 캐러멜시럽은 올리지 말아 주세요.

N'ajoutez pas de sirop au caramel sur la glace.
나주떼 빠 드 씨호 오 꺄하멜 쒸흐 라 글라쓰

accompagnement 아꽁빠뉴멍
n.m. (고기나 생선 요리에) 곁들인 채소
cuisson 뀌쏭 n.f. 익히기, 굽기
sucré(e) 쒸크헤 a. 달콤한, 설탕을 넣은

불만 사항

\# 웨이터, 주문한 음식은 언제 나오죠?

Garçon, quand arrivera le plat que j'ai commandé ?
갸흐쏭, 깡 아히브하 르 쁠라 끄 줴 꼬망데?

\# 주문한 지 벌써 50분이 지났는데요.

Il y a déjà cinquante minutes que j'ai passé une commande.
일 리 아 데자 쌩깡뜨 미뉘뜨 끄 줴 빠쎄 윈 꼬망드

\# 이건 제가 주문한 음식이 아니에요.

Cela n'est pas ce que j'ai commandé.
쓸라 네 빠 쓰 끄 줴 꼬망데

Je n'ai pas commandé cela.
즈 네 빠 꼬망데 쓸라

\# 고기가 덜 익었어요.

La viande n'est pas assez cuite.
라 비앙드 네 빠 자쎄 뀌뜨

La viande est mal cuite.
라 비앙드 에 말 뀌뜨

\# 카망베르 치즈가 완전히 말랐어요.

Le camembert est totalement sec.
르 꺄멍베 에 또딸멍 쎄끄

\# 이건 도저히 못 먹겠네요!

C'est immangeable !
쎄 땡망자블르!

\# 웨이터, 우린 금연석을 원했는데 여긴 흡연석이군요.

Garçon, nous avons demandé une place non-fumeur, mais ici, c'est fumeur.
갸흐쏭, 누 자봉 드망데 윈 쁠라쓰 농퓌뫼흐, 메 지씨, 쎄 퓌뫼흐

sec (sèche) 쎄끄 (쌔슈) a. 마른, 건조한

꼭! 짚고 가기

메뉴 선택

식당에서 메뉴를 고를 때 많은 고민을 하게 되지요. 특히 음식이 차례로 나오는 코스 메뉴에 익숙지 않아 주문하기 어렵기도 하죠. 한 끼 정식이 어떻게 구성되는지 간단하게 살펴보면 다음과 같습니다.

- apéritif 아뻬히띠프 식전주
  주로 와인, 샴페인 등을 한 잔씩 마십니다.
- amuse bouche 아뮈즈 부슈, amuse gueule 아뮈즈 괼 안주
  식전주와 함께 입맛을 돋우는 가벼운 음식입니다.
- entrée 엉트헤 전채
  샐러드처럼 가볍게 먹는 음식들이 나오지요.
- plat 쁠라 본식
  메인 요리로 주로 고기, 생선 요리 등이 나옵니다.
- dessert 데쎄 후식
  달콤한 디저트가 나옵니다.

항상 위의 모든 코스를 주문해야 하는 건 아니에요. 간단하게 entrée와 plat, dessert까지만 주문하는 경우도 흔합니다.
가벼운 분위기의 식당은 먹고 싶은 메뉴만 한두 개 시켜도 상관없어요. 하지만 보통 저녁 식사라면 기본적인 코스로 짜인 정식을 주문하기 마련이에요. 그리고 이런 코스 메뉴를 menu 므뉘 또는 formule 포흐뮐이라고 부른다는 점, 참고하세요.

요청 사항

\# 소금 좀 가져다주시겠어요?

Pourriez-vous m'apporter un peu de sel ?
뿌히에부 마뽀흐떼 엉 쁘 드 쎌?

\# 포크 좀 바꿔 주시겠어요?

Pourriez-vous changer ma fourchette, s'il vous plaît ?
뿌히에부 샹제 마 푸흐쉣뜨, 씰 부 쁠레?

\# 샐러드에서 호두는 빼 주세요.

Je prendrai une salade sans noix.
즈 프헝드헤 윈 쌀라드 쌍 누아

\# 빵 좀 더 주세요.

Un peu plus de pain, s'il vous plaît.
엉 쁘 쁠뤼쓰 드 빵, 씰 부 쁠레

\# 주문을 취소할 수 있나요?

Est-il possible d'annuler ma commande ?
에띨 뽀씨블르 다뉠레 마 꼬망드?

\# 디저트를 다른 것으로 바꿀 수 있나요?

Est-ce que je peux changer de dessert ?
에스끄 즈 쁘 샹제 드 데쎄?

\# 남은 음식은 포장 가능한가요?

Est-il possible d'emporter les restes ?
에띨 뽀씨블르 덩뽀흐떼 레 헤스뜨?

fourchette 푸흐쉣뜨 n.f. 포크
noix 누아 n.f. 호두
emporter 엉뽀흐떼 v. 가지고 가다

맛에 대한 평가

\# 정말 맛있었어요!

C'était très bon !
쎄떼 트해 봉!
C'était excellent !
쎄떼 떽쎌렁!

\# 이렇게 맛있는 음식은 처음이에요!

C'est la première fois que je mange un plat aussi délicieux !
쎌 라 프흐미애흐 푸아 끄 즈 망즈 엉 쁠라 오씨 델리씨으!

\# 음식이 제 입에 딱 맞아요.

C'est à mon goût.
쎄 따 몽 구
Le plat me plaît.
르 쁠라 므 쁠레

\# 생선이 좀 짜네요.

Le poisson est un peu salé.
르 뿌아쏭 에 떵 쁘 쌀레

\# 이건 너무 느끼해요.

C'est trop gras.
쎄 트호 그하

\# 그에게 이건 너무 달아요.

Pour lui, cela est trop sucré.
뿌흐 뤼, 쓸라 에 트호 쒸크헤

\# 이건 아무 맛도 안 나요.

Ça n'a aucun goût.
싸 나 오껑 구

salé(e) 쌀레 a. 짭짤한, 소금을 친
gras(se) 그하(쓰) a. 지방질의, 기름진

계산

\# 계산서 주세요.

L'addition, s'il vous plaît.
라디씨옹, 씰 부 쁠레

\# 팁은 가격에 포함되어 있습니다.

Le pourboire est inclus (dans l'addition).
르 뿌흐부아흐 에 땡끌뤼 (당 라디씨옹)

\# 전부 합쳐 62유로입니다.

Au total, cela fait soixante-deux euros.
오 또딸, 쓸라 페 쑤아쌍드 즈호

Cela fait soixante-deux euros.
쓸라 페 쑤아쌍드 즈호

\# 카드 결제 가능한가요?

Est-ce que je peux payer par carte bancaire ?
에스끄 즈 쁘 뻬이예 빠흐 꺄흐뜨 방께흐?

Puis-je payer par carte de crédit ?
쀠즈 뻬이예 빠흐 꺄흐뜨 드 크헤디?

\# 각자 나눠서 계산할게요.

Nous payons séparément.
누 뻬이용 쎄빠헤멍

\# 오늘 저녁 식사는 내가 살게요.

C'est moi qui invite pour le dîner.
쎄 무아 끼 앵비뜨 뿌흐 르 디네

\# 잔돈은 가지세요.

Gardez la monnaie.
갸흐데 라 모네

여기서 잠깐!

'신용카드'를 프랑스에서는 carte bleue 꺄흐뜨 블르라고 부르기도 해요. 벨기에에서는 banque contact 방끄 꽁딱이라고도 하죠.

패스트푸드점에서

\# 치즈버거와 콜라 하나 주세요.

Un hamburger au fromage et un coca-cola, s'il vous plaît.
엉 앙붜흐게 오 프호마즈 에 엉 꼬까꼴라, 실 부 쁠레

\# 치킨버거 세트 하나 주세요.

Un menu hamburger au poulet, s'il vous plaît.
엉 므뉘 앙붜흐게 오 뿔레, 씰 부 쁠레

\# 콜라 리필할 수 있나요?

Puis-je reprendre du coca ?
쀠즈 흐프헝드흐 뒤 꼬까?

Pouvez-vous me resservir du coca ?
뿌베부 므 흐쎄흐비 뒤 꼬까?

\# 여기서 드시나요 가져가시나요?

Sur place ou à emporter ?
쒸흐 쁠라쓰 우 아 엉뽀흐떼?

\# 가져갈게요.

À emporter, s'il vous plaît.
아 엉뽀흐떼, 씰 부 쁠레

\# 선불입니다.

Payez d'avance, s'il vous plaît.
뻬이예 다방쓰, 씰 부 쁠레

pourboire 뿌흐부아흐 n.m. 팁
séparément 쎄빠헤멍 ad. 따로따로, 분리해서
reprendre 흐프헝드흐 v. 다시 잡다, 되찾다, 더 (또) 먹다
resservir 흐쎄흐비 v. (음식을) 다시 내놓다, 더 주다
d'avance 다방쓰 미리, 사전에

카페에서

커피 한 잔 할래요?

Voulez-vous un café ?
불레부 엉 꺄페?
Voulez-vous prendre un café ?
불레부 프헝드흐 엉 꺄페?

본누벨 역 근처에 단골 카페가 있어요.

Il y a un café près de la station Bonne Nouvelle. J'y suis un habitué(e).
일 리 아 엉 꺄페 프해 들 라 스따씨옹 본 누벨. 쥐 쒸 어 나비뛰에

시청 근처에 꽤 괜찮은 카페 한 곳 알아요.

Je connais un bon café près de l'Hôtel de Ville.
즈 꼬네 엉 봉 꺄페 프해 드 로뗄 드 빌

카페라테 두 잔 주세요.

Deux cafés au lait, s'il vous plaît.
드 꺄페 올 레, 씰 부 쁠레

카페 안에서 흡연 가능한가요?

Est-ce que je peux fumer à l'intérieur du café ?
에스끄 즈 쁘 퓌메 아 랭떼히외 뒤 꺄페?

커피를 마시면 잠이 잘 안 와요.

Si je bois du café, j'ai du mal à dormir.
씨 즈 부아 뒤 꺄페, 줴 뒤 말 아 도흐미

냅킨 좀 더 주세요.

Plus de serviettes, s'il vous plaît.
쁠뤼쓰 드 쎄흐비엣뜨, 씰 부 쁠레

habitué(e) 아비뛰에 n. 단골

기타 식당 관련

우리 베트남 식당에 갈래요?

Voulez-vous aller avec moi au restaurant vietnamien ?
불레부 알레 아베끄 무아 오 헤스또항 비에뜨나미엉?

맛있는 쌀국수로 유명한 식당을 알아요.

Je connais un restaurant connu pour faire de bon Pho.
즈 꼬네 엉 헤스또랑 꼬뉘 뿌흐 페흐 드 봉 포

젓가락 사용할 줄 알아요?

Savez-vous vous servir des baguettes ?
싸베부 부 쎄흐비 데 바겟뜨?

그는 식성이 까다로워서 식당에 자주 가지 않아요.

Il ne va pas souvent au restaurant, car il est difficile sur la nourriture.
일 느 바 빠 쑤벙 오 헤스또항, 꺄흐 일 레 디피씰 쒸흐 라 누히뛰흐

저기 새로운 식당이 생겼는데 가 보지 않을래?

Tu ne veux pas essayer le nouveau restaurant qui s'est ouvert là-bas ?
뛰 느 브 빠 제쎄이예 르 누보 헤스또항 끼 쎄 뚜베 라바?

좋아! 오늘 저녁엔 한국 식당에 가 보자!

Bon ! Allons au restaurant coréen ce soir !
봉! 알롱 오 헤스또항 꼬헤엉 쓰 쑤아!

쇼핑하기

\# 쇼핑하러 갈래요?

Vous voulez aller faire des achats ?
부 불레 알레 페흐 데 자샤?

\# 쇼핑하러 가자! 그러면 기분이 풀릴 거야.

Va faire des achats ! Ça va te défouler.
바 페흐 데 자샤! 싸 바 뜨 데풀레

\# 난 어제 또 충동 구매를 했어요.

J'ai encore fait des achats impulsifs hier.
줴 엉꼬흐 페 데 자샤 앵뻴씨프 이에

\# 충동 구매를 하지 않으려면 쇼핑 리스트를 만들어야 해요.

Pour éviter de faire des achats impulsifs, vous devez faire une liste des courses.
뿌흐 에비떼 드 페흐 데 자샤 앵뻴씨프, 부 드베 페흐 윈 리스뜨 데 꾸흐쓰

\# 그는 백화점에서 쇼핑하는 걸 좋아해요.

Il aime faire du shopping dans les grands magasins.
일 렘 페흐 뒤 쇼삥 당 레 그항 마가쟁

\# 저는 벼룩시장에서 옷을 자주 사요.

J'achète souvent des vêtements au marché aux puces.
자쉐뜨 쑤벙 데 베뜨멍 오 마흐쉐 오 쀠쓰
J'achète souvent des vêtements au marché à la brocante.
자쉐뜨 쑤벙 데 베뜨멍 오 마흐쉐 알 라 브호꺙뜨

achat 아샤 n.m. 물건 사기, 구입
te défouler/se défouler 뜨 데풀레/쓰 데풀레
v. (욕구를) 풀다, 발산하다
impulsif (impulsive) 앵뻴씨프 (앵뻴씨브) a. 충동적인
courses 꾸흐쓰 n.f.pl. 구입, 쇼핑
marché aux puces 마흐쉐 오 쀠쓰 벼룩시장

꼭! 짚고 가기

카페에서 주문하기

파리 시내의 노천 카페에 여유롭게 앉아 커피 한 잔을 즐기는 모습, 누구나 한번쯤 상상해 보았을 거예요. 그렇지만 실제 상황이라면 메뉴판 앞에서 잠시 당황하게 되지요. 우리나라에서 일상적으로 보던 각종 라테와 프라푸치노 같은 커피들은 찾아보기 어렵거든요. 간단하게 몇 가지만 알아볼까요?

- café 꺄페 에스프레소
  종종 espresso라고 표시하는 곳도 있지만, 그냥 café라고 써있다면 그건 에스프레소입니다.
- café allongé 꺄페 알롱제
  연하게 내린 커피
  아메리카노를 마시고 싶다면 café allongé를 주문하세요.
  '아메리카노'라는 명칭은 프랑스에서 잘 쓰지 않아요.
- café crème 꺄페 크헴,
  café au lait 꺄페 올 레
  크림 또는 우유를 섞은 커피
  카페라테를 생각하면 됩니다.
- café décaféiné 꺄페 데꺄페이네
  디카페인 커피
- chocolat chaud 쇼꼴라 쇼 핫초코
- thé 떼 차
  주로 홍차를 가리킵니다.
- thé vert 떼 베흐 녹차
- infusion 앵퓌지옹 허브티
  캐모마일, 페퍼민트 등 여러 허브 종류 중에서 고를 수 있습니다.

쇼핑몰

쇼핑몰에 가면 다양한 물건을 살 수 있어요.

Il est possible d'acheter diverses choses au centre commercial.
일 레 뽀씨블르 다슈떼 디베흐쓰 쇼즈 오 썽트흐 꼬메흐씨알

우리 엄마는 쇼핑몰에 가면 최소 2시간은 돌아다녀요.

Lorsque ma mère va au centre commercial, elle y reste au moins deux heures.
로흐스끄 마 매흐 바 오 썽트흐 꼬메흐씨알, 엘 리 헤스뜨 오 무앙 드 죄흐

시간이 남아서 쇼핑몰 구경 좀 하려고 해요.

Comme il me reste du temps, je pense faire un tour au centre commercial.
꼼 일 므 헤스뜨 뒤 떵, 즈 뻥쓰 페흐 엉 뚜흐 오 썽트흐 꼬메흐씨알

지방 도시에 쇼핑몰이 많이 생겨났어요.

Beaucoup de centres commerciaux sont apparus dans les villes de province.
보꾸 드 썽트흐 꼬메흐씨오 쏭 따빠휘 당 레 빌 드 프호뱅쓰

저는 친구들과 어울려 쇼핑몰에 가는 것을 좋아해요.

J'aime aller avec mes amis au centre commercial.
젬 알레 아베끄 메 자미 오 썽트흐 꼬메흐씨알

옷 가게①

겨울이 오기 전에 새 옷을 장만해야겠어요.

J'ai besoin d'acheter de nouveaux vêtements avant l'hiver.
줴 브주앙 다슈떼 드 누보 베뜨멍 아방 리베

찾으시는 물건이 있나요?

Cherchez-vous quelque chose en particulier ?
쉐흐쉐부 껠끄 쇼즈 엉 빠흐띠뀔리에?

잠깐 둘러보는 중이에요.

Je regarde seulement pour l'instant.
즈 흐갸흐드 쐴멍 뿌흐 랭스땅

이 옷은 너무 유행을 탈 것 같아요.

Cette robe va vite se démoder.
쎗뜨 호브 바 비뜨 쓰 데모데

난 파란색 스웨터를 사고 싶어요.

Je veux acheter un pull bleu.
즈 브 아슈떼 엉 쀨 블르

입어 봐도 돼요?

Je peux essayer ?
즈 쁘 에쎄이예?

Vous permettez ?
부 뻬흐메떼?

탈의실이 어디인가요?

Où est la cabine d'essayage ?
우 에 라 꺄빈 데쎄이야즈?

se démoder 쓰 데모데 v. 유행에 뒤지다
cabine d'essayage 꺄빈 데쎄이야즈 탈의실, 피팅룸

옷 가게②

\# 사이즈가 어떻게 되시죠?

Quelle taille faites-vous ?
껠 따이 페뜨부?

\# 저는 36 사이즈를 입어요.

Je fais du trente-six.
즈 페 뒤 트헝씨쓰

\# 이 블라우스는 다른 사이즈가 없나요?

Vous n'auriez pas ce chemisier dans une autre taille ?
부 노히에 빠 쓰 슈미지에 당 쥔 오트흐 따이?

\# 저는 순모 니트를 찾고 있어요.

Je cherche un pull en laine.
즈 쉐흐슈 엉 쀨 엉 렌

\# 이 스웨터는 아크릴사로 짰지만 품질은 최고입니다.

Ce pull est tricoté en acrylique, mais il est de la meilleure qualité.
쓰 쀨 에 트히꼬떼 어 나크힐리끄, 메 질 레 들 라 메이외흐 깔리떼

\# 가격에 비해 정말 좋은 원피스예요.

Pour le prix, c'est une très bonne robe.
뿌흐 르 프히, 쎄 뛴 트헤 본 호브

\# 이것과 같은 디자인에 다른 색깔 원피스는 없나요?

Vous n'auriez pas cette robe dans une autre couleur ?
부 노히에 빠 쎗뜨 호브 당 쥔 오트흐 꿀뢰?
Vous n'auriez pas une robe du même design dans une autre couleur ?
부 노히에 빠 쥔 호브 뒤 멤 디자인 당 쥔 오트흐 꿀뢰?

laine 렌 n.f. 양모, 양털

신발 가게

\# 신발이 다 낡아서 새로 사려고 해요.

Mes chaussures sont trop usées. Je pense à en acheter des nouvelles.
메 쇼쒸흐 쏭 트호 쀠제. 즈 뻥쓰 아 어 나슈떼 데 누벨

\# 저는 주로 운동화를 신어요.

En général, je mets des chaussures de sport.
엉 제네할, 즈 메 데 쇼쒸흐 드 스뽀

\# 나이키의 새로운 모델을 볼 수 있을까요?

Est-ce que je peux voir le nouveau modèle (de) Nike ?
에스끄 즈 쁘 부아 르 누보 모댈 (드) 나이끄?

\# 사이즈가 어떻게 되시죠?

Quelle pointure faites-vous ?
껠 뿌앙뛰흐 페뜨부?

\# 구두는 가죽의 품질이 중요해요.

La qualité du cuir est importante pour les chaussures.
라 깔리떼 뒤 뀌흐 에 땡뽀흐땅뜨 뿌흐 레 쇼쒸흐

\# 신발을 신어 보고 고르세요.

Vous devez choisir des chaussures après les avoir essayées.
부 드베 쇼아지 데 쇼쒸흐 아프해 레 자부아 에쎄이예

pointure 뿌앙뛰흐 n.f. 치수, 사이즈

여기서 잠깐!

taille 따이와 pointure 뿌앙뛰흐는 둘 다 '치수, 사이즈'라는 뜻이지만, 일반적으로 옷 사이즈나 길이 등을 잴 때는 taille를 씁니다. pointure는 발 사이즈를 말할 때 쓰지요.

화장품 가게

\# 립스틱을 새로 살 때가 되었어요.

Il est temps d'acheter un nouveau rouge à lèvres.
일 레 떵 다슈떼 엉 누보 후즈 아 래브흐

\# 이번엔 자줏빛 립스틱을 사려고 해요.

Cette fois-ci, je vais acheter un rouge à lèvres violet.
쎗뜨 푸아씨, 즈 베 아슈떼 엉 후즈 아 래브흐 비올레

\# 네 피부에는 자주색보다 진홍색이 더 어울려.

Le magenta t'ira mieux au teint que le violet.
르 마정따 띠하 미으 오 땡 끄 르 비올레

\# 저는 늘 쓰던 향수만 사요.

J'achète toujours le même parfum.
자쉐뜨 뚜주 르 멤 빠흐펑

\# 엄마에게 선물할 향수를 고르고 싶어요.

Comme cadeau pour ma mère, je voudrais acheter un parfum.
꼼 꺄도 뿌흐 마 매흐, 즈 부드헤 아슈떼 엉 빠흐펑

\# 워터프루프 아이라이너는 어디에 있죠?

Où sont les eyeliners waterproof ?
우 쏭 레 아이라이너 워떠프후프?

rouge à lèvres 후즈 아 래브흐 립스틱
teint 땡 n.m. 얼굴빛, 안색

구입 결정

\# 좋아요, 이걸로 살게요.

Bon, je veux acheter ça.
봉, 즈 브 아슈떼 싸
Bien, je prendrais celui-ci.
비엉, 즈 프헝드헤 쓸뤼씨

\# 같은 제품으로 3개 주세요.

Donnez-moi en trois de ce produit.
도네무아 엉 트후아 드 쓰 프호뒤

\# 좀 더 생각해 보고 결정할게요.

Je déciderai après avoir un peu plus réfléchi.
즈 데씨드헤 아프해 자부아 엉 쁘 쁠뤼 헤플레쉬
Je vais réfléchir un peu plus.
즈 베 헤플레쒸 엉 쁘 쁠뤼쓰

\# 진열대에 있는 것이 마지막 남은 재킷입니다.

La veste qui se trouve dans la vitrine est la dernière que nous ayons.
라 베스뜨 끼 쓰 트후브 당 라 비트힌 에 라 데흐니애흐 끄 누 제이용

\# 다른 가게와 비교해 보고 결정해야겠어요.

Je déciderai après avoir comparé avec les autres boutiques.
즈 데씨드헤 아프해 자부아 꽁빠헤 아베끄 레 조트흐 부띠끄

\# 마음에 드는 게 없어요.

Il n'y a rien qui m'attire.
일 니 아 히엉 끼 마띠흐

vitrine 비트힌 n.f. 진열장, 쇼윈도
veste 베스뜨 n.f. 웃옷, 재킷
attire/attirer 아띠흐/아띠헤 v. (마음을) 사로잡다, 매혹하다

시장

\# 저는 시장 구경가는 걸 좋아해요.

J'aime aller au marché.
쥄 알레 오 마흐쉐

\# 목요일과 일요일엔 바스티유 광장에 큰 장이 서요.

Un grand marché se tient le jeudi et le dimanche sur la place de la Bastille.
엉 그항 마흐쉐 쓰 띠엉 르 즈디 에 르 디망슈 쒸흐 라 쁠라쓰 들 라 바스띠

\# 저희 할머니는 항상 시장에서 과일과 채소를 구입하세요.

Ma grand-mère achète toujours ses fruits et légumes au marché.
마 그항매흐 아쉐뜨 뚜주 쎄 프휘 제 레귐 오 마흐쉐

\# 시장에서 파는 치즈가 신선하고 맛도 좋아요.

Le fromage vendu sur le marché est frais et bon.
르 프호마즈 벙뒤 쒸흐 르 마흐쉐 에 프헤 에 봉

\# 시장에서 파는 물건이 항상 싼 건 아니에요.

Les produits vendus au marché ne sont pas toujours moins chers.
레 프호뒤 벙뒤 오 마흐쉐 느 쏭 빠 뚜주 무앙 쉐흐

\# 벌써 오후 5시네! 시장 문 닫았겠다.

Il est déjà dix-sept heures ! Le marché doit être fermé.
일 레 데자 디쎄 뙤흐!
르 마흐쉐 두아 떼트흐 페흐메

꼭! 짚고 가기

프랑스의 시장

어느 곳에 가든 그 지역 분위기를 흠뻑 느낄 수 있는 곳 중 하나가 시장이죠. 프랑스도 마찬가지입니다. 다만 프랑스의 시장은 대부분 상설 시장이 아니에요. 지역에 따라 시장이 서는 요일이 다르기 때문에 미리 무슨 요일에 열리는지 알아봐야 찾아갈 수 있습니다. 하지만 일반적으로 주말에 열리는 장이 규모가 큰 편입니다.
또한 오전에만 열리는 시장도 많아요. 주로 규모가 작고 신선한 식재료를 파는 시장은 오전 시간에만 열고 금방 문을 닫습니다. 요일을 따져 찾아가려니 번거로울 수도 있지만, 각 지역의 특산물과 독특한 분위기를 시장만큼 진하게 느낄 수 있는 곳도 드물죠. 프랑스에 가면 꼭 그 근처 시장에 들러 보세요!

식료품점 & 마트

청과물 코너는 어디인가요?

Où est le rayon des fruits et légumes ?
우 에 르 헤이용 데 프휘 제 레귐?

우유 살 땐 유통기한을 확인하세요.

Quand vous achetez du lait, vérifiez sa date de péremption.
깡 부 자슈떼 뒤 레, 베히피에 싸 다뜨 드 뻬렁씨옹

그는 항상 집 근처 식료품점에서 치즈를 사요.

Il achète toujours du fromage dans l'épicerie près de chez lui.
일 라쉐뜨 뚜주 뒤 프호마즈 당 레삐쓰히 프해 드 쉐 뤼

제 오빠는 맨날 인스턴트 식품만 사요.

Mon grand frère n'achète que des aliments instantanés tous les jours.
몽 그항 프해흐 나쉐뜨 끄 데 잘리멍 앵스땅따네 뚜 레 주흐

마트에서 장을 보는 게 경제적이에요.

Faire des courses au supermarché est économique.
페흐 데 꾸흐쓰 오 쉬뻬마흐쉐 에 떼꼬노미끄

date de péremption 다뜨 드 뻬렁씨옹 유통기한

벼룩시장

저는 일요일 오전마다 아이들과 벼룩시장 구경을 가요.

Je vais au marché aux puces avec mes enfants tous les dimanches matins.
즈 베 조 마흐쉐 오 쀠쓰 아베끄 메 정팡 뚜 레 디망슈 마땡

쉬잔은 벼룩시장에서 오래된 책들을 자주 구입해요.

Suzanne achète souvent des vieux livres au marché aux puces.
쒸잔 아쉐뜨 쑤벙 데 비으 리브흐 오 마흐쉐 오 쀠쓰

때때로 그녀는 자기 책들을 벼룩시장에서 팔기도 하죠.

Elle vendait parfois ses livres au marché aux puces.
엘 벙데 빠흐푸아 쎄 리브흐 오 마흐쉐 오 쀠쓰

어제 벼룩시장에서 신발 두 켤레를 샀어요.

J'ai acheté deux paires de chaussures au marché aux puces hier.
줴 아슈떼 드 뻬흐 드 쇼쒸흐 오 마흐쉐 오 쀠쓰 이에

그는 벼룩시장에서 멋진 의자 하나를 단돈 10유로에 샀다.

Il a acheté une chaise chic pour juste dix euros au marché aux puces.
일 라 아슈떼 윈 쉐즈 쉬끄 뿌흐 쥐스뜨 디 즈호 오 마흐쉐 오 쀠쓰

brocante 브호깡뜨 n.f. 골동품 상점, 골동품 시장

할인

이제 곧 여름 세일 기간이야!

Les soldes d'été, c'est bientôt !
레 쏠드 데떼, 쎄 비엉또!

백화점에서 최대 90%까지 할인을 하고 있다.

Le grand magasin fait des soldes jusqu'à moins quatre-vingt-dix pourcent.
르 그항 마가쟁 페 데 쏠드 쥐스꺄 무앙 꺄트흐뱅디쓰 뿌흐썽

치약 두 개를 사시면 20% 할인해 드립니다.

Pour l'achat de deux dentifrices, vous avez une réduction de vingt pourcent.
뿌흐 라샤 드 드 덩띠프히쓰, 부 자베 윈 헤뒥씨옹 드 뱅 뿌흐썽

재고 정리 세일 중입니다.

Nous sommes en liquidation.
누 쏨 정 리끼다씨옹

언제까지 세일인가요?

Jusqu'à quand durent les soldes ?
쥐스꺄 깡 뒤흐 레 쏠드?

이 바지는 표시된 가격에서 얼마나 할인되나요?

Quelle est la réduction sur le prix affiché de ce pantalon ?
껠 레 라 헤뒥씨옹 쒸흐 르 프히 아피쉐 드 쓰 빵딸롱?

soldes 쏠드 n.m.pl. 바겐 세일
dentifrice 덩띠프히쓰 n.m. 치약
liquidation 리끼다씨옹
n.f. 결산, 청산, (재고품의) 염가 판매

계산하기

전부 얼마인가요?

C'est combien au total ?
쎄 꽁비엉 오 또딸?
Au total, ça fait combien ?
오 또딸, 싸 페 꽁비엉?

어떻게 계산하시겠어요?

Comment voulez-vous payer ?
꼬멍 불레부 빼이예?

신용카드로 결제할게요.

Je vais payer par carte bancaire.
즈 베 뻬이예 빠흐 꺄흐뜨 방꼐흐

현금으로 할게요.

Je vais payer en liquide.
즈 베 뻬이예 엉 리끼드
Je vais payer en espèces.
즈 베 뻬이예 어 네스빼쓰

잔돈 있으세요?

Auriez-vous de la monnaie ?
오히에부 들 라 모네?

영수증 드릴까요?

Voulez-vous un reçu ?
불레부 엉 흐쒸?

영수증은 버려 주세요.

Jetez le reçu, s'il vous plaît.
즈떼 르 흐쒸, 씰 부 쁠레
Pouvez-vous jeter le reçu, s'il vous plaît ?
뿌베부 즈떼 르 흐쒸, 씰 부 쁠레?

여기 서명해 주세요.

Signez ici, s'il vous plaît.
씨녜 이씨, 씰 부 쁠레

en liquide 엉 리끼드, en espèces 어 네스빼쓰 현금으로

할부 구매

\# 일시불로 하시겠어요 할부로 하시겠어요?

Payez-vous en une seule fois ou à crédit ?
빼이예부 엉 윈 쐴 푸아 우 아 크헤디?

\# 무이자 할부는 몇 개월인가요?

Sur combien de mois est-il possible de payer à crédit sans intérêts ?
쒸흐 꽁비엉 드 무아 에띨 뽀씨블르 드 빼이예 아 크헤디 쌍 쟁떼헤?

\# 5개월까지 할부 가능합니다.

Il est possible de payer sur cinq mois.
일 레 뽀씨블르 드 빼이예 쒸흐 쌩 무아

\# 3개월로 해 주세요.

Je veux payer sur trois mois.
즈 브 빼이예 쒸흐 트후아 무아

\# 할부로 하시면 이 품목은 할인이 적용되지 않습니다.

Si vous payer à crédit, cette article ne sera pas en promotion.
씨 부 빼이예 아 크헤디, 쎗뜨 아흐띠끌 느 쓰하 빠 정 프호모씨옹

\# 일시불로 할게요.

Je vais payer en une seule fois.
즈 베 빼이예 엉 윈 쐴 푸아

payer à crédit 빼이예 아 크헤디 할부로 지불하다
intérêt 앵떼헤 n.m. 이자

환불 & 교환

\# 환불 가능한가요?

Pourriez-vous me rembourser ?
뿌히에부 므 헝부흐쎄?

\# 영수증 없이 환불 가능한가요?

Est-ce que vous pouvez me rembourser sans reçu ?
에스끄 부 뿌베 므 헝부흐쎄 쌍 흐쒸?

\# 환불 가능한 기간은 언제까지예요?

Quel est le délai de remboursement ?
껠 레 르 델레 드 헝부흐쓰멍?

\# 일주일 안에 환불 가능합니다.

Vous pouvez être remboursé dans les huit jours.
부 뿌베 제트흐 헝부흐쎄 당 레 위 주흐

\# 어제 산 양말에 구멍이 나 있어서 교환하고 싶어요.

Je voudrais échanger les chaussettes que j'ai achetées hier, car elles sont trouées.
즈 부드헤 에샹제 레 쇼쎗뜨 끄 줴 아슈떼 이에, 꺄흐 엘 쏭 트후에

\# 이 코트 지금이라도 교환할 수 있을까요?

Est-ce que je peux échanger ce manteau maintenant ?
에스끄 즈 쁘 에샹제 쓰 망또 맹뜨낭?

rembourser 헝부흐쎄 v. 상환하다, 환불하다
sont trouées / trouer 쏭 트후에/트후에 v. 구멍을 뚫다

진료 예약 & 접수

진료 받으려고 해요.

Je voudrais consulter un médecin.
즈 부드헤 꽁쒸떼 엉 메드쌩
J'aimerais voir un médecin.
줴므헤 부아 엉 메드쌩

미셸 선생님께 진료 예약하고 싶어요.

Je voudrais avoir (un) rendez-vous avec le Docteur Michel.
즈 부드헤 자부아 (엉) 헝데부 아베끄 르 독뙤 미쉘

그분과 오늘 오후에 진료 예약 가능할까요?

Est-ce que je peux prendre rendez-vous avec lui cet après-midi ?
에스끄 즈 쁘 프헝드흐 헝데부 아베끄 뤼 쎄 따프해미디?

죄송하지만 스케줄이 이미 꽉 찼어요.

Je suis désolé(e), mais son emploi du temps est déjà plein.
즈 쒸 데졸레, 메 소 넝쁠루아 뒤 떵 에 데자 쁠랭

언제 진료받을 수 있을까요?

Quand pourrais-je voir le médecin ?
깡 뿌헤즈 부아 르 메드쌩?

전화로 예약했어요.

J'ai réservé par téléphone.
줴 헤제흐베 빠흐 뗄레폰
J'ai pris rendez-vous par téléphone.
줴 프히 헝데부 빠흐 뗄레폰

consulter 꽁쒸떼 v. 상담하다, 문의하다, 진찰받다

꼭! 짚고 가기

진찰받기

프랑스에서 몸이 아플 때 병원을 찾게 되지요. 여기에서 hôpital 오삐딸은 정부가 운영하는 종합 병원의 개념에 가까워요. 대부분 1차적인 진료는 분야별로 세분화되어 있는 민간 진료소 clinique 끌리니끄에서 받지요. 또한 2004년부터 주치의 제도가 도입되어 환자가 의사를 선택해 외래 진료를 받는 게 일반적이에요. 진료를 받고자 할 때는 무작정 진료소나 병원에 찾아가서 의사를 만나는 게 아니라, 먼저 사전 예약을 한 후에 병원에 찾아가야 합니다.

진료를 받고 나면 진료비를 지불해야겠죠? 여기에서 우리나라와 차이가 있어요. 우리나라는 의료보험에 가입되어 있다면 보험 처리가 된 비용만 지불하면 되지만, 프랑스에선 먼저 진료비를 전부 지불하고 그에 대한 보험료를 청구하여 일정 비용을 되돌려 받는 방식입니다. 이렇게 지불한 진료비에서 최대 60%까지 환급받을 수 있어요. 프랑스에서 갑작스럽게 아플 때를 대비해 이러한 진료 절차를 미리 알아 두세요.

진찰실

어디가 아프세요?

Où avez-vous mal ?
우 아베부 말?

증상이 어떤가요?

Quels sont vos symptômes ?
껠 쏭 보 쌩똠?

최근에 뭘 드셨죠?

Qu'est-ce que vous avez récemment mangé ?
께스끄 부 자베 헤싸멍 망제?

언제부터 아프셨어요?

Depuis quand avez-vous mal ?
드쀠 깡 아베부 말?

전에 병을 앓으신 적 있나요?

Quels sont vos antécédents ?
껠 쏭 보 장떼쎄덩?

진찰하도록 셔츠를 벗어 주세요.

Enlevez votre chemise pour que je puisse vous examiner, s'il vous plaît.
엉르베 보트흐 슈미즈 뿌흐 끄 즈 쀠쓰 부 제그자미네, 씰 부 쁠레

숨을 깊이 들이쉬세요.

Inspirez profondément.
앵스삐헤 프호퐁데멍

Prenez une respiration profonde.
프흐네 윈 헤스삐하씨옹 프호퐁드

외과

발목을 삐었어요.

Je me suis foulé(e) la cheville.
즈 므 쒸 풀레 라 슈비이

Je me suis tordu(e) la cheville.
즈 므 쒸 또흐뒤 라 슈비이

J'ai la cheville foulée.
줴 라 슈비이 풀레

이틀 전부터 무릎이 아파요.

J'ai mal au genou depuis deux jours.
줴 말 오 즈누 드쀠 드 주흐

교통사고 후 허리가 계속 아파요.

Depuis mon accident de voiture, j'ai tout le temps mal au dos.
드쀠 모 낙씨덩 드 부아뛰흐, 줴 뚜 르 떵 말 로 도

손목이 부었어요.

J'ai le poignet enflé.
줴 르 뿌아녜 엉플레

Mon poignet a enflé.
몽 푸아녜 아 엉플레

어깨가 결려요.

J'ai l'épaule endolorie.
줴 레뽈 엉돌로히

어깨가 너무 아파서 잠을 잘 수가 없었어요.

J'avais tellement mal aux épaules, que je n'ai pas pu dormir.
자베 뗄멍 말 로 제뽈, 끄 즈 네 빠 쀠 도흐미

antécédents 앙떼쎄덩 n.m.pl. (개인 및 가족의) 병력
enlevez/enlever 엉르베/엉르베 v. 벗다, 빼다
inspirez/inspirer 앵스삐헤/앵스삐헤 v. (공기를) 불어넣다

cheville 슈비이 n.f. 발목
genou 즈누 n.m. 무릎
poignet 뿌아녜 n.m. 손목
endolori(e) 엉돌로히 a. 아픈

내과 – 감기

\# 감기에 걸린 것 같아요.

Je pense avoir attrapé un rhume.
즈 뻥쓰 아부아 아트하뻬 엉 휨

\# 콧물이 나요.

J'ai le nez qui coule.
쥐 르 네 끼 꿀

\# 코 안이 헐었어요.

J'ai le nez irrité.
쥐 르 네 이히떼

\# 침을 삼킬 때마다 목이 아파요.

J'ai mal à la gorge quand j'avale ma salive.
쥐 말 알 라 고흐즈 깡 자발 마 쌀리브

\# 쉬지 않고 기침이 나요.

Je tousse sans arrêt.
즈 뚜쓰 쌍 자헤

\# 머리가 깨질 듯이 아파요.

J'ai atrocement mal à la tête.
쥐 아트호쓰멍 말 알 라 떼뜨

\# 집에서 이 약을 먹고 푹 쉬면 좋아질 거예요.

Vous irez mieux si vous prenez ces médicaments et que vous vous reposez.
부 지헤 미으 씨 부 프흐네 쎄 메디꺄멍 에 끄 부 부 호뽀제

avoir attrapé un rhume/attraper un rhume
아부아 아트하뻬 엉 휨/아트하뻬 엉 휨 감기에 걸리다
irrité(e) 이히떼 a. 염증을 일으킨
tousse/tousser 뚜쓰/뚜쎄 v. 기침하다, 기침이 나다
atrocement 아트호쓰멍 ad. 지독하게, 끔찍하게

내과 – 열

\# 루카는 어젯밤부터 열이 있어요.

Lucas a de la fièvre depuis hier soir.
루까 아 들 라 피애브흐 드쀠 이에 쑤아

\# 전 미열이 있어요.

J'ai un peu de fièvre.
쥐 엉 쁘 드 피애브흐

J'ai une légère fièvre.
쥐 윈 레재흐 피애브흐

\# 체온을 재겠습니다.

Je vais prendre votre température.
즈 베 프헝드흐 보트흐 떵뻬하뛰흐

\# 체온이 38도예요.

Vous avez trente-huit de température.
부 자베 트헝뜨위뜨 드 떵뻬하뛰흐

\# 열이 내려가도록 냉찜질을 하세요.

Faites une compresse glacée pour faire baisser la fièvre.
페뜨 윈 꽁프헤쓰 글라쎄 뿌흐 페흐 베쎄 라 피애브흐

Pour faire baisser la fièvre, appliquer une compresse glacée.
뿌흐 페흐 베쎄 라 피애브흐, 아쁠리께 윈 꽁프헤쓰 글라쎄

\# 해열제를 처방해 드리겠습니다.

Je vais vous prescrire un médicament qui vous fera baisser la fièvre.
즈 베 부 프헤스크히흐 엉 메디꺄멍 끼 부 프하 베쎄 라 피애브흐

compresse glacée 꽁프헤쓰 글라쎄 냉찜질

내과 - 소화기

배가 아파요.

J'ai mal au ventre.
줴 말 오 벙트흐

위장이 쓰라려요.

J'ai mal à l'estomac.
줴 말 아 레스또마

속이 메스꺼워요.

Je me sens nauséeux (nauséeuse).
즈 므 썽 노제으 (노제으즈)

J'ai la nausée (des nausées).
줴 라 노제 (데 노제)

식사할 때마다 토할 것 같아요.

J'ai la nausée (des nausées) quand je mange.
줴 라 노제 (데 노제) 깡 즈 망쥬

J'ai la nausée à chaque fois que je mange.
줴 라 노제 아 샤끄 푸아 끄 즈 망쥬

식사 후 속이 거북해요.

J'ai l'estomac lourd après les repas.
줴 레스또마 루흐 아프해 레 흐빠

설사를 자주 해요.

J'ai souvent la diarrhée.
줴 쑤벙 라 디아헤

매운 음식을 먹으면 위가 화끈거려요.

J'ai des brûlures d'estomac quand je mange de la nourriture épicée.
줴 데 브휠뤼흐 데스또마 깡 즈 망즈 들 라 누히뛰흐 에삐쎄

nausée 노제 n.f. 구역질, 구토
lourd(e) 루흐(드) a. 갑갑한, 거북한
diarrhée 디아헤 n.f. 설사
épicé(e) 에삐쎄 a. 향신료를 넣은, 매운

치과 - 치통

이가 몹시 아파요.

J'ai trop mal à la dent.
줴 트호 말 알 라 덩
(여러 개의 이가 아플 경우 'à la dent' 대신 'aux dents'으로)

J'ai une rage de dent.
줴 윈 하즈 드 덩
(여러 개의 이가 아플 경우 'dent' 대신 'dents'으로)

사랑니가 나면서 엄청 아파요.

Quand ma dent de sagesse est sortie, ça m'a fait très mal.
깡 마 덩 드 싸제쓰 에 쏘흐띠, 싸 마 페 트해 말

씹을 때마다 오른쪽 어금니가 아파요.

J'ai mal à une molaire du côté droit quand je mâche.
줴 말 아 윈 몰레흐 뒤 꼬떼 드후아 깡 즈 마슈

어금니가 흔들려요.

J'ai une molaire qui remue.
줴 윈 몰레흐 끼 흐뮈

양치질 할 때 잇몸에서 피가 나요.

Quand je me brosse les dents, mes gencives saignent.
깡 즈 므 브호쓰 레 덩, 메 정씨브 쎄뉴

치석 제거를 하면 괜찮아질 겁니다.

Vous irez bien une fois que vous aurez détartré vos dents.
부 지헤 비엉 윈 푸아 끄 부 조헤 데따흐트헤 보 덩

Vous irez mieux après un détartrage (des dents).
부 지헤 미으 아프해 엉 데따흐트하즈 (데 덩)

mâche/mâcher 마슈/마쉐 v. 씹다
remue/remuer 흐뮈/흐뮈에 v. 움직이다, 옮기다
détartrer 데따흐트헤 v. 치석을 제거하다, 스케일링하다

치과 - 충치

어금니 하나가 썩었어요.

J'ai une molaire cariée.
줴 윈 몰레흐 꺄히에

충치가 심해진 것 같아요.

Je pense que ma carie s'aggrave.
즈 뻥스 끄 마 꺄히 싸그하브

충치가 엄청 쑤셔요.

J'ai trop mal à la dent cariée
줴 트호 말 알 라 덩 꺄히에
Ma carie me fait trop mal.
마 꺄히 므 페 트호 말

찬물을 마실 때마다 어금니가 시려요.

À chaque fois que je bois de l'eau froide, j'ai mal à ma molaire.
아 샤끄 푸아 끄 즈 부아 드 로 프후아드, 줴 말 아 마 몰레흐

충치를 때워야 합니다.

Il faut plomber votre dent cariée.
일 포 쁠롱베 보트흐 덩 꺄히에

이를 빼야 합니다.

Il faut qu'on enlève cette dent.
일 포 꽁 엉래브 쎗뜨 덩
Il faudrait extraire cette dent.
일 포드헤 엑스트헤흐 쎗뜨 덩
Il faut vous faire enlever la dent.
일 포 부 페흐 엉르베 라 덩
(다른 사람이 내 이에 대해 이야기할 때)

carie 꺄히 n.f. 충치
plomber 쁠롱베 v. 이를 봉하다, 때우다

꼭! 짚고 가기

아픈 증세 설명

아플 땐 어떻게 아픈지 의사에게 정확히 설명하는 게 중요하죠. 증세를 설명하는 표현들을 알아봅시다.

- 아픈, 괴로운 : mal 말
- 메스꺼운 : nausé(e) 노제
- 화끈거리는 : brûlé(e) 브휠레
- 어지러운 : étourdi(e) 에뚜흐디
- 무감각한 : insensible 앵썽씨블르
- 답답한 : chargé(e) 샤흐줴
- 숨 막히는, 숨쉬기 어려운 : étouffé(e) 에뚜페
- 쓰라린 : cuisant(e) 뀌장(뜨)
- 뻑뻑한, 뻣뻣한 : raide 해드
- 찌르는 듯한, 쑤시는 : poignant(e) 뿌아냥(뜨)
- (관절 등이) 시큰한, 뻐근한 : sourd(e) 쑤흐(드)
- (치아 등이) 시큰한, 날카롭게 쑤시는 : aigu 에귀(aiguë 에귀에)

기타 진료

\# 어지럼증이 있어요.

J'ai un vertige.
줴 엉 베흐띠즈

\# 코피가 자주 나요.

Je saigne souvent du nez.
즈 쎄뉴 쑤벙 뒤 네
Mon nez saigne souvent.
몽 네 쎄뉴 쑤벙

\# 온몸에 두드러기가 났어요.

J'ai de l'urticaire sur tout mon corps.
줴 드 뤼흐띠께흐 쒸흐 뚜 몽 꼬흐

\# 빈혈이 있어요.

Je souffre d'anémie.
즈 쑤프흐 다네미

\# 눈에 뭐가 들어갔어요.

J'ai quelque chose dans l'œil.
줴 껠끄 쇼즈 당 뢰이

\# 임신한 것 같아요.

Je pense que je suis enceinte.
즈 뻥쓰 끄 즈 쒸 정쌩뜨

\# 몇 달째 생리를 하지 않았어요.

Je n'ai pas mes règles depuis plusieurs mois.
즈 네 빠 메 해글 드쀠 쁠뤼지외 무아

urticaire 위흐띠께흐 n.f. 두드러기
anémie 아네미 n.f. 빈혈
enceinte 엉쌩뜨 a. 임신한, 아기를 밴

입원 & 퇴원

\# 입원 수속을 하려고 해요.

Je vais remplir les formalités d'hospitalisation.
즈 베 헝쁠리 레 포흐말리떼 도스삐딸리자씨옹
Je viens pour remplir les formalités d'hospitalisation.
즈 비엉 뿌흐 헝쁠리 레 포흐말리떼 도스삐딸리자씨옹

\# 입원해야 하나요?

Dois-je être hospitalisé(e) ?
두아즈 에트흐 오스삐딸리제?

\# 얼마나 입원해야 하나요?

Combien de temps dois-je être hospitalisé(e) ?
꽁비엉 드 떵 두아즈 에트흐 오스삐딸리제?

\# 가능하면 1인실로 해 주세요.

Si c'est possible, j'aimerais avoir une chambre privée.
씨 쎄 뽀씨블르, 쥄므헤 아부아 윈 샹브흐 프히베

\# 언제 퇴원할 수 있나요?

Quand pourrais-je sortir de l'hôpital ?
깡 뿌헤즈 쏘흐띠 드 로삐딸?

\# 퇴원 절차가 어떻게 되나요?

Quel est le processus pour sortir de l'hôpital ?
껠 레 르 프호쎄쒸 뿌흐 쏘흐띠 드 로삐딸?

formalité 포흐말리떼 n.f. 형식, 수속, 절차
hospitalisation 오스삐딸리자씨옹 n.f. 입원

수술

\# 그는 위독한 상태입니다.

Il est tombé dans un état critique.
일 레 똥베 당 저 네따 크히띠끄

\# 당장 수술을 받아야 합니다.

Il doit immédiatement subir une opération.
일 두아 이메디아뜨멍 쒸비 윈 오뻬하씨옹

\# 수술하기 위해서 보호자의 동의가 필요합니다.

Pour pouvoir subir l'opération, il a besoin de l'autorisation de son tuteur.
뿌흐 뿌부아 쒸비 로뻬하씨옹, 일 라 브주앙 드 로또히자씨옹 드 쏭 뛰뙤

\# 수술받은 적 있나요?

Avez-vous déjà eu des opérations ?
아베부 데자 위 데 조뻬하씨옹?

\# 맹장 수술을 했어요.

J'ai été opéré de l'appendicite.
줴 에떼 오뻬헤 들 라뺑디씨뜨

\# 그는 대수술을 받았다.

Il a subi une opération importante.
일 라 쒸비 윈 오뻬하씨옹 앵뽀흐땅뜨

tuteur, tutrice 뛰뙤, 뛰트히쓰 n. 보호자, 후원자
appendicite 아뺑디씨뜨 n.f. 맹장염

여기서 잠깐!

'비판적인, 비난하는'의 뜻으로 critique 크히띠끄를 사용할 때가 많죠. 하지만 꼭 그런 의미로만 쓰이지 않아요. 사태가 위급할 때, 혹은 병세가 깊어 환자의 상태가 위태로울 때도 critique라는 표현을 씁니다.

병원비 & 의료보험

\# 이번 진료비는 얼마죠?

C'est combien pour cette visite ?
쎄 꽁비엉 뿌흐 쎗뜨 비지뜨?

\# 의료보험에 가입하셨나요?

Est-ce que vous avez une assurance médicale ?
에스끄 부 자베 윈 아쒸항쓰 메디꺌?

Est-ce que vous avez pris une assurance médicale ?
에스끄 부 자베 프히 윈 아쒸항쓰 메디꺌?

\# 저는 의료보험에 가입되어 있어요.

J'ai pris une assurance médicale.
줴 프히 윈 아쒸항쓰 메디꺌

\# 보험사에 제출할 진단서와 영수증을 받고 싶어요.

J'ai besoin du certificat médical et de la facture pour l'assurance.
줴 브주앙 뒤 쎄흐띠피꺄 메디꺌 에 들 라 팍뛰흐 뿌흐 라쒸항쓰

\# 모든 비용이 보험 처리가 되나요?

Est-ce que tous les frais seront remboursés ?
에스끄 뚜 레 프헤 쓰홍 헝부흐쎄?

\# 일부 의약품은 보험 적용이 되지 않습니다.

Certains médicaments ne sont pas assurés.
쎄흐땡 메디꺄멍 느 쏭 빠 자쒸헤

assurance 아쒸항쓰 n.f. 보험
facture 팍뛰흐 n.f. 청구서, 계산서

문병

\# 그가 입원한 곳이 몇 호실이죠?

Dans quelle chambre est-il ?
당 껠 샹브흐 에띨?
Quel est le numéro de sa chambre ?
껠 레 르 뉘메호 드 싸 샹브흐?

\# 그에게 뭘 가져다주면 될까요?

Qu'est-ce que l'on pourrait lui apporter ?
께스끄 롱 뿌헤 뤼 아뽀흐떼?

\# 몸은 좀 어때요?

Comment ça va ?
꼬멍 싸 바?

\# 훨씬 좋아졌어요.

Ça va mieux.
싸 바 미으

\# 퇴원은 언제 하나요?

Quand allez-vous sortir de l'hôpital ?
깡 알레부 쏘흐띠 드 로삐딸?

\# 빨리 회복되길 바랍니다.

J'espère que vous vous rétablirez vite.
줴스빼흐 끄 부 부 헤따블리헤 비뜨

\# 심각한 병이 아니길 바랍니다.

J'espère que ce n'est rien de grave.
줴스빼흐 끄 쓰 네 히엉 드 그하브

vous rétablirez/se rétablir
부 헤따블르리헤/쓰 헤따블르리 v. 회복하다

처방전

\# 처방전을 써 드리겠습니다.

Je vais vous faire une ordonnance.
즈 베 부 페흐 윈 오흐도낭쓰

\# 사흘 치 약을 처방해 드리겠습니다.

Je vais vous prescrire des médicaments pour trois jours.
즈 베 부 프헤스크히흐 데 메디꺄멍 뿌흐 트후아 주흐

\# 현재 복용하는 약이 있나요?

Y a-t-il des médicaments que vous prenez actuellement ?
이아띨 데 메디꺄멍 끄 부 프흐네 악뛰엘멍?

\# 혈압약을 복용하고 있어요.

Je prends un médicament pour la tension.
즈 프헝 엉 메디꺄멍 뿌흐 라 떵씨옹

\# 이 약은 식후에 드셔야 합니다.

Vous devez prendre ce médicament après le repas.
부 드베 프헝드흐 쓰 메디꺄멍 아프해 르 흐빠

\# 아기에게 시럽을 먹이세요.

Donnez le sirop à votre bébé.
도네 르 씨호 아 보트흐 베베

\# 이 약에 부작용은 없나요?

Est-ce qu'il n'entraîne pas des effets secondaires ?
에스낄 넝트렌 빠 데 제페 쓰공데흐?

ordonnance 오흐도낭쓰 n.f. 처방, 처방전
actuellement 악뛰엘멍 ad. 현재, 지금
tension 떵씨옹 n.f. 혈압

약국

진통제 있나요?

Avez-vous un antalgique ?
아베부 어 나날제지끄?
Avez-vous un analgésique ?
아베부 어 낭딸지끄?

수면제 좀 주세요.

Je voudrais un somnifère.
즈 부드헤 엉 쏨니패흐

하루에 몇 알씩 먹어야 하나요?

Combien de comprimés dois-je prendre par jour ?
꽁비엉 드 꽁프히메 두아즈 프헝드흐 빠흐 주흐?

처방전 없이 감기약을 살 수 있나요?

Est-ce que c'est possible d'acheter un médicament contre le rhume sans ordonnance ?
에스끄 쎄 뽀씨블르 다슈떼 엉 메디꺄멍 꽁트흐 르 휨 쌍 조흐도낭쓰?

반창고 한 통 주세요.

Je voudrais un rouleau de bande adhésive.
즈 부드헤 엉 훌로 드 방드 아데지브

상처에 바르는 연고가 필요해요.

J'ai besoin d'une pommade que je puisse appliquer sur ma blessure.
줴 브주앙 뒨 뽀마드 끄 즈 쀠쓰 아쁠리께 쒸흐 마 블레쒸흐

analgésique 아날제지끄, antalgique 앙딸지끄 n.m. 진통제
somnifère 쏨니패흐 n.m. 수면제
bande adhésive 방드 아데지브 반창고
pommade 뽀마드 n.f. 연고

계좌 개설

계좌를 개설하고 싶습니다.

Je voudrais ouvrir un compte bancaire.
즈 부드헤 우브히 엉 꽁뜨 방께흐

보통 예금 계좌를 원하시나요?

Est-ce que vous voulez ouvrir un compte courant ?
에스끄 부 불레 우브히 엉 꽁뜨 꾸항?

단기 적금 하나 들고 싶어요.

Je voudrais ouvrir un compte d'épargne à court terme.
즈 부드헤 주브히 엉 꽁뜨 에빠흐뉴 아 꾸흐 떼흠므

이율이 높은 적금으로 뭐가 있나요?

Quel compte épargne à un taux d'intérêt élevé ?
껠 꽁뜨 에빠흐뉴 아 엉 또 댕떼헤 엘르베?

이율은 어떻게 되나요?

À combien est le taux d'intérêt ?
아 꽁비엉 에 르 또 댕떼헤?

고정 금리로 4.1%입니다.

Le taux d'intérêt fixe est à quatre virgule un pourcent.
르 또 댕떼헤 픽쓰 에 따 꺄트흐 비흐귈 엉 뿌흐썽

compte courant 꽁뜨 꾸항 당좌 예금
compte épargne 꽁뜨 에빠흐뉴 저축 예금
taux 또 n.m. 이자율, 금리

입출금

\# 계좌에 100유로 예금해 주세요.

Je voudrais déposer cent euros sur un compte.
즈 부드헤 데뽀제 썽 뜨호 쒸흐 엉 꽁뜨

\# 내일 오전 은행에 500유로를 입금해야 해요.

Je dois déposer cinq cent euros à la banque demain matin.
즈 두아 데뽀제 쌩 썽 으호 알 라 방끄 드맹 마땡

\# 제 계좌에서 200유로 찾고 싶습니다.

Je voudrais retirer deux cent euros de mon compte.
즈 부드헤 흐띠헤 드 썽 으호 드 몽 꽁뜨

\# 100유로는 수표로 주시고, 나머지는 현금으로 주세요.

Je voudrais cent euros par chèque, le reste en espèces.
즈 부드헤 썽 으호 빠흐 쉐끄, 르 헤스뜨 어 네스빼쓰

\# 본인 확인 번호를 눌러주세요.

Veuillez taper votre code d'identification.
뵈이에 따뻬 보트흐 꼬드 디덩띠피꺄씨옹

\# 적금이 만기 되었어요.

Mon compte épargne est arrivé à l'échéance.
몽 꽁뜨 에빠흐뉴 에 따히베 알 레쉐앙쓰

\# 적금을 깨고 싶어요.

Je voudrais fermer le compte épargne.
즈 부드헤 페흐메 르 꽁뜨 에빠흐뉴

échéance 에쉐앙쓰 n.f. 만기일

송금

\# 내일 네 계좌로 200유로 송금할게.

J'enverrai deux cent euros sur ton compte demain.
정브헤 드 썽 으호 쒸흐 똥 꽁뜨 드맹

\# 송금하기 전에 통장 잔고를 확인하세요.

Vérifiez votre solde bancaire avant de faire le virement.
베히피에 보트흐 쏠드 방께흐 아방 드 페흐 르 비흐멍

\# 계좌 이체를 하고 싶어요.

Je voudrais faire un virement.
즈 부드헤 페흐 엉 비흐멍

\# 계좌 이체를 하는데 비밀번호를 잘못 입력했어요.

Je me suis trompé dans mon mot de passe alors que je faisais un virement.
즈 므 쒸 트홍뻬 당 몽 모 드 빠쓰 알로 끄 즈 프제 엉 비흐멍

\# 송금할 땐 반드시 수취인 이름을 확인해야 해요.

Quand vous faites un virement, il faut bien vérifier le nom du bénéficiaire.
깡 부 페뜨 엉 비흐멍, 일 포 비엉 베히피에 르 농 뒤 베네피씨에흐

\# 송금 수수료는 얼마죠?

À combien sont les frais pour un virement ?
아 꽁비엉 쏭 레 프헤 뿌흐 엉 비흐멍?
Combien coûte les frais pour un virement ?
꽁비엉 꾸뜨 레 프헤 뿌흐 엉 비흐멍?

bénéficiaire 베네피씨에흐 n. 수익자, 수취인

현금인출기 사용

\# 여기에서 제일 가까운 현금 자동 인출기가 어디에 있나요?

Où est le distributeur automatique de billets le plus près d'ici ?
우 에 르 디스트히뷔뙤 오또마띠끄 드 비에 르 쁠뤼 프해 디씨?

\# 현금인출기에서 제 카드가 안 빠져요.

Ma carte ne sort pas du distributeur de billets.
마 꺄흐뜨 느 쏘흐 빠 뒤 디스트히뷔뙤 드 비에

\# 프랑스에서는 현금인출기에서 수표 인출이 가능한가요?

En France, est-il possible de retirer des espèces avec un chèque au distributeur de billets ?
엉 프항쓰, 에띨 뽀씨블르 드 흐띠헤 데 제스빼쓰 아베끄 엉 쉐끄 오 디스트히뷔뙤 드 비에?

\# 현금인출기를 사용할 땐 주위의 소매치기를 조심하세요.

Faites attention aux pickpockets quand vous retirez de l'argent du distributeur de billets.
페뜨 아떵씨옹 오 삑뽀께 깡 부 흐띠헤 드 라흐정 뒤 디스트히뷔뙤 드 비에

\# 이 현금인출기는 고장 난 것 같아요.

Je pense que ce distributeur de billets est en panne.
즈 뻥쓰 끄 쓰 디스트히뷔뙤 드 비에 에 떵 빤

꼭! 짚고 가기

은행 방문

계좌를 개설하거나 적금을 들기 위해서 은행에 들러야 할 때가 있지요. 프랑스에는 여러 은행이 있지만 그중에서도 BNP Paribas 베엔뻬 빠히바, Crédit Agricole 크헤디 아그히꼴, Société Générale 쏘씨에떼 제네할이 가장 대표적인 은행이에요.

바로 은행을 방문할 수도 있지만 미리 전화로 예약을 하고 갈 수도 있어요. 먼저 전화로 방문 목적을 말하고 방문 일시를 예약할 수 있답니다. 빠르게 일을 처리하고 싶다면 필요한 서류를 미리 준비해 가는 것도 좋아요.

계좌를 개설할 경우, 한국에서처럼 종이로 된 통장은 제공되지 않습니다. 계좌를 만들면 이용 내역을 다달이 우편이나 온라인으로 확인할 수 있어요. 인터넷 뱅킹도 이용할 수 있지만 대부분의 프랑스 행정 기관이 그렇듯 프랑스의 은행도 한국보다 전반적으로 처리 시간이 느린 편이라는 점, 염두에 두세요.

신용카드

신용카드를 만들고 싶어요.

Je voudrais avoir une carte bancaire.
즈 부드헤 자부아 윈 꺄흐뜨 방께흐

분실한 카드를 정지시켜 주세요.

Je voudrais désactiver une carte perdue.
즈 부드헤 데작띠베 윈 꺄흐뜨 뻬흐뒤
Je voudrais faire opposition à ma carte bancaire car je l'ai perdue.
즈 부드헤 페흐 오뽀지씨옹 아 마 꺄흐뜨 방께흐 꺄흐 즈 레 뻬흐뒤

카드 한도액을 늘리고 싶어요.

Je voudrais augmenter la limite de ma carte de crédit.
즈 부드헤 조그멍떼 라 리미뜨 드 마 꺄흐뜨 드 크헤디

이번 달 카드값이 너무 많이 나왔어!

J'ai beaucoup trop utilisé ma carte bleue ce mois-ci !
줴 보꾸 트호 쀠띨리제 마 꺄흐뜨 블르 쓰 무아씨!

지난 달 카드값은 다른 신용카드로 막았어.

J'ai réglé le montant de ma carte de crédit du mois dernier à l'aide d'une autre carte de crédit.
줴 헤글레 르 몽땅 드 마 꺄흐뜨 드 크헤디 뒤 무아 데흐니에 아 레드 뒨 오트흐 꺄흐뜨 드 크헤디

이 가게는 신용카드를 받지 않아요.

Ce magasin ne prend pas les cartes bancaires.
쓰 마갸쟁 느 프헝 빠 레 꺄흐뜨 방께흐

환전

환전하고 싶습니다.

Je voudrais changer de l'argent.
즈 부드헤 샹제 드 라흐정

원화를 유로화로 바꾸고 싶어요.

Je voudrais changer des wons contre des euros.
즈 부드헤 샹제 데 원 꽁트흐 데 즈호

환전소가 어디 있죠?

Où est le bureau de change ?
우 에 르 뷔호 드 샹즈?

은행에서 환전하는 게 더 나아요.

Il vaut mieux changer l'argent à la banque.
일 보 미으 샹제 라흐정 알 라 방끄

거액을 환전하려면 은행으로 가야 해요.

On doit aller à la banque pour changer une grosse somme.
옹 두아 딸레 알 라 방끄 뿌흐 샹제 윈 그호쓰 쏨

환전 수수료는 얼마인가요?

À combien s'élève les commissions de change ?
아 꽁비엉 셀래브 레 꼬미씨옹 드 샹즈?

환율

오늘 유로 환율이 어떻게 되나요?

Quel est le taux de change de l'euro aujourd'hui ?
껠 레 르 또 드 샹즈 드 르호 오주흐뒤?

원화를 유로로 바꾸는 환율이 어떻게 되나요?

Quel est le taux pour changer des wons contre des euros ?
껠 레 르 또 뿌흐 샹제 데 원 꽁트흐 데 즈호?

현재 1유로가 1,380원입니다.

À l'heure actuelle l'euro s'échange à mille trois cent quatre-vingt wons.
알 뢰흐 악뛰엘 르호 쎄샹즈 아 밀 트후아 썽 꺄트흐뱅 원

환율 변동이 심해요.

La fluctuation du taux de change est forte.
라 플뤽뛰아씨옹 뒤 또 드 샹즈 에 포흐뜨

어제보다 환율이 더 떨어졌어요.

Le taux de change est plus bas qu'hier.
르 또 드 샹즈 에 쁠뤼 바 끼에

환전하기 전에 미리 환율을 확인할 필요가 있죠.

Avant de changer de l'argent, il faut vérifier le niveau du taux de change.
아방 드 샹제 드 라흐정, 일 포 베히피에 르 니보 뒤 또 드 샹즈

fluctuation 플뤽뛰아씨옹 n.f. 변동, 유동

대출

대출을 받고 싶습니다.

Je voudrais emprunter de l'argent.
즈 부드헤 엉프헝떼 드 라흐정

담당자를 만나 대출 정보를 얻고 싶어요.

J'aimerais rencontrer un conseiller pour avoir des informations sur les emprunts.
줴므헤 헝꽁트헤 엉 꽁쎄이에 뿌흐 아부아 데 쟁포흐마씨옹 쒸흐 레 정프헝

주택 융자를 받을 수 있을까요?

Est-ce que je peux obtenir un prêt au logement ?
에스끄 즈 쁘 옵뜨니 엉 프헤 오 로즈멍?

대출을 받으려면 어떤 자격이 필요한가요?

Quelle qualification faut-il pour emprunter de l'argent ?
껠 깔리피꺄씨옹 포띨 뿌흐 엉프헝떼 드 라흐정?

대출 금리가 얼마인가요?

À combien est le taux de crédit ?
아 꽁비엉 에 르 또 드 크헤디?

대출 한도액이 어떻게 되죠?

Quel est le plafond de crédit ?
껠 레 르 쁠라퐁 드 크헤디?
Quel est le montant limité de crédit ?
껠 레 르 몽땅 리미떼 드 크헤디?

emprunter 엉프헝떼 v. 빌리다, 차용하다

은행 기타

\# 수표를 현금으로 바꾸고 싶어요.

Je voudrais encaisser un chèque.
즈 부드헤 엉께쎄 엉 쉐끄

\# 인터넷 뱅킹을 신청하고 싶어요.

Je voudrais accéder aux services bancaires en ligne.
즈 부드헤 악쎄데 오 쎄흐비쓰 방께흐 엉 린뉴

\# 인터넷 뱅킹 비밀번호를 잊어버렸어요.

J'ai oublié mon mot de passe me permettant d'accéder à la banque en ligne.
줴 우블리에 몽 모 드 빠쓰 므 뻬흐메땅 닥쎄데 알라 방끄 엉 린뉴

\# 인터넷 뱅킹 사용할 경우 수수료가 없나요?

N'y a-t-il pas de frais lorsque j'utilise les services bancaires en ligne ?
니아띨 빠 드 프헤 로흐스끄 쥐띨리즈 레 쎄흐비쓰 방께흐 엉 린뉴?

\# 수수료가 있긴 하지만 좀 더 싸요.

Il y a des commissions, mais c'est moins cher.
일 리 아 데 꼬미씨옹, 메 쎄 무앙 쉐흐

\# 저는 온라인으로 계좌를 관리해요.

Je gère mes comptes en ligne.
즈 재흐 메 꽁뜨 엉 린뉴

\# 잔돈으로 바꿔 주시겠어요?

Pouvez-vous me faire de la monnaie ?
뿌베부 므 페흐 들 라 모네?

편지 발송

\# 보통 우편으로 편지를 보내고 싶은데요.

Je voudrais envoyer une lettre par courrier ordinaire.
즈 부드헤 엉부아이예 윈 레트흐 빠흐 꾸히에 오흐디네흐

\# 빠른 우편으로 보내면 얼마가 들까요?

Si je l'envoie par courrier express, cela coûtera combien ?
씨 즈 렁부아 빠흐 꾸히에 엑스프헤쓰, 쓸라 꾸뜨하 꽁비엉?

\# 이 편지를 국제 우편으로 보내고 싶어요.

J'aimerais envoyer cette lettre par courrier international.
줴므헤 엉부아이예 쎗뜨 레트흐 빠흐 꾸히에 앵떼흐나씨오날

\# 미국까지 도착하는 데 시간이 얼마나 걸리나요?

Combien de temps met le courrier pour arriver aux États-Unis ?
꽁비엉 드 떵 메 르 꾸히에 뿌흐 아히베 오 제따쥐니?

\# 이건 등기 우편으로 보낼게요.

Je vais envoyer ça en recommandé.
즈 베 엉부아이예 싸 엉 흐꼬망데

\# 우편 번호를 몰라도 편지를 보낼 수 있나요?

Puis-je envoyer la lettre même si je ne connais pas le code postal du destinataire ?
쀠즈 엉부아이예 라 레트흐 멤 씨 즈 느 꼬네 빠 르 꼬드 뽀스딸 뒤 데스띠나떼흐?

recommandé 흐꼬망데 n.m. 등기 우편

소포 발송

이 소포를 툴루즈로 보내고 싶어요.

Je voudrais envoyer ce colis à Toulouse.
즈 부드헤 엉부아이예 쓰 꼴리 아 뚤루즈

소포용 박스가 있나요?

Y a-t-il des cartons pour les colis ?
이아띨 데 꺄흐똥 뿌흐 레 꼴리?

Avez-vous des cartons pour les colis ?
아베부 데 꺄흐똥 뿌흐 레 꼴리?

소포는 무게에 따라 비용이 정해집니다.

Le prix d'envoi d'un colis varie en fonction de son poids.
르 프히 덩부아 덩 꼴리 바히 엉 퐁씨옹 드 쏭 뿌아

소포의 내용물은 무엇인가요?

Qu'est-ce qu'il y a dans ce colis ?
께스낄 리 아 당 쓰 꼴리?

Quel est le contenu de ce colis ?
껠 레 르 꽁뜨뉘 드 쓰 꼴리?

깨지기 쉬운 물건이 들어있어요.

Il contient des choses fragiles.
일 꽁띠엉 데 쇼즈 프하질

발송 후 배송 조회가 가능한가요?

Est-il possible de suivre le courrier après son expédition / envoi ?
에띨 뽀씨블르 드 쉬브흐 르 꾸히에 아프해 쏘 넥스뻬디씨옹 / 엉부아?

이 소포를 선박 우편으로 보낼 수 있나요?

Est-ce qu'il est possible d'envoyer ce colis par poste maritime ?
에스낄 레 뽀씨블르 덩부아이예 쓰 꼴리 빠흐 뽀스뜨 마히띰?

colis 꼴리 n.m. 소포

우체국 기타

\# 우표를 사고 싶어요.

Je voudrais acheter des timbres.
즈 부드헤 아슈떼 데 땡브흐

\# 판매 중인 기념 우표가 있나요?

Avez-vous des timbres commémoratifs en vente ?
아베부 데 땡브흐 꼬메모하띠프 엉 벙뜨?

\# 국제 등기와 EMS는 어떤 차이가 있나요?

Quelle est la différence entre le courrier recommandé international et le service EMS ?
껠 레 라 디페헝쓰 엉트흐 르 꾸히에 흐꼬망데 앵떼흐나씨오날 에 르 쎄흐비쓰 으엠에쓰?

\# 우편환으로 100유로를 송금하고 싶습니다.

Je voudrais envoyer un mandat postal de cent euros.
즈 부드헤 엉부아이예 엉 망다 뽀스딸 드 썽 으호

\# 르네에게 축전을 보내려고 해요.

Je vais envoyer un télégramme de félicitations à Renée.
즈 베 엉부아이예 엉 뗄레그함 드 펠리씨따씨옹 아 흐네

\# 축전 요금은 얼마인가요?

Combien coûte l'envoi d'un télégramme (de félicitations) ?
꽁비엉 꾸뜨 렁부아 덩 뗄레그함 (드 펠리씨따씨옹)?

commémoratif 꼬메모하띠프 a. 기념하는, 추모하는

Unité 5 **도서관** MP3. C05_U05

도서관

\# 저는 도서관에서 책을 자주 빌려요.

J'emprunte souvent des livres à la bibliothèque.
정프헝뜨 쑤벙 데 리브흐 알 라 비블리오때끄

\# 당신이 찾던 책이 도서관에 있어요.

Le livre que vous cherchiez est à la bibliothèque.
르 리브흐 끄 부 쉐흐쉬에 에 딸 라 비블리오때끄

\# 이 도서관은 약 5만 권 정도의 책이 있어요.

Cette bibliothèque contient environ cinquante mille livres.
쎗뜨 비블리오때끄 꽁띠엉 엉비홍 쌩깡뜨 밀 리브흐

\# 19세기 프랑스 소설은 3층 열람실에 있어요.

Les romans du dix-neuvième siècle se trouvent dans la salle de lecture au deuxième étage.
레 호망 뒤 디즈뇌비앰 씨애끌 쓰 트후브 당 라 쌀 드 렉뛰흐 오 드지앰 에따즈

\# 사서가 책을 정리하는 중이에요.

Un(e) bibliothécaire est en train de ranger les livres.
엉(윈) 비블리오떼께흐 에 떵 트행 드 항제 레 리브흐

\# 도서관에서는 조용히 해야 해요.

Vous devez être silencieux (silencieuse) à la bibliothèque.
부 드베 제트흐 씰렁씨으 (씰렁씨으즈) 알 라 비블리오때끄

여기서 잠깐!

2ème étage 드지앰 에따즈는 한국식의 '3층'을 의미해요. 프랑스 건물은 '0층'부터 있다고 생각하면 돼요. 그래서 '1층'은 rez-de-chaussée 헤-드-쇼쎄, '2층'은 premier étage 프흐미에 에따즈, '3층'은 deuxième étage 드지앰 에따즈가 됩니다.

도서 대출

\# 소설을 대출하고 싶어요.

Je voudrais emprunter un roman.
즈 부드헤 엉프헝떼 엉 호망

\# 어디에서 책을 대출할 수 있나요?

Où peut-on emprunter des livres ?
우 쁘똥 엉프헝떼 데 리브흐?

\# 책을 몇 권 대출할 수 있나요?

Combien de livres puis-je emprunter ?
꽁비엉 드 리브흐 쀠즈 엉프헝떼?

\# 정기 간행물은 대출할 수 없나요?

Est-il possible d'emprunter les publications périodiques ?
에띨 뽀씨블르 덩프헝떼 레 쀠블리꺄씨옹 뻬히오디끄?

\# 대출 기간은 며칠인가요?

De combien est le délai de prêt ?
드 꽁비엉 에 르 델레 드 프헤?

\# 책을 대출하려면 먼저 도서관 회원증을 만드세요.

Pour emprunter des livres à la bibliothèque, il vous faut créer une carte d'adhérent.
뿌흐 엉프헝떼 데 리브흐 알 라 비블리오떼끄, 일 부 포 크헤에 윈 꺄흐뜨 다데헝

prêt 프헤 n.m. 대여

carte d'adhérent 꺄흐뜨 다데헝 회원증

꼭! 짚고 가기

진화하는 우체국

이메일이 등장하면서 손으로 쓴 편지를 부치러 우체국까지 가는 일도 이젠 드물어졌지요. 프랑스의 우체국도 우리나라와 마찬가지로 우편 수·발송만으로는 존립하기 어렵기 때문에 일찍부터 금융 업무도 겸하고 있어요. 프랑스 우체국은 한발 더 나아가 여러 방면으로 발전을 꾀하고 있어요. 가장 큰 변화는 온라인과의 연계 강화예요.
프랑스 우체국 웹사이트(www.laposte.fr)를 통해 편지나 소포에 붙일 우표를 사전 구매하여 개인 프린터로 인쇄해 붙인 다음, 가까운 우체국에서 바로 보낼 수 있어요. 우표의 경우 실제 우표를 보고 고르듯 마음에 드는 그림의 우표를 골라 인쇄할 수 있답니다. 보낸 우편물에 대해 온라인으로 배송 현황을 확인할 수도 있지요. 이런 식으로 우체국에서는 업무 처리에 걸리는 시간을 절약할 수 있고, 사용하는 이들은 번거롭게 우체국에서 오랜 시간을 낭비할 필요가 없어 모두에게 편리한 시스템이에요.
참고로 프랑스 우체국은 지역에 따라 운영 시간이 조금씩 다른데, 보통 파리 시내 우체국은 평일 아침 8시 또는 9시에 열어서 저녁 8시까지 운영하고, 토요일만 오전 9시부터 오후 1시 정도까지 운영하지요.

도서 반납

\# 책은 언제까지 반납해야 하나요?

À quelle date dois-je rendre les livres ?
아 껠 다뜨 두아즈 헝드흐 레 리브흐?

\# 반납은 1월 6일까지입니다.

Vous devez les rendre au plus tard le six janvier.
부 드베 레 헝드흐 오 쁠뤼 따흐 르 씨 장비에

\# 오늘 중으로 책을 반납해 주시면 감사드리겠습니다.

Merci de rapporter les livres dans la journée.
메흐씨 드 하뽀흐떼 레 리브흐 당 라 주흐네

\# 그 책을 오늘 반납하지 않으면 벌금을 내셔야 합니다.

Si vous ne rendez pas ce livre aujourd'hui, vous devrez payer une amende.
씨 부 느 헝데 빠 쓰 리브흐 오주흐뒤, 부 드브헤 뻬이예 윈 아멍드

\# 책을 반납하러 도서관에 가야 해요. 거긴 몇 시까지 여나요?

Je dois aller à la bibliothèque pour rendre un livre. Jusqu'à quelle heure ouvre-t-elle ?
즈 두아 잘레 알 라 비블리오때끄 뿌흐 헝드흐 엉 리브흐. 쥐스꺄 껠 뢰흐 우브흐뗄?

\# 그 책은 대출 중입니다. 다음 주 월요일에 반납됩니다.

Ce livre est en lecture. Il sera rendu lundi prochain.
쓰 리브흐 에 떵 렉뛰흐. 일 쓰하 헝뒤 렁디 프호쉥

rendre 헝드흐 v. 돌려주다, 반환하다

amende 아멍드 n.f. 벌금

연체 & 대출 연장

\# 빌린 책을 일주일이나 연체했어요.

J'ai rendu un livre avec une semaine de retard.
줴 헝뒤 엉 리브흐 아베끄 윈 쓰멘 드 흐따

\# 연체된 책은 하루에 50상팀씩 내야 해요.

Il faut payer cinquante centimes par jour de retard.
일 포 뻬이예 쌩깡뜨 썽띰 빠흐 주흐 드 흐따

\# 연체료는 1층 대출 창구에서 지불하면 돼요.

Vous pouvez payer l'amende de retard au guichet de prêt au rez-de-chaussée.
부 뿌베 뻬이예 라멍드 드 흐따 오 기쉐 드 프헤 오 헤드쇼쎄

\# 책 대출 기한을 연장하고 싶어요.

Je voudrais prolonger le délai de prêt.
즈 부드헤 프호롱제 르 델레 드 프헤

\# 대출 기한은 언제까지 연장할 수 있나요?

Jusqu'à quand est-il possible de prolonger le délai de prêt ?
쥐스꺄 깡 에띨 뽀씨블르 드 프호롱제 르 델레 드 프헤?

\# 온라인으로 대출 기한 연장이 가능한가요?

Est-il possible de prolonger le délai de prêt en ligne ?
에띨 뽀씨블르 드 프호롱제 르 델레 드 프헤 엉 린뉴?

관람 안내

오르세 미술관은 몇 시에 여나요?

Quand est-ce que le musée d'Orsay est ouvert ?
깡 떼스끄 르 뮈제 도흐쎄 에 뚜베?

오르세 미술관 입장료가 얼마죠?

Combien coûte l'entrée au musée d'Orsay ?
꽁비엉 꾸뜨 렁트헤 오 뮈제 도흐쎄?

일반 입장료는 11유로이고, 학생이면 무료예요.

L'entrée plein tarif est de onze euros. C'est gratuit pour les étudiants.
렁트헤 쁠랭 따히프 에 드 옹즈 으호. 쎄 그하뛰 뿌흐 레 제뛰디앙

오디오 가이드가 필요하면 안내데스크에 문의하세요.

Adressez-vous à l'accueil si vous voulez utiliser un audioguide.
아드헤쎄부 아 라뀌에이 씨 부 불레 쥐띨리제 어 노디오기드

오르세 미술관은 월요일마다 문을 닫아요.

Le musée d'Orsay est fermé tous les lundis.
르 뮈제 도흐쎄 에 페흐메 뚜 레 렁디

관람 시 사진 촬영은 금지입니다.

Il est interdit de prendre des photos pendant la visite.
일 레 땡떼흐디 드 프헝드흐 데 포또 뻥당 라 비지뜨

꼭! 짚고 가기

프랑스에서 가장 오래된 도서관

문학과 예술의 도시이자 수많은 국내외 학생들이 몰려드는 도시 파리에는 도서관도 잘 갖춰져 있는 편입니다. 그중에서도 빼놓을 수 없는 도서관이 바로 '프랑스 국립 도서관(Bibliothèque nationale de France 비블리오때끄 나씨오날 드 프항스, 줄여서 BnF 베 엔 에프)'입니다.

프랑수아 미테랑(François Mitterrand) 대통령 임기 때 대대적으로 재건축되어 '미테랑 도서관'이라고도 불리는 이곳은 프랑스에서 가장 오래되었으며 가장 큰 규모를 자랑하는 도서관입니다. 현재는 파리 13구 센 강변에 건축가 도미니크 페로(Dominique Perrault)가 설계한 거대한 유리 빌딩 형태로 지어져 있어요.

14세기 샤를 5세 때 왕실 도서관에서 시작하여 점차 규모가 확장되어 17세기에서야 개방되었으며, 프랑스 혁명기에는 압수된 서적을 보관하면서 엄청난 양의 도서를 보유하기도 했습니다.

이후에도 프랑스 내 서적뿐만 아니라 해외에서 수집한 자료까지 보관하고 있는데, 여기에는 조선 시대 병인양요 때 탈취해 간 직지심체요절이 포함되기도 했어요. 여전히 한국의 국보급 자료가 반환되지 않고 있는 씁쓸한 현실이 반영된 도서관이지만, 지금도 프랑스에서 발간된 모든 도서가 보관되어 있고 수많은 인재들이 이곳에서 학업을 연마한다는 점에서 그 가치를 결코 무시할 수 없는 곳이기도 하지요.

위치 설명

\# 루브르 박물관은 지하철 1호선 팔레루아얄 역에서 가까워요.

Le musée du Louvre est près de la station Palais-Royal sur la ligne une (du métro).
르 뮈제 뒤 루브흐 에 프해 들 라 스따씨옹 빨레후아얄 쒸흐 라 린뉴 윈 (뒤 메트호)

\# 루브르 박물관은 피라미드를 통해 들어갈 수 있어요.

On peut entrer dans le musée du Louvre par sa pyramide.
옹 쁘 엉트헤 당 르 뮈제 뒤 루브흐 빠흐 싸 삐하미드

\# 마르셀 뒤샹 전시회는 퐁피두 센터 5층에서 해요.

L'exposition de Marcel Duchamp se trouve au quatrième étage du Centre Pompidou.
렉스뽀지씨옹 드 마흐쎌 뒤샹 쓰 트후브 오 꺄트히앰 에따즈 뒤 썽트흐 뽕삐두

\# 오르세 미술관 5층에 카페가 있으니 배고플 때 가 보세요.

Il y a un café au quatrième étage du musée d'Orsay. Allez-y quand vous aurez faim.
일 리 아 엉 꺄페 오 꺄트히앰 에따즈 뒤 뮈제 도흐쎄. 알레지 깡 부 조헤 팽

\# 모나리자는 루브르 박물관 2층 8번 홀에 있어요.

La Joconde se trouve dans la salle huit située au premier étage du musée du Louvre.
라 조꽁드 쓰 트후브 당 라 쌀 위뜨 씨뛰에 오 프흐미에 에따즈 뒤 뮈제 뒤 루브흐

기념품 구입

\# 기념품 가게에서 엄마께 드릴 선물을 샀어요.

J'ai acheté un cadeau pour ma mère à la boutique de souvenirs.
줴 아슈떼 엉 꺄도 뿌흐 마 매흐 알 라 부띠끄 드 쑤브니

\# 반 고흐 전시회에 온 기념으로 빈센트 반 고흐 그림 엽서를 샀어요.

En souvenir de l'exposition Van Gogh, j'ai acheté une carte postale de Vincent Van Gogh.
엉 쑤브니 드 렉스뽀지씨옹 방 고그, 줴 아슈떼 윈 꺄흐뜨 뽀스딸 드 뱅썽 방 고그

\# 로댕 미술관에서 파는 스카프가 마음에 들어요.

Le foulard vendu au musée Rodin me plaît.
르 풀라 벙뒤 오 뮈제 호댕 므 쁠레

\# 기념품으로 그림이 그려진 자석 2개를 샀는데 50유로나 했어요.

J'ai acheté deux aimants illustrés en souvenirs. Cela m'a coûté cinquante euros.
줴 아슈떼 드 제망 질뤼스트헤 엉 쑤브니. 쓸라 마 꾸떼 쌩깡뜨 으호

\# 그가 박물관 기념품 가게에서 산 예술 서적은 내게 꼭 필요했던 거였어요.

J'avais besoin du livre sur les Beaux-Arts qu'il a acheté à la boutique du musée.
자베 브주앙 뒤 리브흐 쒸흐 레 보자 낄 라 아슈떼 알 라 부띠끄 뒤 뮈제

aimant 에망 n.m. 자석

미술관 & 박물관 기타

\# 루브르 박물관은 하루 안에 다 구경할 수 없어요.

On ne peut pas visiter tout le musée du Louvre en un jour.
옹 느 쁘 빠 비지떼 뚜 르 뮈제 뒤 루브흐 어 넝 주흐

\# 박물관 입구에서 관람객 가방 보안 검사를 해요.

Tous les sacs des visiteurs sont soumis à une fouille de sécurité à l'entrée du musée.
뚜 레 싸끄 데 비지뙤 쏭 쑤미 아 윈 푸이 드 쎄뀌히떼 아 렁트헤 뒤 뮈제

\# 입장권은 어디에서 살 수 있나요?

Où puis-je acheter le billet d'entrée ?
우 쀠즈 아슈떼 르 비에 덩트헤?

\# 입구에 줄이 너무 길어서 들어가려면 한참 기다려야 해요.

La queue étant longue, il faut attendre longtemps avant de pouvoir entrer.
라 끄 에땅 롱그, 일 포 아떵드흐 롱떵 아방 드 뿌부아 엉트헤

\# 장애가 있는 분들을 위한 입구가 따로 있어요.

Il y a une autre entrée pour les handicapés.
일 리 아 윈 오트흐 엉트헤 뿌흐 레 장디꺄뻬

fouille 푸이 n.f. 조사, 수색

꼭! 짚고 가기

파리의 박물관

일 년 내내 관광객들이 모여드는 파리 시내는 곳곳에 가볼 만한 박물관들이 자리 잡고 있어요. 파리 공식 관광 정보에 따르면 파리 시내에만 200여 개의 박물관이 있다고 합니다.

박물관은 보통 오전 9시 또는 10시에 개장하여 오후 5시 또는 6시에 닫지만, 일부 야간 개장을 하는 곳도 있습니다.

루브르의 경우 수요일과 금요일에 밤 9시 45분까지 문을 열고, 오르세 미술관과 현대 미술관인 퐁피두 센터는 목요일 밤까지 개장입니다. 박물관마다 운영 시간이 다르니 사전에 확인한 후 방문하는 게 좋겠지요.

덧붙여 Paris Museum Pass 빠히 뮤지엄 빠스를 구입하면 파리와 파리 근교에 위치한 50여 개의 박물관과 기념물을 자유롭게 구경할 수 있다고 합니다.

미용실 상담

헤어스타일을 바꾸고 싶어요.

Je voudrais changer de coiffure.
즈 부드헤 샹제 드 꾸아퓌흐

어떤 스타일을 원하세요?

Quel style voudriez vous ?
껠 스띨 부드히에 부?

묶기 편한 머리로 해 주세요.

J'aimerais une coiffure qui me permettrait de facilement attacher mes cheveux.
줴므헤 윈 꾸아퓌흐 끼 므 뻬흐메트헤 드 파씰멍 아따쉐 메 슈브

이 사진 속의 모델처럼 하고 싶어요.

Je voudrais ressembler au mannequin de cette photo.
즈 부드헤 흐썽블레 오 마느깽 드 쎗뜨 포또

요즘 유행하는 스타일로 해 주세요.

J'aimerais une coiffure à la mode.
줴므헤 윈 꾸아퓌흐 알 라 모드

어떤 스타일이 저에게 어울릴까요?

Quelle coiffure me conviendrait ?
껠 꾸아퓌흐 므 꽁비엉드헤?

attacher 아따쉐 v. 묶다
mannequin 마느깽 n.m. 패션 모델

커트①

머리를 자르고 싶어요.

Je voudrais me couper les cheveux.
즈 부드헤 므 꾸뻬 레 슈브

어떻게 잘라 드릴까요?

Comment voulez-vous que je vous coupe les cheveux ?
꼬멍 불레부 끄 즈 부 꾸쁘 레 슈브?
Quelle coupe souhaitez-vous ?
껠 꾸쁘 쑤에떼부?

어깨에 닿을 정도 길이로 해 주세요.

Je voudrais me couper les cheveux jusqu'aux épaules.
즈 부드헤 므 꾸뻬 레 슈브 쥐스꼬 제뽈

10센티미터 정도 잘라 주세요.

Coupez dix centimètres de longueur de cheveux, s'il vous plaît.
꾸뻬 디 성띠매트흐 들 롱괴 드 슈브, 씰 부 쁠레

아주 짧게 잘라 주세요.

Coupez-moi les cheveux très court.
꾸뻬무아 레 슈브 트해 꾸흐

머리끝만 잘라 주세요.

Coupez les pointes des cheveux.
꾸뻬 레 뿌앙뜨 데 슈브

끝만 살짝 다듬어 주세요.

Je voudrais égaliser les pointes.
즈 부드헤 에갈리제 레 뿌앙뜨

pointe 뿌앙뜨 n.f. 끝, 끝부분
égaliser 에갈리제 v. 같게 하다, 고르게 하다

커트②

단발머리를 하고 싶어요.

J'aimerais me faire une coupe au carré.
쥐므헤 므 페흐 윈 꾸쁘 오 까헤

앞머리를 잘라 주세요.

Faites-moi une frange.
페뜨무아 윈 프항즈

앞머리는 그대로 두세요.

Je voudrais laisser la frange comme elle est.
즈 부드헤 레쎄 라 프항즈 꼼 엘 레

머리숱을 쳐 주세요.

Je voudrais avoir moins de volume.
즈 부드헤 아부아 무앙 드 볼륌

머리에 층을 내 주세요.

Je voudrais faire un dégradé.
즈 부드헤 페흐 엉 데그하데

너무 짧게 자르지 마세요.

Ne me coupez pas les cheveux trop courts.
느 므 꾸뻬 빠 레 슈브 트호 꾸흐

파마

파마하고 싶어요.

Je voudrais avoir les cheveux permanentés.
즈 부드헤 아부아 레 슈브 뻬흐마넝떼
J'aimerais me faire faire une permanente.
쥐므헤 므 페흐 페흐 윈 뻬흐마넝뜨

어떤 파마를 원하세요?

Quel style de permanente aimeriez-vous ?
껠 쓰띨 드 뻬흐마넝뜨 에므히에부?

자연스러운 웨이브를 넣어 주세요.

Je voudrais des boucles ayant l'air naturel.
즈 부드헤 데 부끌 에이양 레흐 나뛰헬

스트레이트 파마로 해 주세요.

Je voudrais faire un lissage.
즈 부드헤 페흐 엉 리싸즈

짧은 머리에 어울리는 파마로 해 주세요.

Je voudrais un style de permanente convenant aux cheveux courts.
즈 부드헤 엉 쓰띨 드 뻬흐마넝뜨 꽁브낭 오 슈브 꾸흐

너무 곱슬거리지 않게 말아 주세요.

Ne les faites pas trop bouclés, s'il vous plaît.
느 레 페뜨 빠 트호 부끌레, 씰 부 쁠레

파마가 잘 나왔네요.

La permanente est réussie.
라 뻬흐마넝뜨 에 헤위씨

permanente 뻬흐마넝뜨 n.f. 파마(퍼머넌트 웨이브)
boucle 부끌 n.f. 둥글게 말린 것, 곡선
lissage 리싸즈 n.m. 매끄럽게 하기

염색

\# 머리를 염색해 주세요.

Je voudrais faire une coloration.
즈 부드헤 페흐 윈 꼴로하씨옹

Je voudrais teindre mes cheveux.
즈 부드헤 땡드흐 메 슈브

\# 어떤 색으로 염색해 드릴까요?

De quelle couleur voulez-vous teindre vos cheveux ?
드 껠 꿀뢰 불레부 땡드흐 보 슈브?

\# 갈색으로 해 주세요.

Je voudrais être brun(e).
즈 부드헤 제트흐 브헝(브횐)

\# 검은색으로 염색하면 더 젊어 보일 거예요.

Si vous teignez vos cheveux en noir, vous aurez l'air plus jeune
씨 부 떼녜 보 슈브 엉 누아, 부 조헤 레흐 쁠뤼 죈

\# 금발 머리가 저에게 어울릴까요?

Pensez-vous que le blond m'irait ?
뻥쎄부 끄 르 블롱 미헤?

\# 염색한 후 그 색이 오래 가나요?

La couleur reste-t-elle longtemps ?
라 꿀뢰 헤스뗄 롱떵?

\# 염색하면 머릿결이 상하나요?

La coloration abîme-t-elle les cheveux ?
라 꼴로하씨옹 아빔뗄 레 슈브?

네일

\# 손톱 손질을 받고 싶어요.

Je voudrais me faire les ongles.
즈 부드헤 므 페흐 레 종글

\# 손톱을 다듬고 싶어요.

Je voudrais me faire limer les ongles.
즈 부드헤 므 페흐 리메 레 종글

\# 어떤 색 매니큐어를 발라 드릴까요?

Quelle couleur de vernis souhaiteriez-vous ?
껠 꿀뢰 드 베흐니 쑤에뜨히에부?

\# 저는 손톱이 약해요.

J'ai les ongles fragiles.
줴 레 종글 프하질

J'ai les ongles cassants.
줴 레 종글 꺄쌍

\# 손톱에 매니큐어를 지우고 다른 색으로 발라 주세요.

Je voudrais enlever mon vernis et mettre une autre couleur.
즈 부드헤 엉르베 몽 베흐니 에 메트흐 윈 오트흐 꿀뢰

\# 연보라색 매니큐어를 발라 주세요.

Je voudrais mettre du vernis de couleur violet pâle.
즈 부드헤 메트흐 뒤 베흐니 드 꿀뢰 비올레 빨

\# 발톱 손질해 드릴까요?

Voulez-vous une pédicure ?
불레부 윈 뻬디뀌흐?

coloration 꼴로하씨옹 n.f. 염색, 착색
abîme / abîmer 아빔/아비메 v. 상하게 하다, 망가뜨리다
limer 리메 v. 다듬다, 마무리하다

미용실 기타

\# 전 가르마를 왼쪽으로 타요.

J'ai la raie côté gauche.
쥐 라 헤 꼬떼 고슈

\# 눈썹 다듬어 주세요.

Je voudrais me faire épiler les sourcils.
즈 부드헤 므 페흐 에삘레 레 쑤흐씰

\# 드라이만 해 주세요.

Je voudrais juste me faire un brushing.
즈 부드헤 쥐스뜨 므 페흐 엉 브훼슁

\# 면도도 할 수 있을까요?

Est-ce que vous pouvez aussi me raser ?
에스끄 부 뿌베 오씨 므 하제?

\# 지난번 했던 미용사에게 커트 예약했어요.

J'ai pris rendez-vous avec le coiffeur qui s'est occupé de moi la dernière fois.
쥐 프히 헝데부 아베끄 르 꾸아풔 끼 쎄 또뀌뻬 드 무아 라 데흐니애흐 푸아

\# 그녀는 미용실에 자주 가요.

Elle va souvent au coiffeur.
엘 바 쑤벙 오 꾸아풔

\# 샴푸, 커트, 염색, 드라이까지 모두 합쳐 100유로입니다.

Shampooing, coupe, couleur et brushing. Au total, ça fait cent euros.
샹뿌앙, 꾸쁘, 꿀뢰 에 브훼슁. 오 또딸, 싸 페 썽 뜨호

raie 헤 n.f. 가르마, 선
épiler 에삘레 v. (털 등을) 뽑다

Unité 8 **세탁소** MP3. C05_U08

세탁물 맡기기

\# 이 옷들은 세탁소에 맡길 거예요.

Je vais déposer ces vêtements à la blanchisserie / au pressing.
즈 베 데뽀제 쎄 베뜨멍 알 라 블랑쉬쓰히 / 오 프헤씽

\# 이 양복을 세탁소에 맡겨 주시겠어요?

Est-ce que vous pouvez déposer ce costume au pressing ?
에스끄 부 뿌베 데뽀제 쓰 꼬스뜀 오 프헤씽?

\# 이 바지 좀 다려 주시겠어요?

Pourriez-vous repasser ce pantalon, s'il vous plaît ?
뿌히에부 흐빠쎄 쓰 빵딸롱, 씰 부 쁠레?

\# 이 코트를 드라이클리닝 해 주세요.

Je voudrais faire nettoyer à sec ce manteau.
즈 부드헤 페흐 넷뚜아이예 아 쎄끄 쓰 망또

\# 다음 주 화요일까지 이 셔츠를 세탁해 주세요.

Veuillez laver cette chemise pour mardi prochain.
뵈이에 라베 쎗뜨 슈미즈 뿌흐 마흐디 프호쉥

\# 이건 실크 블라우스예요. 조심해 주세요.

Ce chemisier est en soie.
Faites attention, s'il vous plaît.
쓰 슈미지에 에 떵 쑤아. 페뜨 아떵씨옹, 씰 부 쁠레

\# 모피 코트도 맡길 수 있나요?

Est-ce qu'on peut aussi vous confier les manteaux de fourrure ?
에스꽁 쁘 오씨 부 꽁피에 레 망또 드 푸휘흐?

blanchisserie 블랑쉬쓰히 n.f., pressing 프헤씽 n.m. 세탁소
repasser 흐빠쎄 v. 다림질하다
confier 꽁피에 v. 맡기다

세탁물 찾기

세탁물을 찾고 싶은데요.

Je viens récupérer mon linge.
즈 비엉 헤뀌뻬헤 몽 랭즈

죄송하지만 아직 안 되었어요.

Désolé(e), monsieur (madame).
Ce n'est pas fini.
데졸레, 므씨으 (마담). 쓰 네 빠 피니
Désolé(e), monsieur (madame).
Nous n'avons pas encore terminé.
데졸레, 므씨으 (마담). 누 나봉 빠 정꼬흐 떼흐미네

드라이클리닝을 맡긴 옷은 언제쯤 찾아갈 수 있나요?

Quand puis-je venir chercher les vêtements que j'ai fait nettoyer à sec ?
깡 쀠즈 브니 쉐흐쉐 레 베뜨멍 끄 줴 페 네뚜아예 아 쎄끄?

내일 제 양복 찾으러 들를게요.

Je passerai prendre mon costume demain.
즈 빠쓰헤 프헝드흐 몽 꼬스뜀 드맹

세탁비는 얼마인가요?

Combien coûte le lavage ?
꽁비엉 꾸뜨 르 라바즈?

세탁물을 찾으려면 접수증을 주세요.

J'ai besoin du reçu pour vous rendre votre linge.
줴 브주앙 뒤 흐쒸 뿌흐 부 헝드흐 보트흐 랭즈

세탁물 확인

제 세탁물 다 되었나요?

Est-ce que mon linge est prêt ?
에스끄 몽 랭즈 에 프헤?

이 셔츠 다림질이 잘 안된 것 같은데요.

Il me semble que cette chemise n'est pas bien repassée.
일 므 썽블 끄 쎗뜨 슈미즈 네 빠 비엉 흐빠쎄

맡겼던 셔츠의 소매가 아직도 더러워요.

La manche de la chemise que j'ai confié est encore tachée.
라 망슈 들 라 슈미즈 끄 줴 꽁피에 에 떵꼬흐 따쉐

이건 제가 맡긴 코트가 아닌데요.

Cela n'est pas le manteau que je vous ai confié.
쓸라 네 빠 르 망또 끄 즈 부 제 꽁피에

이틀 전에 르블랑이라는 이름으로 코트 두 벌을 맡겼어요.

J'ai confié deux manteaux sous le nom de Leblanc il y a deux jours.
줴 꽁피에 드 망또 쑤 르 농 드 르블랑 일 리 아 드 주흐

접수증 좀 다시 확인하겠습니다.

Je voudrais revérifier votre reçu, s'il vous plaît.
즈 부드헤 흐베히피에 보트흐 흐쒸, 씰 부 쁠레
Je voudrais vérifier de nouveau votre reçu, s'il vous plaît.
즈 부드헤 베히피에 드 누보 보트흐 흐쒸, 씰 부 쁠레

récupérer 헤뀌뻬헤 v. 회수하다

얼룩 제거

셔츠에 있는 얼룩 좀 제거해 주시겠어요?

Est-ce que vous pouvez enlever la tache qui se trouve sur cette chemise ?
에스끄 부 뿌베 엉르베 라 따슈 끼 쓰 트후브 쒸흐 쎗뜨 슈미즈?

원피스에 커피를 쏟았어요. 얼룩이 지워질까요?

J'ai renversé du café sur une robe. Est-ce que cette tache peut être enlevée ?
줴 헝베흐쎄 뒤 꺄페 쒸흐 윈 호브. 에스끄 쎗뜨 따슈 쁘 떼트흐 엉르베?

기름 얼룩인데요. 지워질까요?

C'est une tache d'huile. Peut-elle être enlevée ?
쎄 뛴 따슈 뒬. 쁘뗄 에트흐 엉르베?

이 얼룩은 빨았는데도 지워지지 않아요.

Même après lavage, cette tache ne s'enlève pas.
멤 아프해 라바즈, 쎗뜨 따슈 느 썽래브 빠

드라이클리닝을 하면 얼룩이 지워질 거예요.

Si vous faites un nettoyage à sec, la tache disparaîtra.
씨 부 페뜨 엉 넷뚜아이야즈 아 쎄끄, 라 따슈 디스빠헤트하

오래된 얼룩은 지우기 쉽지 않아요.

Ce n'est pas facile de faire disparaître une vieille tache.
쓰 네 빠 파씰 드 페흐 디스빠헤트흐 윈 비에이 따슈

꼭! 짚고 가기

세탁과 세탁소

'세탁'을 프랑스어로 lessive 레씨브 또는 lavage 라바즈라고 하는데 blanchissa-ge 블랑쉬싸즈라고도 합니다.
blanchissage는 '하얀색'을 뜻하는 blanc 블랑에서 비롯된 어휘로, 전문적인 세탁을 의미합니다. 직역하자면 '표백' 정도겠지요. 여기에서 파생되어 전문 세탁소를 blan-chisserie 블랑쉬쓰히라고 합니다.
lavage에서 비롯된 laverie 라브히도 세탁소를 의미하지만 주로 동전을 넣고 작동시키는 자동 세탁기가 비치된 세탁소를 가리키는 말이에요.
buanderie 뷔앙드히도 blanchisserie나 laverie와 비슷하지만, 이는 집안에 별도로 있는 세탁장을 뜻해요. 한편 캐나다 퀘백 지역에선 buanderie도 전문 세탁소를 가리키는 어휘라고 합니다. 지역에 따른 차이점, 기억해 두세요!

수선

옷 수선도 가능한가요?

Est-ce que vous pouvez raccommoder les vêtements ?
에스끄 부 뿌베 하꼬모데 레 베뜨멍?

이 바지 길이 좀 줄여 주세요.

Je voudrais raccourcir ce pantalon.
즈 부드헤 하꾸흐씨 쓰 빵딸롱

점퍼에 지퍼가 고장 났어요. 좀 바꿔 주시겠어요?

La fermeture éclair du blouson est cassée. Pourriez-vous la changer, s'il vous plaît ?
라 페흐므뛰흐 에끌레 뒤 블루종 에 꺄쎄. 뿌히에부 라 샹제, 씰 부 쁠레?

소매가 뜯겼어요. 수선해 주시겠어요?

La manche est décousue. Pourriez-vous la raccommoder, s'il vous plaît ?
라 망슈 에 데꾸쥐. 뿌히에부 라 하꼬모데, 씰 부 쁠레?

단추 좀 다시 달아 주시겠어요?

Pourriez-vous recoudre un bouton, s'il vous plaît ?
뿌히에부 흐꾸드흐 엉 부똥, 씰 부 쁠레?

죄송하지만 수선은 할 수 없습니다.

Excusez-moi, il n'est pas possible de recoudre.
엑스뀌제무아, 일 네 빠 뽀씨블르 드 흐꾸드흐

raccommoder 하꼬모데 v. 수선하다, 깁다
recoudre 흐꾸드흐 v. 다시 꿰매다
raccourcir 하꾸흐씨 v. 줄이다

렌터카 대여

이번 토요일에 차 한 대 빌리고 싶습니다.

Je voudrais louer une voiture ce samedi.
즈 부드헤 루에 윈 부아뛰흐 쓰 쌈디

어떤 차를 빌리고 싶으신가요?

Quelle voiture voulez-vous louer ?
껠 부아뛰흐 불레부 루에?

6인용 밴을 빌리고 싶어요.

J'aimerais louer un van pour six personnes.
줴므헤 루에 엉 방 뿌흐 씨 뻬흐쏜

소형차를 빌리고 싶어요.

Je voudrais louer une petite voiture.
즈 부드헤 루에 윈 쁘띠뜨 부아뛰흐

오픈카를 빌릴 수 있나요?

Est-ce que je peux louer une voiture décapotable ?
에스끄 즈 쁘 루에 윈 부아뛰흐 데꺄뽀따블르?
Est-il possible de louer une voiture décapotable ?
에띨 뽀씨블르 드 루에 윈 부아뛰흐 데꺄뽀따블르?

며칠간 빌리실 건가요?

Combien de jours voulez-vous louer la voiture ?
꽁비엉 드 주흐 불레부 루에 라 부아뛰흐?

5일간 빌리고 싶어요.

Je voudrais la louer pour cinq jours.
즈 부드헤 라 루에 뿌흐 쌩끄 주흐
(여기서 la는 앞에서 언급한 la voiture를 지칭합니다.)

louer 루에 v. 빌리다, 임대하다
voiture décapotable 부아뛰흐 데꺄뽀따블르 오픈카

렌터카 반납

\# 빌린 차는 어떻게 반납하나요?

Comment dois-je faire pour rendre la voiture ?
꼬멍 두아즈 페흐 뿌흐 헝드흐 라 부아뛰흐?

\# 어디에서 반납하면 되나요?

Où dois-je rendre la voiture ?
우 두아즈 헝드흐 라 부아뛰흐?

\# 렌탈 요금은 얼마인가요?

À combien s'élève les frais de location ?
아 꽁비엉 셀래브 레 프헤 드 로꺄씨옹?

\# 전국 모든 지점에서 반납 가능합니다.

Vous pouvez rendre la voiture dans n'importe lequel de nos magasins nationaux.
부 뿌베 헝드흐 라 부아뛰흐 당 냉뽀흐뜨 르껠 드 노 마갸쟁 나씨오노

\# 반납일을 지켜 주세요.

Veuillez respecter la date de retour, s'il vous plaît.
뵈이에 헤스뻭떼 라 다뜨 드 흐뚜, 씰 부 쁠레

\# 차 반납이 늦으면 추가 비용이 발생하나요?

Y a-t-il des frais supplémentaires si je rends la voiture en retard ?
이아띨 데 프헤 쒸쁠레멍떼흐 씨 즈 헝 라 부아뛰흐 엉 흐따?

\# 차를 반납해야 하는 날짜를 늦출 수 있나요?

Est-il possible de reculer la date à laquelle la voiture doit être rendue ?
에띨 뽀씨블르 드 흐뀔레 라 다뜨 아 라껠 라 부아뛰흐 두아 떼트흐 헝뒤?

주유소①

\# 차에 기름이 다 떨어져 가요.

Il ne reste plus beaucoup d'essence dans la voiture.
일 느 헤스뜨 쁠뤼 보꾸 데썽쓰 당 라 부아뛰흐

\# 이 근처 주유소가 어디에 있나요?

Où est la station-service la plus près d'ici ?
우 에 라 스따씨옹쎄흐비쓰 라 쁠뤼 프해 디씨?

\# 셀프 주유소가 이 근처에 있나요?

Y a-t-il une station libre-service près d'ici ?
이아띨 윈 스따씨옹 리브흐쎄흐비쓰 프해 디씨?

\# 기름은 충분한가요?

La quantité d'essence est suffisante ?
라 깡띠떼 데썽쓰 에 쒸피장뜨?

\# 아직 스트라스부르까지 도착하려면 멀었어요. 주유소에 들릅시다.

Il reste encore beaucoup de route avant d'arriver à Strasbourg. Arrêtons-nous à la station-service.
일 헤스뜨 엉꼬흐 보꾸 드 후뜨 아방 다히베 아 스트하쓰부. 아헤똥누 알 라 스따씨옹쎄흐비쓰

\# 리터당 기름값이 얼마죠?

Combien coûte l'essence par litre ?
꽁삐엉 꾸뜨 레썽쓰 빠흐 리트흐?

\# 50유로어치 넣으면 충분할 것 같아요.

Je pense que cinquante euros d'essence suffira.
즈 뻥쓰 끄 쌩깡뜨 으호 데썽쓰 쒸피하

essence 에썽쓰 n.f. 휘발유, 가솔린

주유소②

가다가 잠깐 주유소에 들릅시다.

Arrêtons-nous en route pour aller à la station-service.
아헤똥누 엉 후뜨 뿌흐 알레 알 라 스따씨옹쎄흐비쓰

아직은 주유할 필요가 없는 것 같은데요.

Je pense qu'il n'est pas encore nécessaire de faire le plein d'essence.
즈 뻥쓰 낄 네 빠 정꼬흐 네쎄쎄흐 드 페흐 르 쁠랭 데썽쓰

주유소 화장실에 들르고 싶어요.

Je voudrais aller aux toilettes de la station-service.
즈 부드헤 잘레 오 뚜알렛뜨 들 라 스따씨옹쎄흐비쓰

주유기 앞에 차를 세우세요.

Arrêtez la voiture devant la pompe.
아헤떼 라 부아뛰흐 드방 라 뽕쁘

기름을 가득 채워 주세요.

Mettez le plein d'essence, s'il vous plaît.
메떼 르 쁠랭 데썽쓰, 씰 부 쁠레

저쪽에서 계산하고 가면 됩니다.

Vous pouvez sortir par là après avoir régler l'addition.
부 뿌베 쏘흐띠 빠흐 라 아프해 아부아 헤글레 라디씨옹

여기서 잠깐!

프랑스의 주유소는 주로 운전자가 직접 주유하는 셀프 주유소입니다. 주유 후 계산만 해 주는 직원이 있기도 했지만, 이 또한 요즘은 간단하게 직접 계산이 가능하도록 카드 결제기가 설치되어 있어요.

세차 & 정비

세차를 해야겠어요.

Il faut que je lave ma voiture.
일 포 끄 즈 라브 마 부아뛰흐

여기에서 제일 가까운 세차장이 어디죠?

Où est la station de lavage la plus près d'ici ?
우 에 라 스따씨옹 드 라바즈 라 쁠뤼 프해 디씨?

세차 비용은 얼마인가요?

Combien coûte le lavage de la voiture ?
꽁비엉 꾸뜨 르 라바즈 들 라 부아뛰흐?

세차와 왁스칠을 해주실 수 있나요?

Pourriez-vous laver et cirer la voiture ?
뿌히에부 라베 에 씨헤 라 부아뛰흐?

제 차 좀 점검해 주세요.

Révisez ma voiture, s'il vous plaît.
헤비제 마 부아뛰흐, 씰 부 쁠레

Je viens pour faire réviser ma voiture.
즈 비엉 뿌흐 페흐 헤비제 마 부아뛰흐

타이어가 펑크 났어요.

Un pneu est crevé.
엉 쁘느 에 크흐베

Un pneu a éclaté.
엉 쁘느 아 에끌라떼

엔진오일 좀 봐 주시겠어요?

Pourriez-vous vérifier l'huile ?
뿌히에부 베히피에 륄?

cirer 씨헤 v. 왁스로 닦다

서점

오늘은 서점에 가려고 해요.

Je pense aller à la librairie aujourd'hui.
즈 뻥쓰 알레 알 라 리브헤히 오주흐뒤

사고 싶은 책이 한 권 있어요.

Il y a un livre que je voudrais acheter.
일 리 아 엉 리브흐 끄 즈 부드헤 아슈떼

우리 동네에 자주 가는 서점이 한 곳 있어요.

Dans mon quartier, il y a une librairie où je vais souvent.
당 몽 꺄흐띠에, 일 리 아 윈 리브헤히 우 즈 베 쑤벙

요즘은 대형 서점이 많아졌어요.

Ces jours-ci le nombre de grandes librairies a augmenté.
쎄 주흐씨 르 농브흐 드 그항드 리브헤히 아 오그멍떼

저는 대형 서점이 책 찾기 편해서 좋아요.

J'aime les grandes librairies, car il est facile d'y chercher des livres.
젬 레 그항드 리브헤히, 꺄흐 일 레 파씰 디 쉐흐쉐 데 리브흐

출간 예정인 소설 하나를 미리 주문했어요.

J'ai commandé en avance un roman qui va être publié.
줴 꼬망데 어 나방쓰 엉 호망 끼 바 에트흐 쀠블리에

책 찾기 ①

알베르 카뮈의 소설책을 찾고 싶어요.

Je cherche un roman d'Albert Camus. (서점에서 담당자에게 물을 때)
즈 쉐흐슈 엉 호망 달베 까뮈

Je voudrais trouver un roman d'Albert Camus. (막연히 말할 때)
즈 부드헤 트후베 엉 호망 달베 까뮈

그 책 제목이 무엇인가요?

Quel est le titre du livre ?
껠 레 르 띠트흐 뒤 리브흐?

'페스트'라는 제목의 책을 찾고 있어요.

Je cherche le livre intitulé « La peste » .
즈 쉐흐슈 르 리브흐 앵띠뛸레 '라 뻬스뜨'

특별히 찾는 출판사가 있나요?

Est-ce qu'il y a une maison d'édition que vous cherchez en particulier ?
에스낄 리 아 윈 메종 데디씨옹 끄 부 쉐흐쉐 엉 빠흐띠뀔리에?

이 책 재고가 있나요?

Vous en reste-t-il en stock ?
부 정 헤스띨 엉 스똑?

그 책은 일시 품절 상태입니다.

Nous n'avons plus ce livre en stock pour le moment.
누 나봉 쁠뤼 쓰 리브흐 엉 스똑 뿌흐 르 모멍

그 책은 언제 다시 입고되나요?

Quand pourrais-je de nouveau trouver ce livre en librairie ?
깡 뿌헤즈 드 누보 트후베 쓰 리브흐 엉 리브헤히?

책 찾기②

\# 제가 찾는 소설이 어디에 있는지 모르겠어요.

Je ne sais pas où le livre que je cherche se trouve.
즈 느 쎄 빠 우 르 리브흐 끄 즈 쉐흐슈 쓰 트후브

\# 그 책은 역사 서적 코너에 있을 거예요.

Ce livre est peut-être dans le rayon des livres historiques.
쓰 리브흐 에 쁘떼트흐 당 르 헤이용 데 리브흐 이스또히끄

\# 이 책을 찾으려고 서점을 다섯 군데 방문했어요.

J'ai visité cinq librairies pour trouver ce livre.
쥐 비지떼 쌩 리브헤히 뿌흐 트후베 쓰 리브흐

\# 그 책은 A서가 세 번째 줄에 꽂혀 있어요.

Ce livre est placé au troisième rang du rayon A.
쓰 리브흐 에 쁠라쎄 오 트후아지앰 항 뒤 헤이용 아

\# 책장을 찾아봤는데 그 책은 없었어요.

J'ai cherché ce livre dans le rayon, mais il n'y était pas.
쥐 쉐흐쉐 쓰 리브흐 당 르 헤이용, 메 질 니 에떼 빠

\# 역사 코너 담당자가 도와드릴 겁니다.

La personne chargée du rayon des livres historiques vous aidera.
라 뻬흐쏜 샤흐줴 뒤 헤이용 데 리브흐 이스또히끄 부 제드하

\# 창고에서 그 책을 갖다드릴게요.

Je vais chercher le livre dans les stocks.
즈 베 쉐흐쉐 르 리브흐 당 레 스똑

책 찾기③

\# 신간 서적 코너는 어디인가요?

Où est le rayon des livres récemment publiés ?
우 에 르 헤이용 데 리브흐 헤싸멍 쀠블리에?

\# 9월에 출간된 책인데 서점에 있나요?

C'est un livre qui est paru en septembre. En avez-vous en rayon ?
쎄 떵 리브흐 끼 에 빠휘 엉 셉떵브흐.
어 나베부 엉 헤이용?

C'est un livre qui est paru en septembre. Est-il disponible dans votre librairie ?
쎄 떵 리브흐 끼 에 빠휘 엉 셉떵브흐.
에띨 디스뽀니블르 당 보트흐 리브헤히?

\# 이 책의 개정판을 찾고 있어요.

Je recherche la nouvelle édition de ce livre.
즈 흐쉐흐슈 라 누벨 에디씨옹 드 쓰 리브흐

Je recherche la dernière édition de ce livre.
즈 흐쉐흐슈 라 데흐니애흐 에디씨옹 드 쓰 리브흐

\# 개정판은 다음달에 입고 예정입니다.

La dernière édition sera disponible le mois prochain.
라 데흐니애흐 에디씨옹 쓰하 디스뽀니블르 르 무아 프호쉥

\# 그 책은 절판되었습니다.

Ce livre est épuisé.
쓰 리브흐 에 떼쀠제

\# 요즘 가장 인기 있는 소설이 무엇인가요?

Quel livre a le plus de succès ces jours-ci ?
껠 리브흐 아 르 쁠뤼쓰 드 쓕쌔 쎄 주흐씨?

도서 구입

\# 아들에게 읽어 줄 동화책 한 권을 샀어요.

J'ai acheté un livre de contes pour le lire à mon fils.
줴 아슈떼 엉 리브흐 드 꽁뜨 뿌흐 르 리흐 아 몽 피쓰

\# 마침내 제가 찾던 책을 샀어요.

J'ai enfin acheté le livre que je cherchais.
줴 엉팽 아슈떼 르 리브흐 끄 즈 쉐흐쉐

\# 그 책은 20유로 주고 샀어요.

J'ai payé ce livre vingt euros.
줴 뻬이예 쓰 리브흐 뱅 으호

\# 저는 그 책을 할인해서 18유로 주고 샀죠.

Comme il y avait une réduction, ce livre m'a coûté dix-huit euros.
꼼 일 리 아베 윈 헤뒥씨옹, 쓰 리브흐 마 꾸떼 디즈위뜨호

\# 그는 서점에 가면 다섯 권 이상은 사요.

Quand il va à la librairie, il achète plus de cinq livres.
깡 띨 바 알 라 리브헤히, 일 라쉐뜨 쁠뤼쓰 드 쌩끄 리브흐

\# 어제 산 책은 인쇄가 잘못되었어요.

Le livre que j'ai acheté hier est mal imprimé.
르 리브흐 끄 줴 아슈떼 이에 에 말 앵프히메

\# 다른 책으로 교환해 드리겠습니다.

Nous allons vous échanger ce livre contre un autre.
누 잘롱 부 제샹제 쓰 리브흐 꽁트흐 어 노트흐

인터넷 서점

\# 온라인으로 책을 구매하는 것이 싸고 편리해요.

C'est pratique et ça revient moins cher, d'acheter des livres en ligne.
쎄 프하띠끄 에 싸 흐비엉 무앙 쉐흐, 다슈떼 데 리브흐 엉 린뉴

\# 온라인으로 책을 구매할 때 다른 인터넷 서점과 가격을 비교해 보세요.

Quand vous achetez des livres en ligne, comparez leur prix avec d'autres librairies en ligne.
깡 부 자슈떼 데 리브흐 엉 린뉴, 꽁빠헤 뢰흐 프히 아베끄 도트흐 리브헤히 엉 린뉴

\# 인터넷에서 산 책을 아직 받지 못했어요.

Je n'ai pas encore reçu le livre que j'ai acheté sur internet.
즈 네 빠 정꼬흐 흐쒸 르 리브흐 끄 줴 아슈떼 쒸흐 앵떼흐네뜨

\# 그 책은 아직도 배송 중인가요?

Est-ce que ce livre est encore en cours de livraison ?
에스끄 쓰 리브흐 에 떵꼬흐 엉 꾸흐 드 리브헤종?

\# 저는 온라인으로 주문한 책을 취소했어요.

J'ai annulé une commande de livre.
줴 아뉠레 윈 꼬망드 드 리브흐

\# 책 배송할 때 영수증도 함께 보내 주세요.

Merci d'envoyer le reçu avec les livres.
메흐씨 덩부아이예 르 흐쒸 아베끄 레 리브흐

livraison 리브헤종 n.f. 배달, 배송

헌책방

\# 얼마 전 헌책방에서 보기 드문 책을 발견했어요.

J'ai trouvé un livre rare à la bouquinerie il y a quelques jours.
줴 트후베 엉 리브흐 하흐 알 라 부끼느히 일 리 아 껠끄 주흐

\# 제가 가는 헌책방에서 종종 희귀 서적도 찾을 수 있어요.

Dans la bouquinerie où je vais, on peut parfois trouver des livres rares.
당 라 부끼느히 우 즈 베, 옹 쁘 빠흐푸아 트후베 데 리브흐 하흐

\# 그는 시간이 있을 때마다 헌책방에 들러요.

À chaque fois qu'il a du temps, il passe à la bouquinerie.
아 샤끄 푸아 낄 라 뒤 떵, 일 빠쓰 알 라 부끼느히

\# 절판된 책은 헌책방에서 찾을 수 있을 거예요.

À la bouquinerie, vous pouvez trouver les livres qui ne sont plus publiés.
알 라 부끼느히, 부 뿌베 트후베 레 리브흐 끼 느 쏭 쁠뤼 쀠블리에

\# 파리의 헌책방 수가 점점 줄어들고 있지만, 저는 여전히 헌책방이 좋아요.

Le nombre de bouquinerie n'arrête pas de diminuer à Paris, mais moi, je les aime toujours autant.
르 농브흐 드 부끼느히 나헤뜨 빠 드 디미뉘에 아 빠히, 메 무아, 즈 레 젬 뚜주 오땅

bouquinerie 부끼느히 n.f. 헌책방

기독교

\# 일요일에 저희 어머니는 교회에 가세요.

Ma mère va à l'église le dimanche.
마 매흐 바 아 레글리즈 르 디망슈

\# 마티유는 어릴 적에 세례를 받았어요.

Mathieu a été baptisé lorsqu'il était enfant.
마띠유 아 에떼 밥띠제 로흐스낄 레떼 엉팡

\# 그는 가끔 미사에 참석해요.

Il va à la messe de temps en temps.
일 바 알 라 메쓰 드 떵 정 떵

\# 저희 가족은 성탄절엔 다 함께 미사를 드리러 가요.

Toute ma famille se rend à la messe de Noël.
뚜뜨 마 파미이 쓰 헝 알 라 메쓰 드 노엘

Nous allons à la messe de Noël en famille.
누 잘롱 알 라 메쓰 드 노엘 엉 파미이

\# 요즘은 교회에 나오는 사람이 많지 않아요.

Ces jours-ci, peu de personnes vont à l'église.
쎄 주흐씨, 쁘 드 뻬흐쏜 봉 따 레글리즈

\# 저는 개신교 교회에 다녀요.

Je vais à l'église protestante.
즈 베 아 레글리즈 프호떼스땅뜨

\# 저희 신부님은 성경에 대해 잘 알아요.

Le Prêtre de notre église connait bien la bible.
르 프헤트흐 드 노트흐 에글리즈 꼬네 비엉 라 비블르

Prêtre 프헤트흐 n.m. 사제, 신부

교회 활동

\# 내일은 제 딸이 첫 영성체를 받는 날이에요.

Demain, ma fille va recevoir la première communion.
드맹, 마 피이 바 흐쓰부아 라 프흐미애흐 꼬뮈니옹

\# 고해성사를 하지 않은지 벌써 두 달째예요.

Je ne me suis pas confessé depuis deux mois.
즈 느 므 쒸 빠 꽁페쎄 드쀠 드 무아

\# 토요일마다 피에르 신부님께서 우리에게 교리문답을 가르쳐 주세요.

Chaque samedi, le Père Pierre nous fait le catéchisme.
샤끄 쌈디, 르 빼흐 삐에흐 누 페 르 꺄떼쉬즘

\# 그의 아들은 성당에서 복사로 활동해요.

Son fils est servant d'autel à l'église.
쏭 피쓰 에 쎄흐방 도뗄 아 레글리즈

\# 그는 성가대에서도 활동한답니다.

Il chante aussi dans le chœur de l'église.
일 샹뜨 오씨 당 르 꾀흐 드 레글리즈

\# 그는 아주 독실한 기독교 신자라 교회 예배와 모임에 빠지지 않아요.

Étant un fervent chrétien, il ne manque aucune messe ou réunion.
에땅 떵 페흐벙 크헤띠엉, 일 느 망끄 오뀐 메쓰 우 헤위니옹

communion 꼬뮈니옹 n.f. 영성체, 성체배령
catéchisme 꺄떼쉬즘 n.m. 교리 교육, 교리문답 강의
autel 오뗄 n.m. 성단, 제대
fervent(e) 페흐벙뜨 a. 열렬한, 정열적인

꼭! 짚고 가기

Bouquinerie

헌책을 살 수 있는 bouquinerie 부끼느히는 익히 알고 있는 중고 서점 형태가 일반적이에요. 하지만 모든 bouquinerie가 그런 것은 아닙니다. 파리 센 강변을 걷다 보면 중간중간 녹색 나무로 된 가판을 볼 수 있는데, 이곳에서도 오래된 서적들을 팔고 있지요. 관광지에서 흔히 볼 수 있는 기념품 가게와 달리 이 가판은 상당한 역사를 지닌 곳입니다.

bouquinerie는 16세기 책 행상들이 모여 책을 팔던 것에서 시작하여 오늘날과 같이 자리를 잡게 되었는데, 현재 이곳에서 장사를 하는 bouquiniste 부끼니스뜨(헌책 상인, 중고서적 파는 사람)만 240여 명에 이르며, 약 30만 권의 책을 팔고 있다고 합니다. 이들은 정식으로 허가를 받고 장사를 하는 상인들이에요.

중고 서적 외에도 그림, 우표, 엽서 등 기념이 될 만한 물건들도 팔고 있어 파리 관광 수입에 톡톡히 기여하고 있답니다.

교회 기타 활동

저는 교회에서 봉사 활동을 자주 해요.

Je fais souvent du bénévolat à l'église.
즈 페 쑤벙 뒤 베네볼라 아 레글리즈

교회에서 운영하는 무료 급식소 일을 매주 돕고 있어요.

Chaque semaine, j'aide à la soupe populaire de l'église.
샤끄 쓰멘, 제드 알 라 쑤쁘 뽀쀨레흐 드 레글리즈

그는 수녀회가 운영하는 기관을 후원하고 있어요.

Il parraine une organisation gérée par la congrégation des religieuses.
일 빠헨 윈 오흐가니자씨옹 제헤 빠흐 라 꽁그헤갸씨옹 데 흘리지으즈

저희 할머니는 우릴 위해 매일 아침마다 기도하세요.

Ma grand-mère prie pour nous chaque matin.
마 그항매흐 프히 뿌흐 누 샤끄 마땡

저희 할머니와 할아버지는 성지 순례를 가셨어요.

Ma grand-mère et mon grand-père sont partis en pèlerinage.
마 그항매흐 에 몽 그항빼흐 쏭 빠흐띠 엉 뺄르히나즈

bénévolat 베네볼라 n.m. 자원봉사

soupe populaire 쑤쁘 뽀쀨레흐
(빈민구제를 위한) 무료급식

이슬람교

그는 독실한 무슬림이에요.

Il est musulman pratiquant.
일 레 뮈쥘망 프하띠깡

그는 지금도 하루에 다섯 번씩 잊지 않고 기도해요.

Encore maintenant, il n'oublie pas de prier cinq fois par jour.
엉꼬흐 맹뜨낭, 일 누블리 빠 드 프히에 쌩 푸아 빠흐 주흐

저는 할랄 음식이 아니면 먹지 않습니다.

Je ne mange que les aliments qui sont halal.
즈 느 망즈 끄 레 잘리멍 끼 쏭 알랄

할랄 음식을 파는 식당이 어디인가요?

Où puis-je trouver un restaurant vendant de la nourriture halal ?
우 쀠즈 트후베 엉 헤스또항 벙당 들 라 누히뛰흐 알랄?

레일라는 무슬림이지만 히잡은 쓰지 않아요.

Leïla est musulmane, mais elle ne porte pas le hijab.
레일라 에 뮈쥘만, 메 젤 느 뽀흐뜨 빠 르 이잡

무슬림들은 돼지고기와 술을 먹지 않아요.

Les musulmans ne mangent pas de viande de porc et ne boivent pas d'alcool.
레 뮈쥘망 느 망즈 빠 드 비앙드 드 뽀흐 에 느 부아브 빠 달꼴

pratiquant(e) 프하띠깡(뜨)
a. 종교적 의무를 지키는, 충실한

종교 기타①

그는 최근에 불교에 심취했어요.

Récemment, il s'est entiché du Bouddhisme.
헤싸멍, 일 쎄 떵띠쉐 뒤 부디즘

아시아 문화에 관심을 갖는 사람이 많아지면서 불교 신자도 늘었어요.

Le nombre de personnes s'intéressant à la culture asiatique augmentant, le nombre de bouddhistes augmentent.
르 농브흐 드 뻬흐쏜 쌩떼헤쌍 알 라 뀔뛰흐 아지아띠끄 오그멍땅, 르 농브흐 드 부디스뜨 오그멍뜨

절에 가면 마음이 안정되는 것 같아요.

Lorsque je vais dans un temple bouddhique, je me sens tranquillisé.
로흐스끄 즈 베 당 정 떵쁠 부디끄, 즈 므 썽 트항낄리제

인도인들은 대부분 힌두교도입니다.

La plupart des Indiens sont hindouistes.
라 쁠뤼빠 데 쟁디엉 쏭 땡두이스뜨

가네슈는 힌두교도이자 채식주의자예요.

Ganesh est hindouiste et végétarien.
가네슈 에 땡두이스뜨 에 베제따히엉

s'est entiché/s'enticher 쎄 엉띠쉐/썽띠쉐 v. 심취하다

여기서 잠깐!

사전에서 '힌두교도'를 가리키는 단어로 hindouiste 앵두이스뜨 외에도 hindou 앵두라는 단어가 있어요. 서로 비슷한 단어지만 hindou는 '아메리칸 인디언(Indien d'Amérique 앵디엉 다메히끄)'과 '인도인(Indien 앵디엉)'을 구분하기 위해 '인도인'이라는 뜻으로 씁니다. 반면 hindouiste는 힌두교를 믿는 이들을 가리키는 종교적 어휘입니다.

종교 기타②

그는 종교가 무엇인가요?

Quelle est sa religion ?
껠 레 싸 흘리지옹?

그는 종교가 없어요.

Il est athée.
일 레 따떼

프랑스에서는 정교 분리 원칙에 따라 학교에서 히잡 쓰는 것을 금지해요.

En France, par respect de la laïcité, il est interdit de porter le hijab dans les écoles.
엉 프항쓰, 빠흐 헤스뻭 들 라 라이씨떼, 일 레 땡떼흐디 드 뽀흐떼 르 이잡 당 레 제꼴

그는 개종하고 싶어 해요.

Il veut se convertir.
일 브 쓰 꽁베흐띠

종교는 대화 주제로 적절하지 않아요.

La religion n'est pas un sujet de conversation convenable.
라 흘리지옹 네 빠 정 쒸제 드 꽁베흐싸씨옹 꽁브나블르

저는 가톨릭 신자는 아니지만, 프란치스코 교황은 존경해요.

Je ne suis pas catholique, mais j'ai de l'estime pour le Pape François.
즈 느 쒸 빠 까똘리끄, 메 줴 들 레스띰 뿌흐 르 빠쁘 프항쑤아

athée 아떼 a. 무신론의
laïcité 라이씨떼 n.f. 정교 분리 원칙, 세속성
convertir 꽁베흐띠 v. 개종시키다
convenable 꽁브나블르 a. 적절한, 적당한

놀이공원 안내

\# 프랑스에서 제일 유명한 놀이공원이 어디인가요?

Quel est le parc d'attraction le plus populaire de France ?
껠 레 르 빠흐끄 다트학씨옹 르 쁠뤼 뽀쀨레흐 드 프항쓰?

\# 아스테릭스 놀이공원은 가 보셨나요?

Êtes-vous déjà allé(e) au parc Astérix ?
에뜨부 데자 알레 오 빠흐끄 아스떼힉쓰?

\# 가족들과 함께 가기 좋은 놀이공원이에요.

C'est un bon parc pour une sortie en famille.
쎄 떵 봉 빠흐끄 뿌흐 윈 쏘흐띠 엉 파미이

\# 그곳에 아이들이 좋아할 만한 놀이기구가 많이 있어요.

Dans ce parc, il y a beaucoup de manèges appréciés par les enfants.
당 쓰 빠흐끄, 일 리 아 보꾸 드 마내즈 아프헤씨에 빠흐 레 정팡

\# 그 공원은 다섯 개의 테마파크로 이루어져 있어요.

Ce parc se compose de cinq parcs à thèmes.
쓰 빠흐끄 쓰 꽁뽀즈 드 쌩 빠흐끄 아 땜

\# 놀이기구 외에도 누구나 좋아할 만한 여러 공연들이 있어요.

En plus des attractions, il y a des spectacles pour tous publics.
엉 쁠뤼쓰 데 자트학씨옹, 일 리 아 데 스뻭따끌 뿌흐 뚜 쀠블리끄

놀이공원 이용

\# 아스테릭스 놀이공원은 아침 10시에 문을 열어요.

Le parc Astérix ouvre à dix heures du matin.
르 빠흐끄 아스떼힉쓰 우브흐 아 디 죄흐 뒤 마땡

\# 놀이공원 주간 이용권은 얼마인가요?

Combien coûte un billet journée du parc ?
꽁비엉 꾸뜨 엉 비에 주흐네 뒤 빠흐끄?

\# 자유이용권은 성인은 46유로, 어린이는 38유로예요.

Le billet liberté est à quarante-six euros pour les adultes et à trente-huit euros pour les enfants.
르 비에 리베흐떼 에 따 까항뜨씨 즈호 뿌흐 레 자뒬뜨 에 아 트헝뜨위 뜨호 뿌흐 레 정팡

\# 7일 전에 미리 이용권을 예약하면 더 싸게 살 수 있어요.

Si vous réservez le billet sept jours à l'avance, vous pouvez l'acheter moins cher.
씨 부 헤제흐베 르 비에 쎄 주흐 아 라방쓰, 부 뿌베 라슈떼 무앙 쉐흐

\# 시즌 패스권을 끊으면 일 년 동안 마음껏 놀이공원에 갈 수 있어요.

Si vous achetez le pass saison, vous pouvez vous rendre au parc autant de fois que vous le souhaitez durant une année.
씨 부 자슈떼 르 빠쓰 쎄종, 부 뿌베 부 헝드흐 오 빠흐끄 오땅 드 푸아 끄 불 르 쑤에떼 뒤항 윈 아네

parc d'attraction 빠흐끄 다트학씨옹 놀이공원
manège 마내즈 n.m. 회전목마, 놀이기구

헬스클럽 등록

올해는 운동을 꾸준히 하려고 해요.

Cette année, je vais régulièrement faire du sport.
쎗뜨 아네, 즈 베 헤귈리애흐멍 페흐 뒤 스뽀

생-폴 역 근처에 새로운 헬스클럽이 문을 열었어요.

Un nouveau centre de remise en forme a ouvert près de la station Saint-Paul.
엉 누보 썽트흐 드 흐미즈 엉 포흠므 아 우베 프해 들 라 스따씨옹 쌩뽈

회원 등록을 하고 싶어요.

J'aimerais m'inscrire comme membre.
줴므헤 맹스크히흐 꼼 멍브흐

한 달 등록은 100유로, 석 달 등록은 20퍼센트 할인하여 240유로입니다.

C'est cent euros pour vous inscrire un mois, et deux cent quarante euros pour trois mois avec un rabais de vingt pourcent.
쎄 썽 뜨호 뿌흐 부 쟁스크히흐 엉 무아, 에 드 썽 까항뜨 으호 뿌흐 트후아 무아 아베끄 엉 하베 드 뱅 뿌흐썽

운동 프로그램으로 무엇이 있나요?

Quelle programme d'exercice y a-t-il ?
껠 프호그람 데그제흐씨쓰 이아띨?

개인 트레이닝을 받는 데 얼마인가요?

Combien ça coûte pour l'entraînement personnel ?
꽁비엉 싸 꾸뜨 뿌흐 렁트헨멍 뻬흐쏘넬?

헬스클럽 이용

\# 샤워실은 어디인가요?

Où est la salle de douche ?
우 에 라 쌀 드 두슈?

\# 여기에서 체육복을 빌릴 수 있나요?

Est-ce que je peux emprunter une tenue de sport ici ?
에스끄 즈 쁘 엉프헝떼 윈 뜨뉘 드 스뽀 이씨?

\# 체육복은 빌려 드리지만 운동화는 각자 가져와야 합니다.

Nous vous prêtons la tenue de sport, mais vous devez apporter vos propres chaussures de sport.
누 부 프헤똥 라 뜨쥐 드 스뽀, 메 부 드베 아뽀흐떼 보 프호프흐 쇼쒸흐 드 스뽀

\# 이 기구는 어떻게 사용하나요?

Comment se sert-on de cette machine ?
꼬멍 쓰 쎄흐똥 드 쎗뜨 마쉰?

\# 처음부터 무리하게 운동하시면 안 돼요.

Ne faites pas trop d'exercices dès la première fois.
느 페뜨 빠 트호 데그제흐씨쓰 대 라 프흐미애흐 푸아

\# 스트레칭 운동으로 시작하세요.

Commencez par le stretching.
꼬멍쎄 빠흐 르 스트헷칭

\# 유산소 운동으로 무엇을 해야 하나요?

Quel type d'exercice de cardio est-ce que je peux faire ?
껠 띠쁘 데그제흐씨쓰 드 까흐디오 에스끄 즈 쁘 페흐?

tenue 뜨뉘 n.f. 복장, 유니폼

영화관

\# 내일 영화관에 함께 갈래요?

Voulez-vous aller au cinéma avec moi demain ?
불레부 알레 오 씨네마 아베끄 무아 드맹?

\# 그 영화관은 너무 좁아서 자주 가지 않아요.

Je ne vais pas souvent à ce cinéma car il est trop petit.
즈 느 베 빠 쑤벙 아 쓰 씨네마 꺄흐 일 레 트호 쁘띠

\# 아이맥스 영화관에 갑시다!

Allons (Allez / Va) au cinéma IMAX !
알롱 (알레 / 바) 오 씨네마 이막씨!

\# 전 아이맥스 영화관에 아직 한번도 못 가봤어요.

Je ne suis encore jamais allé(e) au cinéma IMAX.
즈 느 쒸 정꼬흐 자메 잘레 오 씨네마 이막쓰

\# ABC 영화관은 스크린이 커서 영화 감상하기 좋아요.

Il est agréable de regarder des films dans le cinéma ABC car ses écrans sont grands.
일 레 따그헤아블르 드 흐가흐데 데 필므 당 르 씨네마 아베쎄 꺄흐 쎄 제크항 쏭 그항

\# 그 영화관은 예술 영화를 주로 상영해요.

Ce cinéma passe généralement des films d'art.
쓰 씨네마 빠쓰 제네할멍 데 필므 다흐

agréable 아그헤아블르 a. 기분 좋은, 유쾌한

영화표

\# '장밋빛 인생' 2시 10분 표 두 장이요.

Je voudrais deux billets pour « La vie en rose » à deux heures dix, s'il vous plaît.
즈 부드헤 드 비에 뿌흐 '라 비 엉 호즈' 아 드 죄흐 디쓰, 씰 부 쁠레

\# 좌석 선택하시겠어요?

Désirez-vous choisir votre place ?
데지헤부 슈아지 보트흐 쁠라쓰?

\# 가운데 두 자리로 주세요.

Je voudrais deux places au milieu.
즈 부드헤 드 쁠라쓰 오 밀리으

\# 영화 티켓 예매했어요?

Avez-vous réservé votre place de cinéma ?
아베부 헤제흐베 보트흐 쁠라쓰 드 씨네마?

\# 예매하려고 했는데 이미 매진된 상태였어요.

J'ai essayé de réserver, mais tous les billets étaient déjà vendus.
줴 에쎄이예 드 헤제흐베, 메 뚜 레 비에 에떼 데자 벙뒤

\# 영화관으로 직접 가면 누군가 취소한 표가 남아 있을 거예요.

Si on va directement au cinéma, on trouvera sûrement des places dues à des annulations de réservations.
씨 옹 바 디헥뜨멍 오 씨네마, 옹 트후브하 쒸흐멍 데 쁠라쓰 뒤 아 데 자뉠라씨옹 드 헤제흐바씨옹

\# 티켓은 영화 시작 10분 전까지 환불 가능해요.

Le billet peut être remboursé jusqu'à dix minutes avant la séance.
르 비에 쁘 에트흐 헝부흐쎄 쥐스꺄 디 미뉘뜨 아방 라 쎄앙쓰

상영관 에티켓

\# 영화가 시작하기 전에 휴대폰을 꺼 주세요.

Avant que le film ne commence, veuillez éteindre votre téléphone portable.
아방 끄 르 필므 느 꼬멍스, 뵈이에 제땡드흐 보트흐 뗄레폰 뽀흐따블르

\# 영화 상영 중일 때는 조용히 해 주세요.

Veuillez être calme pendant la séance.
뵈이에 제트흐 꺌므 뻥당 라 쎄앙쓰

\# 앞좌석을 발로 차지 마세요.

Ne tapez pas des pieds contre le siège avant.
느 따뻬 빠 데 삐에 꽁트흐 르 씨애즈 아방

\# 죄송하지만 모자 좀 벗어 주시겠어요? 자꾸 스크린을 가리네요.

Excusez-moi, pourriez-vous enlever votre chapeau ? Il m'empêche de voir l'écran.
엑쓰뀌제무아, 뿌히에부 엉르베 보트흐 샤뽀?
일 멍뻬슈 드 부아 레크랑

\# 팝콘 먹을 때 너무 소리내지 마.

Ne fais pas de bruit lorsque tu manges du pop-corn.
느 뻬 빠 드 브휘 로흐스끄 뛰 망즈 뒤 빱꼬흔

\# 상영 중 전화 통화하는 사람들은 이해할 수 없어.

Je ne peux pas comprendre les gens qui téléphonent pendant la séance.
즈 느 쁘 빠 꽁프헝드흐 레 정 끼 뗄레폰 뻥당 라 쎄앙쓰

éteindre 에땡드흐 v. 끄다
siège 씨애즈 n.m. 의자, 좌석
empêche/empêcher 엉뻬슈/엉뻬쉐 v. 방해하다

콘서트장

4월에 제니스 콘서트장에서 아케이드 파이어가 공연한대!

Arcade Fire donnera un concert au Zénith en Avril !
아케이드 파이어 도느하 엉 꽁쎄 오 제니뜨 어 나브릴!

콘서트장 함께 갈래요?

Vous voulez aller au concert avec moi ?
부 불레 알레 오 꽁쎄 아베끄 무아?

콘서트장 입구에 벌써 길게 줄 섰네요.

La queue est longue à l'entrée du concert.
라 끄 에 롱그 아 렁트헤 뒤 꽁쎄

오랫동안 공연 보러 못 갔어요.

Ça fait longtemps que je ne suis pas allé(e) à un concert.
싸 베 롱떵 끄 즈 느 쒸 빠 잘레 아 엉 꽁쎄

야외 콘서트장에서 로큰롤 페스티벌이 열릴 예정이에요.

Un festival rock sera ouvert en plein air.
엉 페스띠발 호끄 쓰하 우베 엉 쁠랭 에흐

무대 가까이 가서 보자!

Approchons-nous près de la scène !
아프호숑누 프해 들 라 쌘!

공연 기타

토요일에 오케스트라 공연이 있어요.

Il y a un concert d'orchestre samedi.
일 리 아 엉 꽁쎄 도흐께스트흐 쌈디

뮤지컬 '위키드' 공연 R석 표를 세 장 예매했어요.

J'ai réservé trois billets de deuxième catégorie pour la comédie musicale « Wicked ».
줴 헤제흐베 트후아 비에 드 드지앰 꺄떼고히 뿌흐 라 꼬메디 뮈지깔 '위끼드'

저희 아이들이 다음주 금요일에 학교에서 연극 공연을 해요.

Mes enfants présentent une pièce de théâtre dans leur école vendredi prochain.
메 정팡 프헤정뜨 윈 삐애쓰 드 떼아트흐 당 뢰흐 에꼴 벙드흐디 프호쉥

공연 입구에 암표상이 있어요.

Il y a un(e) revendeur (revendeuse) de tickets à la sauvette à l'entrée du concert.
일 리 아 엉(윈) 흐벙되 (흐벙드즈) 드 띠께 알 라 쏘벳뜨 아 렁트헤 뒤 꽁쎄

저는 학생이라 입장료 할인이 되지요.

Puisque je suis étudiant(e), le prix d'entrée est réduit.
쀠스끄 즈 쒸 제뛰디앙(뜨), 르 프히 덩트헤 에 헤뒤

ticket à la sauvette 띠께 알 라 쏘벳뜨 암표

술집

\# 저희 아파트 근처에 영국식 펍이 있어요.

Il y a un pub anglais près de mon appartement.
일 리 아 엉 뻡 앙글레 프해 드 모 나빠흐뜨멍

\# 저는 술 마시는 것보단 친구들을 만나기 위해 술집에 가요.

Je ne vais pas au bar pour boire mais pour rencontrer mes amis.
즈 느 베 빠 오 바흐 뿌흐 부아흐 메 뿌흐 헝꽁트헤 메 자미

\# 저는 퇴근 후에 종종 술집에 들러요.

Je passe parfois au bar après être sorti du bureau.
즈 빠쓰 빠흐푸아 오 바흐 아프해 제트흐 쏘흐띠 뒤 뷔호

Je passe parfois au bar après le bureau.
즈 빠쓰 빠흐푸아 오 바흐 아프해 르 뷔호

\# 맥주 맛이 끝내주는 술집을 알아요.

Je connais un bar où la bière est vraiment bonne.
즈 꼬네 엉 바흐 우 라 비애흐 에 브헤멍 본

\# 저와 제 친구들은 저녁에 술집에서 축구 경기를 볼 거예요.

Je vais voir le match de football au bar ce soir avec mes amis.
즈 베 부아 르 맛취 드 풋볼 오 바흐 쓰 쑤아 아베끄 메 자미

꼭! 짚고 가기

마시는 모습 관련 표현

술을 마시는 모습도 여러 가지가 있지요. 벌컥 들이키는 사람도 있고, 조금씩 홀짝이는 경우도 있고, 갖가지 모습이 있어요. 이에 대한 프랑스어 표현 몇 가지를 알아봅시다.

- s'abreuver 싸브회베
  (동물이) 물통에서 물을 마시다, 술을 들이켜다
- se désaltérer 쓰 데잘떼헤
  갈증을 풀다, 목을 축이다
- siroter 씨호떼
  (음미하며) 홀짝홀짝 마시다
- picoler 삐꼴레
  술을 마시다, 폭음하다
  (술에만 한정된 표현)
- s'enivrer 써니브헤
  취하다
- se soûler 쓰 쑬레
  물리도록 마시다
- siffler 씨플레
  벌컥벌컥 들이켜다, 한번에 마시다
  (주로 une bouteille와 함께 쓰임)
- trinquer 트행께
  건배하다

술 약속 잡기

퇴근 후에 한잔할래요?

Voulez-vous boire un verre après être sorti du bureau ?
불레부 부아흐 엉 베흐 아프해 제트흐 쏘흐띠 뒤 뷔호?

오늘은 제가 살게요.

Je vous invite à boire aujourd'hui.
즈 부 쟁비뜨 아 부아흐 오주흐뒤

식사 후에 한잔합시다.

Buvons un coup après manger.
뷔봉 정 꾸 아프해 망제

술 한잔하면서 이야기합시다.

Discutons en buvant un coup.
디스뀌똥 엉 뷔방 엉 꾸

목요일 저녁 7시에 술집 앞에서 만나요.

Voyons-nous devant le bar à dix-neuf heures jeudi.
부아이용누 드방 르 바흐 아 디즈뇌 뵈흐 즈디

우리 늘 가던 그 술집에서 만납시다.

Rencontrons-nous dans le bar où nous avons l'habitude d'aller.
헝꽁트홍누 당 르 바흐 우 누 자봉 라비뛰드 달레

술 권하기

맥주 한 병 드릴까요?

Voulez-vous une bouteille de bière ?
불레부 윈 부떼이 드 비애흐?

한 잔 더 드릴까요?

Est-ce que je vous sers un autre verre ?
에스끄 즈 부 쎄흐 어 노트흐 베흐?

이 와인 정말 훌륭해요. 한 잔 드실래요?

C'est un très bon vin.
Voulez-vous prendre un verre ?
쎄 떵 트해 봉 뱅. 불레부 프헝드흐 엉 베흐?

고맙지만 운전 때문에 술은 못 마셔요.

Non, merci. Je ne peux pas boire car je dois conduire.
농, 메흐씨. 즈 느 쁘 빠 부아흐 꺄흐 즈 두아 꽁뒤흐

건배!

À votre santé !
아 보트흐 쌍떼!
Santé !
쌍떼!
À la nôtre !
알 라 노트흐!

자, 함께 건배해요.

Allez, portons un toast.
알레, 뽀흐똥 정 또스뜨
Allez, trinquons.
알레, 트행꽁

conduire 꽁뒤흐 v. 운전하다, 조종하다
trinquons / trinquer 트행꽁/트행께
v. 건배하다, 부딪히다(주로 구어로 쓰임)

술 고르기

\# 술은 뭘로 하실래요?

Que voulez-vous comme alcool ?
끄 불레부 꼼 알꼴?

\# 생맥주를 드릴까요 병맥주를 드릴까요?

Voulez-vous une bière à pression ou en bouteille ?
불레부 윈 비애흐 아 프헤씨옹 우 엉 부떼이?

\# 어떤 종류의 맥주를 좋아하세요?

Quel type de bière préférez-vous ?
껠 띠쁘 드 비애흐 프헤페헤부?

\# 여기 혹시 페일 에일은 없나요?

Est-ce que vous avez la pale-ale ?
에스끄 부 자베 라 빨에일?

\# 진토닉 한 잔 주세요.

Un verre de gin tonic, s'il vous plaît.
엉 베흐 드 진 또니끄, 씰 부 쁠레

\# 스카치 위스키에 얼음 넣어 주세요.

Un scotch avec des glaçons, s'il vous plaît.
엉 스까치 아베끄 데 글라쏭, 씰 부 쁠레

\# 모히토에 민트 잎 많이 넣지 마세요.

Ne mettez pas beaucoup de feuilles de menthe dans mon mojito.
느 메떼 빠 보꾸 드 푀이 드 멍뜨 당 몽 모히또

클럽

\# 루이즈는 금요일 밤마다 클럽에 가요.

Louise va en boite de nuit tous les vendredis soirs.
루이즈 바 엉 부아뜨 드 뉘 뚜 레 벙드흐디 쑤아

\# 그는 춤을 추러 클럽에 자주 가요.

Il va souvent en discothèque pour danser.
일 바 쑤벙 엉 디스꼬때끄 뿌흐 당쎄

\# 밤새 클럽에서 놀았어요.

Je me suis amusé(e) en boite toute la nuit.
즈 므 쒸 자뮈제 엉 부아뜨 뚜뜨 라 뉘

\# 어젯밤 클럽에서는 음악이 끝내줬어!

Hier soir, la musique au club était fantastique !
이에 쑤아, 라 뮈지끄 오 끌럽 에떼 팡따스띠끄!

\# 니콜은 춤을 추는 것보단 사람들을 만나러 클럽에 가요.

Nicole va au club, plus pour rencontrer des personnes que pour danser.
니꼴 바 오 끌럽, 쁠뤼쓰 뿌흐 헝꽁트헤 데 뻬흐쏜 끄 뿌흐 당쎄

\# 내가 파리 시내에 화려한 클럽을 한 곳 알아.

Je connais un club splendide dans Paris.
즈 꼬네 엉 끌럽 스쁠렁디드 당 빠히

\# 그는 그 클럽 디제이예요.

Il est le DJ de ce club.
일 레 르 데지 드 쓰 끌럽

boite de nuit 부아뜨 드 뉘 나이트클럽
splendide 스쁠렁디드 a. 빛나는, 화려한

파티 준비

\# 오늘 저녁에 열릴 파티를 준비해야 해요.

Je dois préparer la fête de ce soir.
즈 두아 프헤빠헤 라 페뜨 드 쓰 쑤아

\# 파티에 누구를 초대할까요?

Qui voulez-vous inviter à la fête ?
끼 불레부 앵비떼 알 라 페뜨?

\# 오늘 밤 파티에 어떤 음식을 준비할까요?

Quel plat voulez-vous préparer pour cette soirée ?
껠 쁠라 불레부 프헤빠헤 뿌흐 쎗뜨 쑤아헤?

\# 각자 음식을 준비해서 모입시다.

Préparons chacun un plat puis rassemblons-nous.
프헤빠홍 샤껑 엉 쁠라 쀠 하썽블롱누

\# 이번에는 줄리를 위해 파티를 열 거예요.

Je vais donner une fête pour Julie cette fois-ci. (나 홀로 파티를 계획한 경우)
즈 베 도네 윈 페뜨 뿌흐 쥘리 쎗뜨 푸아씨
Nous allons faire une fête pour Julie cette fois-ci. (여럿이 함께 파티를 계획한 경우)
누 잘롱 페흐 윈 페뜨 뿌흐 쥘리 쎗뜨 푸아씨

\# 그(녀)의 생일을 축하하는 파티예요.

C'est une fête pour célébrer son anniversaire.
쎄 뛴 페뜨 뿌흐 쎌레브헤 쏘 나니베흐쎄흐

\# 파티 장소는 어디로 할까요?

Où voulez-vous faire la fête ?
우 불레부 페흐 라 페뜨?

rassemblons-nous / se rassembler
하썽블롱-누/쓰 하썽블레 v. 모이다

파티 초대

\# 오늘 우리집에서 파티 열 거야.

Aujourd'hui, je vais donner une fête chez moi.
오주흐뒤, 즈 베 도네 윈 페뜨 쉐 무아

\# 너도 파티에 함께할래?

Toi aussi tu viendras à la fête ?
뚜아 오씨 뛰 비엉드하 알 라 페뜨?
Tu veux faire la fête avec nous ?
뛰 브 페흐 라 페뜨 아베끄 누?

\# 너도 파티에 왔으면 좋겠어.

J'aimerais que tu viennes à la fête.
줴므헤 끄 뛰 비엔 알 라 페뜨

\# 늦더라도 오늘 밤 파티에 올 수 있니?

Est-ce que tu peux venir à la fête de ce soir, même si tu arrives en retard ?
에스끄 뛰 쁘 브니 알 라 페뜨 드 쓰 쑤아, 멤 씨 뛰 아히브 엉 흐따?

\# 다른 사람과 함께 와도 좋아.

Tu peux venir accompagné(e).
뛰 쁘 브니 아꽁빠녜

\# 이번 파티는 정말 재미있을 거야!

Cette fête sera très amusante !
쎗뜨 페뜨 쓰하 트해 자뮈장뜨!

\# 잊지 말고 저녁 8시에 우리집으로 와.

N'oublie pas de venir chez moi à vingt heures.
누블리 빠 드 브니 쉐 무아 아 뱅 뙤흐
Rappelle-toi de venir chez moi à vingt heures.
하뻴뚜아 드 브니 쉐 무아 아 뱅 뙤흐

accompagné / accompagner 아꽁빠녜/아꽁빠녜
v. 동반하다, 동행하다

파티 후

잊지 못할 파티였어!

Je n'oublierai pas cette fête !
즈 누블리헤 빠 쎗뜨 페뜨!
C'était une fête inoubliable !
쎄떼 뛴 페뜨 이누블리아블르!

초대해 줘서 고마워요.

Merci de m'avoir invité.
메흐씨 드 마부아 앵비떼

다음에 또 함께 모입시다!

Rassemblons-nous encore la prochaine fois !
하썽블롱누 엉꼬흐 라 프호쉔 푸아!
Il faudrait qu'on se refasse ça !
일 포드헤 꽁 쓰 흐파쓰 싸!

이번 파티는 음식이 훌륭했어요.

Les plats étaient excellents à cette soirée.
레 쁠라 에떼 떽쎌렁 아 쎗뜨 쑤아헤

시간이 늦었네요. 먼저 일어나도 될까요?

Il est tard. Pourrais-je vous laisser ?
일 레 따흐. 뿌헤즈 부 레쎄?

다음번엔 자크네 집에서 봅시다.

Voyons nous chez Jacques la prochaine fois.
부아이용 누 쉐 자끄 라 프호쉔 푸아

다양한 파티

내일은 아녜스의 베이비 샤워 파티가 있어요.

Demain, on va faire une fête prénatale pour Agnés.
드멩, 옹 바 페흐 윈 페뜨 프헤나딸 뿌흐 아녜쓰

그녀는 친구들에게 초대장을 보냈어요.

Elle a envoyé des cartons d'invitations à ses amis.
엘 라 엉부아이예 데 꺄흐똥 댕비따씨옹 아 쎄 자미

우리는 핼러윈 파티를 열 계획이에요.

Nous avons le projet d'organiser une fête pour Halloween.
누 자봉 르 프호제 도흐가니제 윈 페뜨 뿌흐 알로윈

핼러윈 날 아이들은 사탕을 받아요.

Les enfants reçoivent des bonbons à Halloween.
레 정팡 흐쑤아브 데 봉봉 아 알로윈

우린 그녀를 위한 예비 신부 파티를 열 거예요.

Nous allons faire un enterrement de vie de jeune fille pour elle.
누 잘롱 페흐 어 넝떼흐멍 드 비 드 죈 피이 뿌흐 엘

그는 어젯밤 총각 파티에 갔어요.

Il est allé à un enterrement de vie de garçon hier soir.
일 레 딸레 아 어 넝떼흐멍 드 비 드 갸흐쏭 이에 쑤아

carton d'invitation 꺄흐똥 댕비따씨옹 청첩장, 초대장
prénatal(e) 프헤나딸 a. 출생 전의, 출산 전의
enterrement 엉떼흐멍 n.m. 매장, 장례

Chapitre 06

감정에 솔직해지세요!

Chapitre 06

Unité 1 좋은 감정

Unité 2 좋지 않은 감정

Unité 3 성격

Unité 4 기호

Sentiment 감정
썽띠멍

positif 뽀지띠프,
positive 뽀지띠브
a. 긍정적인

plaisant(e) 쁠레장(뜨)
a. 기분 좋은

satisfait(e) 싸띠스페(뜨)
a. 만족한

heureux 외흐,
heureuse 외흐즈
a. 행복한

suffisant(e) 쒸피장(뜨)
a. 충분한

ravi(e) 하비
a. 몹시 기쁜

amusant(e) 아뮈장(뜨)
a. 재미있는

rassurant(e) 하쒸항(뜨)
a. 안심이 되는

interessant(e) 앵떼헤쌍(뜨)
a. 흥미로운

plaisir 쁠레지
n.m. 기쁨

joie 주아
n.f. 환희

sourire 쑤히흐
n.m. 미소

bonheur 보뇌
n.m. 행복

croire 크후아흐
v. 믿다

se réjouir 쓰 헤주이
v. 기뻐하다

être à l'aise 에트흐 아 레즈
편안하다

content(e) 꽁떵(뜨)
a. 만족스러운

négatif 네가띠프,
négative 네가띠브
a. 부정적인

triste 트히스뜨
a. 슬픈

tristesse 트히스떼쓰
n.f. 슬픔

peiné(e) 뻬네
a. 괴로운

désolé(e) 데졸레
a. 애석한

déçu(e) 데쒸
a. 실망한

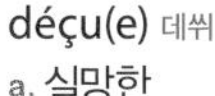

navré(e) 나브헤
a. 가슴 아픈

fâché(e) 파쉐
a. 화난

nerveux 네흐브,
nerveuse 네흐브즈
a. 신경질이 나는

affligé(e) 아플리제
a. 괴로워하는

horrible 오히블르
a. 끔찍한

mal(e) 말
a. 나쁜

inquiet 앵끼에,
inquiète 앵끼애뜨
a. 불안한

anxieux 앙씨으,
anxieuse 앙씨으즈
a. 초조한

être mal à l'aise 에트흐 말 아 레즈
불편하다

chagrin 샤그행
n.m. 비애

souffrance 수프항쓰
n.f. 고통

Caractère 성격
까학때흐

bon 봉,
bonne 본
a. 착한

gentil 정띠,
gentille 정띠이
a. 친절한

assidu(e) 아씨뒤
a. 근면한

sage 싸즈
a. 얌전한

honnête 오네뜨
a. 정직한

actif 악띠프,
active 악띠브
a. 적극적인

spontané(e) 스뽕따네
a. 자발적인

extraverti(e) 엑스트하베흐띠
a. 외향적인

sociable 쏘씨아블르
a. 붙임성 있는

expansif 엑스빵씨프,
expansive 엑스빵씨브
a. 외향적인

introverti(e) 앙트호베흐띠
a. 내성적인

timide 띠미드
a. 소심한

discret 디스크헤,
discrète 디스크해뜨
a. 신중한

honteux 옹뜨,
honteuse 옹뜨즈
a. 부끄러워하는, 수줍은

silencieux 씰렁씨으,
silencieuse 씰렁씨으즈
a. 과묵한

pessimiste 뻬씨미스뜨
a. 비관적인

tragique 트하지끄
a. 비통한

mauvais(e) 모베(즈)
a. 나쁜

arrogant(e) 아호강(뜨)
a. 거만한

rude 휘드
a. 거친

Préférence 기호
프헤페헝쓰

aimer 에메 v. 좋아하다 	adorer 아도헤 v. 매우 좋아하다 	préférer 프헤페헤 v. 선호하다
	désirer 데지헤 v. 원하다 	vouloir 불루아 v. 원하다 
	s'affectionner 싸펙씨오네 v. 애정을 느끼다 	chérir 쉐히 v. 소중히 여기다 
	raffoler 하폴레 v. 열렬히 좋아하다 	s'attacher 싸따쉐 v. 전념하다
détester 데떼스떼 v. 싫어하다 	avoir horreur 아부아 오회 몹시 싫어하다	exécrer 에그젝크헤 v. 증오하다
	haïr 아이흐 v. 미워하다	avoir peur 아부아 뾔흐 두려워하다 
	être dégoûté 에트흐 데구떼 혐오하다 	répugner 헤쀠녜 v. 혐오감을 주다
	désespéré(e) 데제스뻬헤 a. 절망한 	vomir 보미 v. 구역질 나다 

기쁘다 ①

\# 저는 기뻐요.

Je suis heureux. (화자가 남성일 경우)
즈 쒸 죄흐

Je suis heureuse. (화자가 여성일 경우)
즈 쒸 죄흐즈

\# 절 기쁘게 해요.

Cela me fait plaisir.
쓸라 므 페 쁠레지

\# 너와 말하게 되어 기뻐.

Ça me fait plaisir de te parler.
싸 므 페 쁠레지 드 뜨 빠흘레

\# 네가 웃는 것을 보니 기뻐.

C'est un plaisir de te voir sourire.
쎄 떵 쁠레지 드 뜨 부아 쑤히흐

\# 이곳에 돌아오게 되어 매우 기쁩니다.

C'est un grand plaisir pour moi d'être de retour ici.
쎄 떵 그항 쁠레지 뿌흐 무아 데트흐 드 흐뚜 이씨

\# 저는 더할 나위 없이 기뻐요.

Je suis au comble de la joie.
즈 쒸 오 꽁블르 들 라 주아

\# 당신의 목소리를 들으면 저는 미친 듯이 기뻐요.

Quand j'entends votre voix, je suis fou de joie.
깡 정떵 보트흐 부아, 즈 쒸 푸 드 주아

\# 여러분들께 파비앙의 출생을 알려드리게 되어 매우 기쁩니다.

Nous avons la grande joie de vous annoncer la naissance de Fabien.
누 자봉 라 그항드 주아 드 부 자농쎄 라 네쌍쓰 드 파비엉

기쁘다 ②

\# 당신을 다시 만나게 되어 기쁩니다.

Je me réjouis de vous revoir.
즈 므 헤주이 드 부 흐부아

\# 다행스럽게도 모든 것이 잘 끝났어요.

Heureusement, tout s'est bien terminé.
외흐즈멍, 뚜 쎄 비엉 떼흐미네

\# 어린 소녀는 기쁜 나머지 제자리에서 펄쩍 뛰었어요.

La jeune fille a sauté de joie sur son siège.
라 죈 피이 아 쏘떼 드 주아 쒸흐 쏭 씨애즈

\# 기뻐 죽겠어요.

J'en mourrais de plaisir.
정 무헤 드 쁠레지

\# 그의 마음에 들 거예요.

Cela va lui plaire.
쓸라 바 뤼 쁠레흐

\# 제 맘에 들 것 같아요.

Cela va me plaire.
쓸라 바 므 쁠레

\# 결과가 만족스러워요.

Je suis content(e) du résultat.
즈 쒸 꽁떵(뜨) 뒤 헤쥘따

sourire 쑤히흐 n.m. 미소 v. 미소짓다
joie 주아 n.f. 기쁨, 환희
plaisir 쁠레지 n.m. 기쁨, 쾌락

행복하다

\# 저는 행복해요.

Je suis heureux. (화자가 남성일 경우)
즈 쒸 죄흐

Je suis heureuse. (화자가 여성일 경우)
즈 쒸 죄흐즈

\# 당신은 행복한가요?

Êtes-vous heureuse ? (청자가 여성일 경우)
에뜨부 외흐즈?

\# 마크는 행복해 보여요.

Marc a l'air heureux.
마흐끄 아 레흐 외흐

Marc a l'air d'être heureux.
마흐끄 아 레흐 데트흐 외흐

\# 당신을 돕게 되어 매우 기뻐요.

Nous sommes ravi(e)s de vous aider.
누 쏨 하비 드 부 제데

\# 너와 함께여서 행복해.

Je suis heureux (heureuse) avec toi.
즈 쒸 죄흐 (죄흐즈) 아베끄 뚜아

\# 저는 행복하고 싶어요.

Je veux du bonheur.
즈 브 뒤 보뇌

\# 길에서 누군가 당신이 행복한지 묻는다면 뭐라고 답하시겠어요?

Si quelqu'un dans la rue vous demandait si vous êtes heureux, que répondriez-vous ?
씨 껠껑 당 라 휘 부 드멍데 씨 부 제뜨 죄흐, 끄 헤뽕드히에부?

bonheur 보뇌 n.m. 행복
heureux/heureuse 외흐/외흐즈 a. 행복한
ravi(e) 하비 a. 몹시 기쁜

꼭! 짚고 가기

프랑스어 형용사 여성형 만들기①

감정을 나타내는 여러 표현을 수록한 이번 장에서는 다양한 형용사가 등장합니다. 형용사는 수식하는 명사의 성과 수에 일치시키는데, 이때 형용사의 여성형을 만드는 데에는 일정 규칙이 있습니다. 이번에는 여성형을 만드는 몇 가지 규칙에 대해 알아보도록 하겠습니다.

① **남성형이** -é, -i, -u**로 끝나는 경우**
→ 남성형+e

남성형	여성형
mari**é** 마히에 결혼한	mari**ée** 마히에
pol**i** 뽈리 공손한	pol**ie** 뽈리
têt**u** 떼뛰 고집 센	têt**ue** 떼뛰

② **남성형이** -d, -n, -t**로 끝나는 경우**
→ 남성형+e

남성형	여성형
gran**d** 그항 큰	gran**de** 그항드
bru**n** 브헝 갈색의	bru**ne** 브휜느
ver**t** 베흐 녹색의	ver**te** 베흐뜨

③ **남성형이** -al, -in, -ain, -ein, -un**로 끝나는 경우** → 남성형+e

남성형	여성형
nation**al** 나씨오날 국가의	nation**ale** 나씨오날
vois**in** 부아쟁 이웃의	vois**ine** 부아진느
pl**ein** 쁠랭 가득 찬	pl**eine** 쁠렌
comm**un** 꼬멍 공동의	comm**une** 꼬뮌

안심하다

마음이 놓이네요.

Je suis rassuré(e).
즈 쒸 하쒸헤

일단 진정해.

Calme-toi d'abord.
깔므뚜아 다보

전 마음을 가라앉혔어요.

Je suis tranquillisé(e).
즈 쒸 트항낄리제

남자를 어떻게 믿을 수 있을까요?

Comment croire les hommes ?
꼬멍 크후아흐 레 좀므?
Comment faire confiance aux hommes ?
꼬멍 페흐 꽁피엉쓰 오 좀?

제 남편은 제게 믿음을 줘요.

Mon mari me fait confiance.
몽 마히 므 페 꽁피앙쓰

너와 있으면 편해.

Je suis à l'aise avec toi.
즈 쒸 자 레즈 아베끄 뚜아

분명 당신은 방법을 찾을 거예요.

Vous trouverez sûrement un moyen.
부 트후브헤 쒸흐멍 엉 무아이영

rassuré(e) 하쒸헤 a. 안심을 한
calme/calmer 깔므/깔메 v. 진정하다
tranquillisé(e) 트항낄리제 a. 진정된
croire 크후아흐 v. 믿다
confiance 꽁피앙쓰 n.f. 믿음
suis à l'aise/être à l'aise 쒸 아 레즈/에트흐 아 레즈 편(안)하다

만족하다

매우 만족스러워요.

Je suis très content(e).
즈 쒸 트해 꽁떵(뜨)
Je suis très satisfait(e).
즈 쒸 트해 싸띠스페(뜨)

어쨌든 전 만족하죠.

Je suis néanmoins satisfait(e).
즈 쒸 네앙무앙 싸띠스페(뜨)

저는 제 일에 만족해요.

Je suis satisfait(e) de mon travail.
즈 쒸 싸띠스페(뜨) 드 몽 트하바이

읽는 것으로 만족해요.

Je me contente de lire.
즈 므 꽁떵뜨 드 리흐

하루에 두 끼 식사면 돼요.

Je peux me contenter de deux repas dans la journée.
즈 쁘 므 꽁떵떼 드 드 흐빠 당 라 주흐네

만족스러운 결과예요.

C'est un bon résultat.
쎄 떵 봉 헤쥘따
C'est un résultat satisfaisant.
쎄 떵 헤쥘따 싸띠스프장

여기서 잠깐!

'만족한다'는 말을 동사로 하려면 se satisfaire 쓰 싸띠스페흐나 se contenter 쓰 꽁떵떼와 같은 단어를 쓸 수 있어요. '~의 마음에 들었다'는 표현을 할 때는 plaire 쁠레흐라는 단어를 사용할 수 있고요.

충분하다

그만하면 충분해요.

Cela semble suffisant.
쓸라 썽블르 쒸피장

Cela semble être suffisant.
쓸라 썽블르 에트흐 쒸피장

전 자유 시간이 충분해요.

J'ai beaucoup de temps libre.
줴 보꾸 드 떵 리브흐

J'ai suffisamment de temps libre.
줴 쒸피자멍 드 떵 리브흐

이 나라는 돈이 넘쳐나요.

Ce pays roule sur l'or.
쓰 뻬이 훌 쒸흐 도흐

Ce pays est suffisamment riche.
쓰 뻬이 에 쒸피자멍 히슈

한 아이를 치료하는 데 5유로면 충분해요.

Cinq euros suffisent à soigner un enfant.
쌩끄 으호 쒸피즈 아 쑤아녜 어 넝팡

카페에서 조금만 시간을 보내면 돼요.

Passer un peu de temps dans un café est suffisant.
빠쎄 엉 쁘 드 떵 당 정 까페 에 쒸피장

Passer un peu de temps dans un café me suffit.
빠쎄 엉 쁘 드 떵 당 정 까페 므 쒸피

한마디면 됐어.

Il suffit que tu dises un mot.
일 쒸피 끄 뛰 디즈 엉 모

재미있다

재미있네요!

C'est drôle !
쎄 드홀!

C'est amusant !
쎄 따뮈장!

C'est intéressant !
쎄 땡떼헤쌍!

C'est excitant !
쎄 떽씨땅!

C'est super !
쎄 쒸뻬!

C'est l'éclate ! (구어)
쎄 레끌라뜨!

C'est génial ! (구어)
쎄 제니알!

C'est rigolo ! (아이들이 쓰는 표현)
쎄 히골로!

C'est fun ! (퀘벡에서만 쓰는 표현)
쎄 퓐!

엄청 웃기네요.

C'est trop drôle.
쎄 트호 드홀

C'est vraiment amusant.
쎄 브헤멍 아뮈장

C'est vraiment l'éclate.
쎄 브헤멍 레끌라뜨 (친한 사람들 사이에서 쓰는 표현)

재미있는 얘기네요.

C'est une histoire amusante.
쎄 뛴 이스뚜아흐 아뮈장뜨

흥미진진해요!

C'est passionnant !
쎄 빠씨오낭!

그는 우스꽝스러운 표정을 지었어요.

Il a fait une drôle de tête.
일 라 페 윈 드홀 드 떼뜨

슬프다

\# 슬퍼요.

Je suis triste.
즈 쒸 트히스뜨

\# 친구들을 떠나는 게 슬펐어요.

J'étais triste de quitter mes amis.
제떼 트히스뜨 드 끼떼 메 자미

\# 전 시무룩해 있어요.

Je suis d'humeur chagrine.
즈 쒸 뒤뫼 샤그힌

\# 사랑의 슬픔이란 오래갈 수도 있지요.

Les chagrins d'amour peuvent durer longtemps.
레 샤그행 다무 뾔브 뒤헤 롱떵

\# 그를 돕지 못해 상심이 커요.

Je suis affligé(e) de ne pouvoir l'aider.
즈 쒸 자플리제 드 느 뿌부아 레데

\# 그는 이 소식으로 비탄에 빠져 있어요.

Il est accablé par cette nouvelle.
일 레 따꺄블레 빠흐 쎗뜨 누벨

\# 저는 몹시 낙담하고 있어요.

Je suis en train de me décourager.
즈 쒸 정 트행 드 므 데꾸하제

chagrin 샤그행 n.m. (마음의) 괴로움, 고통

괴롭다

\# 마음이 괴로워요.

J'ai du chagrin.
줴 뒤 샤그행

\# 저는 제 괴로움을 숨기고 있어요.

Je cache ma souffrance.
즈 꺄슈 마 수프항쓰

\# 그 사람 때문에 너무 힘들어요.

J'ai de la peine à cause de lui.
줴 들 라 뻰 아 꼬즈 드 뤼

\# 그는 매우 괴로웠어요.

Il était très peiné.
일 레떼 트해 뻬네

\# 너는 나를 힘들게 해.

Tu me fais mal.
뛰 므 페 말

\# 왜 사랑은 이토록 괴로운가요?

Pourquoi c'est si compliqué l'amour ?
뿌흐꾸아 쎄 씨 꽁쁠리께 라무?
Pourquoi ça fait si mal l'amour ?
뿌흐꾸아 싸 페 씨 말 라무?

mal 말 ad. 나쁘게, 힘들게
souffrance 수프항쓰 n.f. 고통
peine 뺑 n.f. 고통
peiné(e) 뻬네 a. 마음 아픈
compliqué(e) 꽁쁠리께 a. 복잡한

실망하다

\# 너에게 실망이야.

Tu m'as déçu(e).
뛰 마 데쒸

\# 나는 그에게 실망했어.

Il m'a déçu.
일 마 데쒸

\# 사랑에 대한 환상이 완전히 깨졌어요.

Je n'attends plus rien de l'amour.
즈 나떵 쁠뤼 히엉 드 라무
Je ne crois plus en l'amour.
즈 느 크후아 쁠뤼 엉 라무

\# 바닥 모를 실망을 느끼고 있어요.

J'éprouve une déception sans fond.
제프후브 윈 데쎕씨옹 쌍 퐁

\# 이런 실망스러운 일이!

Quelle déception !
껠 데쎕씨옹!

\# 실망을 달랠 수가 없어 걱정이에요.

Je crains ne pas pouvoir apaiser la déception.
즈 크행 느 빠 뿌부아 아뻬제 라 데쎕씨옹

\# 낙담하지 마세요.

Ne vous découragez pas.
느 부 데꾸하제 빠

apaiser 아뻬제 v. 진정시키다, 달래다

꼭! 짚고 가기

프랑스어 형용사 여성형 만들기②

① 남성형이 -e로 끝나는 경우
→ 남성형과 여성형 동일

남성형	여성형
jeun**e** 죈 젊은	jeun**e** 죈
rapid**e** 하삐드 빠른	rapid**e** 하삐드
facil**e** 파씰 쉬운	facil**e** 파씰
magnifiqu**e** 마뉘피끄 웅장한	magnifiqu**e** 마뉘피끄

② 남성형이 -er, -et**로 끝나는 경우**
→ -ère, -ète

남성형	여성형
lég**er** 레제 가벼운	lég**ère** 레재흐
compl**et** 꽁쁠레 완전한	compl**ète** 꽁쁠래뜨
discr**et** 디스크헤 신중한	discr**ète** 디스크해뜨
secr**et** 쓰크헤 비밀의	secr**ète** 쓰크해뜨

③ 남성형이 -el, -n, -s**로 끝나는 경우**
→ -elle, -nne, -sse
(마지막 자음 반복+e)

남성형	여성형
form**el** 포흐멜 명백한	form**elle** 포흐멜
bo**n** 봉 좋은	bon**ne** 본
épai**s** 에뻬 두꺼운	épai**sse** 에뻬쓰
ba**s** 바 낮은	ba**sse** 바쓰

화내다①

\# 화가 나 있어요.

Je suis en colère.
즈 쒸 정 꼴래흐

\# 저는 그에게 화가 나 있어요.

Je suis en colère contre lui.
즈 쒸 정 꼴래흐 꽁트흐 뤼

\# 끔찍해!

Quelle horreur !
껠 오회!

\# 젠장!

Merde !
메흐드!

\# 구역질 나!

C'est dégoûtant !
쎄 데구땅!

\# 저는 부모님께 화가 나 있어요.

Je suis énervé(e) contre mes parents.
즈 쒸 제네흐베 꽁트흐 메 파헝
Je suis fâché(e) avec mes parents.
즈 쒸 파쉐 아베끄 메 파헝
(부모님과 싸웠을 경우)

\# 그는 제게 화가 나 있어요.

Il est fâché contre moi.
일 레 파쉐 꽁트흐 무아

화내다②

\# 그만해, 날 좀 내버려둬!

Ça suffit, laisse-moi tranquille !
싸 쉬피, 레쓰무아 트항낄!

\# 닥쳐! (아래로 내려갈수록 심한 표현)

Tais-toi !
떼뚜아!
Vas-tu te taire !
바뛰 뜨 떼흐!
Ferme ton clapet !
페흠므 똥 끌라뻬!
La ferme !
라 페흠므!
Ta gueule !
따 괼!
Ferme ta gueule !
페흠므 따 괼!

\# 네가 알 바 아냐.

Ça ne te regarde pas.
싸 느 뜨 흐갸흐드 빠
Ce n'est pas ton problème.
쓰 네 빠 똥 프호블램

\# 쉽게 화가 나요.

Je m'énerve facilement.
즈 메네흐브 파씰르멍

\# 바보 같은 짓 좀 그만해.

Arrête ton cirque.
아헤뜨 똥 씨흐끄
Arrête tes bêtises.
아헤뜨 떼 베띠즈
Arrête tes conneries. (구어)
아헤뜨 떼 꼬느히

\# 그게 절 분통 터지게 해요.

Ça me fait rager.
싸 므 페 하제

밉다

네가 미워.

Je te déteste.
즈 뜨 데떼스뜨

그가 싫어요.

Il m'est antipathique.
일 메 땅띠빠띠끄

제 인생이 싫어요.

Je déteste ma vie.
즈 데떼스트 마 비

그가 저를 들볶아요.

Il me harcèle.
일 므 아흐쌜

그는 저를 증오해요.

Il me hait.
일 므 에
Il me déteste.
일 므 데떼스뜨
Il a la haine contre moi. (구어)
일 라 라 엔 꽁트흐 무아

그를 견딜 수가 없어요.

Je ne peux pas le supporter.
즈 느 쁘 빠 르 쒸뽀흐떼

넌 어젯밤 가증스러웠어.

Tu as été odieuse hier soir.
뛰 아 에떼 오디으즈 이에 쑤아

antipathique 앙띠빠띠크 a. 불쾌한, 싫은
harcèle/harceler 아흐쌜/아흐쓸레
v. 귀찮게 굴다, 괴롭히다

억울하다

저는 죄가 없어요.

Je suis innocent(e).
즈 쒸 지노썽(뜨)

3년동안 제 무죄를 호소했어요.

J'ai clamé mon innocence pendant trois ans.
줴 끌라메 모 니노썽쓰 뻥당 트후아 장

제 억울함을 증명해 보이겠어요.

Je vais prouver mon innocence.
즈 베 프후베 모 니노썽쓰

이 증인이 네 모든 의혹을 풀었어.

Ce témoignage t'a lavé de tout soupçon.
쓰 떼무아냐즈 따 라베 드 뚜 숩쏭

그는 억울하게 형을 받았어요.

Il a été condamné par erreur.
일 아 에떼 꽁다네 빠흐 에회

억울하게 누명을 썼어요.

Je suis faussement accusé(e).
즈 쒸 포쓰멍 아뀌제
Je suis accusé(e) à tort.
즈 쒸 아뀌제 아 또흐
Je suis injustement accusé(e).
즈 쒸 앵쥐스뜨멍 아뀌제

후회하다

전혀 후회하지 않아요.

Je ne regrette rien.
즈 느 흐그헷뜨 히엉

후회하지 않으실 거예요. (권유할 때 자주 쓰는 표현)

Vous ne le regretterez pas.
부 느 르 흐그헷뜨헤 빠

후회하게 될 겁니다.

Vous le regretterez.
부 르 흐그헷뜨헤

넌 뒤늦은 후회를 하고 있는 거야.

Tes regrets sont trop tardifs.
떼 흐그헤 쏭 트호 따흐디프

나중에 용서를 구해 봐야 소용없죠.

On se repent toujours après coup.
옹 쓰 흐뻥 뚜주 아프해 꾸

말한 것들을 자주 후회해요.

Je regrette souvent d'avoir parlé.
즈 흐그헷뜨 쑤벙 다부아 빠흘레
Je regrette souvent ce que je dis.
즈 흐그헷뜨 쑤벙 쓰 끄 즈 디

너무 많이 말한 걸 자주 후회해요.

Je regrette souvent de trop parler.
즈 흐그헷뜨 쑤벙 드 트호 빠흘레

후회가 되네요.

J'ai des remords.
줴 데 흐모

부끄럽다

부끄럽네요.

J'ai honte.
줴 옹뜨
Je me sens honteux. (화자가 남성일 경우)
즈 므 썽 옹뜨
Je me sens honteuse. (화자가 여성일 경우)
즈 므 썽 옹뜨즈

늦어서 부끄럽습니다.

J'ai honte d'être en retard.
줴 옹뜨 데트흐 엉 흐따

너는 나를 부끄럽게 했어.

Tu me fais honte.
뛰 므 페 옹뜨

그는 부끄러워서 얼굴이 붉어졌다.

Il a rougi de honte.
일 라 후지 드 옹뜨

저는 수줍음을 너무 많이 타는 사람이에요.

Je suis quelqu'un de très timide.
즈 쒸 껠껑 드 트해 띠미드

그는 저를 부끄럽게 여겨요.

Il a honte de moi.
일 라 옹뜨 드 무아

저는 제 스스로가 부끄러워요.

J'ai honte de moi.
줴 옹뜨 드 무아

여기서 잠깐!

Edith Piaf 에디트 피아프의 사랑받은 곡 중 하나가 바로 'Non, je ne regrette rien 농, 즈 느 흐그헷뜨 히엉(아니, 난 아무것도 후회하지 않아요)'이죠. 이 노래는 1960년에 발표되어 많은 사랑을 받았고 여러 가수들이 재해석했어요.

걱정하다

걱정하지 마.

Ne t'inquiète pas.
느 땡끼애뜨 빠
Ne t'en fais pas.
느 떵 페 빠
Aucun souci.
오껑 쑤씨
Pas de souci.
빠 드 쑤씨
T'inquiète. (친한 사이에서만 사용하는 표현)
땡끼애뜨

건강에 대한 걱정이 한가득이에요.

J'ai pleins de soucis de santé.
줴 쁠랭 드 쑤씨 드 쌍떼

걱정입니다.

Je me fais du souci.
즈 므 페 뒤 쑤씨

그는 떠나는 걸 가지고 걱정을 해 본 적이 없었죠.

Il n'a jamais eu de souci à partir.
일 나 자메 위 드 쑤씨 아 빠흐띠

솔직히 다른 걱정이 있어요.

Franchement, j'ai d'autres préoccupations.
프항슈멍, 줴 도트흐 프헤오뀌빠씨옹

누구나 자기의 고민이 있지요.

Chacun a ses ennuis.
샤껑 아 쎄 정뉘
Tout le monde a ses propres ennuis.
뚜 르 몽드 아 쎄 프호프흐 정뉘

꼭! 짚고 가기

프랑스어 형용사 여성형 만들기③

① **남성형이** -et, -el, -eil, -en, -ien, -on **로 끝나는 경우** → -ette, -elle, eille, -enne, -ienne, -onne
(마지막 자음 반복+e)

남성형	여성형
cad**et** 까데 막내의	cad**ette** 까뎃뜨
par**eil** 빠헤이 똑같은	par**eille** 빠헤이
anc**ien** 앙씨엉 옛날의	anc**ienne** 앙씨엔

② **남성형이** -if, -euf, -ic, -eux**로 끝나는 경우** → -ive, -euve, -ique, -euse

남성형	여성형
neuf 뇌프 새로운	**neuve** 뇌브
publ**ic** 쀠블리끄 공공의	publ**ique** 쀠블리끄
heur**eux** 외흐 행복한	heur**euse** 외흐즈

③ **남성형이** -eur, -teur**로 끝나는 경우**
→ -euse, -trice

남성형	여성형
rêv**eur** 헤뵈 꿈꾸는	rêv**euse** 헤브즈
observa**teur** 옵쎄흐바뙤 관찰하는	observa**trice** 옵쎄흐바트히쓰

④ **3번 항목의 예외적 경우**

남성형	여성형
meill**eur** 메이외 더 좋은	meill**eure** 메이외흐
antéri**eur** 앙떼히외 이전의	antéri**eure** 앙떼히외흐
inféri**eur** 페히외 아래의	inféri**eure** 앵페히외흐
supéri**eur** 쒸뻬히외 우위의	supéri**eure** 쒸뻬히외흐

애도를 표하다

\# 삼가 조의를 표합니다.

Je vous présente mes plus sincères condoléances.
즈 부 프헤정뜨 메 쁠뤼 쌩쌔흐 꽁돌레앙쓰

Toutes mes condoléances.
뚜뜨 메 꽁돌레앙쓰

Mes condoléances.
메 꽁돌레앙쓰

\# 네 아버지의 임종 소식을 접하고 매우 슬펐어.

J'ai été très ému(e) d'apprendre la disparition de ton père.
줴 에떼 트해 제뮈 다프헝드흐 라 디스빠히씨옹 드 똥 빼흐

\# 텔리에 씨의 부고를 접하게 되어 매우 슬픕니다.

C'est avec grande tristesse que j'ai appris le décès de M. Tellier.
쎄 아베끄 그항드 트히스떼쓰 끄 줴 아프히 르 데쌔 드 므씨으 뗄리에

\# 너의 동료의 부음에 조의를 표한다.

Je t'adresse mes condoléances pour le décès de ton collègue.
즈 따드헤쓰 메 꽁돌레앙쓰 뿌흐 르 데쌔 드 똥 꼴래그

\# 네 어머니를 잃게 된 것에 대해 조의를 표한다.

Je te présente mes condoléances pour la perte de ta mère.
즈 뜨 프헤정뜨 메 꽁돌레앙쓰 뿌흐 라 뻬흐뜨 드 따 매흐

\# 유감입니다.

Je suis désolé(e).
즈 쒸 데졸레

Je suis navré(e).
즈 쒸 나브헤

무섭다

\# 사람들 앞에서 노래 부르는 것이 두려워요.

J'ai peur de chanter devant tout le monde.
줴 뾔흐 드 샹떼 드방 뚜 르 몽드

\# 변화에 대한 두려움은 정상적인 거예요.

La peur du changement est normale.
라 뾔흐 뒤 샹즈멍 에 노흐말

\# 무서웠어.

J'ai eu peur.
줴 위 뾔흐

\# 소름끼쳐.

C'est horrible.
쎄 또히블르

C'est affreux.
쎄 따프흐

\# 버림받는 것이 두려우세요?

Avez-vous peur d'être abandonné ?
아베부 뾔흐 데트흐 아방도네?

\# 두려움 속에서 살아요.

Je vis dans la crainte.
즈 비 당 라 크행뜨

\# 걱정 말아요.

N'ayez crainte.
네이예 크행뜨

Ne vous inquiétez pas.
느 부 쟁끼에떼 빠

\# 무서워요.

J'ai peur.
줴 뾔흐

놀라다①

\# 정말 놀랐다고.

J'ai été très surpris(e).
줴 에떼 뜨해 쒸흐프히(즈)

\# 엄청 놀랐네.

Je suis extrêmement surpris(e).
즈 쒸 젝쓰트헴멍 쒸흐프히(즈)
Je suis énormément surpris(e).
즈 쒸 제노흐메멍 쒸흐프히(즈)
Je suis vraiment surpris(e).
즈 쒸 브헤멍 쒸흐프히(즈)

\# 놀랍게도 그가 제 제안을 받아들였어요.

À ma grande surprise, il a accepté mes propositions.
아 마 그항드 쒸흐프히즈, 일 라 악쎕떼 메 프호포지씨옹

\# 뜻밖에 기분이 좋네요.

Je suis agréablement surpris(e).
즈 쒸 아그헤아블르멍 쒸흐프히(즈)

\# 청소기가 막힌 걸 봤을 때 기가 막히더군요.

J'ai eu la mauvaise surprise de trouver l'aspirateur bouché.
줴 위 라 모베즈 쒸흐프히즈 드 트후베 라스삐하뙤 부쉐

\# 국제 여론은 거듭 놀랐죠.

L'opinion internationale va de surprise en surprise.
로삐니옹 앵떼흐나씨오날 바 드 쒸흐프히즈 엉 쒸흐프히즈

extrêmement 엑쓰트헴멍 ad. 극도로, 대단히
énormément 에노흐메멍 ad. 엄청나게, 막대하게
vraiment 브헤멍 ad. 정말, 매우

놀라다②

\# 저 스스로에게 놀랍네요.

Je m'étonne de moi-même.
즈 메똔 드 무아멤

\# 별로 놀랄 일은 아니네요.

Cela ne m'étonne pas.
쓸라 느 메똔 빠

\# 넌 나를 놀라게 한다니까!

Cela ne m'étonne pas de toi !
쓸라 느 메똔 빠 드 뚜아!
(비꼬는 투로)

\# 더 이상 놀라울 것도 없어요.

Je ne m'étonne plus.
즈 느 메똔 쁠뤼

\# 그가 네게 전화를 안 했다니 놀라운걸.

Cela m'étonne qu'il ne t'ait pas appelé.
쓸라 메똔 낄 느 떼 빠 자쁠레

\# 그건 깜짝 놀랄 일이었어요.

Cela me surprendrait.
쓸라 므 쒸흐프헝드헤

\# 너를 봐서 깜짝 놀랐지.

Je suis stupéfait de te voir.
즈 쒸 스뛰뻬페 드 뜨 부아

\# 그가 놀란 얼굴로 절 쳐다보고 있네요.

Il me regarde d'un air étonné.
일 므 흐갸흐드 더 네흐 에또네

지겹다

\# 됐어.

Ça suffit.
싸 쒸피
J'en ai assez.
저 네 아쎄
Y en a marre. (구어)
이 어 나 마흐

\# 지겨워!

J'en ai marre !
저 네 마흐!
Ça me lasse !
싸 므 라씌!

\# 여기 사는 건 신물 나.

J'en ai marre de vivre ici.
저 네 마흐 드 비브흐 이씨

\# 파리가 지겨워.

J'en ai marre de Paris.
저 네 마흐 드 빠히

\# 길에 널린 개똥을 못 참겠어.

J'en ai marre des crottes de chiens dans la rues.
저 네 마흐 데 크홋뜨 드 쉬엉 당 라 휘

\# 모든 게 지겨워.

J'en ai marre de tout.
저 네 마흐 드 뚜

\# 가난이 지겨워.

J'en ai marre d'être pauvre.
저 네 마흐 데트흐 뽀브흐

\# 이 연극은 지루해.

Cette pièce de théâtre est ennuyante.
셋뜨 삐애쓰 드 떼아트흐 에 떵뉘양뜨

귀찮다

\# 귀찮아!

C'est très embêtant !
쎄 트해 정베땅!
C'est chiant !
쎄 쉬앙!
Quelle corvée !
껠 꼬흐베!

\# 귀찮게 좀 하지 마!

Arrête de m'embêter !
아헤뜨 드 멍베떼!
Fiche-moi la paix ! (편한 사이에서 하는 말)
피슈무아 라 빼!
Fais pas chier ! (편한 사이에서 하는 말)
페 빠 쉬에!

\# 제 남자 친구가 귀찮아요.

Mon copain est ennuyeux.
몽 꼬뺑 에 떵뉘으
Mon copain est casse-pieds.
몽 꼬뺑 에 꺄쓰삐에
(편한 사이에서 하는 말)

\# 제 남자 친구가 이유 없이 절 귀찮게 해요.

Mon copain m'embête sans raison.
몽 꼬뺑 멍베뜨 쌍 헤종

\# 파리가 그를 귀찮게 해요.

Il est importuné par une mouche.
일 레 땡뽀흐뛰네 빠흐 윈 무슈

\# 넌 나를 피곤하게 해.

Tu me fatigues.
뛰 므 파띠그

짜증 나다

\# 짜증 나.

C'est énervant.
쎄 떼네흐방

\# 나 좀 가만히 내버려둬!

Laisse-moi tranquille !
레쓰무아 트항낄!

\# 아무것도 아닌 일에 짜증이 나요.

Je m'énerve pour un rien.
즈 메네흐브 뿌흐 엉 히엉

\# 그 사람은 저를 짜증 나게 하지만 전 그 사람을 좋아해요.

Il m'agace mais je l'aime.
일 마갸쓰 메 즈 렘

\# 그이는 왜 절 짜증 나게 하는 걸까요?

Pourquoi est-ce qu'il s'en prend à moi ?
뿌흐꾸아 에스낄 썽 프헝 아 무아?

Pourquoi est-ce qu'il fait exprès de m'énerver ?
뿌흐꾸아 에스낄 페 엑쓰프해 드 메네흐베?

Pourquoi est-ce qu'il m'embête ?
뿌흐꾸아 에스낄 멍베뜨?

\# 술을 마시면 신경질이 나요.

L'alcool me rend nerveux.
랄꼴 므 헝 네흐브

\# 특별히 짜증 나는 일은 없어요.

Il n'y a pas grand-chose qui m'irrite sérieusement.
일 니 아 빠 그항쇼즈 끼 미히뜨 쎄히으즈멍

꼭! 짚고 가기

프랑스어 형용사 여성형 만들기④

① 불규칙 변화

남성형	여성형
public 쀠블리끄 공공의	publique 쀠블리끄
sec 쎄끄 건조한	sèche 쌔슈
doux 두 부드러운	douce 두쓰
blanc 블랑 하얀	blanche 블랑슈
favori 파보히 좋아하는	favorite 파보히뜨
frais 프헤 서늘한	fraîche 프헤슈
grec 그헤끄 그리스의	grecque 그헥끄
long 롱 긴	longue 롱그

② 사람이나 사물의 속성이나 모습을 나타내는 품질 형용사 중 남성형이 2개인 것 (형용사 뒤 모음이나 무음 h가 나올 때 2형을 사용)

남성형	남성2형 (모음이나 무음h 앞)	여성형
beau 보 아름다운	bel 벨	belle 벨
nouveau 누보 새로운	nouvel 누벨	nouvelle 누벨
vieux 비으 오래된	vieil 비에이	vieille 비에이
fou 푸 미친	fol 폴	folle 폴
mou 무 물렁한	mol 몰	molle 몰

아쉽다

\# 정말 아쉽네요.

C'est tout à fait regrettable.
쎄 뚜 따 페 흐그헷따블르

\# 센스가 아쉽네요.

Il manque de goût.
일 망끄 드 구

\# 그들은 돈이 없어요.

L'argent leur fait défaut.
라흐정 뢰흐 페 데포

Ils n'ont pas d'argent.
일 농 빠 다흐정

\# 보고 싶어.

Tu me manques.
뛰 므 망끄

\# 헤어진 것에 미련이 남아요.

Je regrette notre rupture.
즈 흐그헷뜨 노트흐 휩뛰흐

\# 옛 사랑에게 아직 미련이 있죠.

Je reste attaché(e) à mon ex.
즈 헤스뜨 아따쉐 아 모 넥쓰

\# 오늘 저녁 너희 집에 갈 수 없어 아쉬워.

Je regrette de ne pas pouvoir aller chez toi ce soir.
즈 흐그헷뜨 드 느 빠 뿌부아 알레 쉐 뚜아 쓰 쑤아

regrettable 흐그헷따블르 a. 유감스러운
goût 구 n.m. 미각, 센스, 기호, 의견, 양식
argent 아흐정 n.m. 돈
défaut 데포 n.m. 부족, 결점
attaché(e) 아따쉐 a. 묶인, 애착을 갖는

긴장하다

\# 출발 전에는 항상 심하게 긴장해요.

Je suis toujours très tendu(e) avant un départ.
즈 쒸 뚜주 트해 떵뒤 아방 엉 데빠

Je suis toujours très nerveux (nerveuse) avant un départ.
즈 쒸 뚜주 트해 네흐브 (네흐브즈) 아방 엉 데빠

\# 직장에서 자주 긴장해요.

Je suis souvent tendu(e) au travail.
즈 쒸 쑤벙 떵뒤 오 트하바이

\# 긴장된 분위기네요.

La situation est tendue.
라 씨뛰아씨옹 에 떵뒤

L'atmosphère est tendue.
랏모스패흐 에 떵뒤

\# 긴장을 잘 풀고 싶은데 어떻게 해야 할지 모르겠어요.

Je voudrais bien me détendre, mais je ne sais pas comment faire.
즈 부드헤 비엉 므 데떵드흐, 메 즈 느 쎄 빠 꼬멍 페흐

\# 그의 선택으로 긴장이 생길까요?

Son choix va-t-il créer des tensions ?
쏭 슈아 바띨 크헤에 데 떵시옹?

\# 저는 항상 긴장하고 있어요.

Je suis stressé(e) en permanence.
즈 쒸 스트헤쎄 엉 뻬흐마넝쓰

\# 긴장 푸세요.

Détendez-vous.
데떵데부

불안하다

\# 불안해요.

Je suis anxieux (anxieuse).
즈 쒸 장씨으 (정씨으즈)

\# 이유 없이 불안해요.

Je suis anxieux (anxieuse) sans raison.
즈 쒸 장씨으 (장씨으즈) 쌍 헤종

Je suis nerveux (nerveuse) sans raison.
즈 쒸 네흐브 (네흐브즈) 쌍 헤종

Je suis angoissé(e) sans raison.
즈 쒸 장구아쎄 쌍 헤종
(조금 더 심각한 상황일 때)

\# 그는 걱정이 아주 많아요.

Il s'inquiète beaucoup.
일 쌩끼애뜨 보꾸

Il a beaucoup de soucis.
일 아 보꾸 드 쑤씨

\# 제 상황은 불안정해요.

Je suis dans une situation précaire.
즈 쒸 당 쥔 씨뛰아씨옹 프헤께흐

\# 네가 걱정이야.

Je m'inquiète pour toi.
즈 맹끼애뜨 뿌흐 뚜아

Je suis inquiet (inquiète) pour toi.
즈 쒸 쟁끼에 (쟁끼애뜨) 뿌흐 뚜아

Tu m'inquiètes.
뛰 맹끼애뜨

\# 당황할 거 없어!

Pas de panique ! (구어)
빠 드 빠니끄!

\# 불안은 영혼을 잠식한다.

La peur ronge l'âme.
라 뾔흐 홍즈 람

불평하다

\# 열한 살짜리 제 딸은 항상 불평을 해요.

Ma fille de onze ans se plaint tout le temps.
마 피이 드 옹정 쓰 쁠랭 뚜 르 떵

\# 제 남편은 쉴 새 없이 불평을 해요.

Mon mari se plaint sans cesse.
몽 마히 쓰 쁠랭 쌍 쎄쓰

\# 불평하고 싶지 않네요.

Je ne veux pas me plaindre.
즈 느 브 빠 므 쁠랭드흐

\# 뭐가 그렇게 불만이신가요?

De quoi vous plaignez-vous ?
드 꾸아 부 쁠레녜부?

\# 분노가 끓어오릅니다!

La colère monte !
라 꼴래흐 몽뜨!

\# 그들은 다른 사람들과 함께 항의하고자 해요.

Ils veulent se plaindre avec les autres.
일 뵐 쓰 쁠랭드흐 아베끄 레 조트흐

\# 그는 모든 사람을 향해 끊임없이 불평을 해요.

Il ne cesse de bougonner contre tout le monde.
일 느 쎄쓰 드 부고네 꽁트흐 뚜 르 몽드

se plaint / se plaindre 쓰 쁠랭/쓰 쁠랭드흐 v. 불평하다
tout le temps 뚜 르 떵 항상
sans cesse 쌍 쎄쓰 끊임없이
tout le monde 뚜 르 몽드 (모든) 사람들

신경질적이다

\# 너는 날 신경질 나게 해.

Tu m'énerves.
뛰 메네흐브

Tu m'agaces.
뛰 마갸쓰

\# 그것 때문에 신경질이 나.

Cela m'énerve.
쓸라 메네흐브

\# 그것 때문에 신경질이 좀 났었지.

Cela m'a un peu énervé
쓸라 마 엉 쁘 에네흐베

\# 그는 아무것도 아닌 일로 제게 신경질을 내요.

Il s'énerve sur moi pour (un) rien.
일 쎄네흐브 쒸흐 무아 뿌흐 (엉) 히엉

\# 소음 때문에 그는 신경이 곤두서 있어요.

Le bruit l'a énervé.
르 브휘 라 에네흐베

Il est énervé à cause du bruit.
일 레 떼네흐베 아 꼬즈 뒤 브휘

\# 저는 항상 화가 나 있어요.

Je suis tout le temps énervé(e).
즈 쒸 뚜 르 떵 에네흐베

\# 차분하게 있자, 짜증 내지 말자.

Restons calme, ne nous énervons pas.
헤스똥 꺌므, 느 누 제네흐봉 빠

\# 짜증 내지 마!

Ne t'énerve pas !
느 떼네흐브 빠!

낙천적이다

\# 우리 딸은 낙천적이에요.

Ma fille est optimiste.
마 피이 에 똡띠미스뜨

\# 사람들은 점점 낙천적이고 싶어 해요.

De plus en plus de personnes veulent être optimistes.
드 쁠뤼 정 쁠뤼 드 뻬흐쏜 뵐 떼트흐 옵띠미스뜨

\# 낙관론은 의지의 문제예요.

L'optimisme est un problème de volonté.
롭띠미즘 에 떵 프호블램 드 볼롱떼

\# 제 아내는 미래를 낙관하네요.

Ma femme envisage l'avenir avec optimisme.
마 팜 엉비자즈 라브니 아베끄 옵띠미즘

\# 당신은 긍정적인 사람인가요?

Êtes-vous une personne positive ?
에뜨부 윈 뻬흐쏜 뽀지띠브?

\# 어머니는 긍정적으로 대답하셨죠.

Ma mère a répondu de façon positive.
마 매흐 아 헤뽕뒤 드 파쏭 뽀지띠브

Ma mère a répondu favorablement.
마 매흐 아 헤뽕뒤 파보하블르멍

착하다

너는 착한 아이구나.

Tu es une fille gentille. (여자아이에게 말할 때)
뛰 에 쥔 피이 정띠이
Tu es gentil. (남자에게 말할 때)
뛰 에 정띠
Tu es gentille. (여자에게 말할 때)
뛰 에 정띠이

그는 착한 성격을 가졌지요.

Il a un bon caractère.
일 아 엉 봉 꺄학때흐

이들은 착하고 사려 깊은 사람들이에요.

Ce sont des gens très bien et discrets.
쓰 쏭 데 정 트해 비엉 에 디스크헤

정말 친절하시네요.

C'est vraiment gentil.
쎄 브헤멍 정띠

인간의 본성은 착하지 않아요.

Le naturel de l'homme n'est pas bon.
르 나뛰헬 드 롬 네 빠 봉
La nature de l'homme n'est pas bonne.
라 나뛰흐 드 롬 네 빠 본

얌전히 있어!

Sois sage ! (한 명일 때)
쑤아 싸즈!
Soyez sages ! (여럿일 때)
쑤아이예 싸즈!

여기서 잠깐!

형용사 'gentil 정띠'는 '착하다, 귀엽다'는 뜻과 함께 '친절하다, 관대하다'라는 의미도 있어요. 그래서 고맙다는 말을 할 때 'C'est gentil 쎄 정띠'나 'Vous êtes gentil 부 제뜨 정띠'라는 말을 함께 쓸 수 있지요.

꼭! 짚고 가기

프랑스인에 대한 미국인의 편견

프랑스 방송 TF1 떼에프엉에서는 미국인이 프랑스인에 대해 가지고 있는 편견에 대해 이야기한 바 있습니다. 재미 삼아 어떤 편견이 있었는지 살펴볼까요?
우선 성격에 대한 편견으로, 프랑스 사람들은 철학적이고 세련되었지만 오만하다는 의견이 있었습니다. 게다가 자주 파업이 일어나 게으르다는 이미지도 가지고 있고요. 더불어 잦은 파업으로 프랑스인들이 공산주의적인 성향이 아닌가 하는 생각도 가지고 있다 합니다.
또한 기호 식품에 대한 편견도 있었습니다. 항상 바게트를 팔에 끼고 다니고, 와인과 치즈를 즐기며 달팽이 요리나 개구리 요리를 자주 먹는다고요. 기호품에 대해서는 담배를 많이 피운다는 생각도 있었습니다. 잘 씻지 않는다는 의견도 있었는데요, 통계에 따르면 아주 틀린 말은 아니라고 합니다.

진취적이다

\# 그는 항상 적극적인 역할을 해요.

Il joue toujours un rôle positif.
일 주 뚜주 엉 홀 뽀지띠프

\# 그는 적극적으로 참여했죠.

Il a activement participé.
일 라 악띠브멍 빠흐띠씨뻬

\# 이 아이는 능동적으로 말해요.

Cet enfant parle spontanément.
쎄 떵팡 빠흘르 스뽕따네멍

\# 제 딸은 적극적으로 답변했죠.

Ma fille a répondu positivement.
마 피이 아 헤뽕뒤 뽀지띠브멍

\# 그는 외향적이에요.

Il est expansif.
일 레 떽스빵지프
Il est extraverti.
일 레 떽스트하베흐띠

\# 그는 붙임성이 매우 좋아요.

Il est très sociable.
일 레 트해 쏘씨아블르

rôle 홀 n.m. 역할
positif (positive) 뽀지띠프 (뽀지띠브)
a. 적극적인, 긍정적인
activement 악띠브멍 ad. 적극적으로
parle / parler 빠흘르/빠흘레 v. 말하다
répondu / répondre 헤뽕뒤/헤뽕드흐 v. 대답하다
expansif (expansive) 엑스빵씨프 (엑스빵씨브)
a. 외향적인, 개방적인
extraverti(e) 엑스트하베흐띠 a. 외향적인
sociable 쏘씨아블르 a. 사교적인, 붙임성이 좋은

순진하다

\# 그는 순진해요.

Il est naïf.
일 레 나이프
Il est innocent.
일 레 띠노썽

\# 그녀는 순진해요.

Elle est naïve.
엘 레 나이브
Elle est innocente.
엘 레 띠노썽뜨

\# 제 친구들 말로는 제가 순진했다네요.

Mes amis m'ont dit que j'étais naïf (naïve).
메 자미 몽 디 끄 제떼 나이프(나이브)

\# 저는 그걸 믿을 만큼 순진하지 않아요.

Je ne suis pas assez naïf(naïve) pour y croire.
즈 느 쒸 빠 자쎄 나이프(나이브) 뿌흐 이 크후아흐

\# 그는 유언비어를 너무 쉽게 믿어요.

Il croit trop facilement les fausses rumeurs.
일 크후아 트호 파씰르멍 레 포쓰 휘뫼

\# 순진함이란 결점인가요?

La naïveté est-elle un défaut ?
라 나이브떼 에뗄 엉 데포?

crois/croire 크후아/크후아흐 v. 믿다
fausses rumeurs 포쓰 휘뫼 유언비어
naïf (naïve) 나이프 (나이브) a. 순진한, 자연스러운
naïveté 나이브떼 n.f. 순진함

내성적이다

\# 우리 아들은 소심해요.

Mon fils est timide.
몽 피쓰 에 띠미드

\# 전 내성적이고 눈에 띄지 않아요.

Je suis introverti(e) et discret (discrète).
즈 쒸 쟁트호베흐띠 에 디스크헤 (디스크해뜨)

\# 저는 직장에서 말이 별로 없어요.

Je ne parle pas beaucoup au travail.
즈 느 빠흘르 빠 보꾸 오 트하바이

\# 많은 부모들이 아이들과 있을 때 말을 많이 하지 않아요.

Beaucoup de parents ne parlent pas assez avec leurs enfants.
보꾸 드 빠헝 느 빠흘 빠 자쎄 아베끄 뢰흐 정팡

Nombreux sont les parents, ne parlant pas beaucoup avec leur enfants.
농브흐 쏭 레 빠헝, 느 빠흘랑 빠 보꾸 아베끄 뢰흐 엉팡

\# 마음을 열기가 어려워요.

C'est difficile d'ouvrir mon cœur.
쎄 디피씰 두브히 몽 꾀흐

\# 저는 사교적이지 않아요.

Je ne suis pas sociable.
즈 느 쒸 빠 쏘씨아블르

\# 저는 공공 장소에 나가는 걸 싫어해요.

Je n'aime pas sortir dans les lieux publics.
즈 넴 빠 쏘흐띠 당 레 리으 쀠블리끄

우유부단하다

\# 우유부단해요.

Je suis indécis(e).
즈 쒸 쟁데씨(즈)

\# 혼자 결정하는 게 어려워요.

Il est difficile de décider seul(e).
일 레 디피씰 드 데씨데 쐴

\# 전 결정을 못해요.

Je n'arrive pas à me décider.
즈 나히브 빠 자 므 데씨데

Je suis incapable de prendre une décision.
즈 쒸 앵꺄빠블르 드 프헝드흐 윈 데씨지옹

\# 이 일에 대해 결정을 내리지 못하고 있어요.

Je n'arrive pas à prendre une décision sur cette affaire.
즈 나히브 빠 자 프헝드흐 윈 데씨지옹 쒸흐 쎗뜨 아페흐

\# 머리를 잘라야 할지 말아야 할지 고민이에요.

J'hésite à me couper les cheveux.
제지뜨 아 므 꾸뻬 레 슈브

\# 결정을 하지 못하는 사람들은 자아 존중감이 부족합니다.

Les personnes ayant du mal à se décider souffrent d'un manque d'estime de soi.
레 뻬흐쏜 에이양 뒤 말 아 쓰 데씨데 쑤프흐 덩 망끄 데쓰띰 드 쑤아

Les personnes hésitantes souffrent d'un manque d'estime de soi.
레 뻬흐쏜 에지떵뜨 쑤프흐 덩 망끄 데쓰띰 드 쑤아

비관적이다

제 남편은 비관적이에요.

Mon mari est un pessimiste.
몽 마히 에 떵 뻬씨미스뜨

제 아내는 모든걸 비관적으로 보죠.

Ma femme voit tout en noir.
마 팜 부아 뚜 떵 누아

모든 걸 심각하게 생각할 필요는 있지만 비관적일 건 없어요.

Il faut tout prendre au sérieux, mais rien au tragique.
일 포 뚜 프헝드흐 오 쎄리으 메 히엉 오 트하지끄

그는 항상 부정적이에요.

Il est toujours négatif.
일 레 뚜주 네갸띠프

그 소식은 저를 절망에 빠지게 하죠.

Cette nouvelle me met au désespoir.
쎗뜨 누벨 므 메 또 데제스뿌아

경제를 생각하면 비관주의에 빠지기 쉽죠.

Quand on évoque l'économie, il est facile de tomber dans le pessimisme.
깡 똥 에보끄 레꼬노미, 일 레 파씰 드 똥베 당 르 뻬씨미즘

pessimiste 뻬씨미스뜨 n. 비관적인, 비관론자
voir tout en noir 부아 뚜 떵 누아 비관적으로 보다
évoque/évoquer 에보끄/에보께 v. 떠올리다
négatif (négative) 네갸띠프 (네갸띠브)
a. 부정적인, 소극적인

이기적이다

그는 이기적이에요.

Il est égoïste.
일 레 떼고이스뜨

사람들은 가끔 이기적일 때가 있죠.

Tout le monde a tendance à être égoïste de temps en temps.
뚜 르 몽드 아 떵덩쓰 아 에트흐 에고이스뜨 드 떵 정 떵

이기적인 사람은 결국 친구를 잃어요.

Une personne égoïste finit par perdre des amis.
윈 뻬흐쏜 에고이스뜨 피니 빠흐 뻬흐드흐 데 자미

당신의 행동은 항상 당신 개인의 이익에만 쏠려 있나요?

Vos actions sont-elles toujours tournées vers votre profit personnel ?
보 작씨옹 쏭뗄 뚜주 뚜흐네 베흐 보트흐 프호피 뻬흐쏘넬?

이기적인 사람과 연인 사이를 유지하기란 어려워요.

Il est difficile d'entretenir une relation amoureuse avec une personne égoïste.
일 레 디피씰 덩트흐뜨니 윈 흘라씨옹 아무흐즈 아베끄 윈 뻬흐쏜 에고이스뜨

이기적인 사람들은 자신이 세상의 중심이라 여기고 세상이 자기를 중심으로 돌고 있다고 생각하죠.

Les personnes égoïstes pensent constamment qu'elles sont le centre de l'univers et que le monde tourne autour d'elles.
레 뻬흐쏜 에고이스뜨 뻥쓰 꽁쓰따멍 껠 쏭 르 썽트흐 드 뤼니베 에 끄 르 몽드 뚜흔느 오뚜 델

좋아하다

저는 음악을 좋아해요.

J'aime la musique.
쥄 라 뮈지끄

저는 빵 먹는 걸 좋아해요.

J'aime manger du pain.
쥄 망제 뒤 뺑

네가 바다에 함께 가 줬으면 좋겠어.

J'aimerais que tu m'accompagnes à la mer.
줴므헤 끄 뛰 마꽁빠뉴 알 라 메흐

제 아내는 휴가 떠나는 걸 매우 좋아하죠.

Ma femme adore partir en vacances.
마 팜 아도흐 빠흐띠 엉 바깡쓰

넌 내가 함께 있는 걸 좋아하는구나.

Tu adores que je sois avec toi.
뛰 아도흐 끄 즈 쑤아 아베끄 뚜아

제 남편은 와인 마시는 걸 제일 좋아해요.

Mon mari préfère boire du vin.
몽 마히 프헤패흐 부아흐 뒤 뱅

그는 제가 오지 않는 걸 더 좋아하죠.

Il préfère que je ne vienne pas.
일 프헤패흐 끄 즈 느 비엔 빠

싫어하다

우리 부모님은 늦게 들어가는 걸 싫어하세요.

Mes parents détestent rentrer tard.
메 빠헝 데떼스뜨 헝트헤 따흐

우리 부모님은 제가 늦게 들어가는 걸 싫어하세요.

Mes parents détestent que je rentre tard.
메 빠헝 데떼스뜨 끄 즈 헝트흐 따흐

제 남자 친구는 제가 많이 마시는 걸 싫어해요.

Mon copain a horreur que je boive autant.
몽 꼬뺑 아 오회 끄 즈 부아브 오땅

전 럭비를 그렇게 좋아하진 않아요.

Je n'aime pas beaucoup le rugby.
즈 넴 빠 보꾸 르 휙비

전 그 생각을 도무지 좋아할 수 없어요.

Je n'aime pas du tout cette idée.
즈 넴 빠 뒤 뚜 쎗뜨 이데

전 과일도 싫고 야채도 싫어요.

Je n'aime ni les fruits ni les légumes.
즈 넴 빠 니 레 프휘 니 레 레귐

Chapitre 07

사랑이 어디 쉬운가요?

Chapitre 07

Unité 1 데이트&연애

Unité 2 사랑

Unité 3 갈등&이별

Unité 4 결혼

Unité 5 임신&육아

Tomber amoureux 사랑에 빠지다
똥베 아무흐

rencontre 헝꽁트흐
n.f. 만남

rencontre à l'aveugle
헝꽁트흐 아 라뵈글
소개팅

célibataire 쎌리바떼흐
n. 독신자

petit ami 쁘띠 따미
(연인 관계의) 남자친구

petite amie 쁘띠뜨 아미
(연인 관계의) 여자친구

copain 꼬뺑
n.m. 남자친구

copine 꼬삔
n.f. 여자친구

idéal 이데알
n.m. 이상형

charme 샤흠므
n.m. 매력

rendez-vous 헝데부
n.m. 데이트

sortir 쏘흐띠
v. 데이트하다

plaire 쁠레흐
v. 마음에 들다

bonne impression 본 앵프헤씨옹
좋은 인상

la Saint Valentin 라 쌩 발렁땡
성 밸런타인데이

cadeau 꺄도
n.m. 선물

rencontre sérieuse
헝꽁트흐 쎄히으즈
진지한 만남

rencontre légère 헝꽁트흐 레재흐
가벼운 만남

amour 아무
n.m. 사랑

embrasser 엉브하쎄
v. 키스하다, 껴안다

câlin 꺌랭
n.m. 포옹

tomber amoureux 똥베 아무흐
사랑에 빠지다

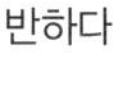

être sous le charme
에트흐 쑤 르 샤흠므
반하다

femme de ma vie 팜 드 마 비
인생의 여자

homme de ma vie 옴 드 마 비
인생의 남자

anniversaire 아니베흐쎄흐
n.m. 기념일

fêter 페떼, **célébrer** 쎌레브헤
v. 축하하다

ensemble 엉썽블르
ad. 함께

vivre ensemble 비브흐 엉썽블르
함께 살다

fou 푸, **fol** 폴, **folle** 폴르
a. 미쳐 있는, 광적인

relation à distance
흘라씨옹 아 디스땅쓰
장거리 연애

manquer 망께
v. 그립다

penser à toi 뻥쎄 아 뚜아
네 생각을 하다

Séparons-nous 우리 헤어지자
쎄빠홍누

conflit 꽁플리 n.m. 갈등 	jaloux 잘루, jalouse 잘루즈 a. 질투하는 	tromper 트홍뻬 v. 배신하다 
	s'éloigner 쎌루아녜 v. 멀어지다 	faire chambre à part 페흐 샹브흐 아 빠흐 각방을 쓰다
séparation 쎄빠하씨옹 n.f. 이별 	quitter 끼떼 v. 떠나다 	se séparer 쓰 쎄빠헤 v. 헤어지다 
	rupture 휩뛰흐 n.f. 결별 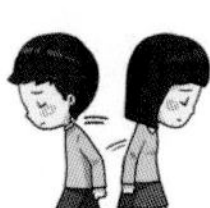	liberté 리베흐떼 n.f. 자유

Veux-tu m'épouser ? 나와 결혼해 줄래?
브뛰 메뿌제?

mariage 마히아즈 n.m. 결혼 	demande en mariage 드망드 엉 마히아즈 청혼 	poser un genou à terre 뽀제 엉 즈누 아 떼흐 무릎을 꿇다 
se marier 쓰 마히에 v. 결혼하다	cérémonie de mariage 쎄헤모니 드 마히아즈 결혼식 	alliance 알리앙쓰 n.f. 결혼 반지 
vœux de mariage 브 드 마히아즈 성혼 선언문	faire-part (de mariage) 페흐빠흐 (드 마히아즈) 청첩장 	date butoir 다뜨 뷔뚜아 회신 기한

mari 마히
n.m. 남편

femme 팜
n.f. 아내

famille 파미이
n.f. 가족

beaux-parents 보빠헝
n.m.pl. 장인 장모, 시부모

beau-père 보뻬흐
n.m. 장인, 시아버지

belle-mère 벨매흐
n.f. 장모, 시어머니

Je suis enceinte ! 임신했어요!
즈 쒸 정쌩뜨!

mon bébé 몽 베베
우리 아기

grossesse 그호쎄쓰
n.f. 임신

être enceinte 에트흐 엉쌩뜨
임신하다

naissance 네쌍쓰
n.f. 탄생

accouchement 아꾸슈멍
n.m. 출산

lait maternel 레 마떼흐넬
모유

allaiter 알레떼
v. 수유하다

biberon 비브홍
n.m. 젖병

couche 꾸슈
n.f. 기저귀

poussette 뿌쎗뜨
n.f. 유모차

berceau 베흐쏘
n.m. 아기 침대

소개팅

소개팅을 한번 해 봤어요.

J'ai tenté une rencontre à l'aveugle.
줴 떵떼 윈 헝꽁트흐 아 라뵈글

J'ai tenté un blind date.
줴 떵떼 엉 블라인드 데이트

남자친구 있나요?

Avez-vous un petit ami ?
아베부 엉 쁘띠 따미?

여자친구 있나요?

Avez-vous une petite amie ?
아베부 윈 쁘띠뜨 아미?

회사 동료가 소개팅을 해 줄 수도 있죠.

Une rencontre à l'aveugle peut être organisée par des collègues de travail.
윈 헝꽁트흐 아 라뵈글 쁘 떼트흐 오흐가니제 빠흐 데 꼴래그 드 트하바이

저는 제 배우자를 인터넷 소개팅 사이트에서 만났어요.

J'ai rencontré mon épouse sur un site de rencontres à l'aveugle.
줴 헝꽁트헤 모 네뿌즈 쒸흐 엉 씨뜨 드 헝꽁트흐 아 라뵈글

그건 사전에 서로 모르는 두 독신자가 서로 알아갈 수 있도록 해 주는 거예요.

Il s'agit d'organiser des rencontres entre deux célibataires qui ne se connaissent pas à priori afin de leur permettre de faire connaissance.
일 싸지 도흐가니제 데 헝꽁트흐 엉트흐 드 쎌리바떼흐 끼 느 쓰 꼬네쓰 빠 자 프히오히 아팽 드 뢰흐 뻬흐메트흐 드 페흐 꼬네쌍쓰

소개팅 후 평가

너는 내 이상형이야.

Tu es mon idéal.
뛰 에 모 니데알

난 너에게 반했어.

Je suis tombé(e) amoureux (amoureuse) de toi.
즈 쒸 똥베 아무흐 (아무흐즈) 드 뚜아

Je craque pour toi. (구어)
즈 크하끄 뿌흐 뚜아

아직 고백하지 못했지만 난 네 매력에 빠졌어.

Je n'arrive pas à te l'avouer mais je suis tombé sous ton charme.
즈 나히브 빠 자 뜨 라부에 메 즈 쒸 똥베 쑤 똥 샤흠므

그는 그 여성에게 홀딱 반했어요.

Il est bien mordu pour elle.
일 레 비엉 모흐뒤 뿌흐 엘

넌 나에게 완벽해.

Tu es parfait(e) pour moi.
뛰 에 빠흐페(뜨) 뿌흐 무아

이 남자는 제 취향이 아니에요.

Cet homme n'est pas mon genre.
쎄 똠 네 빠 몽 정흐

Il n'est pas mon style.
일 네 빠 몽 쓰띨

idéal 이데알 n.m. 이상형 a. 이상적인, 공상의
mordu(e) 모흐뒤 a. 홀린, 반한
petit ami 쁘띠 따미 남자친구
petite amie 쁘띠뜨 아미 여자친구

데이트①

\# 어떤 여성과의 첫 번째 데이트를 준비해요.

Je prépare un premier rendez-vous avec une fille.
즈 프헤빠흐 엉 프흐미에 헝데부 아베끄 윈 피이

\# 이미 좋은 식당을 골라 놨어요.

J'ai déjà choisi un bon restaurant.
줴 데자 슈아지 엉 봉 헤스또항

\# 근사한 장소로 정해 두었어요.

J'ai opté pour un endroit chic.
줴 옵떼 뿌흐 어 넝드후아 쉬끄

\# 예기치 못한 일이 발생했을 경우에 대한 대비책을 준비해 두고 있죠.

J'ai un plan de secours au cas où quelque chose d'inattendu se produirait.
줴 엉 쁠랑 드 쓰꾸 오 꺄 우 껠끄 쇼즈 디나떵뒤 쓰 프호뒤헤

\# 옷을 어떻게 입어야 할까요?

Comment je m'habille ?
꼬멍 즈 마비?

\# 당신이 편안하게 느끼는 옷을 고르는 게 낫죠.

C'est mieux de choisir des vêtements dans lesquels vous vous sentez bien.
쎄 미으 드 슈아지 데 베뜨멍 당 레껠 부 부 썽떼 비엉

\# 그가 다시 전화하길 기다리는 중이에요.

J'attends qu'il me rappelle.
자떵 낄 므 하뻴

데이트②

\# 제 맘에 드는 여자애를 만났어요.

J'ai rencontré une fille qui me plaît.
줴 헝꽁트헤 윈 피이 끼 므 쁠레

\# 첫눈에 반하는 사랑이라는 게 가능한 건가요?

Est-il possible de tomber amoureux au premier regard ?
에띨 뽀씨블르 드 똥베 아무흐 오 프흐미에 흐갸?

\# 그녀와 더 많은 시간을 보내고 싶네요.

J'ai envie de passer plus de temps avec elle.
줴 엉비 드 빠쎄 쁠뤼쓰 드 떵 아베끄 엘

\# 그가 제 뺨에 키스를 했어요.

Il m'a donné un baiser sur la joue.
일 마 도네 엉 베제 쒸흐 라 주

\# 그는 내 손을 잡았어요.

Il a tenu ma main.
일 라 뜨뉘 마 맹

\# 첫 번째 데이트에선 남성들이 비용을 지불하는 게 일반적이지요.

Il est normal que les hommes payent l'addition lors d'un premier rendez-vous.
일 레 노흐말 끄 레 좀 뻬이 라디씨옹 로흐 덩 프흐미에 헝데부

\# 젊은 연인들은 비용을 나누어 지불하려고들 해요.

Les couples jeunes tendent à partager l'addition.
레 꾸쁠 죈 떵드 아 빠흐따제 라디씨옹

데이트③

\# 어디 가고 싶니?

Où est-ce que tu veux aller ?
우 에스끄 뛰 브 알레?

\# 네가 결정해 줘.

C'est toi qui décides.
쎄 뚜아 끼 데씨드

\# 넌 뭐가 더 좋니?

Qu'est-ce que tu préfères, toi ?
께스끄 뛰 프헤패흐, 뚜아?

\# 그가 제게 이번 주말 데이트를 하자고 하네요.

Il m'a proposé un rendez-vous pour ce week-end.
일 마 프호뽀제 엉 헝데부 뿌흐 쓰 위껜드

\# 첫 번째 데이트가 불발됐어요.

J'ai raté mon premier rendez-vous (amoureux).
줴 하떼 몽 프흐미에 헝데부 (자무흐)

\# 그와 데이트하고 싶어요.

Je veux sortir avec lui.
즈 브 쏘흐띠 아베끄 뤼

\# 이전에는 결코 너 같은 사람을 만나본 적이 없었어.

Je n'ai jamais rencontré quelqu'un comme toi avant.
즈 네 자메 헝꽁트헤 껠껑 꼼 뚜아 아방

연애 충고①

\# 여자 친구에게 아름답다고 말해 주세요, 적어도 그 말을 기다릴 때는 더욱요.

Dites-lui qu'elle est belle, surtout quand elle s'y attend le moins.
디뜨뤼 껠 레 벨, 쒸흐뚜 깡 뗄 지 아떵 르 무앙

\# 작은 선물이라도 큰 효과를 내곤 하죠.

Même un petit cadeau fait beaucoup d'effet.
멤 엉 쁘띠 꺄도 페 보꾸 데페

\# 특별한 장소에 그녀를 데려가세요.

Emmenez-la dans un endroit spécial.
엉므네라 당 저 넝드후아 스뻬씨알

\# 둘 사이의 중요한 기념일을 절대 잊지 마세요.

N'oubliez jamais les anniversaires liés à votre relation.
누블리에 자메 레 자니베흐쎄흐 리에 아 보트흐 흘라씨옹

\# 다른 사람 앞에서 그에게 애정 표현하는 걸 부끄러워하지 마세요.

N'ayez pas honte de lui montrer de l'affection devant les autres.
네이예 빠 옹뜨 들 뤼 몽트헤 드 라펙씨옹 드방 레 조트흐

\# 서로가 서로를 잘 알아 가는 좋은 방법은 친구들에게 그 여성을 소개해 주는 거예요.

Un excellent moyen d'apprendre à mieux se connaître l'un l'autre est de présenter la fille à vos amis.
어 넥쎌렁 무아이영 다프헝드흐 아 미으 쓰 꼬네트흐 렁 로트흐 에 드 프헤정떼 라 피이 아 보 자미

연애 충고②

\# 좋은 인상을 줄 수 있는 옷을 입으세요.

Habillez-vous de manière à faire bonne impression.
아비에부 드 마니애흐 아 페흐 본 앵프헤씨옹

\# 당신과 다르더라도, 상대방의 의견과 원하는 바에 주의를 기울이세요.

Soyez attentif à ses opinions et désirs, même s'ils diffèrent des vôtres.
쑤아이예 자떵띠프 아 쎄 조삐니옹 에 데지, 멤 씰 디패흐 데 보트흐

\# 친구들과 보내는 시간과 여자 친구와 보내는 시간 사이에 균형을 잡으세요.

Équilibrez votre temps passé avec vos amis et avec votre petite amie.
에낄리브헤 보트흐 떵 빠쎄 아베끄 보 자미 에 아베끄 보트흐 쁘띠뜨 아미

\# 그녀를 공주처럼 대접해 주세요.

Traitez-la comme une princesse.
트헤떼라 꼼 윈 프행쎄쓰

\# 예전 관계에 대해 말할 수는 있겠지만, 당신 앞에 있는 사람과 비교하는 것은 삼가세요.

Vous pouvez parler de vos relations antérieures, mais évitez de les comparer avec la personne qui se trouve devant vous.
부 뿌베 빠흘레 드 보 흘라씨옹 장떼히외흐, 메 에비떼 들 레 꽁빠헤 아베끄 라 뻬흐쏜 끼 쓰 트후브 드방 부

\# 관계를 풍요롭게 하기 위해서는 차이를 받아들여야 할 거예요.

Vous devrez accepter les différences pour enrichir la relation.
부 드브헤 악쎕떼 레 디페헝쓰 뿌흐 엉히쉬 라 흘라씨옹

꼭! 짚고 가기

연인을 부를 때 사용하는 애칭

프랑스인 10명 중에서 6명은 연인의 이름보다는 애칭을 부른다고 합니다. 연인에게 자주 쓰는 프랑스어 애칭으로는 무엇이 있는지 알아볼까요?

먼저 chérie 쉐히(여성을 부를 때)와 chéri 쉐히(남성을 부를 때)가 있습니다. 소유 형용사를 이용해 ma chérie 마 쉐히(여성을 부를 때)라고 하거나 mon chéri 몽 쉐히(남성을 부를 때)라고 할 수도 있지요. 이것은 프랑스인들이 가장 자주 사용하는 애칭이라고 합니다. 물론 mon cœur 몽 꾀흐 혹은 mon petit cœur 몽 쁘띠 꾀흐도 흔히 들을 수 있는 것이지요.

한국어와 마찬가지로 아기나 꼬마라는 뜻을 가진 표현을 애칭으로 사용한 bébé 베베나 소유 형용사를 넣은 mon bébé 몽 베베, 그리고 ma puce 마 쀠쓰 역시 자주 이용합니다. doudou 두두나 loulou 룰루도 종종 들으실 수 있을 거예요.

특히 동물을 이용해 애칭을 만들기도 한다는 특징이 있습니다.

- mon chaton 몽 샤똥 새끼 고양이
- ma tourterelle 마 뚜흐뜨헬 멧비둘기
- ma poupée 마 뿌뻬, ma belle bichette 마 벨 비쉣뜨 어린 암사슴
- biquette 비껫뜨 어린 염소
- louloute 룰루뜨 스피츠(개의 일종)
- ma tigresse 마 띠그헤쓰 호랑이
- ma caille 마 까이 메추라기
- ma crevette 마 크흐벳뜨 작은 새우
- ma poulette 마 뿔렛뜨 어린 닭

사랑 ①

\# 사랑해.

Je t'aime.
즈 뗌

\# 사랑해요.

Je vous aime.
즈 부 젬

\# 사랑에 빠졌어요.

Je suis tombé(e) amoureux (amoureuse).
즈 쒸 똥베 아무흐 (아무흐즈)

\# '사랑해'라고 말하는 데에는 매우 다양한 방식이 있죠.

Il y a tellement de façons différentes de dire 'Je t'aime'.
일 리 아 뗄르멍 드 파쏭 디페헝뜨 드 디흐 '즈 뗌'

\# 우린 함께야.

On est ensemble.
오 네 떵썽블르

\# 너는 날 사랑해.

Tu m'aimes.
뛰 멤

\# 너와 많은 일들을 해 보고 싶어.

Je veux faire plein de choses avec toi.
즈 브 페흐 쁠랭 드 쇼즈 아베끄 뚜아

\# 저는 제 인생의 남자를 만났어요.

J'ai rencontré l'homme de ma vie.
줴 헝꽁트헤 롬 드 마 비

chose 쇼즈 n.f. 일, 것, 사항
ensemble 엉썽블르 ad. 함께

사랑 ②

\# 껴안고 싶어요.

Je veux un câlin.
즈 브 엉 꺌랭

\# 우리는 항상 사랑을 나누길 원해요.

On a toujours envie de faire l'amour.
오 나 뚜주 엉비 드 페흐 라무

\# 네가 날 사랑하기 때문에 내 인생은 완전해.

Parce que tu m'aimes, ma vie est complète.
빠흐쓰 끄 뛰 멤, 마 비 에 꽁쁠래뜨

\# 내 감정을 표현할 단어를 찾고 싶어.

Je voudrais trouver les mots pour exprimer mes sentiments.
즈 부드헤 트후베 레 모 뿌흐 엑스프히메 메 썽띠멍

\# 내가 죽을 장소를 정할 수 있다면, 그건 네 품일 거야.

Si je pouvais choisir un endroit pour mourir, ce serait dans tes bras.
씨 즈 뿌베 슈아지 어 넝드후아 뿌흐 무히, 쓰 쓰헤 당 떼 브하

\# 매일 나는 널 더 사랑해, 어제보다 오늘 더.

Chaque jour je t'aime d'avantage, aujourd'hui plus qu'hier.
샤끄 주흐 즈 뗌 다방따즈, 오주흐뒤 쁠뤼 끼에

\# 일어나면 네 생각을 해.

En me levant, je pense à toi.
엉 므 르방, 즈 뻥쓰 아 뚜아

câlin 꺌랭 n.m. 포옹
sentiment 썽띠멍 n.m. 감정

질투 & 배신

그 사람의 옛 애인이 질투 나요.

Je suis jaloux(jalouse) de son ex.
즈 쒸 잘루(잘루즈) 드 쏘 넥쓰

제 여자 친구의 과거를 받아들이는 건 종종 힘이 들어요.

Il est souvent difficile d'accepter le passé amoureux de ma copine.
일 레 쑤벙 디피씰 닥쎕떼 르 빠쎄 아무흐 드 마 꼬삔

남자 친구가 있는데 다른 사람이 눈에 들어와요.

J'ai un copain mais un autre m'attire.
줴 엉 꼬뺑 메 어 노트흐 마띠흐

저는 다른 여성과 잠깐 만났어요.

J'ai flirté avec une autre femme.
줴 플리흐떼 아베끄 윈 오트흐 팜

언제부터 부정한 상태라고 여길 수 있는 건가요?

À partir de quand peut-on se considérer comme étant infidèle ?
아 빠흐띠 드 깡 쁘똥 쓰 꽁씨데헤 꼼 에땅 앵피댈?

저는 제 남자 친구를 배신했어요.

J'ai trompé mon copain.
줴 트홍뻬 몽 꼬뺑

평생 동안 오직 한 사람과 충실한 관계를 유지할 수 없어요.

Il est impossible de rester fidèle à la même personne toute sa vie.
일 레 땡뽀씨블르 드 헤스떼 피댈 알 라 멤 뻬흐쏜 뚜뜨 싸 비

ai flirté / flirter 에 플리흐떼/플리흐떼
v. 장난으로 연애하다, 일시적인 연애를 하다

꼭! 짚고 가기

사랑에 관한 문장들

프랑스어로 사랑에 대해 속삭인다면 얼마나 낭만적일까요? 사랑에 관한 짧지만 아름다운 문장들을 읽고 외워 봅시다.

- La Raison parle, mais l'Amour chante.
  라 해종 빠흘르 메 라무흐 샹뜨
  이성은 말하지만, 사랑은 노래한다.
  – Alfred de Vigny 알프헤드 드 비니

- L'amour est un feu qui s'éteint s'il ne s'augmente.
  라무흐 에 떵 프 끼 쎄떵 씰 느 조그멍뜨
  사랑은 더 커지지 않으면 꺼져버리는 불꽃이다.
  - Stendhal 스떵달

- L'amour est une brève épilepsie.
  라무흐 에 뛴 브해브 에삘렙씨
  사랑은 짧은 발작이다.
  - Paul Valéry 뽈 발레히

- L'amour est à réinventer.
  라무흐 에 아 헤앵벵떼
  사랑은 재창조되어야 한다.
  - Arthur Rimbaud 아흐뛰흐 행보

- L'amour est inguérissable.
  라무흐 에 앵게히싸블르
  사랑은 치유할 수 없는 것이다.
  - Marcel Proust 마흐쎌 프후스트

- Parler d'amour, c'est faire l'amour.
  빠흘레 다무흐 쎄 페흐 라무흐
  사랑에 대해 말하는 것, 그것이 사랑하는 것이다.
  - Honoré de Balzac 오노헤 드 발자크

갈등

\# 사랑이란 시간이 지나며 시드는 것이죠.

L'amour s'étiole avec le temps.
라무 쎄띠올 아베끄 르 떵

\# 그는 더 이상 그녀의 존재를 참을 수 없지만 여전히 같이 있어요.

Il ne supporte plus sa présence mais il reste avec elle.
일 느 쒸뽀흐뜨 쁠뤼 싸 프헤정쓰 메 일 헤스뜨 아베끄 엘

\# 떠나야 할 시간이에요.

Il est temps de partir.
일 레 떵 드 빠흐띠

\# 천천히 그러나 분명히, 제 아내와 저는 서로가 멀어지고 있었죠.

Ma femme et moi étions en train de nous éloigner, doucement mais sûrement.
마 팜 에 무아 에띠옹 엉 트행 드 누 젤루아녜, 두쓰멍 메 쒸흐멍

\# 즐겁지도 않은 커플에게 계속 이 상태로 있으라고 할 수 있을까요?

Qu'est-ce qui peut pousser certains à rester dans un couple sans joie ?
께스끼 쁘 뿌쎄 쎄흐땡 아 헤쓰떼 당 정 꾸쁠 쌍 주아?

\# 이것이 감정의 문제인가요 아니면 관계의 문제인가요?

Est-ce un problème sentimental ou relationnel ?
에쓰 엉 프호블램 썽띠멍딸 우 흘라씨오넬?

\# 전 다른 방에서 잤어요.

J'ai dormi dans une autre chambre.
줴 도흐미 당 쥔 오트흐 샹브흐

이별①

\# 우린 끝이야.

C'est fini entre nous.
쎄 피니 엉트흐 누

\# 우리 헤어지자.

Séparons-nous.
쎄빠홍누

On va se séparer.
옹 바 쓰 쎄빠헤

\# 오늘, 저는 남자 친구를 떠났어요.

Aujourd'hui, j'ai quitté mon copain.
오주흐뒤, 줴 끼떼 몽 꼬뺑

\# 그가 절 떠났어요.

Il m'a quitté.
일 마 끼떼

\# 그는 다른 여자를 만나려고 절 떠났어요.

Il m'a quitté pour une autre.
일 마 끼떼 뿌흐 윈 오트흐

\# 제 아내는 떠났어요.

Ma femme est partie.
마 팜 에 빠흐띠

\# 너를 다시는 만나지 않았으면 해.

J'aurais souhaité ne jamais te rencontrer.
조헤 쑤에떼 느 자메 뜨 헝꽁트헤

fini(e) 피니 a. 끝난
se séparer 쓰 쎄빠헤 v. 헤어지다, 갈라서다
se quitter 쓰 끼떼 v. 서로 헤어지다
quitté / quitter 끼떼/끼떼 v. 떠나다
parti(e) 빠흐띠 a. 떠난
rencontrer 헝꽁트헤 v. 만나다

이별②

\# 우린 사랑하지만 헤어졌어요.

On s'aime mais on se sépare.
옹 쎔 메 옹 쓰 쎄빠흐

\# 그는 이별을 받아들이지 않아요.

Il n'accepte pas la rupture.
일 낙쎕뜨 빠 라 휩뛰흐

\# 커플의 삶에서 독신의 삶으로 옮겨가는 일은 어려울 수 있죠.

Il peut être difficile de passer de la vie de couple à celle de célibataire.
일 쁘 떼트흐 디피씰 드 빠쎄 들 라 비 드 꾸쁠 아 쎌 드 쎌리바떼흐

\# 연인 관계가 끝난 뒤에는 우울한 느낌이 들기 쉬워요.

Après une rupture amoureuse, il est facile de se sentir déprimé.
아프해 쥔 휩뛰흐 아무흐즈, 일 레 파씰 드 쓰 썽띠 데프히메

\# 그는 자유를 찾고 싶다고 했어요.

Il voulait retrouver sa liberté.
일 불레 흐트후베 싸 리베흐떼

\# 삶을 공유하던 사람이 더 이상 제 곁에 없네요.

La personne avec laquelle je partageais ma vie n'est plus à mes côtés.
라 뻬흐쏜 아베끄 라껠 즈 빠흐따제 마 비 네 쁠뤼 자 메 꼬떼

\# 난 널 절대 잊지 않을 거야.

Je ne t'oublierai jamais.
즈 느 뚜블리헤 자메

기타①

\# 우리는 거의 못 봐요.

On se voit très peu.
옹 쓰 부아 트해 쁘

\# 그는 애정 싸움을 가지고 불평해요.

Il se plaint de ses petites disputes de couple.
일 쓰 쁠랭 드 쎄 쁘띠뜨 디스쀠뜨 드 꾸쁠

\# 그는 자기 여자 친구에 대한 친구들의 의견을 듣지 않아요.

Il n'écoute pas les commentaires que font ses amis sur sa copine.
일 네꾸뜨 빠 레 꼬멍떼흐 끄 퐁 쎄 자미 쒸흐 싸 꼬삔

\# 어떤 문제가 있어도 그는 우리가 함께이길 바라고 있어요.

Il veut qu'on reste ensemble malgré tout.
일 브 꽁 헤스뜨 엉썽블르 말그헤 뚜
Il veut qu'on reste ensemble quoi qu'il arrive.
일 브 꽁 헤스뜨 엉썽쁠르 꾸아 낄 라히브

\# 그가 저를 기다릴 거라 했어요.

Il me dit qu'il m'attendra.
일 므 디 낄 마떵드하

\# 저는 우리 커플이 충분히 견고하지 않을까봐 걱정이 돼요.

J'ai peur que notre couple ne soit pas assez fort.
줴 뻬흐 끄 노트흐 꾸쁠 느 쑤아 빠 자쎄 포흐

\# 저 여자애 전화번호를 얻고 싶어요.

Je veux obtenir le numéro de téléphone de cette fille.
즈 브 옵뜨니 르 뉘메호 드 뗄레폰 드 쎗뜨 피이

기타②

전 지금 제 남자 친구와 장거리 연애를 하고 있어요.

Je vis actuellement une relation longue distance avec mon petit ami.
즈 비 작뛰엘멍 윈 흘라씨옹 롱그 디스땅쓰 아베끄 몽 쁘띠 따미

멀리 있는 누군가를 사랑한다는 것은 분명 힘든 일이죠.

Cela doit être dur d'aimer quelqu'un qui est si loin.
쓸라 두아 에트흐 뒤흐 데메 껠껑 끼 에 씨 루앙

넌 이미 내게서 멀리, 아주 멀리 있다는 걸 분명히 알아.

Je sais juste que tu es déjà loin, trop loin de moi.
즈 쎄 쥐스뜨 끄 뛰 에 데자 루앙, 트호 루앙 드 무아

제 남자 친구와 휴식기를 가지기로 했어요.

J'ai décidé de faire un break avec mon copain.
줴 데씨데 드 페흐 엉 브레이끄 아베끄 몽 꼬뺑

예전 남자 친구에게 어떻게 하면 아직도 사랑한다고 말할 수 있을까요?

Comment dire à mon ex que je l'aime encore ?
꼬멍 디흐 아 모 넥쓰 끄 즈 렘 엉꼬흐?

여기서 잠깐!

프랑스어도 점점 더 영어 표현을 많이 가져다 사용해요. 휴식이나 중지를 뜻하는 'une pause 윈 뽀즈'라는 단어 대신 'un break 엉 브레이끄'를 쓰는 것을 보면 알 수 있지요.

청혼

나와 결혼해 줄래?

Veux-tu m'épouser ?
브뛰 메뿌제?

Veux-tu te marier avec moi ?
브뛰 뜨 마히에 아베끄 무아?

내 아내가 되어 주겠니?

Est-ce que tu veux devenir ma femme ?
에스끄 뛰 브 드브니 마 팜?

그녀에게 청혼하기 위해 무릎을 꿇었어요.

J'ai posé un genou à terre pour la demander en mariage.
줴 뽀제 엉 즈누 아 떼흐 뿌흐 라 드망데 엉 마히아즈

'네'라고 대답했죠.

J'ai dit 'oui'.
줴 디 '위'

그녀가 제게 그렇다는 대답을 해 줄 때까지 보름을 기다렸어요.

J'ai attendu quinze jours avant qu'elle me dise oui.
줴 아떵뒤 깽즈 주흐 아방 껠 므 디즈 위

5년의 우정 끝에 그는 제게 청혼했어요.

Au bout de cinq ans d'amitié, il m'a demandé en mariage.
오 부 드 쌩 깡 다미띠에, 일 마 드망데 엉 마히아즈

제 남은 생을 함께 보내고 싶은 여성을 찾았어요.

J'ai trouvé la femme avec laquelle je veux passer le reste de ma vie.
줴 트후베 라 팜 아베끄 라껠 즈 브 빠쎄 르 헤스뜨 드 마 비

이 사람과 결혼해도 될까요?

Puis-je me marier avec cette personne ?
쀠즈 므 마히에 아베끄 쎗뜨 뻬흐쏜?

결혼 준비 ①

여성들은 완벽한 결혼을 꿈꿔요.

Les femmes rêvent d'un mariage parfait.
레 팜 헤브 덩 마히아즈 빠흐페

결혼 얼마 전부터 준비를 시작하시나요?

Combien de temps avant le mariage avez-vous commencé les préparatifs ?
꽁비엉 드 떵 아방 르 마히아즈 아베부 꼬멍쎄 레 프헤빠하띠프?

디데이가 다가오고 있어요, 여전히 준비해야 할 것들이 여럿이네요.

Le jour J approche, et il reste encore une multitude de choses à préparer.
르 주흐 지 아프호슈, 에 일 헤스뜨 엉꼬흐 윈 뮐띠뛰드 드 쇼즈 아 프헤빠헤

5월부터 9월까지가 결혼식을 올리기에 적절한 달이죠.

Les mois de mai à septembre sont adéquats à la célébration d'un mariage.
레 무아 드 메 아 쎕떵브흐 쏭 따데꺄 알 라 쎌레브하씨옹 덩 마히아즈

물론 친구나 가족이 도울 수는 있겠지만 모든 최종 결정은 당신이 하는 거예요.

Bien entendu, vos amis et votre famille peuvent vous aider mais toutes les décisions finales vous reviennent.
비어 넝떵뒤, 보 자미 에 보트흐 파미이 뻐브 부 제데 메 뚜뜨 레 데씨지옹 피날 부 흐비엔

꼭! 짚고 가기

성혼 선언문

다음은 프랑스에서 부부가 될 두 사람이 혼인 선언을 직접 하는 경우 사용할 수 있는 선언문 예시글입니다.

- Alice, veux-tu être ma femme ?
  알리쓰, 브뛰 에트흐 마 팜?
  알리스, 제 아내가 되어주겠습니까?
- Oui, je le veux. Et toi Éric, veux-tu être mon mari ?
  위, 즈 르 브, 에 뚜아, 에힉, 브뛰 에트흐 몽 마히?
  네, 그러겠습니다. 에릭, 제 남편이 되어주겠습니까?
- Oui je le veux. Moi Éric, je te reçois comme épouse et je serai ton époux. Je te promets de t'aimer fidèlement dans le bonheur et dans les épreuves tout au long de notre vie.
  위 즈 르 브. 무아 에힉, 즈 뜨 흐쑤아 꼼 에뿌즈 에 즈 쓰헤 또 네뿌. 즈 뜨 프호메 드 떼메 피댈멍 당 르 보뇌 에 당 레 제프회브 뚜 또 롱 드 노트흐 비
  네, 그러겠습니다. 저 에릭은 당신을 아내로 맞이하여 당신의 배우자가 되겠습니다. 우리 인생의 모든 행복과 고난 속에서 당신을 충실히 사랑할 것을 약속합니다.
- Moi Alice, je te reçois Éric comme époux et je serai ton épouse. Je te promets de t'aimer fidèlement dans le bonheur et dans les épreuves tout au long de notre vie.
  무아 알리쓰, 즈 뜨 흐쑤아 에힉 꼼 에뿌 에 즈 쓰헤 또 네뿌즈. 즈 뜨 프호메 드 떼메 피댈멍 당 르 보뇌 에 당 레 제프회브 뚜 또 롱 드 노트흐 비
  저 알리스는 에릭을 남편으로 맞이하여 당신의 배우자가 되겠습니다. 우리 인생의 모든 행복과 고난 속에서 당신을 충실히 사랑할 것을 약속합니다.

결혼 준비②

\# 요즘엔 많은 커플들이 결혼식 비용을 스스로 마련해요.

Aujourd'hui, de nombreux couples financent eux-mêmes leur mariage.
오주흐뒤, 드 농브흐 꾸쁠 피낭쓰 뜨멤 뢰흐 마히아즈

\# 그렇지만 여전히 가족들이 함께 분담하는 경우가 많죠.

Mais il arrive encore souvent que les familles participent.
메 질 라히브 엉꼬흐 쑤벙 끌 레 파미이 빠흐띠씨쁘

\# 결혼 준비를 하며 미래의 신부와 시어머니 사이의 긴장이 고조될 수 있어요.

Les préparatifs du mariage peuvent exacerber les tensions entre la future mariée et sa belle-mère.
레 프헤빠하띠프 뒤 마히아즈 뾔브 떼그자쎄흐베 레 떵시옹 엉트흐 라 퓌뛰흐 마히에 에 싸 벨매흐

\# 웨딩드레스가 안 맞아요!

Je ne rentre pas dans ma robe de mariée !
즈 느 헝트흐 빠 당 마 호브 드 마히에!

\# 저 정말 결혼할 준비가 된 걸까요?

Suis-je vraiment prêt(e) pour le mariage ?
쒸즈 브헤멍 프헤(뜨) 뿌흐 르 마히아즈?

financent/financer 피낭쓰/피낭쎄
v. 출자하다, 자금을 조달하다
exacerber 에그자쎄흐베 v. 악화시키다, 고조시키다

결혼식 초대①

\# 아직도 청첩장을 안 보내셨나요?

Vous n'avez toujours pas envoyé vos faire-part ?
부 나베 뚜주 빠 정부아이예 보 페흐빠흐?

\# 전 아직 제 동료들에게 결혼할 거라고 알리지 않았어요.

Je n'ai pas encore annoncé à mes collègues que j'allais me marier.
즈 네 빠 정꼬흐 아농세 아 메 꼴래그 끄 잘레 므 마히에

\# 동료들을 결혼식에 초대해야 할까요?

Faut-il inviter mes collègues à mon mariage ?
포띨 앵비떼 메 꼴래그 아 몽 마히아즈?

\# 식후 축배 때 누굴 초대하는 게 적당할까요?

Quels invités convier au vin d'honneur après la cérémonie ?
껠 쟁비떼 꽁비에 오 뱅 도뇌 아프해 라 쎄헤모니?

\# 회사 동료, 이웃, 부모님의 친구분, 먼 친척이 괜찮은 후보군이죠.

Les collègues, les voisins, les amis de vos parents, et les cousins éloignés sont des candidats idéaux.
레 꼴래그, 레 부아쟁, 레 자미 드 보 빠헝, 에 레 꾸쟁 엘루아녜 쏭 데 깡디다 이데오

\# 2016년 5월 22일 일요일 저희 결혼식에 초대하게 되어 기쁩니다. (청첩장 문구)

Nous avons la joie de vous faire part de notre mariage qui aura lieu le dimanche vingt-deux mai deux mille seize.
누 자봉 라 주아 드 부 페흐 빠흐 드 노트흐 마히아즈 끼 오하 리으 르 디망슈 뱅드 메 드 밀 쎄즈

결혼식 초대 ②

\# 2016년 5월 22일 일요일, 서약을 나누는 행복한 자리를 함께하고자 기쁜 마음으로 초대합니다. (청첩장 문구)

Nous avons le plaisir de vous inviter à partager notre bonheur alors que nous échangerons nos vœux le dimanche vingt-deux mai deux mille seize.
누 자봉 르 쁠레지 드 부 쟁비떼 아 빠흐따제 노트흐 보뇌 알로 끄 누 제샹즈홍 노 브 르 디망슈 뱅드 메 드 밀 쎄즈

\# 시청 결혼식은 파리 7구청에서 14시에 있습니다. (청첩장 문구)

La cérémonie civile aura lieu à quatorze heures à la mairie du septième arrondissement de Paris.
라 쎄헤모니 씨빌 오하 리으 아 꺄또흐즈 외흐 알 라 메히 뒤 셉띠앰 아홍디쓰멍 드 빠히

\# 회신 기한 전에 대답해 주세요.

N'oubliez pas de répondre avant la date butoir.
누블리에 빠 드 헤뽕드흐 아방 라 다뜨 뷔뚜아

Merci de répondre avant la date butoir.
메흐씨 드 헤뽕드흐 아방 라 다뜨 뷔뚜아

\# 아마 기한은 청첩장에 지정되어 있을 거예요.

La date limite est probablement indiquée sur le faire-part.
라 다뜨 리미뜨 에 프호바블르멍 앵디께 쒸흐 르 페흐빠흐

\# 저 혼자 가나요 아니면 누굴 데려가나요?

Dois-je venir seul(e) ou accompagné(e) ?
두아즈 브니 쐴 우 아꽁빠녜?

꼭! 짚고 가기

동거, 결혼 그리고 팍스

프랑스에서는 동거(concubinage 꽁뀌비나즈)와 결혼(mariage 마히아즈) 말고도 팍스(PACS 빡쓰)라는 제도가 존재합니다.

1999년 조스팽(Jospin)정부하에 시작된 팍스(PACS, Pacte Civile de Solidarité 빡뜨 씨빌 드 쏠리다히떼, 시민연대협약) 제도는 성인인 두 사람이 공동의 생활을 하는 경우, 이 사실혼 관계에 대해 사회 및 법적 지위를 보장해 주는 것입니다. 그리하여 팍스를 맺은 한 쌍의 커플은 세금 문제에 있어 결혼으로 맺어진 부부들이 가질 수 있는 일부 권리를 행사할 수 있게 되지요.

특히 성별에 관계없이 협약을 맺을 수 있기 때문에 당시 결혼 제도를 이용할 수 없었던 많은 동성 커플이 이 제도를 통해 법적으로 지위를 인정받았습니다. 2013년 이후 프랑스에서는 동성결혼이 합법화되었습니다.

또한 결혼보다 서류 절차가 간단하고 이혼 시 불리한 점이 없다는 특징이 있어, 결혼은 하고 싶지 않지만 동거 생활을 유지하며 법적 보호를 받고 싶은 사람들 역시 이 제도의 혜택을 받고 있고요.

팍스를 신청하기 위해서는 신분증과 더불어, 결혼 혹은 팍스를 맺지 않았다는 증명서가 필요합니다. 두 성인이 친족 관계가 아니라는 증명 역시 필요하고요. 2인 이상이 팍스를 맺는 것은 불가능합니다.

결혼식①

손님들은 먼저 들어가서 자리에 앉아요. 화동이 들어오면 일어나고요.

Les invités entrent en premier et prennent place. Ils se lèvent à l'entrée du cortège d'honneur.
레 쟁비떼 엉트흐 엉 프흐미에 에 프헨느 쁠라쓰. 일 쓰 래브 아 렁트헤 뒤 꼬흐때즈 도뇌

신부의 경우, 아버지와 팔짱을 끼는 게 전통적이지만, 혼자 들어가거나 이 자리를 빛내줄 다른 누군가와 같이 들어갈 수도 있어요.

En tant que mariée, le grand classique est d'entrer au bras de son père, mais elle peut aussi faire une entrée seule ou accompagnée d'une autre personne qui peut tenir cette place d'honneur.
엉 땅 끄 마히에, 르 그항 끌라씨끄 에 덩트헤 오 브하 드 쏭 빼흐, 메 젤 쁘 오씨 페흐 윈 엉트헤 쐴 우 아꽁빠녜 뒨 오트흐 뻬흐쏜 끼 쁘 뜨니 쎗뜨 쁠라쓰 도뇌

성혼 선언문은 반지 교환 직전, 식의 마지막에 하지요.

L'échange des vœux intervient vers la fin de la cérémonie, juste avant l'échange des alliances.
레샹즈 데 브 앵떼흐비엉 베흐 라 팽 들 라 쎄헤모니, 쥐스뜨 아방 레샹즈 데 잘리앙쓰

결혼식에는 몇 명의 증인이 필요한가요?

Combien de témoins doivent être présent au mariage ?
꽁비엉 드 떼무앙 두아브 떼트흐 프헤정 오 마히아즈?

여기서 잠깐!

종교와 무관한 결혼식을 말할 때 'la cérémonie de mariage laïque 라 쎄헤모니 드 마히아즈 라이끄'라 표현하고, 'la cérémonie à l'américaine 라 쎄헤모니 아 라메히껜', 'la cérémonie d'engagement 라 쎄헤모니 덩갸즈멍' 혹은 'la cérémonie symbolique 라 쎄헤모니 쌩볼리끄'라고 말할 수도 있어요.

결혼식②

선물은 결혼식에 가져가는 것보다 우편으로 보내는 게 나아요.

Il est préférable d'envoyer votre cadeau par la poste plutôt que de l'amener au mariage.
일 레 프헤페하블르 덩부아이예 보트흐 꺄도 빠흐 라 뽀스뜨 쁠뤼또 끄 드 라므네 오 마히아즈

많은 프랑스인들에게 종교적 결혼식이라고 하면 가톨릭과 교회 결혼식을 떠오르게 하지요.

Pour beaucoup de Français, la cérémonie religieuse évoque la religion catholique et le passage à l'église.
뿌흐 보꾸 드 프항쎄, 라 쎄헤모니 흘리지으즈 에보끄 라 흘리지옹 꺄똘리끄 에 르 빠싸즈 아 레글리즈

그렇지만 프랑스에는 여러 중요한 종교적 결혼 형태가 있어요.

Il existe cependant d'autres types de cérémonies religieuses importantes en France.
일 레그지스뜨 쓰뻥당 도트흐 띠쁘 드 쎄헤모니 흘리지으즈 쟁뽀흐땅뜨 엉 프항쓰

성혼 서약이나 결혼 반지 교환은 감동적이면서 기억에 남을 만하게 하고 싶어요.

Je rêve d'échanger mes vœux et mes alliances dans un cadre aussi touchant que mémorable.
즈 헤브 데샹제 메 브 에 메 잘리앙쓰 당 정 꺄드흐 오씨 뚜샹 끄 메모하블르

결혼 생활

결혼한 지도 15년이 넘었지요.

Je suis marié(e) depuis plus de quinze ans.
즈 쒸 마히에 드쀠 쁠뤼 드 깽즈 앙

우리는 참 닮았고 유대감도 강해요.

Nous nous ressemblons beaucoup et nous sommes très fortement liés.
누 누 흐썽블롱 보꾸 에 누 쏨 트해 포흐뜨멍 리에

너와 함께 산 이래로 지루해 본 적이 없어.

Je ne m'ennuie jamais depuis que je vis avec toi.
즈 느 멍뉘 자메 드쀠 끄 즈 비 아베끄 뚜아

열두 살 차이가 나지만 우리는 서로 사랑해요.

Malgré nos douze ans d'écart, on s'aime.
말그헤 노 두즈 앙 데꺄, 옹 쎔

부부로 산다는 것이 날마다 쉬운 것은 아니에요.

Être en couple, ce n'est pas tous les jours facile.
에트흐 엉 꾸쁠, 쓰 네 빠 뚜 레 주흐 파씰

제 아내는 감정을 드러내질 않아요.

Ma femme n'est pas démonstrative.
마 팜 네 빠 데몽스뜨하띠브

별거 & 이혼

우리는 계속 싸워요.

On ne cesse de se disputer.
옹 느 쎄쓰 드 쓰 디스쀠떼

우린 이미 헤어질 뻔했지요.

Nous avons déjà failli nous séparer.
누 자봉 데자 파이 누 쎄빠헤

관계가 더 이상 미래가 없다는 건 어떻게 알 수 있나요?

Comment savoir qu'une relation n'a plus d'avenir ?
꼬멍 싸부아 뀐 흘라씨옹 나 쁠뤼 다브니?

제 아내는 이혼하고 싶어 하지만, 전 아직도 그녀를 사랑하기 때문에 그러고 싶지 않아요.

Ma femme veut divorcer, moi je ne veux pas car je l'aime toujours.
마 팜 브 디보흐쎄, 무아 즈 느 브 빠 꺄흐 즈 렘 뚜주

이혼을 받아들여야 할 것 같네요.

Il va falloir que tu acceptes le divorce.
일 바 팔루아 끄 뛰 악쎕뜨 르 디보흐쓰

미련 두지 말고 잊으시길 권할게요.

Je te conseille de tourner la page.
즈 뜨 꽁쎄이 드 뚜흐네 라 빠즈

합의가 되었다고 해도 이혼은 길고 고되며 복잡한 과정이죠.

Le divorce, même à l'amiable, est une procédure souvent longue, pénible et compliquée.
르 디보흐쓰, 멤 아 레메블르, 에 윈 프호쎄뒤흐 쑤벙 롱그, 뻬니블르 에 꽁쁠리께

임신

\# 저 임신했어요.

Je suis enceinte.
즈 쒸 정쌩뜨

\# 임신 5개월이에요.

Je suis enceinte de cinq mois.
즈 쒸 정쌩뜨 드 쌩 무아

\# 저희는 애가 둘 있고 세 번째 아이가 들어섰어요.

Nous avons déjà deux enfants et un troisième est en route.
누 자봉 데자 드 정팡 에 떵 트후아지앰 에 떵 후뜨

\# 첫 아기 출산을 기다리고 있어요.

J'attends mon premier bébé.
자떵 몽 프흐미에 베베

\# 임신이 안 되네요.

Je n'arrive pas à tomber enceinte.
즈 나히브 빠 자 똥베 엉쌩뜨

\# 살이 너무 쪄서 출산 후에는 다이어트를 하고 싶어요.

J'ai pris trop de poids, donc je veux faire un régime après mon accouchement.
줴 프히 트호 드 뿌아, 동끄 즈 브 페흐 엉 헤짐 아프해 모 나꾸슈멍

\# 임신 중에는 체중이 느는데 그건 정상적인 거예요.

Pendant la grossesse, on prend du poids et c'est normal.
뻥당 라 그호쎄쓰, 옹 프헝 뒤 뿌아 에 쎄 노흐말

육아①

\# 저는 모유 수유를 해요.

Je tire mon lait maternel.
즈 띠흐 몽 레 마떼흐넬

\# 임신 중인데 수유하고 있어요.

J'allaite alors que je suis enceinte.
잘레뜨 알로 끄 즈 쒸 엉쌩뜨

\# 우리 아기가 젖병을 거부해요.

Mon bébé ne veut pas du biberon.
몽 베베 느 브 빠 뒤 비브홍

\# 아이가 걷기 전까지는 신발이 꼭 필요한 게 아니에요.

Avant que l'enfant marche, les chaussures ne sont pas indispensables.
아방 끄 렁팡 마흐슈, 레 쇼쒸흐 느 쏭 빠 쟁디스뺑싸블르

\# 아기의 첫 걸음을 기억하시나요?

Vous vous souvenez des premiers pas de votre bébé ?
부 부 쑤브네 데 프흐미에 빠 드 보트흐 베베?

\# 아기가 태어날 때 입은 옷들은 오래 못 입어요.

Bébé ne portera pas longtemps les vêtements de naissance.
베베 느 뽀흐뜨하 빠 롱떵 레 베뜨멍 드 네쌍쓰

\# 어떻게 하면 안전하게 아기를 목욕시킬 수 있을까요?

Comment donner le bain à mon bébé en toute sécurité ?
꼬멍 도네 르 뱅 아 몽 베베 엉 뚜뜨 쎄뀌히떼?

allaite/allaiter 알레뜨/알레떼 v. 수유하다
lait maternel 레 마떼흐넬 모유

육아②

\# 기내에 유모차를 가지고 들어갈 수 있을까요?

Puis-je emmener ma poussette dans l'avion ?
쀠즈 엉므네 마 뿌쎗뜨 당 라비옹?

\# 집에서 아기 돌볼 사람을 찾아요.

Je cherche une nounou à domicile.
즈 쉐흐슈 윈 누누 아 도미씰

Je cherche une nourrice à domicile.
즈 쉐흐슈 윈 누히쓰 아 도미씰

\# 아기 기저귀 갈아 줄래?

Est-ce que tu peux changer la couche de bébé ?
에스끄 뛰 쁘 샹제 라 꾸슈 드 베베?

\# 아기는 불편함이나 필요한 것을 표현하기 위해 울어요.

Le bébé pleure pour exprimer un mal-être et un besoin.
르 베베 쁠뢰흐 뿌흐 엑스프히메 엉 말레트흐 에 엉 브주앙

\# 우리 딸은 계속 울어요.

Ma fille ne cesse de pleurer.
마 피이 느 쎄쓰 드 쁠뢰헤

\# 우리 아들은 하루 종일 울어요.

Mon fils pleure toute la journée.
몽 피쓰 쁠뢰흐 뚜뜨 라 주흐네

\# 아기가 요람에서 잠을 안 자요.

Mon bébé ne dort pas dans son berceau.
몽 베베 느 도흐 빠 당 쏭 베흐쏘

\# 애들은 누가 돌보나요?

Qui s'occupe des enfants ?
끼 쏘뀌쁘 데 정팡?

꼭! 짚고 가기

임신했을 때 주의사항

새로운 생명이 찾아온다는 것은 어느 문화권에서나 큰 축복으로 여기지요. 그러다보니 임산부들에게 여러 가지 주의사항들을 알려주기도 합니다. 특히 식사와 관련한 금지사항과 권고사항은 한국과 마찬가지로 프랑스도 중요하게 생각하죠. 프랑스 식문화에 따른 임산부들의 주의사항 몇 가지를 알아봅시다.

- **고기는 바싹 익혀 먹기**
  프랑스에선 스테이크와 같은 고기 요리를 먹을 땐 피가 보이는 레어에서 미디엄 정도만 익혀 먹는 것이 보통입니다. 하지만 임산부들에겐 예외예요. 꼭 웰던으로 바싹 익혀 먹을 것을 권합니다.
- **단단한 치즈 먹기**
  치즈를 사랑하는 프랑스인이어도 임신했을 땐 가급적 물렁한 치즈보다 단단한 치즈를 섭취할 것을 권하고 있어요. 치즈에 들어있는 미생물이 임산부에게 어떤 영향을 줄지 모르기 때문이에요. 특히 어떤 종류든 저온살균을 거친 치즈를 먹도록 안내하고 있어요.
- **음식점에서 샐러드 먹지 말기**
  영국과 미국에 비해 프랑스 임산부들 사이에 날 것을 섭취할 때 걸릴 수 있는 톡소플라스마증 발병률이 더 높다고 해요. 그래서 의사도 집에서 샐러드를 준비할 땐 식초로 양상추 잎을 씻을 것을 권고하고 있어요. 다만 음식점에선 세척 여부를 확실히 알 수 없으니 샐러드는 가급적 피할 것을 권합니다.
- **금주 vs 음주**
  프랑스 의학계에서도 일반적으로 임신 중 금주를 권하고 있습니다. 하지만 일부에선 하루에 와인 한 잔 정도는 괜찮다는 의견도 있어요. 그래서 간혹 임산부가 와인잔을 들고 있는 모습을 볼 수 있기도 하죠.

Chapitre 08

학교 다녀오겠습니다!

Chapitre 08

Unité 1 등·하교

Unité 2 입학&졸업

Unité 3 학교생활

Unité 4 방학

À l'école 학교에서
아 레꼴

école élémentaire,
에꼴 엘레멍떼흐
école primaire
에꼴 프히메흐
초등학교

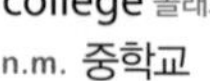

collège 꼴래즈
n.m. 중학교

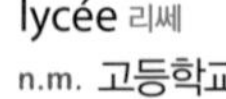

lycée 리쎄
n.m. 고등학교

université 위니베흐씨떼
n.f. 대학교

professeur 프호페쐬
n.m. 선생님

élève 엘래브
n. 학생(중학교 이하)

lycéen(ne) 리쎄엉(리쎈)
n. 고등학생

étudiant(e) 에뛰디앙(뜨)
n. 대학생

aller à l'école
알레 아 레꼴
등교하다

sortir de l'école
쏘흐띠 드 레꼴
하교하다

être en retard
에트흐 엉 흐따
지각하다

sortie avant l'heure
쏘흐띠 아방 뢰흐
조퇴하다

se préparer à aller à l'école
쓰 프헤빠헤 아 알레 아 레꼴
학교 갈 준비를 하다

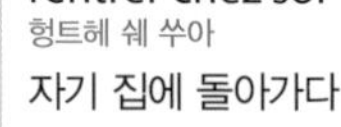

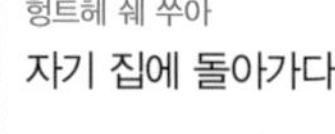

rentrer chez soi
헝트헤 쉐 쑤아
자기 집에 돌아가다

amener 아므네
v. 데려가다, 데려오다

se faire disputer
쓰 페흐 디스쀠떼
혼나다, 꾸중을 듣다

autobus scolaire
오또뷔쓰 스꼴레흐
통학 버스, 스쿨버스

bicyclette 비씨끌렛뜨
n.f. 자전거

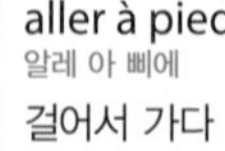

aller à pied
알레 아 삐에
걸어서 가다

courir 꾸히흐
v. 뛰다

Dans la classe 교실에서
당 라 끌라쓰

classe 끌라쓰 n.f. 교실, 수업	cours 꾸흐 n.m. 강의(고등학교 또는 대학교)	matière 마띠애흐 n.f. 과목	programme 프호그함 n.m. 수업 계획, 교과 범위, 시험 범위
examen 에그자멍 n.m. 시험	note 노뜨 n.f. 성적, 점수	bulletin 뷜땡 n.m. 성적표	moyenne 무아이옌 n.f. 평균(점수)
tableau 따블로 n.m. 칠판	craie 크헤 n.f. 분필	éponge 에뽕즈 n.f. 칠판 지우개	calculatrice 깔뀔라트히쓰 n.f. 계산기
passer un examen 빠쎄 어 네그자멍 시험을 치르다	prendre des notes 프헝드흐 데 노뜨 필기하다	remettre 흐메트흐, rendre 헝드흐 v. 제출하다	évaluer 에발뤄에 v. 평가하다
enseigner 엉쎄녜 v. 가르치다	apprendre 아프헝드흐 v. 배우다	étudier 에뛰디에 v. 공부하다	réviser 헤비제 v. 복습하다
manuel 마뉘엘, livre scolaire 리브흐 스꼴레흐 n.m. 교과서	cahier 까이에 n.m. 공책, 노트	bourse 부흐쓰 n.f. 장학금	diplôme 디쁠롬 n.m. 학위

Après la classe 방과 후

아프해 라 끌라쓰

jouer 주에 v. (아이들이) 놀다	faire des bêtises 페흐 데 베띠즈 장난치다	faire des devoirs 페흐 데 드부아 숙제하다	se reposer 쓰 흐뽀제 v. 쉬다
jeu 즈 n.m. 게임	plaisanterie 쁠레장트히 n.f. 농담, 장난	rapport 하뽀 n.m. 리포트	repos 흐뽀 n.m. 휴식
amusant(e) 아뮈장(뜨) a. 즐거운	ennuyeux 엉뉘으, ennuyeuse 엉뉘으즈 a. 지루한	difficile 디피씰 a. 어려운	simple 생쁠, facile 파씰 a. 쉬운
activité récréative 악띠비떼 헤크헤아띠브 클럽 활동	centre culturel 썽트흐 뀔뛰헬 문화원, 문화 센터	gymnase 쥠나즈 n.m. 체육관	terrain de jeu 떼행 드 죄 놀이터
bibliothèque 비블리오떼끄 n.f. 도서관	lecture 렉뛰흐 n.f. 독서	roman 호망 n.m. 소설	bande dessinée 방드 데씨네 n.f. 만화
passer le temps 빠쎄 르 떵 시간을 보내다	gaspiller du temps 갸스삐에 뒤 떵 시간을 낭비하다	manquer de temps 망께 드 떵 시간이 모자라다	ne pas avoir le temps 느 빠 자부아 르 떵 시간이 없다

Les vacances scolaires 방학
레 바깡쓰 스꼴레흐

vacances d'été, 바깡쓰 데떼 grandes vacances 그항드 바깡쓰 여름 방학 	vacances de Noël 바깡쓰 드 노엘 크리스마스 방학 	vacances d'hiver 바깡쓰 디베 겨울 방학 	vacances de printemps 바깡쓰 드 프행떵 봄 방학
aller en vacances 알레 엉 바깡쓰 휴가를 가다	passer les fêtes 빠쎄 레 페뜨 명절을 보내다	faire du camping 페흐 뒤 깡삥 캠핑을 하다 	aller en pique-nique 알레 엉 삐끄니끄 소풍을 가다 
voyage 부아이야즈 n.m. 여행 	réunion 헤위니옹 n.f. 모임	aventure 아벙뛰흐 n.f. 모험 	souvenir 쑤브니 n.m. 추억, 기억 v. 기억하다
plage 쁠라즈 n.f. 해변, 바닷가 	sable 싸블르 n.m. 모래 	bouée 부에 n.f. 튜브 	maillot de bain 마이오 드 뱅 수영복 
ski nautique 스끼 노띠끄 수상 스키	montagne 몽따뉴 n.f. 산 	randonnée 항도네 n.f. 등산 	station de ski 스따씨옹 드 스끼 스키장
bronzer 브홍제 v. (피부를) 태우다, 그을리다 	occupé(e) 오뀌뻬 a. 바쁜	inoubliable 이누블리아블르 a. 잊을 수 없는	satisfaisant(e) 싸띠스프장(뜨) a. 만족스러운 

등교①

\# 몇 시에 등교하니?

À quelle heure dois-tu arriver à l'école ?
아 껠 뢰흐 두아뛰 아히베 아 레꼴?

\# 아침 8시 30분까지 학교에 가야 해요.

Je dois arriver à l'école pour huit heures et demie du matin.
즈 두아 자히베 아 레꼴 뿌흐 위 뙤흐 에 드미 뒤 마땡

\# 전 매일 아침마다 제 딸을 학교에 데려다주죠.

J'accompagne ma fille à l'école chaque matin.
자꽁빠뉴 마 피이 아 레꼴 샤끄 마땡

\# 아침 일찍 일어나기 힘들어요.

C'est difficile de se réveiller tôt.
쎄 디피씰 드 쓰 헤베이에 또

\# 오늘은 학교에 지각할 것 같아요.

Je risque d'être en retard à l'école aujourd'hui.
즈 히스끄 데트흐 엉 흐따 아 레꼴 오주흐뒤

\# 학교 갈 준비 다 되었니?

Es-tu prêt à aller à l'école ?
에뛰 프헤 아 알레 아 레꼴?

\# 우린 8시 30분까지는 교실에 도착할 수 있을 거예요.

Je pense que nous pouvons arriver en classe pour huit heures trente.
즈 뻥쓰 끄 누 뿌봉 자히베 엉 끌라쓰 뿌흐 위 뙤흐 트헝뜨

등교②

\# 학교까지 가는 데 얼마나 걸리나요?

Combien de temps faut-il pour aller à l'école ?
꽁비엉 드 떵 포띨 뿌흐 알레 아 레꼴?

\# 보통 20분이면 학교에 도착해요.

En général, il me faut vingt minutes pour arriver à l'école.
엉 제네할, 일 므 포 뱅 미뉘뜨 뿌흐 아히베 아 레꼴

\# 저는 학교까지 걸어서 가요.

Je vais à l'école à pied.
즈 베 자 레꼴 아 삐에

\# 저는 자전거를 타고 등교해요.

Je vais à l'école à bicyclette.
즈 베 자 레꼴 아 비씨끌렛뜨
Je vais à l'école en bicyclette.
즈 베 자 레꼴 엉 비씨끌렛뜨

\# 아침마다 친구들과 함께 등교해요.

Tous les matins, je vais à l'école avec mes amis.
뚤 레 마땡, 즈 베 자 레꼴 아베끄 메 자미

\# 그는 항상 제시간에 등교해요.

Il est toujours à l'heure à l'école.
일 레 뚜주 아 뢰흐 아 레꼴

\# 눈이 너무 많이 와서 등교가 취소됐어요.

L'école a été annulée, à cause de fortes chutes de neige.
레꼴 아 에떼 아뉠레 아꼬즈 드 포흐뜨 쉬뜨 드 네즈
Comme il a beaucoup neigé, les cours ont été annulés. (고등학교나 대학교의 경우)
꼼 일 라 보꾸 네제, 레 꾸흐 옹 떼떼 아뉠레

risque/risquer 히쓰끄/히쓰께
v. ~할 위험이 있다, 우려가 있다

학교

\# 학교가 끝나면 제일 어린 학생들은 부모님들이 데려갑니다.

Après l'école, les parents viennent chercher les élèves les plus jeunes.
아프해 레꼴, 레 빠헝 비엔 쉐흐쉐 레 젤래브 레 쁠뤼 죈

\# 수업이 몇 시에 끝나니?

À quelle heure finit ta classe ?
아 껠 뢰흐 피니 따 끌라쓰?

\# 학교 끝나고 뭐해?

Que fais-tu après l'école ?
끄 페뛰 아프해 레꼴?

\# 로랑과 학교 앞에서 만나기로 했어.

J'ai rendez-vous avec Laurent devant l'école.
줴 헝데부 아베끄 로헝 드방 레꼴

\# 수업 끝나고 우리 집에 같이 갈래?

Veux-tu aller chez moi après la classe ?
브뛰 알레 쉐 무아 아프해 라 끌라쓰?

\# 난 학교 끝나고 도서관에 들를 거야.

Je vais passer à la bibliothèque après l'école.
즈 베 빠쎄 알 라 비블리오때크 아프해 레꼴

\# 저녁에 집에 돌아가면 난 숙제를 해야 해.

Lorsque je rentre chez moi le soir, je dois faire mes devoirs.
로흐스끄 즈 헝트흐 쉐 무아 르 쑤아, 즈 두아 페흐 메 드부아

꼭! 짚고 가기

프랑스의 학제

프랑스 교육제도는 École maternelle 에꼴 마떼흐넬이라 부르는 유치원 교육 3년 과정과 École élémentaire 에꼴 엘레멍떼흐(École primaire 에꼴 프히메흐라고도 함), 즉 초등학교 5년, Collège 꼴래즈라 부르는 중학교 4년, 그리고 Lycée 리쎄, 즉 고등학교 3년 과정으로 구성되어 있습니다.

만 6세부터 16세까지 의무 교육으로 지정되어 있으며, 대학 교육까지 일부 사립 교육기관을 제외하고 대부분 무상 교육으로 운영하고 있습니다. 일반 대학은 Université 위니베흐씨떼라고 하지요.

일반대학 외에도 고등 교육 기관으로 Grandes Écoles 그항드 제꼴과 Écoles spécialisées 에꼴 스뻬씨알리제가 있습니다. Grandes Écoles은 주로 고급 관료 양성을 목적으로 하는 엘리트 교육 기관이며, Écoles spécialisées는 예술, 건축, 농업, 언론, 행정 등 특정 분야의 실무 교육을 위주로 하는 교육 기관입니다. 특히 Grandes Écoles은 바깔로레아에서 우수한 성적을 거둔 학생들만이 별도의 준비 과정을 거쳐 지원할 수 있습니다.

Grandes Écoles로는 정치 분야의 파리정치대학(Institut d'études politiques de Paris 앵스띠뛰 데뛰드 폴리띠끄 드 빠히, Science Po 씨엉쓰 뽀라고도 함), 행정 분야의 국립행정대학(École nationale d'administration 에꼴 나씨오날 다드미니스트하씨옹, ENA 에나), 경영 분야에서 파리경영대학(École des Hautes études commerciales de Paris 에꼴 데 오뜨 제뛰드 꼬메흐씨알 드 빠히, HEC Paris 아슈으쎄 빠히), 그리고 인문학과 자연학 분야의 고등사범학교(Ecole normale supérieure 에꼴 노흐말 쒸뻬히외흐, ENS 으엔에쓰)가 대표적이지요.

입학①

입학을 축하해!

Je te félicite pour ton entrée à l'école !
즈 뜨 펠리씨뜨 뿌흐 똥 엉트헤 아 레꼴!

그의 딸이 초등학교에 입학했어요.

Sa fille est entrée à l'école élémentaire.
싸 피이 에 떵트헤 아 레꼴 엘레멍떼흐
Sa fille est entrée à l'école primaire.
싸 피이 에 떵트헤 아 레꼴 프히메흐

저는 올 3월에 대학에 입학해요.

J'entre à l'université en mars.
정트흐 알 뤼니베흐씨떼 엉 마흐쓰

들로네 씨는 자기 아들을 사립 학교에 입학시키고 싶어 해요.

M. Delaunay veut inscrire son fils dans une école privée.
므씨으 들로네 브 앵스크히흐 쏭 피쓰 당 쥔 에꼴 프히베

사립 학교 입학은 경쟁이 치열하죠.

La compétition pour entrer dans une école privée est acharnée.
라 꽁뻬띠씨옹 뿌흐 엉트헤 당 쥔 에꼴 프히베 에 따샤흐네

그는 또래보다 1년 늦게 입학했어요.

Il est entré à l'école avec un an de retard.
일 레 떵트헤 아 레꼴 아베끄 어 낭 드 흐따

그는 대학 입학시험에 쉽게 통과했어요.

Il a facilement réussi le baccalauréat.
일 라 파씰멍 헤위씨 르 바깔로헤아

acharné(e) 아샤흐네 a. 열중한, 격렬한

입학②

대학 입학시험은 잘 치렀니?

As-tu bien passé le baccalauréat ?
아뛰 비엉 빠쎄 르 바깔로헤아?

지원자가 늘어나 대학 입학이 더 어려워졌어요.

Le nombre de candidats ayant augmenté, il est devenu plus difficile de s'inscrire à l'université.
르 농브흐 드 깡디다 에이양 또그멍떼, 일 레 드브뉘 쁠뤼 디피씰 드 쟁스크히흐 아 뤼니베흐씨떼

기운 내! 내년엔 잘될 거야.

Reprends courage !
Tu y arriveras l'année prochaine.
흐프헝 꾸하즈! 뛰 이 아히브하 라네 프호쉔

그는 좋은 성적으로 장학금을 받고 입학했어요.

Il est entré à l'université avec une bourse obtenue grâce à ses bons résultats.
일 레 떵트헤 아 뤼니베흐씨떼 아베끄 윈 부흐쓰 옵뜨뉘 그하쓰 아 쎄 봉 헤쥘따

입학시험 없이 대학에 입학할 수 있나요?

Est-il possible d'entrer à l'université sans baccalauréat ?
에띨 포씨블르 덩트헤 아 뤼니베흐씨떼 쌍 바깔로헤아?

여기서 잠깐!

프랑스의 수능이라 할 수 있는 baccalauréat 바깔로헤아는 줄여서 bac 바끄라고 부르기도 해요. 문과, 경제·사회, 이과 등 세 계열로 구분된 시험을 치르며, baccalauréat 학위는 중등 교육 졸업장 겸 대학 입학 자격증 역할을 하기 때문에 이를 소지해야 대학에 들어갈 수 있어요.

진학

\# 전 대학에 진학하면서 부모님으로부터 독립했어요.

Je suis devenu(e) autonome dès mon entrée à l'université.
즈 쒸 드브뉘 오또놈 대 모 넝트헤 아 뤼니베흐씨떼

\# 안느는 내년에 중학교 4학년에 진학해요.

Anne entre en troisième l'année prochaine.
안 엉트흐 엉 트후아지앰 라네 프호쉔

\# 그는 대학에 진학할지 고민하고 있어요.

Il se demande s'il entrera à l'université.
일 쓰 드망드 씰 렁트하 아 뤼니베흐씨떼
Il n'a pas encore décidé s'il voulait s'inscrire à l'université.
일 나 빠 정꼬흐 데씨데 씰 불레 쌩스크히흐 아 뤼니베흐씨떼

\# 그는 대학 진학을 포기했어요.

Il a renoncé à entrer à l'université.
일 라 흐농쎄 아 엉트헤 아 뤼니베흐씨떼

\# 저희 아들은 고등학교 진학을 거부하고 있어요.

Mon fils refuse de s'inscrire au lycée.
몽 피쓰 흐퓌즈 드 쌩스크히흐 오 리쎄

bourse 부흐쓰 n.f. 장학금
autonome 오또놈 a. 독립적인, 자율적인
s'inscrire à 쌩스크히흐 아 등록하다, 가입하다

꼭! 짚고 가기

몇 학년이에요?

어린 학생들에게 흔히 하는 질문 중 하나가 학년을 물어보는 것이지요. 그런데 프랑스에서 학생들의 학년을 말하는 건 우리나라와 많이 다릅니다. 각 학년을 어떻게 구분하는지 미리 알아두는 것도 좋겠지요.

① **초등학교**(6~10세)
- 1학년 : CP 쎄뻬
  (Cours Préparatoire 꾸흐 프헤빠하뚜아흐)
- 2학년 : CE1 쎄으엉
  (Cours Elémentaire première Année 꾸흐 엘레멍떼흐 프흐미애흐 아네)
- 3학년 : CE2 쎄으두
  (Cours Elémentaire deuxième Année 꾸흐 엘레멍떼흐 두지앰 아네)
- 4학년 : CM1 쎄엠엉
  (Cours Moyen première Année 꾸흐 무아이영 프흐미애흐 아네)
- 5학년 : CM2 쎄엠두
  (Cours Moyen deuxième Année 꾸흐 무아이영 두지앰 아네)

② **중학교**(11~14세)
- 1학년 : sixième 씨지앰
- 2학년 : cinqième 쌩끼앰
- 3학년 : quatrième 꺄트히앰
- 4학년 : troisième 트흐와지앰

③ **고등학교**(15~18세)
- 1학년 : seconde 쓰공드
- 2학년 : première 프흐미애흐
- 3학년 : terminale 떼흐미날

신입생

\# 저는 올해 대학교 신입생이 돼요.

J'entre à l'université cette année.
정트흐 아 뤼니베흐씨떼 쎗뜨 아네

\# 이번 가을에 신입생들이 많이 들어왔어요.

Cet automne, il y a eu beaucoup de nouveaux.
쎄 또똔, 일 리 아 위 보꾸 드 누보

\# 그들은 아직 신입생이라 학교생활에 대해 잘 알지 못해요.

Etant de nouveaux élèves, ils ne savent pas bien comment se passe le quotidien à l'école.
에땅 드 누보 젤래브, 일 느 싸브 빠 비엉 꼬멍 쓰 빠쓰 르 꼬띠디엉 아 레꼴

\# 신입생들을 위한 환영회가 있을 거예요.

Il y aura une réception pour les nouveaux étudiants .
일 리 오하 윈 헤쎕씨옹 뿌흐 레 누보 에뛰디앙
Il y aura une réception pour les nouveaux arrivants.
일 리 오하 윈 헤쎕씨옹 뿌흐 레 누보 아히방

\# 그는 신입생들을 환영하는 의미로 살짝 장난을 쳤어요.

Il a fait une petite plaisanterie pour souhaiter la bienvenue aux nouveaux.
일 라 페 윈 쁘띠뜨 쁠레장뜨히 뿌흐 쑤에떼 라 비엉브뉘 오 누보

plaisanterie 쁠레장뜨히 n.f. 농담, 장난, 희롱

여기서 잠깐!

일반적인 신입생들을 위한 환영회는 réception 헤쎕씨옹 또는 fête de bienvenue 페뜨 드 비엉브뉘라고 하죠. 반대로 대학에서 짓궂게 신입생들을 골탕 먹이는 환영회는 bizutage 비쥐따즈라고 한답니다.

졸업

\# 언제 졸업하니?

Quand termines-tu tes études ?
깡 떼흐민뛰 떼 제뛰드?
Quand obtiens-tu ton diplôme ?
깡 옵띠엉뛰 똥 디쁠롬?

\# 졸업이 한 학기밖에 남지 않았어요.

Il ne reste plus qu'un semestre avant que je sois diplômé.
일 느 헤스뜨 쁠뤼 껑 쓰메스트흐 아방 끄 즈 쑤아 디쁠로메
Dans un semestre, j'aurais fini l'université.
당 정 쓰메스트흐, 조헤 피니 뤼니베흐씨떼

\# 졸업 후에 뭘 할 거야?

Que vas-tu faire après tes études ?
끄 바뛰 페흐 아프해 떼 제뛰드?

\# 졸업한 후에 무엇을 해야 할지 모르겠어요.

Je ne sais pas ce que je dois faire après mes études.
즈 느 쎄 빠 쓰 끄 즈 두아 페흐 아프해 메 제뛰드

\# 그들은 대학을 졸업하자마자 결혼했어요.

Ils se sont mariés aussitôt qu'ils sont sortis de l'université.
일 쓰 쏭 마히에 오씨또 낄 쏭 쏘흐띠 드 뤼니베흐씨떼
Ils se sont mariés dès qu'ils ont obtenus leurs diplômes.
일 쓰 쏭 마히에 대 낄 종 옵뜨뉘 뢰흐 디쁠롬

\# 박사 학위를 받기까지 오랜 시간이 걸렸어요.

J'ai mis longtemps avant d'obtenir mon doctorat.
줴 미 롱떵 아방 돕뜨니 몽 독또하

졸업 요건

전 졸업 학점이 모자라요.

Je n'ai pas assez de crédits pour être diplômé.
즈 네 빠 자쎄 드 크헤디 뿌흐 에트흐 디쁠로메

저는 졸업하려면 3학점이 더 필요해요.

J'ai besoin de trois crédits supplémentaires pour pouvoir être diplômé.
줴 브주앙 드 트후아 크헤디 쒸쁠레멍떼흐 뿌흐 뿌부아 에트흐 디쁠로메

저는 이번 학기에 논문 통과했어요.

Ce semestre, j'ai passé la soutenance avec succès.
쓰 쓰메스트흐, 줴 빠쎄 라 쑤뜨낭쓰 아베끄 쒹쌔

올해 졸업하고 싶다면 논문을 빨리 완성해야 해.

Si tu veux obtenir ton diplôme cette année, il faut que tu te dépêches de terminer ta thèse.
씨 뛰 브 옵뜨니 똥 디쁠롬 쌧뜨 아네, 일 포 끄 뛰 뜨 데뻬슈 드 떼흐미네

Si tu veux obtenir ton diplôme cette année, il faut que tu te dépêches de finir ta thèse.
씨 뛰 브 옵뜨니 똥 디쁠롬 쌧뜨 아네, 일 포 끄 뛰 뜨 데뻬슈 드 피니 따 때즈

논문 심사는 언제 받을 수 있을까요?

Quand puis-je passer ma soutenance ?
깡 쀠즈 빠쎄 마 쑤뜨낭스?

논문 심사 결과는 언제 알 수 있나요?

Quand est-ce que les résultats de la soutenance seront disponibles ?
깡 에스끄 레 헤쥘따 들 라 쑤뜨낭쓰 쓰홍 디스뽀니블르?

soutenance 쑤뜨낭쓰 n.f. 학위논문 심사

기타

전 영국으로 유학 갈 계획이에요.

Je vais aller faire mes études en Angleterre.
즈 베 잘레 페흐 메 제뛰드 엉 앙글르떼흐

온 가족이 부르고뉴로 이사가면서 저희 딸은 전학을 했죠.

Lorsque toute ma famille a déménagé en Bourgogne, ma fille a changé d'école.
로흐스끄 뚜뜨 마 파미이 아 데메나제 엉 부흐고뉴, 마 피이 아 샹제 데꼴

그녀는 전학한 학교에 이미 적응했어요.

Elle s'est déjà adaptée à sa nouvelle école.
엘 쎄 데자 아답떼 아 싸 누벨 에꼴

그는 학교를 옮기고 싶어 해요.

Il veut changer d'école.
일 브 샹제 데꼴

그 대학은 모든 신입생들이 기숙사에서 생활해요.

Tous les nouveaux étudiants de cette université habitent en résidence universitaire.
뚜 레 누보 제뛰디앙 드 쎗뜨 위니베흐씨데 아비뜨 엉 헤지덩쓰 위니베흐씨떼흐

전 학교를 그만두기로 결심했어요.

J'ai décidé d'arrêter mes études.
줴 데씨데 다헤떼 메 제뛰드

학교생활

\# 수업은 9시에 시작해요.

Les cours commencent à neuf heures.
레 꾸흐 꼬멍쓰 아 뇌 뵈흐

\# 수업이 끝난 후엔 미술 활동이 있어요.

Après les cours, nous participons à des activités artistiques.
아프해 레 꾸흐, 누 빠흐띠씨뽕 아 데 작디비떼 아흐띠스띠끄

\# 수학이 역사보다 더 재미있어요.

Les mathématiques sont plus intéressantes que l'histoire.
레 마떼마띠끄 쏭 쁠뤼 쟁떼헤쌍뜨 끄 리스뚜아흐

\# 문학 수업은 지루해요.

Le cours de littérature est ennuyeux.
르 꾸흐 드 리떼하뛰흐 에 떵뉘으

\# 넌 다음에 무슨 수업 듣니?

Quel cours vas-tu suivre après ?
껠 꾸흐 바뛰 쒸브흐 아프해?

\# 수학 선생님의 개인 사정으로 오늘 수업이 취소되었어요.

Le professeur de mathématiques se voit obliger d'annuler le cours du jour pour des raisons personnelles.
르 프호페쐬 드 마떼마띠끄 쓰 부아 또블리제 다뉠레 르 꾸흐 뒤 주흐 뿌흐 데 헤종 뻬흐쏘넬

\# 수업이 다 끝나면 오후 3시 정도 돼요.

Quand tous les cours sont finis, il est environ quinze heures.
깡 뚜 레 꾸흐 쏭 피니, 일 레 떵비홍 깽즈 외흐

수업 전

\# 수업 준비를 해 왔어요.

J'ai préparé la leçon.
줴 프헤빠헤 라 르쏭

\# 아직 선생님께서 오시지 않았어요.

Le professeur n'est pas encore arrivé.
르 프호페쐬 네 빠 정꼬흐 아히베

\# 출석을 부르겠어요.

Je vais faire l'appel.
즈 베 페흐 라뻴

\# 지난 시간에 어디까지 했죠?

Où en étions-nous ?
우 어 네띠옹누?
Où nous sommes-nous arrêtés ?
우 누 쏨누 자헤떼?

\# 모두 57쪽을 펴세요.

Ouvrez votre livre à la page cinquante-sept.
우브헤 보트흐 리브흐 알 라 빠즈 쌩깡뜨쎄뜨

\# 수업 중엔 떠들지 마세요!

Ne parlez pas en classe !
느 빠흘레 빠 정 끌라쓰!

수업 신청

이번 학기 수업 신청 다 했어?

As-tu fini de t'inscrire pour les cours de ce semestre ?
아뛰 피니 드 땡스크히흐 뿌흐 레 꾸흐 드 쓰 쓰메스트흐?

이번 학기 수업 전부 몇 개 들어?

À combien de cours assistes-tu ce semestre ?
아 꽁비엉 드 꾸흐 아씨스뜨뛰 쓰 쓰메스트흐?

그 교양 수업은 인기가 많아서 금방 마감돼요.

Comme ce cours de culture générale est très demandé, il est rapidement plein.
꼼 쓰 꾸흐 드 뀔뛰흐 제네할 에 트해 드망데, 일 레 하삐드멍 쁠랭

전 교수님을 보고 수업을 선택해요.

Je choisi les cours en fonction des professeurs.
즈 슈아지 레 꾸흐 엉 퐁씨옹 데 프호페쐬

그 수업을 꼭 듣고 싶었는데 이미 마감되었어요.

Je voulais vraiment m'inscrire à ce cours mais les inscriptions sont déjà closes.
즈 불레 브헤멍 맹스크히흐 아 쓰 꾸흐 메 레 쟁스크힙씨옹 쏭 데자 끌로즈

신청한 수업을 변경할 수 있나요?

Est-il possible de changer la liste de cours à laquelle nous nous sommes inscrits ?
에띨 뽀씨블르 드 샹제 라 리스뜨 드 꾸흐 알 라껠 누 누 쏨 쟁스크히?

수업 난이도

수학 선생님이 가르쳐 주신 걸 이해하지 못했어.

Je n'ai pas compris ce que le professeur de math nous a enseigné.
즈 네 빠 꽁프히 쓰 끄 르 프호페쐬 드 마뜨 누 자 엉쎄녜

철학은 이해하기 너무 어려워요.

La philosophie est trop difficile à comprendre.
라 필로조피 에 트호 디피씰 아 꽁프헝드흐

영어는 배우기 어렵지만 재미있어요.

L'anglais est difficile à apprendre, mais c'est amusant.
랑글레 에 디피씰 아 아프헝드흐, 메 쎄 따뮈장

프랑스어가 영어보다 배우기 더 어려운 것 같아요.

Je pense que le français est plus difficle à apprendre que l'anglais.
즈 뻥쓰 끄 르 프항쎄 에 쁠뤼 디피씰 아 아프헝드흐 끄 랑글레

그는 과학 수업 진도를 전혀 따라가지 못하고 있어요.

Il ne suit jamais l'avancement du cours de science.
일 느 쒸 자메 라방쓰멍 뒤 꾸흐 드 씨엉쓰

화학 수업 시간에 실험은 흥미롭지만 이론은 어려워요.

En cours de chimie, les expériences sont intéressantes, mais la théorie est difficile.
엉 꾸흐 드 쉬미, 레 젝스뻬히엉쓰 쏭 땡떼헤쌍뜨, 메 라 떼오히 에 디피씰

수업 태도

그는 수업 태도가 엉망이에요.

Il a une mauvaise conduite en cours.
일 라 윈 모베즈 꽁뒤뜨 엉 꾸흐

그는 수업 중에 휴대폰을 쓰고 있었어요.

Il utilisait son téléphone portable pendant le cours.
일 위띨리제 쏭 뗄레폰 뽀흐따블르 뻥당 르 꾸흐

수업 때 장난치는 바람에 선생님께 혼났어.

Je me suis fait disputer par le professeur car je faisais des bêtises en classe.
즈 므 쒸 페 디스쀠떼 빠흐 르 프호페쐬 꺄흐 즈 프제 데 베띠즈 엉 끌라쓰

너 어제 수업에 왜 늦었니?

Pourquoi étais-tu en retard en cours hier ?
뿌흐꾸아 에떼뛰 엉 흐따 엉 꾸흐 이에?

수업에는 왜 안 왔어?

Pourquoi n'es-tu pas venu(e) en cours ?
뿌흐꾸아 네뛰 빠 브뉘 엉 꾸흐?

너 또 수업 중에 졸고 있구나. 어제 몇 시에 잔 거야?

Tu t'assoupis encore pendant le cours. À quelle heure as-tu dormi hier ?
뛰 따쑤삐 엉꼬흐 뻥당 르 꾸흐. 아 껠 뢰흐 아뛰 도흐미 이에?

그는 번번이 수업 때 책을 가져오지 않아요.

Ça lui arrive souvent de ne pas apporter son livre en cours.
싸 뤼 아히브 쑤벙 드 느 빠 자뽀흐떼 쏭 리브흐 엉 꾸흐

수업 기타

204호 강의실이 어디인가요 ?

Où est la salle de cours deux cent quatre ?
우 에 라 쌀 드 꾸흐 두 썽 꺄트흐?

한국어 수업 선생님이 바뀌었어요.

Le professeur du cours de coréen a changé.
르 프호페쐬 뒤 꾸흐 드 꼬헤엉 아 샹제

보충 수업이 금요일에 있을 거예요.

Le cours de rattrapage aura lieu vendredi.
르 꾸흐 드 하트하빠즈 오하 리으 벙드흐디

선생님, 2과 내용을 다시 설명해 주실 수 있을까요?

Monsieur (Madame), pourriez-vous réexpliquer le contenu de la leçon deux ?
므씨으 (마담), 뿌히에부 헥쓰쁠리께 르 꽁뜨뉘 들 라 르쏭 드?

15분 후에 수업이 끝날 거예요.

Le cours sera fini dans quinze minutes.
르 꾸흐 쓰하 피니 당 깽즈 미뉘뜨
Le cours sera fini dans un quart d'heure.
르 꾸흐 쓰하 피니 당 정 꺄흐 되흐

오늘은 이것으로 수업을 마치겠어요.

J'arrête le cours ici pour aujourd'hui.
자헤뜨 르 꾸흐 이씨 뿌흐 오주흐뒤
Nous allons nous arrêter ici pour aujourd'hui.
누 잘롱 누 자헤떼 이씨 뿌흐 오주흐뒤

숙제하기

숙제가 너무 많아요.

J'ai beaucoup trop de devoirs.
쥐 보꾸 트호 드 드부아

역사 선생님은 우리에게 항상 숙제를 많이 내 주세요.

Le professeur d'histoire nous donne toujours beaucoup de devoirs.
르 프호페쐬 디스뚜아흐 누 돈 뚜주 보꾸 드 드부아

오늘은 놀 시간이 없어. 저녁에 해야 할 숙제가 있거든.

Je n'ai pas le temps de jouer aujourd'hui. J'ai des devoirs à faire ce soir. (아이들이 말할 때)
즈 네 빠 르 떵 드 주에 오주흐뒤. 줴 데 드부아 아 페흐 쓰 쑤아

Je n'ai pas le temps de m'amuser aujourd'hui. J'ai des devoirs à faire ce soir. (성인이 말할 때)
즈 네 빠 르 떵 드 마뮈제 오주흐뒤. 줴 데 드부아 아 페흐 쓰 쑤아

오후 6시까지 숙제를 끝내야 해요.

Je dois finir mes devoirs avant dix-huit heures.
즈 두아 피니 메 드부아 아방 디즈위 뙤흐

아직도 숙제하고 있어요.

Je suis encore en train de faire mes devoirs.
즈 쒸 정꼬흐 엉 트행 드 페흐 메 드부아

숙제 평가

그는 숙제를 잘 해서 선생님께 칭찬받았어요.

Son professeur l'a complimenté car il a bien fait son devoir.
쏭 프호페쐬 라 꽁쁠리멍떼 꺄흐 일 라 비엉 페 쏭 드부아

다미앙은 숙제를 대충했어요.

Damien n'a pas fait son devoir sérieusement.
다미엉 나 빠 페 쏭 드부아 쎄히으즈멍

전 이 숙제를 쉽게 끝냈어요.

Ce devoir était facile à finir.
쓰 드부아 에떼 파씰 아 피니

그는 그의 아버지의 도움 없이는 숙제를 끝내지 못했을 거예요.

Il n'aurait pas pu finir son devoir, si son père ne l'avait pas aidé.
일 노헤 빠 쀠 피니 쏭 드부아, 씨 쏭 빼흐 느 라베 빠 제데

네가 쓴 리포트는 훌륭해.

Ton rapport est brillant.
똥 하뽀 에 브히앙

Ton rapport est excellent.
똥 하뽀 에 떽쎌렁

Ton rapport est parfait.
똥 하뽀 에 빠흐페

과제를 다시 제출하도록 하세요.

Représentez-moi votre devoir.
흐프헤정떼무아 보트흐 드부아

여기서 잠깐!

동사 jouer 주에와 s'amuser 싸뮈제는 사전적으로 '놀다'라는 뜻이 있죠. 하지만 보통 jouer는 어린 아이들이 노는 것을 가리켜요. 일반적으로 즐거운 시간을 보낸다는 의미의 '놀다'는 s'amuser를 써야 해요.

숙제 마친 후

\# 숙제 거의 다 끝나 가.

J'ai presque terminé tous mes devoirs.
줴 프헤스끄 떼흐미네 뚜 메 드부아

\# 숙제 다 끝냈어. 가자!

J'ai fait tous mes devoirs. Allons-y !
줴 페 뚜 메 드부아. 알롱지!

\# 어제 숙제하느라 밤을 샜어요.

Hier, j'ai veillé toute la nuit pour faire mes devoirs.
이에, 줴 베이에 뚜뜨 라 뉘 뿌흐 페흐 메 드부아

\# 엄마, 숙제 다 끝냈어요. 니콜라네 집에 놀러 가도 되죠?

Maman, j'ai fini tous mes devoirs. Puis-je aller chez Nicolas ?
마망, 줴 피니 뚜 메 드부아. 쀠즈 알레 쉐 니꼴라?

\# 생각보다 빨리 숙제를 마쳤어요.

J'ai fini mes devoirs plus vite que je ne croyais.
줴 피니 메 드부아 쁠뤼 비뜨 끄 즈 느 크후아이예

\# 숙제를 마치고 곧바로 잠들었어요.

Je me suis endormi aussitôt que j'ai fini mes devoirs.
즈 므 쒸 정도흐미 오씨또 끄 줴 피니 메 드부아

\# 너 혹시 숙제 끝냈으면 나 좀 도와 줄래?

Si tu as fini tes devoirs, peux-tu m'aider ?
씨 뛰 아 피니 떼 드부아, 쁘뛰 메데?

숙제 기타

\# 오늘은 숙제가 하나도 없어요.

Aujourd'hui, il n'y a pas de devoir.
오주흐뒤, 일 니 아 빠 드 드부아

\# 아직도 해야 할 숙제가 남아 있어요.

Il reste encore des devoirs à faire.
일 헤스뜨 엉꼬흐 데 드부아 아 페흐

\# 숙제가 많이 밀렸어요.

J'ai beaucoup de devoirs en retard.
줴 보꾸 드 드부아흐 엉 흐따

\# 리포트는 몇 장이나 써야 해요?

Combien de pages doit faire le rapport ?
꽁비엉 드 빠즈 두아 페흐 르 하뽀?

\# 수학 숙제가 너무 어려워. 네 도움이 필요해.

Le devoir de math est trop difficile. J'ai besoin de ton aide.
르 드부아 드 마뜨 에 트호 디피씰.
줴 브주앙 드 또 네드

\# 언제까지 과제를 제출해야 하죠?

Quand doit-on rendre le devoir ?
깡 두아똥 헝드흐 르 드부아?

\# 중간고사는 과제 제출로 대신하겠어요.

L'examen partiel sera remplacé par une remise de devoir.
레그자멍 빠흐씨엘 쓰하 헝쁠라쎄 빠흐 윈 흐미즈 드 드부아

여기서 잠깐!

누군가의 과제물이나 보고서를 베끼거나 모방했다고 할 때 동사 copier 꼬삐에를 씁니다. 그렇다면 그렇게 베낀 결과물 또는 표절은 뭐라고 할까요? 쉽게 copier에서 파생된 copie 꼬삐가 떠오르지만 plagiat 쁠라지아를 더 자주 써요. 미술이나 음악 작품 표절 등을 가리킬 때도 자주 사용한답니다.

시험 전

기말고사가 2주밖에 남지 않았어요.

Il ne reste que deux semaines avant l'examen final.
일 느 헤스뜨 끄 드 쓰멘 아방 레그자멍 피날

시험 날짜가 일주일 앞으로 다가왔어요.

Les examens commencent dans une semaine.
레 제그자멍 꼬멍쓰 당 쥔 쓰멘

공부를 거의 못 했는데 벌써 내일이 시험이에요.

Je n'ai même pas eu le temps d'étudier et l'examen est déjà demain.
즈 네 멤 빠 쥐 르 떵 데뛰디에 에 레그자멍 에 데자 드맹

프랑스어 시험 범위가 어디죠?

Quel est le programme à réviser pour l'examen de français ?
껠 레 르 프호그함 아 헤비제 뿌흐 레그자멍 드 프항쎄?

시험공부는 미리 해 둬야 해요.

Il faut préparer l'examen à l'avance.
일 포 프헤빠헤 레그자멍 아 라방쓰

이번 시험은 좀 어려울 것 같아요.

Je pense que cet examen sera difficile.
즈 뻥쓰 끄 쎄 떼그자멍 스하 디피씰

기말시험 앞두고 좀 긴장되네요.

Face à l'examen final, je suis un peu nerveux (nerveuse).
파쓰 아 레그자멍 피날, 즈 쒸 정 쁘 네흐브 (네흐브즈)

시험 후

시험을 3시간 동안 봤어요.

L'examen a duré trois heures.
레그자멍 아 뒤헤 트후아 죄흐

이번 시험은 약간 쉬웠어요.

Cet examen était un peu facile.
쎄 떼그자멍 에떼 떵 쁘 파씰
Cet examen était un peu simple.
쎄 떼그자멍 에떼 떵 쁘 생쁠

시험 범위 밖에서 문제가 나왔어요.

Il y avait des questions qui étaient hors programme.
일 리 아베 데 께스띠옹 끼 에떼 오흐 프호그함

시험이 끝나서 긴장이 풀렸어요.

Je me suis détendu(e) après l'examen.
즈 므 쒸 데떵뒤 아프해 레그자멍

시험 시간이 모자랐어요.

J'ai manqué de temps pour l'examen.
줴 망께 드 떵 뿌흐 레그자멍

시험 결과는 언제 나오나요?

Quand seront annoncés les résultats de l'examen ?
깡 쓰홍 따농쎄 레 헤쥘따 드 레그자멍?
(특정한 시험 결과를 기다릴 때)

Quand seront annoncés les résultats des examens ?
깡 쓰홍 따농쎄 레 헤쥘따 데 제그자멍?
(여러 시험을 본 후 전체 결과를 기다릴 때)

시험 결과

\# 시험 결과가 오늘 나왔어요.

Les résultats de l'examen ont été annoncés aujourd'hui.
레 헤쥘따 드 레그자멍 옹 떼떼 아농세 오주흐뒤

\# 시험 결과가 나오길 2주째 기다리고 있어요.

J'attends que les résultats de l'examen soient annoncés depuis deux semaines.
자떵 끄 레 헤쥘따 드 레그자멍 쑤아 따농쎄 드쀠 드 쓰멘

\# 내가 예상했던 것보다 더 높은 점수가 나왔어요.

J'ai eu une meilleure note que ce à quoi je m'attendais.
줴 위 윈 메이외흐 노뜨 끄 쓰 아 꾸아 즈 마떵데

\# 시험 결과가 만족스럽지 않아요.

Je ne suis pas satisfait(e) de mes résultats d'examens.
즈 느 쒸 빠 싸띠쓰페(뜨) 드 메 헤쥘따 데그자멍

Je ne suis pas content(e) de mes résultats d'examens.
즈 느 쒸 빠 꽁떵(뜨) 드 메 헤쥘따 데그자멍

\# 중간고사를 망쳤어요.

J'ai raté l'examen partiel.
줴 하떼 레그자멍 빠흐씨엘

\# 기말고사는 더 열심히 공부해야겠어요.

Je vais devoir travailler plus dur pour l'examen final.
즈 베 드부아 트하바이에 쁠뤼 뒤흐 뿌흐 레그자멍 피날

여기서 잠깐!

중간고사를 examen partiel 에그자멍 빠흐씨엘, 학기 중 짧게 보는 시험은 partiels 빠흐씨엘라고 해요. 시험 구분 없이 통칭해서 '나 시험 망쳤어!' 하면 'J'ai raté mes partiels ! 줴 하떼 메 빠흐씨엘!'이라고 표현하죠.

성적표

\# 성적표 오늘 받았어?

As-tu reçu ton bulletin (scolaire) aujourd'hui ?
아뛰 흐쒸 똥 뷜땡 (스꼴레흐) 오주흐뒤?

\# 이번 학기 성적표는 이틀 후에 나와요.

On aura le bulletin de ce semestre dans deux jours.
오 노하 르 뷜땡 드 쓰 쓰메스트흐 당 드 주흐

\# 이번 학기 평균 점수는 얼마니?

Quelle est ta moyenne pour ce semestre ?
껠 레 따 무아이옌 뿌흐 쓰 쓰메스트흐?

\# 전체 평균 성적이 15점 정도예요.

Ma (note) moyenne totale est environ quinze.
마 (노뜨) 무아이옌 또딸 에 떵비홍 깽즈

\# 그는 부정 행위를 저질렀기 때문에 F를 받았어요.

Il a eu F à l'examen, car il a triché.
일 라 위 에프 아 레그자멍, 꺄흐 일 라 트히쉐

\# 중간고사를 잘 봤지만, 기말고사를 망쳐서 전체 성적이 좋지 못해요.

Comme j'ai bien réussi mon examen partiel, mais raté l'examen final, ma note totale n'est pas bonne.
꼼 줴 비엉 헤위씨 모 네그자멍 빠흐씨엘,
메 하떼 레그자멍 피날, 마 노뜨 또딸 네 빠 본

bulletin (scolaire) 뷜땡 (스꼴레흐) n.m. 성적표

여기서 잠깐!

일반적으로 프랑스에서는 20점이 만점입니다.

우수한 성적①

\# 상드라는 좋은 성적을 받았어요.

Sandra a reçu une bonne note.
쌍드하 아 흐쒸 윈 본 노뜨

\# 그녀는 지금까지 받은 성적 중 올해 최고 성적을 받았어요.

Jusqu'à présent, c'est sa meilleure note de l'année.
쥐스꺄 프헤정, 쎄 싸 메이외흐 노뜨 드 라네

\# 그는 좋은 성적을 받으려고 엄청 노력했어요.

Il a travaillé très dur pour avoir une bonne note.
일 라 트하바이에 트해 뒤흐 뿌흐 아부아 윈 본 노뜨

\# 전 이번 학기에 모든 과목에서 A를 받았어요.

J'ai obtenu un A à toutes les matières de ce semestre.
줴 옵뜨뉘 엉 아 아 뚜뜨 레 마띠애흐 드 쓰 쓰메스트흐

\# 제 성적은 평균 이상이에요.

J'ai eu une note supérieure à la moyenne.
줴 위 윈 노뜨 쉬뻬히외흐 알 라 무아이옌

\# 성적이 B 미만인 과목은 하나도 없어요.

Il n'y a aucune matière pour laquelle j'ai eu une note inférieure à B.
일 니 아 오뀐 마띠애흐 뿌흐 라껠 줴 위 윈 노뜨 앵페히외흐 아 베

우수한 성적②

\# 수학 성적이 제일 좋아요.

Ma note de mathématiques est la meilleure.
마 노뜨 드 마떼마띠끄 에 라 메이외흐

\# 지난 학기보다 성적이 많이 올랐어요.

J'ai eu de meilleures notes que le semestre dernier.
줴 위 드 메이외흐 노뜨 끄 르 쓰메스트흐 데흐니에

\# 그는 공부하는 것 같지 않은데 성적은 항상 좋아요.

Il a toujours de bonnes notes alors qu'il n'a pas l'air de travailler.
일 라 뚜주 드 본 노뜨 알로 낄 나 빠 레흐 드 트하바이에

\# 화학을 제외하면 그의 성적은 좋은 편이었어요.

Il a eu des bonnes notes dans toutes les matières, sauf en chimie.
일 라 위 데 본 노뜨 당 뚜뜨 레 마띠애흐, 쏘프 엉 쉬미

\# 그는 자기 학년 전체에서 수석이에요.

Il est le meilleur élève de toute son année.
일 레 르 메이외 엘래브 드 뚜뜨 쏘 나네

\# 그는 성적에 관해 걱정한 적이 없어요.

Il n'a jamais eu d'inquiétude concernant ses notes.
일 나 자메 위 댕끼에뛰드 꽁쎄흐낭 쎄 노뜨

moyenne 무아이옌 n.f. 평균

나쁜 성적

예상 외로 성적이 나빴어요.

Mes notes sont plus mauvaises que prévues.
메 노뜨 쏭 쁠뤼 모베즈 끄 프헤뷔

자꾸 성적이 떨어지고 있어요.

Mes notes ne cessent de baisser.
메 노뜨 느 쎄쓰 드 베쎄

지난 학기보다 평균 10점이 떨어졌어요.

Ma moyenne a baissé de dix points par rapport au semestre dernier.
마 무아이옌 아 베쎄 드 디 뿌앙 빠흐 하뽀 오 쓰메스트흐 데흐니에

성적이 낮아서 장학금을 받을 수 없어요.

Je ne peux pas recevoir de bourse à cause de mes mauvaises notes.
즈 느 쁘 빠 흐쓰부아 드 부흐쓰 아 꼬즈 드 메 모베즈 노뜨

시험 성적이 나빠서 간신히 통과했어요.
#

Comme mes résultats sont mauvais, je suis passé(e) de justesse.
꼼 메 헤쥘따 쏭 모베, 즈 쒸 빠쎄 드 쥐스떼쓰

이 성적표를 엄마에게 보여 주고 싶지 않아요.

Je ne veux pas montrer ce bulletin à ma mère.
즈 느 브 빠 몽트헤 쓰 뷜땡 아 마 매흐

de justesse 드 쥐스떼쓰 가까스로, 겨우

성적 기타

성적 증명서가 필요해요.

J'ai besoin d'un relevé de notes.
줴 브주앙 덩 흘르베 드 노뜨

이번 시험은 꼭 B+ 이상 받아야 해요.

À cet examen, je dois absolument avoir plus de B plus.
아 쎄 떼그자멍, 즈 두아 압쏠뤼멍 아부아 쁠뤼쓰 드 베 쁠뤼쓰

평균 성적 B+ 이상이 되어야 장학금을 받을 수 있어요.

Il faut avoir une moyenne supérieure à B plus pour pouvoir recevoir une bourse.
일 포 따부아 윈 무아이옌 쒸뻬히외흐 아 베 쁠뤼쓰 뿌흐 뿌부아 흐쓰부아 윈 부흐쓰

평가 기준은 무엇입니까?

Quels sont les critères d'évaluation ?
껠 쏭 레 크히때흐 데발뤼아씨옹?

성적은 기본적으로 상대 평가입니다.

Les notes sont basées sur l'évaluation relative.
레 노뜨 쏭 바제 쒸흐 에발뤼아씨옹 흘라띠브

몇몇 수업은 절대 평가로 점수를 줍니다.

Certains cours donnent une note basée sur l'évaluation absolue.
쎄흐뗑 꾸흐 돈 뛴 노뜨 바제 쒸흐 레발뤼아씨옹 압쏠뤼

relevé de notes 흘르베 드 노뜨 성적 증명서
critère 크히때흐 n.m. 기준, 표준

방학 전

\# 방학이 언제 시작하나요?

Quand commencent les vacances scolaires ?
깡 꼬멍쓰 레 바깡쓰 스꼴레흐?

\# 방학까지 한 달 남았어요.

Il reste un mois jusqu'aux vacances scolaires.
일 헤스뜨 엉 무아 쥐스꼬 바깡쓰 스꼴레흐

\# 방학이 이제 머지않았어요.

Les vacances scolaires ne sont plus loin.
레 바깡쓰 스꼴레흐 느 쏭 쁠뤼 루앙

\# 아이들은 방학만 기다리고 있어요.

Les enfants n'attendent que les vacances scolaires.
레 정팡 나떵드 끄 레 바깡쓰 스꼴레흐

\# 어서 방학이 되었으면 좋겠어요.

Je souhaite que les vacances arrivent vite.
즈 쑤에뜨 끄 레 바깡쓰 아히브 비뜨

\# 시험이 끝나면 방학이에요.

Une fois les examens finis, ce sera les vacances.
윈 푸아 레 제그자멍 피니, 쓰 쓰하 레 바깡쓰

\# 방학이 더 길었으면 좋겠어요.

J'aimerais que les vacances soient prolongées.
줴므헤 끄 레 바깡쓰 쑤아 프홀롱제

방학 계획

\# 방학이 되면 뭐 할 거야?

Qu'est-ce que tu vas faire pendant les vacances ?
께스끄 뛰 바 페흐 뻥당 레 바깡쓰?

\# 가족들과 방학 때 어디로 갈지 정할 거예요.

Je déciderai où aller en vacances avec ma famille.
즈 데씨드헤 우 알레 엉 바깡쓰 아베끄 마 파미이

\# 저는 방학 때 독일 여행을 갈 거예요.

Pendant les vacances, je vais aller en Allemagne.
뻥당 레 바깡쓰, 즈 베 잘레 엉 알마뉴

\# 방학 계획을 미리 세우지 않으면 시간을 허비하기 쉬워요.

Si vous ne prévoyez pas à l'avance ce que vous allez faire pendant les vacances, vous allez facilement perdre du temps.
씨 부 느 프헤부아이예 빠 자 라방쓰 쓰 끄 부 잘레 페흐 뻥당 레 바깡쓰, 부 잘레 파씰멍 뻬흐드흐 뒤 떵

\# 이번 방학에는 친구들과 캠프를 떠날 계획이에요.

Pour ces vacances, je pense à aller en camping avec mes amis.
뿌흐 쎄 바깡쓰, 즈 뻥쓰 아 알레 엉 깡삥 아베끄 메 자미

\# 저는 방학 때 집에 머무를 거예요.

Pendant les vacances, je vais rester à la maison.
뻥당 레 바깡쓰, 즈 베 헤스떼 알 라 메종

여름 방학

여름 방학은 7월에 시작해요.

Les vacances d'été commencent en juillet.
레 바깡쓰 데떼 꼬멍쓰 떵 쥐에

방학 중에는 여름 방학이 제일 길어요.

Les vacances d'été sont les plus longues des vacances scolaires.
레 바깡쓰 데떼 쏭 레 쁠뤼 롱그 데 바깡쓰 스꼴레흐

여름 방학 때는 바다에 꼭 가고 싶어요.

J'ai envie d'aller à la mer pendant les vacances d'été.
줴 엉비 달레 알 라 메흐 뻥당 레 바깡쓰 데떼

이번 여름 방학 때는 꼭 파리를 벗어날 거예요.

Je vais sûrement sortir de Paris pour les grandes vacances.
즈 베 쒸흐멍 쏘흐띠 드 빠히 뿌흐 레 그항드 바깡쓰

올 여름 방학엔 비가 많이 와서 마음껏 놀지 못했어요.

Comme il a beaucoup plu pendant les vacances d'été, je n'ai pas pu en profiter.
꼼 일 라 보꾸 쁠뤼 뻥당 레 바깡쓰 데떼,
즈 네 빠 쀠 엉 프호피떼

자비에는 여름 방학 때에 피부가 까맣게 탔어요.

Xavier a bronzé pendant les vacances d'été.
자비에 아 브홍제 뻥땅 레 바깡쓰 데떼

즐거운 여름 방학 보내세요!

Bonnes vacances d'été !
본 바깡쓰 데떼!

크리스마스 방학

크리스마스 방학은 길지 않아요.

Les vacances de Noël ne sont pas longues.
레 바깡쓰 드 노엘 느 쏭 빠 롱그

크리스마스 방학은 2주 정도에 불과해요.

Les vacances de Noël ne durent que deux semaines.
레 바깡쓰 드 노엘 느 뒤흐 끄 드 쓰멘

명절이라 크리스마스 방학 기간엔 많이 바쁠 것 같아요.

Comme il y a les fêtes, je serai très occupé(e) pendant les vacances de Noël.
꼼 일 리 아 레 페뜨, 즈 쓰헤 트해 조뀌뻬 뻥당 레 바깡쓰 드 노엘

저의 사촌들 모두 크리스마스 방학 때 저희 집으로 올 거예요.

Tous mes cousins viendront chez moi pour les vacances de Noël.
뚜 메 꾸쟁 비엉드홍 쉐 무아 뿌흐 레 바깡쓰 드 노엘

크리스마스 방학은 짧지만 제일 좋아요.

Même si les vacances de Noël sont courtes, c'est celles que j'aime le plus.
멤 씨 레 바깡쓰 드 노엘 쏭 꾸흐뜨, 쎄 쎌 끄 쥄 르 쁠뤼

방학 동안 추워서 집 안에만 머물러 있었어요.

Comme il a fait froid, je suis resté(e) chez moi pendant les vacances.
꼼 일 라 페 프후아, 즈 쒸 헤스떼 쉐 무아 뻥당 레 바깡쓰

겨울 방학

파리에서 겨울 방학은 2월에 시작해요.

À Paris, les vacances d'hiver commencent en février.
아 빠히, 레 바깡쓰 디베 꼬멍쓰 떵 페브히에

낭트의 학교는 파리보다 겨울 방학 시작이 더 늦어요.

Les écoles de Nantes commencent leurs vacances d'hiver plus tard qu'à Paris.
레 제꼴 드 낭뜨 꼬멍쓰 뢰흐 바깡쓰 디베 쁠뤼 따흐 꺄 빠히

낭트에서 겨울 방학이 며칠에 시작하죠?

À quelle date commencent les vacances d'hiver à Nantes ?
아 껠 다뜨 꼬멍쓰 레 바깡쓰 디베 아 낭뜨?

겨울 방학 동안 스케이트를 배웠어요.

J'ai appris à faire du patin (à glace) pendant les vacances d'hiver.
줴 아프히 아 페흐 뒤 빠땡 (아 글라쓰) 뻥당 레 바깡쓰 디베

방학 때 친구들과 스키장에 갈 거예요.

Pendant les vacances, je vais aller skier avec mes amis.
뻥당 레 바깡쓰, 즈 베 잘레 스끼에 아베끄 메 자미

겨울 방학 기간을 유용하게 보냈어요.

Pendant les vacances d'hiver, j'ai été très productif.
뻥당 레 바깡쓰 디베, 줴 에떼 트해 프호뒥띠프

여기서 잠깐!

프랑스 초·중·고교 모두 같은 기간에 방학이 시작되지만, 겨울 방학과 봄 방학은 지역에 따라 시작하는 날짜가 달라요. 지역별로 셋으로 나누어 일주일 정도의 차이를 두고 시작되는데, 보통 겨울 방학은 2월 중순부터, 봄 방학은 4월 중순부터 지역별로 순차적으로 시작해서 2주 간 이어진답니다.

개학 후

방학 잘 보냈어?

As-tu passé de bonnes vacances ?
아뛰 빠쎄 드 본 바깡쓰?

방학 동안 행복한 추억들을 많이 쌓았어요.

Je garde beaucoup de bons souvenirs de mes vacances.
즈 갸흐드 보꾸 드 봉 쑤브니 드 메 바깡쓰

평생 기억에 남을 방학이었어요.

Ce sont des vacances dont je me souviendrai toute ma vie.
쓰 쏭 데 바깡쓰 동 즈 므 쑤비엉드헤 뚜뜨 마 비

방학 숙제는 다 했어?

As-tu fait tous tes devoirs de vacances ?
아뛰 페 뚜 떼 드부아 드 바깡쓰?

벌써 방학이 끝나다니 믿기지 않아요.

Je ne peux pas croire que les vacances scolaires soient déjà finies.
즈 느 쁘 빠 크후아흐 끄 레 바깡쓰 스꼴레흐 쑤아 데자 피니

방학이 너무 짧았던 것 같아요.

Je pense que les vacances étaient trop courtes.
즈 뻥쓰 끌 레 바깡쓰 에떼 트호 꾸흐뜨

아직도 방학인 것처럼 느껴져요.

J'ai l'impression que les vacances ne sont pas encore finies.
줴 랭프헤씨옹 끌 레 바깡쓰 느 쏭 빠 정꼬흐 피니

Chapitre 09

직장인은 피곤해!

Chapitre 09

Unité 1 출·퇴근

Unité 2 업무

Unité 3 휴가

Unité 4 비즈니스

Unité 5 해고&퇴직

Unité 6 구직

Au travail ! 일합시다!
오 트하바이!

MP3. Word_C09

aller au bureau 알레 오 뷔호 출근하다	travail 트하바이 n.m. 일	covoiturage 꼬부아뛰하즈 n.m. 카풀
	bureau 뷔호 n.m. 사무실	lieu de travail 리으 드 트하바이 직장
arriver en retard 아히베 엉 흐따 지각하다	retard 흐따 n.m. 지각	voiture en panne 부아뛰흐 엉 빤 고장 난 차
	grève 그해브 n.f. 파업	Mon réveil n'a pas sonné ! 몽 헤베이 나 빠 쏘네! 알람이 울리지 않았어요!
partir tôt du bureau 빠흐띠 또 뒤 뷔호 조퇴하다	tôt 또 ad. 빨리	devoir partir 드부아 빠흐띠 가야 하다
	en avance 어 나방쓰 일찍	une heure plus tôt 윈 외흐 쁠뤼 또 한 시간 빨리
quitter le travail 끼떼 르 트하바이 퇴근하다	finir le dossier 피니 르 도씨에 서류를 끝내다	après le travail 아프해 르 트하바이 일 끝나고
	éteindre mon ordinateur 에땡드흐 모 노흐디나뙤 컴퓨터 전원을 끄다	à l'heure 아 뢰흐 정시에

Le métier qui me convient 내게 어울리는 일

르 메띠에 끼 므 꽁비엉

métier 메띠에 n.m., profession 프호페씨옹 n.f. 직업 	avocat 아보꺄 n. 변호사 procureur 프호뀌회 n.m. 검사 	ingénieur 앵제니외 n. 엔지니어 
police 뽈리쓰 n.f. 경찰 	pompier 뽕삐에 n.m. 소방관 	journaliste 주흐날리스뜨 n. 기자 
attaché(e) de presse 아따쉐 드 프헤쓰 언론 담당자 	cuisinier 뀌지니에, cuisinière 뀌지니애흐 n. 요리사 	boulanger 불랑제, boulangère 불랑재흐 n. 제빵사 
serveur 쎄흐뵈, serveuse 쎄흐브즈 n. garçon 갸흐쏭 n.m. 웨이터, 종업원 	architecte 아흐쉬떽뜨 n. 건축가 	médecin 메드쌩 n.m. 의사 
infirmier 앵피흐미에, infirmière 앵피흐미애흐 n. 간호사 	vétérinaire 베떼히네흐 n. 수의사 	pharmacien 파흐마씨엉, pharmacienne 파흐마씨엔 n. 약사 
chercheur 쉐흐쇠 n. 연구원 	secrétaire 쓰크헤떼 n. 비서 	réceptionniste 헤쎕씨오니스뜨 n. 프론트 담당자 

Le salaire et la rémunération 월급과 보수
르 쌀레흐 에 라 헤뮈네하씨옹

salaire 쌀레흐 n.m. 월급	salaire brut 쌀레흐 브휘뜨 총 급여	salaire net 쌀레흐 네뜨 실수령 급여
	salaire minimum 쌀레흐 미니뭄, SMIC 스믹 최저 임금	salaire moyen 쌀레흐 무아이영 평균 급여
rémunération 헤뮈네하씨옹 n.f. 보수	prime 프힘 n.f. 보너스	indemnité 앵뎀니떼 n.f. 수당
	compensation 꽁뻥싸씨옹 n.f. 상여금	prime d'ancienneté 프힘 당씨엔느떼 근속 수당

Les vacances 휴가
레 바깡쓰

vacances 바깡쓰 n.f.pl. 휴가	congé de maternité 꽁제 드 마떼흐니떼 (여성에게 주어지는) 출산 휴가	congé de paternité 꽁제 드 빠떼흐니떼 (남성에게 주어지는) 출산 휴가
	congé parental 꽁제 빠헝딸 육아 휴직	congé payé 꽁제 뻬이예 유급 휴가

Ne plus travailler 더 이상 일하지 않다
느 쁠뤼 트하바이에

être licencié(e) 에트흐 리썽씨에 해고되다	mettre à la porte, 메트흐 알 라 뽀흐뜨 licencier 리썽씨에 v. 해고하다	indemnités de licenciement 앵뎀니떼 드 리썽씨멍 해고 수당
	mise à pied 미즈 아 삐에 해고	restructuration 흐스트휙뛰하씨옹 n.f. 구조 조정
démissionner 데미씨오네 v. 사직하다	retraite 흐트헤뜨 n.f. 정년 퇴직	retraite anticipée 흐트헤뜨 앙띠씨뻬 조기 퇴직
	démission 데미씨옹 n.f. 사표	arrêter de travailler 아헤떼 드 트하바이에 일을 그만두다

Chercher un emploi 일자리를 구하다
쉐흐쉐 어 넝쁠루아

demande d'emploi 드망드 덩쁠루아 구직	annonce d'offres d'emploi 아농쓰 도프흐 덩쁠루아 구인 공고	marché de l'emploi 마흐쉐 드 렁쁠루아 구직 시장
	lettre de motivation 레트흐 드 모띠바씨옹 지원서	CV 쎄베 n.m. 이력서 (curriculum vitæ 뀌히뀔럼 비떼 의 약어)
entretien (d'embauche) 엉트흐띠엉 (덩보슈) n.m. 면접	expérience 엑스뻬히엉쓰 n.f. 경력	formation 포흐마씨옹 n.f. 교육
	poste 뽀스뜨 n.m. 직위	évaluer 에발뤼에 v. 평가하다

출근

출근해요.

Je vais au travail.
즈 베 조 트하바이

출근하는 데 시간이 얼마나 걸리나요?

Combien de temps mettez-vous pour aller au travail ?
꽁비엉 드 떵 메떼부 뿌흐 알레 오 트하바이?

사는 곳에서 직장까지 시간이 얼마나 걸리나요?

Combien de temps mettez-vous pour aller de votre travail à votre domicile ?
꽁비엉 드 떵 메떼부 뿌흐 알레 드 보트흐 트하바이 아 보트흐 도미씰?

직장에 가는 데 매일 3시간이 걸려요.

Je mets trois heures par jour pour aller au travail.
즈 메 트후아 죄흐 빠흐 주흐 뿌흐 알레 오 트하바이

어떤 교통수단을 이용하시나요?

Quel moyen de transport utilisez-vous ?
껠 무아이영 드 트항스뽀 위띨리제부?

왕복 시간이 길어서 피곤해요.

Je suis fatigué(e) par les longs allers-retours.
즈 쒸 파띠게 빠흐 레 롱 잘레흐뚜

일보다 출퇴근하는 게 더 스트레스예요.

Les transports me stressent plus que le travail.
레 트항스뽀 므 스트헤쓰 쁠뤼쓰 끄 르 트하바이

정시 출근이 힘들 때

저는 항상 직장에 늦어요.

J'arrive régulièrement en retard à mon travail.
자히브 헤귈리애흐멍 엉 흐따 아 몽 트하바이

저는 회사 가는 시간을 잘 지키지 못해요.

J'ai du mal à être ponctuel au travail.
줴 뒤 말 아 에트흐 뽕뛰엘 오 트하바이

그는 보통 일주일에 한 번씩은 회사에 늦어요.

En moyenne, il est en retard au bureau une fois par semaine.
엉 무아이엔, 일 레 떵 흐따 오 뷔호 윈 푸아 빠흐 쓰멘

회사에 두 시간 늦었어요.

Je suis arrivé(e) avec deux heures de retard à mon travail.
즈 쒸 자히베 아베끄 드 죄흐 드 흐따 아 몽 트하바이

알람이 울리지 않았어요.

Mon réveil n'a pas sonné.
몽 헤베이 나 빠 쏘네

자동차가 고장 났어요.

Ma voiture est en panne.
마 부아뛰흐 에 떵 빤

고속도로에서 차가 고장 났어요.

Je suis tombé(e) en panne sur l'autoroute.
즈 쒸 똥베 엉 빤 쒸흐 로또후뜨

출근 기타

\# 오늘, 전 자전거 타고 출근해요.

Aujourd'hui, je vais au boulot à vélo.
오주흐뒤, 즈 배 오 불로 아 벨로
Aujourd'hui, je vais au travail à vélo.
오주흐뒤, 즈 배 오 트하바이 아 벨로

\# 저는 매일 같은 시간에 나서요.

Je pars tous les jours à la même heure.
즈 빠흐 뚜 레 주흐 알 라 멤 외흐

\# 일할 때 정장을 입어요.

Je porte un costume quand je travaille.
즈 뽀흐뜨 엉 꼬스뜀 깡 즈 트하바이

\# 앉을 자리가 없을 땐 서서 가야만 해요.

Quand il n'y a pas de place assise, je suis obligé(e) de rester debout.
깡 띨 니 아 빠 드 쁠라쓰 아씨즈,
즈 쒸 조블리제 드 헤스떼 드부

\# 출퇴근 시간 지하철은 항상 만원이에요.

Quant au métro, il est toujours bondé aux heures de pointes.
깡 또 메트호, 일 레 뚜주 봉데 오 죄흐 드 뿌앙뜨

\# 출근할 때 카풀을 해요.

Je fais du covoiturage pour aller au travail.
즈 페 뒤 꼬부아뛰하즈 뿌흐 알레 오 트하바이

covoiturage 꼬부아뛰하즈 n.m. 카풀
heures de pointe 외흐 드 뿌앙뜨 혼잡시간대

퇴근(일반)

\# 퇴근했어요.

Je suis sorti(e) du bureau.
즈 쒸 쏘흐띠 뒤 뷔호
J'ai fini le travail.
줴 피니 르 트하바이
Je suis sorti(e) de ma boîte. (구어)
즈 쒸 쏘흐띠 드 마 부아뜨

\# 저녁 6시에 퇴근해요.

Je pars du bureau à dix-huit heures.
즈 빠흐 뒤 뷔호 아 디즈위 뙤흐
Je quitte le bureau à dix-huit heures.
즈 끼뜨 르 뷔호 아 디즈위 뙤흐

\# 일이 저녁 8시에 끝나요.

Je termine le boulot à vingt heures.
즈 떼흐민 르 불로 아 뱅 뙤흐
Je termine le travail à vingt heures.
즈 떼흐민 르 트하바이 아 뱅 뙤흐

\# 일과가 늦게 끝나는구나!

Tu termines tard ta journée de travail !
뛰 떼흐민 따흐 따 주흐네 드 트하바이!

\# 기다리지 말아요, 늦을 것 같아요.

Ne m'attends pas, je risque d'être en retard.
느 마떵 빠, 즈 히스끄 데트흐 엉 흐따

\# 우린 절대 저녁 7시 전에는 못 떠나요.

On ne peut absolument pas partir avant dix-neuf heures.
옹 느 쁘 압쏠뤼멍 빠 빠흐띠 아방 디즈뇌 뵈흐

\# 오늘 야간 근무조야?

C'est la shift de nuit aujourd'hui ?
쎄 라 쉬프트 드 뉘 오주흐뒤?

즐거운 퇴근 시간

일 끝나고 곧장 집에 가요.

Je rentre directement à la maison après le travail.
즈 헝트흐 디혝뜨멍 알 라 메종 아프해 르 트하바이

일과 가족 사이 균형을 잡고 싶어요.

Je voudrais concilier travail et famille.
즈 부드헤 꽁씰리에 트하바이 에 파미이

일 끝나고 한잔 마실까?

On va boire un verre après le travail ?
옹 바 부아흐 엉 베흐 아프해 르 트하바이?

퇴근하면서 한잔 할까?

On va prendre un verre en sortant du boulot ?
옹 바 프헝드흐 엉 베흐 엉 쏘흐땅 뒤 불로?

일 끝나고 한잔 마시는 걸 제안해요.

Je vous propose de prendre un verre après le travail.
즈 부 프호뽀즈 드 프헝드흐 엉 베흐 아프해 르 트하바이

퇴근하고 동료랑 어디 가니?

Où vas-tu avec tes collègues après le bureau ?
우 바뛰 아베끄 떼 꼴래그 아프해 르 뷔호?

일과 후 파티에 참가해 본 적 있나요?

Vous participez à des soirées 'After Work'?
부 빠흐띠씨뻬 아 데 쑤아헤 '애프떼 웍'?

여기서 잠깐!

프랑스에는 한국의 '회식' 개념이 없어요. 마지막에 나온 'After Work 애프떼 웍'은 최근 프랑스에서 이뤄지는 것으로, 보통 밤 늦게 시작되는 파티와는 달리 직장 생활에 지장이 없도록 오후 6, 7시쯤 시작해 일찍 끝나요. 주로 목요일에 있어요.

퇴근 5분 전

갈 시간이에요.

Il est temps de partir.
일 레 떵 드 빠흐띠

퇴근 전 일하는 공간을 정돈해요.

J'organise mon espace de travail avant de sortir.
조흐갸니즈 모 네스빠쓰 드 트하바이 아방 드 쏘흐띠

퇴근 전 책상을 정리해요.

Je range mon bureau avant de partir.
즈 항즈 몽 뷔호 아방 드 빠흐띠

컴퓨터 전원을 끄려고 해요.

Je vais éteindre mon ordinateur.
즈 베 제땡드흐 모 노흐디나뙤

이 서류를 끝낼 수 있을까요?

Est-ce que je vais réussir à finir ce dossier ?
에스끄 즈 베 헤위씨 아 피니 쓰 도씨에?

퇴근 30분 전쯤 하루 동안 한 일을 살펴볼 시간을 가지세요.

Environ trente minutes avant de quitter votre bureau, prenez le temps de jeter un œil sur les tâches que vous avez accomplie dans la journée.
엉비홍 트헝뜨 미뉘뜨 아방 드 끼떼 보트흐 뷔호, 프흐네 르 떵 드 즈떼 어 뇌이 쒸흐 레 따슈 끄 부 자베 자꽁쁠리 당 라 주흐네

그는 정시에 퇴근하고 싶어 해요.

Il veut quitter le travail à l'heure.
일 브 끼떼 르 트하바이 아 뢰흐

조퇴 관련

한 시간 먼저 나갈 수 있을까요?

Est-ce que je peux partir une heure plus tôt ?
에스끄 즈 쁘 빠흐띠 윈 외흐 쁠뤼 또?
Puis-je partir une heure plus tôt ?
쀠즈 빠흐띠 윈 외흐 쁠뤼 또?

일찍 퇴근하려고 해요.

Je vais partir tôt du boulot.
즈 베 빠흐띠 또 뒤 불로
Je vais quitter le bureau en avance.
즈 베 끼떼 르 뷔호 어 나방쓰

어제는 오후 3시에 퇴근했어요.

Hier, je suis sorti du bureau à quinze heures.
이에, 즈 쒸 쏘흐띠 뒤 뷔호 아 깽즈 외흐

어떻게 하면 한 시간 일찍 퇴근할까요?

Comment partir une heure plus tôt du bureau ?
꼬멍 빠흐띠 윈 외흐 쁠뤼 또 뒤 뷔호?

제 딸이 배가 아프다고 해서 가야 할 것 같아요.

Je dois partir parce que ma fille a mal au ventre.
즈 두아 빠흐띠 빠흐쓰 끄 마 피이 아 말 오 벙트흐

오늘 업무를 다 끝냈어요.

J'ai fini mon boulot de la journée.
줴 피니 몽 불로 들 라 주흐네
J'ai fini tout ce que j'avais à faire aujourd'hui.
줴 피니 뚜 쓰 끄 자베 자 페흐 오주흐뒤

꼭! 짚고 가기

파업으로 인한 결근이나 지각

대중교통 파업이 비교적 잦은 프랑스에서는 파업으로 지각이나 결근을 할 경우 근로자의 과실로 보지 않습니다. 이때 운송회사의 확인을 통해 파업을 증명해야 하지요. 그렇다면 파업으로 인해 일하지 못한 시간 동안 급여 처리는 어떻게 해야 할까요? 프랑스 법에 따르면 노사가 특별히 합의해 두지 않은 이상 고용주가 이 시간에 대해 돈을 줄 필요는 없다고 합니다.

월급이 줄어드는 것을 피하고 싶다면 근로자는 두 가지 방법을 통해 파업으로 인한 손실을 처리할 수 있습니다. 하나는 일하지 못한 시간만큼을 벌충하는 것이고, 또 다른 하나는 이 시간을 유급 휴가로 전환하는 것이지요. 흔한 사례는 아니지만 상황에 따라 재택근무를 하는 경우도 있습니다.

더불어 악천후나 자연재해로 출근이 늦어졌거나 불가능한 경우도 파업으로 인한 결근이나 지각과 같은 법 적용을 받게 됩니다.

담당 업무①

\# 저는 마케팅 책임자입니다.

Je suis responsable marketing.
즈 쒸 헤스뽕싸블르 마흐께띵

\# 저는 마케팅 부장입니다.

Je suis directeur marketing.
즈 쒸 디헥뙤 마흐께띵
Je suis directrice marketing.
즈 쒸 디헥트히쓰 마흐께띵

\# 저는 현재 회사의 영업 부문을 담당하고 있습니다.

Je suis actuellement en charge de la partie commerciale d'un groupe.
즈 쒸 작뛰엘멍 엉 샤흐즈 들 라 빠흐띠 꼬메흐씨알 덩 그후쁘

\# 저는 인사 담당자예요.

Je suis responsable RH.
즈 쒸 헤스뽕싸블르 에흐아슈

\# 저는 비서입니다.

Je suis secrétaire.
즈 쒸 쓰크헤떼흐

\# 저는 변호사예요.

Je suis avocat.
즈 쒸 자보까

\# 저는 숙박 및 외식업계에서 일하고 있어요.

Je travaille dans l'hôtellerie-restauration.
즈 트하바이 당 로뗄르히헤스또하씨옹

여기서 잠깐!

RH 에흐아슈는 ressources humaines 흐쑤흐쓰 쥐멘의 약어입니다. 인적 자원을 뜻하는 말로, 영어 HR(human ressources)을 생각하면 금세 떠오르실 거예요.

담당 업무②

\# 저는 농산물 가공품 구매 일을 하고 있어요.

Je suis acheteur dans l'agroalimentaire.
즈 쒸 자슈뙤 당 라그호알리멍떼흐
Je suis acheteuse dans l'agroalimentaire.
즈 쒸 자슈뜨즈 당 라그호알리멍떼흐

\# 저는 정보처리기사예요.

Je suis ingénieur informaticien.
즈 쒸 쟁제니외 앵포흐마띠씨엉

\# 저는 패션 잡지 기자가 되고 싶어요.

Je voudrais devenir un(e) journaliste pour magazine de mode.
즈 부드헤 드브니 엉(윈) 주흐날리스뜨 뿌흐 마갸진 드 모드

\# 제빵업을 한 지 3년이 되었어요. 육체적으로 힘든 일이지요.

Je suis boulanger depuis trois ans. C'est dur physiquement.
즈 쒸 불랑제 드쀠 트후아 장. 쎄 뒤흐 피지끄멍

\# 저는 프랑스 파리의 5성급 호텔에서 컨시어지 일을 하고 있어요.

Je suis concierge dans un hôtel cinq étoiles à Paris en France.
즈 쒸 꽁씨에흐즈 당 정 오뗄 쌩끄 에뚜알 아 빠히 엉 프항쓰

\# 소믈리에는 손님의 취향에 맞춰 와인을 추천하지요.

Le sommelier conseille les clients sur le choix d'un vin en fonction de leurs goûts.
르 쏘믈리에 꽁쎄이 레 끌리엉 쒸흐 르 슈아 덩 뱅 엉 퐁씨옹 드 뢰흐 구

여기서 잠깐!

여성 소믈리에는 sommelière 쏘믈리애흐라고 합니다.

너무 바쁜 업무

\# 회사 일이 너무 많아 정신을 못 차릴 때가 많아요.

Je suis souvent débordé(e) au bureau.
즈 쒸 쑤벙 데보흐데 오 뷔호

\# 서류가 잔뜩 쌓여 있네요.

Il y a beaucoup de dossiers qui s'accumulent.
일 리 아 보꾸 드 도씨에 끼 싸뀌뮐

\# 너무 바빠서 새로운 일을 시작할 수가 없어요.

Je suis tellement occupé(e) que je ne peux pas commencer à travailler sur un nouveau dossier.
즈 쒸 뗄멍 또뀌뻬 끄 즈 느 쁘 빠 꼬멍쎄 아 트하바이에 쒸흐 엉 누보 도씨에

\# 어떻게 하면 회사에서 시간 관리를 잘할 수 있나요?

Comment bien gérer mon temps au travail ?
꼬멍 비엉 제헤 몽 떵 오 트하바이?

\# 할 일이 너무 많아요.

Je suis surchargé(e) de travail.
즈 쒸 쒸흐샤흐제 드 트하바이

\# 명절 때 일해야 하는 건 차치하더라도 휴가 날짜도 거의 없는, 매우 힘든 직업이라는 건 제가 확신하죠.

Je confirme que c'est un métier très difficile avec peu de jours de congés, sans compter qu'il faut travailler pendant les fêtes.
즈 꽁피흠므 끄 쎄 떵 메띠에 트헤 디피씰 아베끄 쁘 드 주흐 드 꽁제, 쌍 꽁떼 낄 포 트하바이에 뼁당 레 페뜨

s'accumulent/s'accumuler 싸뀌뮐/싸뀌뮐레 v. 쌓이다
surchargé(e) 쒸흐샤흐제 a. 과중한

업무 지시 & 체크①

\# 사무용품을 주문하고 목록을 관리해 주세요.

Commandez les fournitures de bureau et tenez-en l'inventaire.
꼬망데 레 푸흐니뛰흐 드 뷔호 에 뜨네정 랭벙떼흐

\# 프로젝트 서류는 어떻게 제출하나요?

Comment soumettre un document de projet ?
꼬멍 수메트흐 엉 도뀌멍 드 프호제?

\# 기획안 가져와 봐요.

Donne-moi ton cahier des charges.
돈무아 똥 꺄이에 데 샤흐즈

\# 좀 더 나은 업무 계획을 짤 때인 것 같군.

Il est peut-être temps de mieux planifier ton travail.
일 레 쁘떼트흐 떵 드 미으 쁠라니피에 똥 트하바이

\# 프레젠테이션을 마쳤나요?

Avez-vous fini votre présentation ?
아베부 피니 보트흐 프헤정따씨옹?

\# 집중력을 높이세요.

Veillez à améliorer votre concentration.
베이에 아 아멜리오헤 보트흐 꽁썽트하씨옹

\# 계속 수고해 주세요!

Continuez à bien travailler !
꽁띠뉘에 아 비엉 트하바이에!

inventaire 앵벙떼흐 n.m. 목록

업무 지시 & 체크②

\# 메일로 결과를 보내세요.

Envoyez le résultat par mail.
엉부아이예 르 헤쥘따 빠흐 메일

\# 그것 좀 빨리 해 줘요.

Faites-le un peu plus vite.
페뜨르 엉 쁘 쁠뤼 비뜨

\# 저지르지 말아야 할 실수 하나는 업무가 주어지는 대로 시작해 버리는 것이지요.

Une erreur à ne pas commettre est de se lancer dans les tâches dans l'ordre dans lequel elles vous ont été confiées.
윈 외회 아 느 빠 꼬메트흐 에 드 쓰 랑쎄 당 레 따슈 당 로흐드흐 당 르껠 엘 부 종 떼떼 꽁피에

\# 중요도에 따라 할 일을 계획하세요.

Essayez de planifier vos obligations en fonction de leur importance.
에쎄이예 드 쁠라니피에 보 조블리갸씨옹 엉 퐁씨옹 드 뢰흐 앵뽀흐땅쓰

\# 중요한 업무를 먼저 하도록 하세요.

Occupez-vous des tâches importantes en priorité.
오뀌뻬부 데 따슈 쟁뽀흐땅뜨 엉 프리오리떼

업무 지시에 대한 대답

\# 물론이지요.

Bien sûr.
비엉 쒸흐

\# 언제까지요?

Jusqu'à quand ?
쥐스꺄 깡?

\# 아무 문제없어요.

Il n'y a aucun problème.
일 니 아 오껑 프흐블램

\# 걱정 마세요.

(Il n'y a) Pas de souci.
(일 니 아) 빠 드 쑤씨

\# 최선을 다하겠습니다.

Je fais de mon mieux.
즈 페 드 몽 미으
Je ferai de mon mieux.
즈 프헤 드 몽 미으

\# 확인해 주시길 기다리고 있습니다.

J'attends votre confirmation.
자떵 보트흐 꽁피흐마씨옹

\# 결정해 주시길 기다리고 있습니다.

J'attends votre décision.
자떵 보트흐 데씨지옹

\# 필요하신 것이 있으면 전화 주십시오.

Si vous avez besoin de quelque chose, appelez-moi.
씨 부 자베 브주앙 드 껠끄 쇼즈, 아쁠레무아

confirmation 꽁피흐마씨옹 n.f. 확인
décision 데씨지옹 n.f. 결정
souci 쑤씨 n.m. 걱정
tâche 따슈 n.f. 일

외근 & 기타

외근을 안 하겠다고 해도 되나요?

Peut-on refuser un déplacement professionnel ?
뾰똥 흐퓌제 엉 데쁠라쓰멍 프호페씨오넬?

마리는 고객을 만나러 나갔어요.

Marie est partie pour aller voir un client.
마히 에 빠흐띠 뿌흐 알레 부아 엉 끌리엉

그는 상품을 인도받으러 갔어요.

Il va prendre livraison d'une marchandise.
일 바 프헝드흐 리브헤종 뒨 마흐샹디즈

지금 그는 여기 없어요. 고용주가 실시하는 연수를 받고 있어요.

Il n'est pas là pour le moment.
Il se rend à un stage de formation imposé par l'employeur.
일 네 빠 라 뿌흐 르 모멍. 일 쓰 헝 아 엉 스따즈 드 포흐마씨옹 앵뽀제 빠흐 렁쁠루아이외

저는 재택 근무를 해요.

Je travaille à domicile.
즈 트하바이 아 도미씰

6개월째 임시직으로 일하고 있는데 회사에서 식권을 안 줘요.

Je viens de passer 6 mois en intérim dans une entreprise qui ne voulait pas me donner mes tickets restaurants.
즈 비엉 드 빠쎄 씨 무아 어 냉떼힘 당 쥔 엉트흐프히즈 끼 느 불레 빠 므 도네 메 띠께 헤스또항

꼭! 짚고 가기

주당 근로 시간 35시간

프랑스에서는 법적으로 주당 35시간을 일하도록 되어 있습니다. 연간 1,607시간을 일하도록 정해져 있는 것이지요. 르몽드지가 Coe-Rexecode 꼬헤그제꼬드 연구소의 자료를 기준으로 쓴 기사에 따르면 프랑스는 핀란드와 함께 유럽 연합에서 근로 시간이 가장 짧은 나라라고 합니다.

주당 35시간 이상을 일하게 될 경우 추가 근로 시간으로 간주됩니다. 이 추가 시간 역시 제한이 있어, 하루 10시간 이상 일을 할 수 없게 되어 있고요. 물론 성수기 때와 같은 특수한 기간에는 예외로 두어 효율적으로 업무를 처리할 수 있도록 합니다.

더불어 근로자는 일일 근로 시간이 6시간에 달하면 20분 미만의 휴게 시간을 가지도록 법으로 보장되어 있습니다. 그리하여 평균적으로 프랑스인들은 주당 39.2시간 정도를 일하게 된다고 합니다.

이 법정 근로 시간은 모든 근로자에게 동일하게 적용되지만, 일부 직종에서는 상황에 맞게 조정됩니다. 이런 업무에는 농업, 수산관련업, 대중교통 직종 등이 있습니다. 그리고 대표직, 위탁판매원, 보모, 건물 관리인 등은 법정 근로 시간의 적용을 받지 않습니다. 물론 18세 미만 근로자에게는 축소된 근로 시간이 적용됩니다.

근무 조건

\# 저희는 업무 시간을 변경할 수 없어요.

Nous ne pouvons pas modifier nos horaires de travail.
누 느 뿌봉 빠 모디피에 노 조헤흐 드 트하바이

\# 그들은 주당 근로 시간이 어떻게 되나요?

Combien d'heures travaillent-ils par semaine ?
꽁비엉 되흐 트하바이띨 빠흐 쓰멘?

\# 이상적인 것은 하루에 6~7시간 일하는 것이겠지요.

L'idéal serait de travailler six à sept heures par jour.
리데알 쓰헤 드 트하바이에 씨쓰 아 쎄 뙤흐 빠흐 주흐

\# 프랑스에서 법정 주당 근로 시간은 35시간입니다.

La durée légale du travail est fixée à trente-cinq heures hebdomadaires en France.
라 뒤헤 레걀 뒤 트하바이 에 픽쎄 아 트헝뜨쌩 꾀흐 엡도마데흐 엉 프항쓰

\# 18세 미만 근로자의 근로 시간은 법정 근로 시간을 넘길 수 없습니다.

La durée du travail des travailleurs âgés de moins de dix-huit ans ne peut dépasser la durée légale du travail.
라 뒤헤 뒤 트하바이 데 트하바이외 아제 드 무앙 드 디즈위 땅 느 쁘 데빠쎄 라 뒤헤 레걀 뒤 트하바이

\# 모든 근로자는 주당 24시간 연속으로 휴식을 취할 수 있습니다.

Tous les salariés ont droit à un repos hebdomadaire de vingt-quatre heures consécutives.
뚜 레 쌀라히에 종 드후아 아 엉 흐뽀 엡도마데흐 드 뱅꺄트흐 외흐 꽁쎄뀌띠브

급여 ①

\# 평균 급여가 어떻게 되나요?

Quel est le salaire moyen ?
껠 레 르 쌀레흐 무아이영?

\# 다양한 수당을 포함, 프랑스 트럭 운송업자의 평균 실수령 급여는 2500유로입니다.

Le salaire moyen net d'un routier français est de deux mille cinq cents euros, si l'on tient compte des primes diverses.
르 쌀레흐 무아이영 네뜨 덩 후띠에 프항쎄 에 드 드 밀 쌩 썽 으흐, 씨 롱 띠엉 꽁뜨 데 프림 디베흐쓰

\# 월급은 1500유로 미만이에요.

Le salaire mensuel est inférieur à mille cinq cents euros.
르 쌀레흐 멍쒸엘 에 땡페히외 아 밀 쌩 썽 으흐

\# 저는 실수령액으로 한 달에 1350유로를 받아요.

Je touche environ mille trois cent cinquante euros net par mois.
즈 뚜슈 엉비홍 밀 트후아 썽 쌩깡뜨 으호 네뜨 빠흐 무아

\# 제안하신 급여가 너무 낮아요.

Le salaire proposé est trop bas.
르 쌀레흐 프호뽀제 에 트호 바

\# 급여와 실수령액이 상황에 따라 엄청나게 달라진다는 것을 잊지 마세요.

N'oubliez pas la différence entre le salaire brut et le salaire net, qui varie considérablement en fonction de votre situation.
누블리에 빠 라 디페헝쓰 엉트흐 르 쌀레흐 브휘 떼 르 쌀레흐 네뜨, 끼 바히 꽁씨데하블르멍 엉 퐁씨옹 드 보트흐 씨뛰아씨옹

급여②

\# 언제 제 통장에서 급여를 확인할 수 있나요?

Quand mon salaire doit-il se trouver sur mon compte ?
깡 몽 쌀레흐 두아띨 쓰 트후베 쒸흐 몽 꽁뜨?

Quand puis-je vérifier que mon salaire est bien sur mon compte ?
깡 쀠즈 베히피에 끄 몽 쌀레흐 에 비엉 쒸흐 몽 꽁뜨?

\# 저희 사장님이 급여 입금일을 바꾸고 싶어 하세요.

Mon patron veut changer la date de versement des salaires.
몽 빠트홍 브 샹제 라 다뜨 드 베흐쓰멍 데 쌀레흐

\# 우리는 3월 월급 50%를 받았고 여전히 나머지 반을 기다리고 있어요.

Nous avons perçu cinquante pourcent du salaire du mois de mars et nous attendons toujours la deuxième moitié.
누 자봉 뻬흐쒸 쌩깡뜨 뿌흐썽 뒤 쌀레흐 뒤 무아 드 마흐쓰 에 누 자떵동 뚜주 라 두지앰 무아띠에

\# 급여 인상을 요구할 때는 전략이 필요해요.

On a besoin d'une stratégie pour demander une augmentation de salaire.
오 나 브주앙 뒨 스트하떼지 뿌흐 드망데 윈 오그멍따씨옹 드 쌀레흐

\# 고용주가 급여 일부를 현금으로 줬어요.

Mon employeur me paie une partie de mon salaire en espèce.
모 넝쁠루아이외 므 뻬 윈 빠흐띠 드 몽 쌀레흐 어 네스빼쓰

\# 급여는 수표 아니면 계좌 이체로 지불됩니다.

Le salaire se paye par chèque ou par virement.
르 쌀레흐 쓰 뻬이 빠흐 쉐끄 우 빠흐 비흐멍

꼭! 짚고 가기

프랑스의 노동조합

직장인이라면 직장 내에서의 자신의 권리 문제로 한 번쯤 고민하는 일이 생기곤 하죠. 때에 따라선 근로자의 입장을 대변할 수 있는 노동조합의 필요성이 크게 느껴지기도 합니다.

프랑스는 노동조합의 역사가 긴 만큼 그 역할이 상당히 눈에 띄는 국가 중 하나예요. 프랑스 노조는 다원성을 특징으로 하는데, 주요 전국노동조합연맹으로 CGT(프랑스노동총동맹), CFDT(프랑스민주노동총동맹), FO(노동자의 힘), FEN(교원노동조합연맹), CFTC(프랑스기독교노동총동맹), CFE-CGC(프랑스간부직원동맹-간부직원노동총동맹) 등이 있어요.

이런 연맹을 통해 노조활동을 활발히 이어가고 있지요. 프랑스에서 발생하는 대규모 파업들은 대부분 노동조합연맹을 중심으로 이루어진다고 생각할 수 있어요.

하지만 실제 노동조합에 가입하는 회원 수는 적은 편이며, 매년 그 수도 줄고 있다고 해요. 그럼에도 불구하고 전통적으로 프랑스 노동조합은 높은 지지와 영향력을 유지하고 있어요. 노동조합의 재원도 조합원의 회비가 가장 커다란 비중을 차지하지만, 재원의 약 1/3은 정부의 공공보조금으로 채워진다고 합니다. 정치적 입장을 강하게 표현하는 노조 파업 등으로 프랑스 국민들은 피로를 느끼면서도 시민 사회에 꼭 필요한 존재로 인식하고 있어요.

상여금

\# 연말 보너스를 받았어요.

J'ai reçu une prime de fin d'année.
줴 흐쒸 윈 프힘 드 팽 다네

\# 고용주가 제 보너스를 없앴어요.

Mon employeur a supprimé mes primes.
모 넝쁠루아이외 아 쒸프히메 메 프힘

\# 일요일에 일했다면 상여금을 받을 수 있습니다.

Si vous travaillez le dimanche, vous devez bénéficier d'une compensation.
씨 부 트하바이에 르 디망슈, 부 드베 베네피씨에 뒨 꽁뻥싸씨옹

\# 토요일과 일요일에 일한 시간은 추가 근무 시간으로 보상받을 수 있어요.

Les heures effectuées les samedis et dimanches seront compensées comme des heures supplémentaires.
레 죄흐 에펙뛰에 레 쌈디 에 디망슈 쓰홍 꽁뻥쎄 꼼 데 죄흐 쒸쁠레멍떼흐

\# 외근 수당은 숙소에 드는 추가 지출을 커버하는 용도지요.

L'indemnité de déplacement est destinée à couvrir les dépenses supplémentaires de logement.
랭뎀니떼 드 데쁠라쓰멍 에 데스띠네 아 꾸브히 레 데뻥쓰 쒸쁠레멍떼흐 드 로즈멍

\# 제가 근속 수당을 받을 자격이 되나요?

Ai-je droit à une prime d'ancienneté ?
에즈 드후아 아 윈 프힘 당씨엔느떼?

출장

\# 그는 출장중이에요.

Il est en voyage d'affaires.
일 레 떵 부아이야즈 다페흐

\# 저는 해외 출장객이에요.

Je suis un homme d'affaires qui voyage à l'international.
즈 쒸 저 놈 다페흐 끼 부아이야즈 아 랭떼흐나씨오날

\# 출장 일로 미국에 왔어요.

Je suis venu(e) aux États-Unis en voyage d'affaires.
즈 쒸 브뉘 오 제따쥐니 엉 부아이야즈 다페흐

\# 이 호텔은 출장으로 온 사람들에게 적당해요.

Cet hôtel est idéal pour les gens en voyage d'affaires.
쎄 또뗄 에 띠데알 뿌흐 레 정 엉 부아이야즈 다페흐

\# 저는 한달 전 출장으로 이 호텔에 있었어요.

Il y a un mois, je suis resté(e) dans cet hôtel lors d'un de mes voyages d'affaires.
일 리 아 엉 무아, 즈 쒸 헤스떼 당 쎄 또뗄 로흐 덩 데 메 부아이야즈 다페흐

\# 출장을 위해 비자를 취득하고 싶어요.

Je souhaite obtenir un visa pour un voyage d'affaires.
즈 쑤에뜨 옵뜨니 엉 비자 뿌흐 엉 부아이야즈 다페흐

\# 저는 영국 사업 비자를 가지고 있는데, 제 10개월 된 아들을 비자 없이 데리고 갈 수 있는지 알고 싶어요.

J'ai un visa d'affaires pour l'Angleterre et je voudrais savoir si je peux emmener mon fils de dix mois sans visa.
줴 엉 비자 다페흐 뿌흐 랑글르떼흐 에 즈 부드헤 싸부아 씨 즈 쁘 엉므네 몽 피쓰 드 디 무아 쌍 비자

스트레스 & 불만 ①

스트레스를 이기지 못하는 사람이 할 만한 직업에는 무엇이 있을까요?

Quel métier pratiquer pour une personne ne supportant pas le stress ?
껠 메띠에 프하띠께 뿌흐 윈 뻬흐쏜 느 쒸뽀흐땅 빠 르 스트헤쓰?

직장에서의 스트레스는 신체뿐만 아니라 정신의 피로와도 관련되어 있지요.

Le stress au travail est lié à l'épuisement à la fois physique et psychologique.
르 스트헤쓰 오 트하바이 에 리에 아 레쀠즈멍 알 라 푸아 피지끄 에 쁘씨꼴로지끄

하루에 10시간을 계속 집중할 수는 없어요.

On ne peut pas avoir une attention soutenue de dix heures par jour.
옹 느 쁘 빠 자부아 윈 아떵씨옹 쑤뜨뉘 드 디 죄흐 빠흐 주흐

On ne peut pas rester concentré pendant dix heures par jour.
옹 느 쁘 빠 헤스떼 꽁썽트헤 뻥당 디 죄흐 빠흐 주흐

어쨌든 이렇게 컴퓨터 화면 앞에 계속 앉아 있다고 생산적인 것은 아니에요.

Ce n'est de toute façon pas productif de rester ainsi devant son écran d'ordinateur.
쓰 네 드 뚜뜨 파쏭 빠 프호뒥띠프 드 헤스떼 앵씨 드방 쏘 네크항 도흐디나뙤

pratiquer 프하띠께 v. 수행하다
supportant/supporter 쒸뽀흐땅/쒸뽀흐떼 v. 견디다
épuisement 에쀠즈멍 n.m. 고갈
physique 피지끄 a. 신체의
psychologique 쁘씨꼴로지끄 a. 정신의

스트레스 & 불만 ②

직장에서 우리는 항상 스트레스를 받는다고 생각하지만, 성격에 따라 많든 적든 스트레스에 민감하기도 하죠.

On est toujours stressé par son travail, mais en fonction de sa personnalité, on y est plus ou moins sensible.
오 네 뚜주 스트헤쎄 빠흐 쏭 트하바이, 메 엉 퐁씨옹 드 싸 뻬흐쏘날리떼, 옹 이 에 쁠뤼 주 무앙 썽씨블르

생산성과 관련된 압박을 견디기 힘들어요.

J'ai du mal à supporter la pression liée à la productivité.
줴 뒤 말 아 쒸뽀흐떼 라 프헤씨옹 리에 알 라 프호뒥띠비떼

이미 2개월 치 월급이 밀렸어요.

J'ai déjà deux mois de salaire en retard.
줴 데자 드 무아 드 쌀레흐 엉 흐따

일이 일상에 미치는 영향을 제한해야 해요.

Nous devons limiter l'impact de notre travail sur notre vie personnelle.
누 드봉 리미떼 랭빡뜨 드 노트흐 트하바이 쒸흐 노트흐 비 뻬흐쏘넬

번아웃 증후군으로 극심한 피로를 느껴요.

Le burn out se traduit par une grande fatigue.
르 번 아우뜨 쓰 트하뒤 빠흐 윈 그항드 파띠그

여기서 잠깐!

'번아웃 증후군'이란 한 가지 일에 몰두하던 사람이 극심한 신체적, 정신적 피로로 인해 무기력해지는 증상으로 직장인들이 많이 겪고 있어요. 프랑스어로는 'syndrome d'épuisement professionnel 쌩드홈 데쀠즈멍 프호페씨오넬'이라 하며, 프랑스에서도 큰 사회 문제 중 하나로 꼽힙니다.

회사 동료에 대해 말할 때

남자 동료에게서 안 좋은 냄새가 나요. 그에게 이 얘기를 어떻게 하나요?

Mon collègue sent mauvais. Comment le lui dire ?
몽 꼴래그 썽 모베. 꼬멍 르 뤼 디흐?

그 사람 일처리가 그렇게 좋지 않아요, 저라면 더 잘할 수 있겠는데요.

Son travail n'est pas si bon, j'aurais pu faire mieux.
쏭 트하바이 네 빠 씨 봉, 조헤 쀠 페흐 미으

새로운 동료에게 어떻게 행동하시나요?

Comment se comporter avec ses nouveaux collègues ?
꼬멍 쓰 꽁뽀흐떼 아베끄 쎄 누보 꼴래그?

제게 거짓말을 하는 동료에게 어떻게 처신할까요?

Comment agir avec un collègue qui me ment ?
꼬멍 아지 아베끄 엉 꼴래그 끼 므 멍?

그는 자기 얘길 전부 말해요.

Il raconte toute sa vie.
일 하꽁뜨 뚜뜨 싸 비

그는 험담을 퍼뜨리길 좋아해요.

Il aime colporter des ragots. (구어)
일 렘 꼴뽀흐떼 데 하고

회사 동료가 절 존중하지 않아요.

Mon collègue me manque de respect.
몽 꼴래그 므 망끄 드 헤스뻬

승진

근속 연수가 4년이 되어 승진했어요.

J'ai quatre ans d'ancienneté et j'obtiens une promotion.
줴 꺄트흐 앙 당씨엔느떼 에 좁띠엉 윈 프호모씨옹

새로운 자리를 얻었어요.

J'ai obtenu un nouveau poste.
줴 옵뜨니 엉 누보 뽀스뜨

승진 신청을 한지 1년도 더 됐어요.

J'ai demandé une promotion depuis plus d'un an.
줴 드망데 윈 프호모씨옹 드쀠 쁠뤼 더 낭

제가 승진을 하게 될까요?

Vais-je être promu(e) ?
베즈 에트흐 프호뮈?

6월에는 승진할 거예요.

Je devais être promu(e) en juin.
즈 드베 제트흐 프호뮈 엉 쥐앵

승진한 지 얼마 안 되어 임신했어요.

Je viens d'avoir une promotion et je suis enceinte.
즈 비엉 다부아 윈 프호모씨옹 에 즈 쒸 정쌩뜨

승진하면 임금도 따라 오르지요.

Une promotion est accompagnée d'une augmentation de salaire.
윈 프호모씨옹 에 따꽁빠녜 뒨 오그멍따씨옹 드 쌀레흐

ancienneté 앙씨엔느떼 n.f. 근속 연수
promotion 프호모씨옹 n.f. 승진

회의 시작

\# 전 항상 9시에 회의를 했고, 제 일과는 8시 30분부터 시작했지요.

J'ai régulièrement eu des réunions à neuf heures et ma journée commençait vers huit heures trente.
줴 헤귈리애흐멍 위 데 헤위니옹 아 뇌 뵈흐 에 마 주흐네 꼬멍쎄 베흐 위 뙤흐 트헝뜨

\# 회의는 화요일 8시 30분 정도에 시작했어요.

La réunion a débuté mardi peu après huit heures trente.
라 헤위니옹 아 데뷔떼 마흐디 쁘 아프헤 위 뙤흐 트헝뜨

\# 회의 목적이 무엇인가요?

Quel est l'objectif de la réunion ?
껠 레 로브젝띠프 들 라 헤위니옹?

\# 안건은 다음과 같습니다.

L'ordre du jour est le suivant.
로흐드흐 뒤 주흐 에 르 쒸방

\# 우리는 세 가지 주제를 다루고자 합니다.

Nous avons trois sujets à traiter.
누 자봉 트후아 쒸제 아 트레떼

\# 그가 회의에 안 왔어요.

Il n'est pas venu à la réunion.
일 네 빠 브뉘 알 라 헤위니옹

\# 회의 전 참석자들에게 안건을 알려 주셨어야지요.

Vous auriez dû distribuer l'ordre du jour aux participants avant la réunion.
부 조히에 뒤 디스트히뷔에 로흐드흐 뒤 주흐 오 빠흐띠씨빵 아방 라 헤위니옹

회의 진행

\# 첫 번째 회의에서 내규가 채택되었습니다.

Le règlement intérieur est adopté lors de la première réunion.
라 해글멍 앵떼히외 에 따돕떼 로흐 들 라 프흐미애흐 헤위니옹

\# 진단과 해결책에 동의합니다.

D'accord sur le diagnostic et la solution.
다꼬 쒸흐 르 디아그노스띠끄 에 라 쏠뤼씨옹

\# 그는 회의 때 논점에서 벗어난 얘길 해요.

Il est hors sujet.
일 레 오흐 쒸제

Il est souvent à côté de la plaque lors des réunions. (구어)
일 레 쑤벙 아 꼬떼 들 라 쁠라끄 로흐 데 헤위니옹

\# 이어서 돌아가며 말씀을 듣도록 하겠습니다.

Nous avons ensuite fait un tour de table.
누 자봉 엉쒸이뜨 페 떵 뚜흐 드 따블르

\# 매우 중요한 것 하나를 언급해야겠습니다.

Je dois mentionner une chose très importante.
즈 두아 멍씨오네 윈 쇼즈 트해 쟁뽀흐땅뜨

\# 5분간 휴식을 제안합니다.

Je vous propose de faire une pause de cinq minutes.
즈 부 프호뽀즈 드 페흐 윈 뽀즈 드 쌩 미뉘뜨

여기서 잠깐!

'tour de table 뚜흐 드 따블르'라는 말에서 tour는 한 바퀴를 도는 것을 의미하지요. 이 단어는 회의에 참석한 사람들이 돌아가며 소개나 의견을 표명하는 것을 말합니다.

회의 마무리

\# 다음 회의 날짜를 잡읍시다.

Choisissons une date pour la prochaine réunion.
슈아지쏭 윈 다뜨 뿌흐 라 프호쉔 헤위니옹

\# 회의 끝무렵에 그것을 빠르게 다루도록 하겠습니다.

On le traitera rapidement en fin de réunion.
옹 르 트헤뜨하 하삐드멍 엉 팽 드 헤위니옹

\# 의장은 회의를 끝내도록 했어요.

Le président met fin à la réunion.
르 프헤지덩 메 팽 알 라 헤위니옹

\# 회의가 끝났습니다.

La réunion s'est terminée.
라 헤위니옹 쎄 떼흐미네
La réunion est terminée.
라 헤위니옹 에 떼흐미네

\# 만족스러운 방향으로 안건이 다 논의되었어요.

L'ordre du jour a été débattu de manière satisfaisante.
로흐드흐 뒤 주흐 아 에떼 데바뛰 드 마니애흐 싸띠스프장뜨

\# 전 당장 회의록을 작성해야 해요.

Je dois rédiger le compte-rendu tout de suite.
즈 두아 헤디제 르 꽁뜨헝뒤 뚜 드 쉬뜨

\# 회의록에는 특히 결정 사안에 대한 요약이 나와 있어야 합니다.

Le compte-rendu doit notamment faire apparaître le relevé de décisions.
르 꽁뜨헝뒤 두아 노따멍 페흐 아빠헤트흐 르 흘르베 드 데씨지옹

Unité 3 **휴가** MP3. C09_U03

휴가 ①

\# 제 상사는 휴가를 떠났어요.

Mon supérieur est parti en vacances.
몽 쒸뻬히외 에 빠흐띠 엉 바깡쓰

\# 그는 이번주 휴가예요.

Il est en vacances cette semaine.
일 레 떵 바깡쓰 쎗뜨 쓰멘

\# 그는 수요일에 10일간의 여행을 떠났어요.

Il est parti mercredi en voyage pour dix jours.
일 레 빠흐띠 메크흐디 엉 부아이야즈 뿌흐 디 주흐
Mercredi, il est parti dix jours en voyage.
메크흐디, 일 레 빠흐띠 디 주흐 엉 부아이야즈

\# 그는 휴가 중인데 소식이 없네요.

Il est en vacances et ne donne pas de nouvelles.
일 레 떵 바깡쓰 에 느 돈 빠 드 누벨

\# 휴가 중인데도 회사와 연락을 유지해야만 했네요.

Même en vacances, je devais garder le contact avec mon entreprise.
멤 엉 바깡쓰, 즈 드베 갸흐데 르 꽁딱 아베끄 모 넝트흐프히즈

\# 잘 쉬었기를 바란다.

J'espère que tu t'es bien reposé(e).
제스뻬흐 끄 뛰 떼 비엉 흐뽀제

\# 휴가 떠날 거라고 고객들께 미리 알려 드려야지요.

Vous devez prévenir vos clients que vous allez partir en vacances.
부 드베 프헤브니 보 끌리엉 끄 부 잘레 빠흐띠 엉 바깡쓰

휴가②

\# 모든 사람들이 그렇듯, 하던 일을 그만하고 휴가를 떠나고 싶어요.

J'ai envie comme tout le monde de débrancher pour partir en vacances.
줴 엉비 꼼 뚜 르 몽 드 데브항쉐 뿌흐 빠흐띠 엉 바깡쓰

\# 떠나기 전에 복귀 준비를 해 두세요, 그렇게 해 두는 게 훨씬 좋을 거예요.

Préparez votre retour avant de partir, il en sera considérablement facilité.
프헤빠헤 보트흐 흐뚜 아방 드 빠흐띠, 일 렁 쓰하 꽁씨데하블르멍 파씰리떼

\# 휴가 가는 동안 회사 열쇠는 누구에게 줘야 할까요?

À qui donner les clés du bureau quand je pars en vacances ?
아 끼 도네 레 끌레 뒤 뷔호 깡 즈 빠흐 엉 바깡쓰?

\# 네 동료는 휴가에서 복귀했니?

Est-ce que ton collègue est revenu de vacances ?
에스끄 똥 꼴래그 에 흐브뉘 드 바깡쓰?

\# 사무실로 복귀했어요.

Je suis de retour à mon bureau.
즈 쒸 드 흐뚜 아 몽 뷔호

\# 휴가에서 돌아와 사무실로 직행했어요.

À mon retour de vacances, je suis directement allé(e) au bureau.
아 몽 흐뚜 드 바깡쓰, 즈 쒸 디헥뜨멍 알레 오 뷔호

꼭! 짚고 가기

다양한 휴가 유형

바캉스의 나라답게 프랑스는 휴가 제도가 법적으로 잘 정비되어 있습니다. 여기에서는 프랑스 직장인들이 누릴 수 있는 휴가에는 어떤 것이 있는지 알아보도록 하겠습니다.

우선 5주의 연차 휴가가 있습니다. 즉, 한 달에 2.5일 정도를 사용할 수 있지요. 재미있는 것은 배우자나 팍스 동거인(p.271 참조)이 같은 회사에 다닐 경우 동시에 휴가를 받을 수 있다는 것입니다.

또 가장 중요한 휴가로 출산 휴가를 꼽을 수 있겠지요. 프랑스의 출산 휴가는 다양한 형태로 구성되어 있습니다. 한 아이를 임신 중이며 아이가 둘 이하인 경우, '출산 전 6주+출산 후 10주'로 도합 16주의 휴가를 갖게 됩니다. 한 아이를 임신 중이면서 이미 아이가 둘 이상 있다면 '출산 전 8주+출산 후 18주'로 늘어나 총 26주의 휴식을 가지게 되고요.

만약 쌍둥이를 임신했다면 출산 휴가는 더 늘어납니다. 따라서 '출산 전 12주+출산 후 22주'로 도합 34주의 휴가가 주어지며 세쌍둥이 이상이면 '출산 전 24주+출산 후 22주'로 46주의 휴식을 취하게 되지요.

출산 이후 아이의 아버지 역시 휴가를 가질 수 있습니다. 근속 연수에 따라 차이가 있지만, 최대 연속 11일이 주어지며, 다자녀 출생 시 최대 18일까지 쉴 수 있습니다.

이외에도 가족의 결혼, 출산, 사망, 질병 등의 이유로 휴가를 사용할 수 있으며, 시험이나 교육으로 휴가를 낼 수도 있습니다. 안식년 제도를 갖춘 회사도 있고요.

휴가 기타

레아는 출산 휴가 중이에요.

Léa est en congé de maternité.
레아 에 떵 꽁제 드 마떼흐니떼

현직에 있는 임신 중인 여성은 출산 휴가를 받아요.

Une femme enceinte en activité bénéficie du congé maternité.
윈 팜 엉쌩뜨 어 낙띠비떼 베네피씨 뒤 꽁제 마떼흐니떼

현재 육아 휴직 중인데 또 임신했어요.

Je suis actuellement en congé parental et à nouveau enceinte.
즈 쒸 악뛰엘멍 엉 꽁제 빠헝딸 에 아 누보 엉쌩뜨

아빠들은 11일 연속으로 출산 휴가 혜택을 받을 수 있어요.

Les pères peuvent bénéficier d'un congé de paternité de onze jours consécutifs.
레 빼흐 뾔브 베네피씨에 덩 꽁제 드 빠떼흐니떼 드 옹즈 주흐 꽁쎄뀌띠프

휴가 중인 근로자를 계약직으로 임시 대체하려면 어떻게 해야 하나요?

Comment remplacer temporairement un salarié absent par un CDD ?
꼬멍 헝쁠라쎄 떵뽀헤흐멍 엉 쌀라히에 압썽 빠흐 엉 쎄데데?

모든 급여 생활자는 근속 연수와 관계없이 매년 고용주에게 유급 휴가를 받을 수 있어요.

Tous les salariés ont le droit chaque année à un congé payé par leur employeur, quel que soit leur ancienneté.
뚜 레 쌀라히에 옹 르 드후아 샤끄 아네 아 엉 꽁제 뻬이예 빠흐 뢰흐 엉쁠루아이외, 껠 끄 수아 뢰흐 엉씨엔느떼

거래처 방문

거래처와 미팅이 있어요.

J'ai une rencontre avec un client.
줴 윈 헝꽁트흐 아베끄 엉 끌리엉

J'ai un rendez-vous avec un client.
줴 엉 헝데부 아베끄 엉 끌리엉

여비서가 제게 사무실을 알려 줬어요.

Une secrétaire m'a indiqué le bureau.
윈 쓰크헤떼흐 마 앵디께 르 뷔호

안녕하세요, ABC상사의 피에르 뒤퐁입니다.

Bonjour, Pierre Dupont, attaché commercial de la société ABC.
봉주, 삐에흐 뒤뽕, 아따쉐 꼬메흐씨알 들 라 쏘씨에떼 아베쎄

제 명함을 드리겠습니다.

Je vous donne ma carte de visite.
즈 부 돈 마 꺄흐뜨 드 비지뜨

앉으십시오.

Je vous en prie asseyez-vous.
즈 부 정 프히 아쎄이예부

Asseyez-vous.
아쎄이예부

Installez-vous.
앵스딸레부

attaché(e) 아따쉐 n. 담당자
carte de visite 꺄흐뜨 드 비지뜨 명함
client(e) 끌리엉 n. 고객, 의뢰인, 환자, 거래처
asseyez / s'asseoir 아쎄예/싸쑤아 v. 앉다
installez / s'installer 앵쓰딸레/쌩스딸레 v. 자리 잡다

홍보

\# 저는 홍보 담당자입니다.

Je suis un(e) attaché(e) de presse.
즈 쒸 정(쥔) 아따쉐 드 프헤쓰

\# 저희의 최신 브로슈어입니다.

Voici notre brochure la plus récente.
부아씨 노트흐 부호쉬흐 라 쁠뤼 헤썽뜨

\# 온라인으로 저희 브로슈어를 확인하세요.

Retrouvez nos brochures en ligne.
흐투후베 노 브호쉬흐 엉 린뉴
Découvrez nos brochures en ligne.
데꾸브헤 노 브호쉬흐 엉 린뉴

\# 브로슈어는 대부분의 회사에서 빼놓지 않는 마케팅 수단이지요.

Une brochure est un outil marketing incontournable pour la plupart des compagnies.
윈 브호쉬흐 에 떠 누뜰 마흐께띵 앵꽁뚜흐나블르 뿌흐 라 쁠뤼빠 데 꽁빠니

\# ABC의 성공은 마케팅 덕분이라는 말 많이 들어보셨지요.

On entend souvent dire que le succès de ABC est dû au marketing.
오 넝떵 쑤벙 디흐 끄 르 쒹쌔 드 아베쎄 에 뒤 오 마흐께띵

\# 이메일에 첨부파일로 보도 자료를 보내지 마세요.

N'envoyez pas vos communiqués en pièces jointes de mail.
넝부아이예 빠 보 꼬뮈니께 엉 삐애쓰 주앙뜨 드 메일

\# 온라인 카탈로그가 나왔습니다!

Le catalogue en ligne est arrivé !
르 꺄딸로그 엉 린뉴 에 따히베!

꼭! 짚고 가기

추억의 직업들

빠르게 사회가 변화하면서 새롭게 생겨나는 직업이 있는 반면, 어떤 직업들은 역사 속으로 사라지기도 하죠. 그렇다면 오늘날 프랑스에서 더 이상 볼 수 없는 추억의 직업들은 무엇이 있을까요?

- Blanchisseuse 블랑쉬쓰즈
  한국어로 '빨래꾼' 정도로 표현할 수 있는 직업이에요. '빨래를 전문으로 하는 여자'를 뜻하는데, 세탁기가 보급되기 전 빨랫감을 받아서 손수 빨래를 해주었다고 합니다.
- Poinçonneur dans le métro
  뿌아쏘뇌 당 르 메트호
  파리 도심을 연결해 주는 지하철에서도 사라진 직업이 있습니다. 지하철 '개찰원'이 바로 그 주인공인데요, 과거 지하철 이용객의 이용권을 확인하거나 직접 표를 개찰해 주는 일을 하였습니다.
- Mineur 미뇌
  산업화 시대 가난과 연민의 상징이기도 한 직업이죠. 바로 '광부'입니다. 오늘날 프랑스에선 광부라는 직업이 사라졌습니다.
- Télégraphiste 뗄레그하피스뜨
  전신국에서 전달한 메시지를 전보로 전달하는 역할을 하던 것이 '전신 기사'예요. 전화기 보급을 넘어서 인터넷과 스마트폰이 일상화되고 필수가 된 시대에 전보가 그 쓸모를 잃으면서 역사 속으로 사라졌습니다.
- Opérateur d'ascenseur 오뻬하뙤 다썽쐬
  과거 승강기를 타면 문을 열고 닫거나 원하는 층수를 눌러주거나 안내해 주는 '승강기 기사'가 있었습니다. 하지만 이 직업도 기술이 발전하여 간단한 조작으로도 승강기를 이용할 수 있게 되면서 자연스럽게 사라진 직업이 되었지요.

상품 소개①

\# 이건 최첨단이면서 중요한 기술이지요.

C'est une technologie de pointe qui a son importance.
쎄 뛴 떼끄놀로지 드 뿌앙뜨 끼 아 쏘 냉뽀흐땅쓰

\# 고가의 럭셔리 상품입니다.

C'est un produit haut de gamme de luxe.
쎄 떵 프호뒤 오 드 걈 드 뤽스

\# 새로운 기능에 대해 설명해 드릴게요.

Je vais vous expliquer la nouvelle fonction de ce produit.
즈 배 부 엑스쁠리께 라 누벨 퐁씨옹 드 쓰 프호뒤

\# 주요 특징과 기능에 대해 말씀드리고자 합니다.

Je vais vous parler de ses principales caractéristiques et fonctions.
즈 배 부 빠흘레 드 쎄 프행씨빨 꺄학떼히스띠끄 에 퐁씨옹

\# 이건 프랑스인들에게 인기 있는 상표예요.

C'est la marque préférée des Français.
쎄 라 마흐끄 프헤페헤 데 프항쎄

\# 더 이상 D 1000과는 호환이 안 됩니다.

Ce n'est plus compatible avec le D mille.
쓰 네 쁠뤼 꽁빠띠블르 아베끄 르 데 밀

\# 가지고 계신 카탈로그의 130페이지에서 이 제품을 찾아 보세요.

Dans votre catalogue, retrouvez ce produit page cent trente.
당 보트흐 꺄딸로그, 흐트후베 쓰 프호뒤 빠즈 썽 트헝뜨

상품 소개②

\# 이 배터리는 오랫동안 사용할 수 있어요.

Cette batterie peut être utilisée longtemps.
쎗뜨 바뜨히 쁘 에트흐 위띨리제 롱떵

\# 이 기계는 가정용이에요.

Cet appareil est exclusivement destiné à un usage intérieur.
쎄 따빠헤이 에 떽스끌뤼지브멍 데스띠네 아 어 뉘자즈 앵떼리외

\# 비밀번호를 입력하는 대신 전자 지문을 사용하실 수 있어요.

Au lieu de saisir un mot de passe, vous pouvez utiliser votre empreinte digitale.
오 리으 드 쎄지 엉 모 드 빠쓰, 부 뿌베 위띨리제 보트흐 엉프헹뜨 디지딸

\# 저희 제품은 물, 땀 그리고 비를 막는 방수기능이 있습니다.

Notre produit est résistant à l'eau, à la transpiration et à la pluie.
노트흐 프호뒤 에 헤지스땅 아 로, 알 라 트항스삐하씨옹 에 알 라 쁠뤼

\# 기계의 뜨거운 표면을 절대 만지지 마세요.

Ne jamais touchez les surfaces chaudes de l'appareil.
느 자메 뚜쉐 레 쒸흐파쓰 쇼드 드 라빠헤이

haut de gamme 오 드 걈므 고가품
fonction 퐁씨옹 n.f. 기능
compatible 꽁빠띠블르 a. 호환 가능한
appareil 아빠헤이 n.m. 기계
destiné(e) 데스띠네 a. (~의) 용도로 마련된
empreinte 엉프헹뜨 n.f. 지문
surface 쒸흐파쓰 n.f. 표면

상담

상품을 결정하는 데 조언이 필요해요.

J'ai besoin d'un conseil pour choisir un produit.
줴 브주앙 덩 꽁쎄이 뿌흐 슈아지 엉 프호뒤

가격이 제일 중요해요.

Ce sont les prix qui sont les plus importants.
쓰 쏭 레 프히 끼 쏭 레 쁠뤼 쟁뽀흐땅

개당 가격이 얼마인가요?

Quel est le prix à l'unité ?
껠 렐 르 프히 알 뤼니떼?

품질 보증 기간 동안 고장이 날 경우 수리 비용은 무료입니다.

En cas de panne survenant pendant la garantie, les interventions de réparation sont gratuites.
엉 꺄 드 빤 쒸흐브닝 뼁당 라 갸항띠, 레 쟁떼흐 벙씨옹 드 헤빠하씨옹 쏭 그하뛰뜨

이 기계는 얼마동안 품질 보증이 되나요?

Combien de temps suis-je couvert par la garantie de cet appareil ?
꽁비엉 드 떵 쒸즈 꾸베 빠흐 라 갸항띠 드 쎄 따빠헤이?

이 제품은 2년간 품질 보증이 됩니다.

Ce produit a une garantie de deux ans.
쓰 프호뒤 아 윈 갸항띠 드 드 장

이것의 장점이 뭔가요?

Quels en sont les avantages ?
껠 정 쏭 레 자방따즈?

주문

주문하고 싶습니다.

Je veux passer commande.
즈 브 빠쎄 꼬망드

매입 주문서를 작성해요.

Je rédige mon bon de commande.
즈 헤디즈 몽 봉 드 꼬망드

지난번 잘못 주문한 것을 취소하고 싶습니다.

Je veux annuler une commande passée incorrectement.
즈 브 아뉠레 윈 꼬망드 빠쎄 앵꼬헥뜨멍

배송 기한은 얼마나 됩니까?

Quels sont les délais de livraison ?
껠 쏭 레 델레 드 리브헤종?

기술적인 문제가 있다면 누구에게 연락해야 하나요?

Qui contacter si j'ai un problème technique ?
끼 꽁딱떼 씨 줴 엉 프호블램 떼끄니끄?

인터넷으로 직접 주문을 결정하실 수 있습니다.

Vous pouvez choisir de commander directement en ligne.
부 뿌베 슈아지 드 꼬망데 디헥뜨멍 엉 린뉴

배송비는 별도입니다.

Les frais de port ne sont pas compris (dans le prix).
레 프헤 드 뽀흐 느 쏭 빠 꽁프히 (당 르 프히)

협상

\# 제품가는 주문량에 따라 다릅니다.

Le prix des produits dépend de la quantité que vous commandez.
르 프히 데 프호뒤 데뻥 들 라 깡띠떼 끄 부 꼬망데

\# 최저가입니다.

C'est le prix le plus bas.
쎄 르 프히 르 쁠뤼 바

\# 최저가를 보장합니다.

Je vous garantis les meilleurs prix.
즈 부 갸항띠 레 메이외 프히

\# 다른 날을 정해 협상을 계속하고자 합니다.

Nous allons fixer une autre date pour continuer la négociation.
누 잘롱 픽쎄 윈 오트흐 다뜨 뿌흐 꽁띠뉘에 라 네고씨아씨옹

\# 협상할 필요가 없네요.

Il n'y a pas besoin de négocier.
일 니 아 빠 브주앙 드 네고씨에

\# 이 서류에 권장 가격이 명시되어 있습니다.

Les prix indiqués dans ce document sont donnés à titre indicatif.
레 프히 쟁디께 당 쓰 도뀌멍 쏭 도네 아 띠트흐 앵디꺄띠프

\# 서명해 주십시오.

Une signature s'il vous plaît.
윈 씨냐뛰흐 씰 부 쁠레

배송

\# 주문하신 물건을 배송하고 있습니다.

Nous expédions votre commande.
누 젝스뻬디옹 보트흐 꼬망드

\# 주문 상품을 받으셨나요?

Est-ce que vous avez reçu votre commande ?
에스끄 부 자베 흐쒸 보트흐 꼬망드?

\# 배송 방식에 따라 배송비가 다소 차이 날 수 있습니다.

Les tarifs de livraison peuvent légèrement varier en fonction du mode de livraison.
레 따히프 드 리브헤종 뾔브 레재흐멍 바히에 엉 퐁씨옹 뒤 모드 드 리브헤종

\# 13시 이전에 주문하시면 익일 18시 전에 배송됩니다.

Une commande passée avant treize heures est livrée le lendemain avant dix-huit heures.
윈 꼬망드 빠쎄 아방 트헤즈 외흐 에 리브헤 르 렁드맹 아방 디즈위 뙤흐

\# 영업일 기준 5일 내로 배송될 예정입니다.

Le délai de livraison estimé est de cinq jours ouvrables.
르 델레 드 리브헤종 에스띠메 에 드 쌩 주흐 우브하블르

\# 통관 수속에 따라 배송이 지연될 수 있습니다.

Une commande peut être soumise à des procédures douanières pouvant retarder sa livraison.
윈 꼬망드 쁘 에트흐 쑤미즈 아 데 프호쎄뒤흐 두아니애흐 뿌방 흐따흐데 싸 리브헤종

douanier(douanière) 두아니에(두아니애흐) a. 세관의

클레임

\# 주문한 것을 아직도 못 받았어요.

Je n'ai toujours pas reçu ma commande.
즈 네 뚜주 빠 흐쒸 마 꼬망드

\# 파손된 상품을 받았어요.

J'ai reçu un produit abîmé.
줴 흐쒸 엉 프호뒤 아비메

\# 결함이 있는 상품을 받았어요.

J'ai reçu un produit défectueux.
줴 흐쒸 엉 프호뒤 데펙뛰으

\# 제 상품은 수리가 필요합니다.

Mon produit doit être réparé.
몽 프호뒤 두아 에트흐 헤빠헤

\# 상품을 교환할 수 있을까요?

Puis-je échanger un produit ?
쀠즈 에샹제 엉 프호뒤?

\# 주문 상품을 반송하고 싶을 경우 어떻게 하면 되나요?

Que faire si je veux retourner ma commande ?
끄 페흐 씨 즈 브 흐뚜흐네 마 꼬망드?

\# 환불해 주십시오.

Je vous demande un remboursement.
즈 부 드망드 엉 헝부흐쓰멍

\# 환불은 언제 받을 수 있나요?

Quand vais-je recevoir mon remboursement ?
껑 베즈 흐쓰부아 몽 헝부흐쓰멍?

abîmé(e) 아비메 a. 파손된

défectueux (défectueuse) 데펙뛰으 (데펙뛰으즈) a. 결함이 있는

échanger 에샹제 v. 교환하다

Unité 5 **해고&퇴직** MP3. C09_U05

해고

\# 해고되었어요.

Je suis licencié(e).
즈 쒸 리썽씨에

\# 중대한 실수를 저질러 해고되었어요.

Je me suis fait(e) licencié(e) pour faute grave.
즈 므 쒸 페(뜨) 리썽씨에 뿌흐 포뜨 그하브

\# 사장은 저를 해고시켰어요.

J'ai reçu de mon patron une mise à pied.
줴 흐쒸 드 몽 빠트홍 윈 미즈 아 삐에

\# 제 고용주는 불경기를 이유로 대량 해고를 고려하고 있어요.

Mon employeur envisage un licenciement collectif pour motif économique.
모 넝쁠루아이외 엉비자즈 엉 리썽씨멍 꼴렉띠프 뿌흐 모띠프 에꼬노미끄

\# 회사가 어려움에 처하면 구조 조정이 필요할 수 있어요.

Une entreprise en difficulté peut nécessiter une restructuration.
윈 엉트흐프히즈 엉 디피뀔떼 쁘 네쎄씨떼 윈 헤스트획뛰하씨옹

\# 저는 부당 해고 피해자입니다.

Je suis victime d'un licenciement abusif.
즈 쒸 빅띰 덩 리썽씨멍 아뷔지프

\# 올해는 8명이 해고되었어요.

Cette année, huit personnes ont été licenciées.
쎗뜨 아네, 위 뻬흐쏜 옹 떼떼 리썽씨에

퇴직

정년이 가까워옵니다.

J'approche de la retraite.
자프호슈 들 라 흐트헤뜨

정년 퇴직을 계획하고 있어요.

Je planifie ma retraite.
즈 쁠라니피 마 흐트헤뜨

몇 살이 되면 정년 퇴직하여 나갈 수 있나요?

À quel âge peut-on partir à la retraite ?
아 껠 라즈 쁘똥 빠흐띠 알 라 흐트헤뜨?

제가 60세에 조기 퇴직을 할 수 있나요?

Ai-je droit à la retraite anticipée à soixante ans ?
에즈 드후아 알 라 흐트헤뜨 앙띠씨뻬 아 수아쌍뜨 앙?

퇴직자들은 연금을 받아요.

Les retraités reçoivent une pension.
레 흐트헤떼 흐쑤아브 뛴 뻥씨옹

일을 그만두고 싶어요.

Je veux démissionner.
즈 브 데미씨오네
Je veux arrêter de travailler.
즈 브 자헤떼 드 트하바이에

더 이상 일하지 않기로 했어요.

J'ai choisi de ne plus travailler.
줴 슈아지 드 느 쁠뤼 트하바이에

사표냈어요.

J'ai démissionné.
줴 데미씨오네
J'ai donné ma démission.
줴 도네 마 데미씨옹
J'ai filé ma démission. (구어)
줴 필레 마 데미씨옹

기타

저는 꽤 어릴 때부터 일을 했어요.

J'ai commencé à travailler très jeune.
줴 꼬멍쎄 아 트하바이에 트해 죈

지금 직장이 지긋지긋해요.

J'en ai ras le bol de l'entreprise où je suis actuellement.
저 네 하 르 볼 드 렁트흐프히즈 우 즈 쒸 작뛰엘멍

여러 번 심사숙고해도 직업을 바꾸고 싶어요.

J'ai bien réfléchis et je souhaite changer de métier.
줴 비엉 헤플레쉬 에 즈 수에뜨 샹제 드 메띠에

일을 바꿔 볼 생각이 있었나요?

Avez-vous pensé à changer de carrière?
아베부 뻥쎄 아 샹제 드 까히애흐?

진로를 완전히 바꾸기로 결정했어요.

J'ai décidé de complétement changer de voie professionnelle.
줴 데씨데 드 꽁쁠레뜨멍 샹제 드 부아 프호페씨오넬

이 일은 비전이 보이지 않아 괴로워요.

Je souffre d'un manque de visibilité sur mon avenir professionnel.
즈 수프흐 덩 망끄 드 비지빌리떼 쒸흐 모 나브니 프호페씨오넬

일이 잘 안 맞아요.

Mon travail ne me convient pas.
몽 트하바이 느 므 꽁비엉 빠

구직

일자리를 찾아요.

Je cherche un emploi.
즈 쉐흐슈 어 넝쁠루아

Je cherche du travail.
즈 쉐흐슈 뒤 트하바이

마케팅 담당 업무에 관심이 많습니다.

Je suis très intéressé(e) par le poste de responsable marketing.
즈 쒸 트해 쟁떼헤쎄 빠흐 르 뽀스뜨 드 헤스뽕싸블르 마흐께띵

귀사의 업무에 관심이 많습니다.

Je suis très intéressé(e) par les activités de votre société.
즈 쒸 트해 쟁떼헤쎄 빠흐 레 작띠비떼 드 보트흐 쏘씨에떼

구직 시장에서 당신의 가치를 명확하게 알릴 수 있는 여러 방법이 있지요.

Il existe plusieurs moyens pour obtenir une idée claire de votre valeur sur le marché de l'emploi.
일 레그지스뜨 쁠뤼지외 무아이영 뿌흐 옵뜨니 윈 이데 끌레흐 드 보트흐 발뢰 쒸흐 르 마흐쉐 드 렁쁠루아

지원서는 어떻게 쓰면 될까요?

Comment puis-je écrire une lettre de motivation ?
꼬멍 쀠즈 에크히흐 윈 레트흐 드 모띠바씨옹?

귀사에서 인턴을 하고 싶습니다.

J'aimerais faire un stage dans votre société.
줴므헤 페흐 엉 스따즈 당 보트흐 쏘씨에떼

저 채용되었어요.

J'ai été recruté(e).
줴 에떼 흐크휘떼

꼭! 짚고 가기

프랑스의 은퇴와 은퇴 후 삶

프랑스에서는 근로자가 최소 62세가 되어야 은퇴할 수 있습니다. 기본 은퇴 연금은 은퇴 후 수령할 수 있으며, 연금을 전액 수령하려면 은퇴 보험 최소 기간을 채워야 해요. 은퇴 보험이란 민간 부문 근로자를 위한 국가 노령 보험(CNAV)과 지역 네트워크로 구성된 은퇴 보험을 말하는데, 최소 43년을 가입해야 연금을 모두 받을 수 있어요. 연금 액수는 보험 기간, 자녀 수, 직업에 따라 달라져요. 평균적으로 일반 근로자라면 월 1,240유로(약 163만 원) 정도를 받으며, 국가 공무원은 2,300유로(약 302만 원), 국가 군 공무원은 1,730유로(약 227만 원), 농업종사자는 605유로(약 79만 원), 상인은 490유로(약 64만 원) 정도를 받게 됩니다. 그렇다면 프랑스의 은퇴자들은 노년을 어떻게 보내고 있을까요? 많은 은퇴자들이 독서, 연극, 영화와 같은 문화생활을 즐기며 여가를 누리기도 하고, 컴퓨터를 배우거나 외국어를 익히는 지식 개발에 시간을 쏟기도 합니다. 건강을 위해 걷기, 수영, 요가와 같은 운동을 하거나 가족들과 안정적인 시간을 보내는 이들도 많지요. 하지만 모두가 생활하기에 넉넉한 연금을 받는 것은 아니라 은퇴 후에도 새로운 일거리를 찾기 위해 직업 교육을 받는 이들도 있으며, 봉사 활동으로 남은 시간을 의미 있게 보내는 은퇴자들도 적지 않다고 합니다.

이력서

이력서는 당신의 인생을 한 페이지에 압축해 놓은 것이에요.

Le curriculum vitæ, c'est votre vie résumée en une page.
르 뀌히뀔럼 비떼, 쎄 보트흐 비 헤쥐메 어 뉜 빠즈

이력서는 독창적이고 분명하게, 그리고 맞춤법을 틀리지 않도록 하세요.

Votre CV doit être unique, clair et sans faute d'orthographe.
보트흐 쎄베 두아 에트흐 위니끄, 끌레 에 쌍 포뜨 도흐또그하프

이력서에는 직업과 관련된 교육과 여러 경력 사항이 들어가 있어야 돼요.

Vous devez obligatoirement indiquer dans votre CV, les formations que vous avez suivis ainsi que vos différentes expériences professionnelles.
부 드베 조블리갸뚜아흐멍 앵디께 당 보트흐 쎄베, 레 포흐마씨옹 끄 부 자베 쒸비 앵씨 끄 보 디페헝뜨 젝스뻬리엉쓰 프호페씨오넬

구사 가능한 언어를 명시하세요.

Indiquez les langues que vous avez apprises.
앵디께 레 랑그 끄 부 자베 자프히즈

이력서와 지원 동기서가 포함된 지원서를 이메일로 보내시면 됩니다.

Vous pouvez nous envoyer votre candidature, y compris le CV et la lettre de motivation, par e-mail.
부 뿌베 누 정부아이예 보트흐 껑디다뛰흐, 이 꽁프히 르 쎄베 에 라 레트흐 드 모띠바씨옹, 빠흐 이메일

여기서 잠깐!

이력서를 말할때 'CV 쎄베'라고 하지요. 이것은 라틴어 'curriculum vitæ 뀌히뀔럼 비떼'의 약어로 알파벳 문화권에서 널리 쓰여요.

면접

저는 B사의 고객 담당 자리에 면접을 봤어요.

J'ai passé un entretien (d'embauche) chez B pour un poste de conseiller clientèle.
줴 빠쎄 어 넝트흐띠엉 (덩보슈) 쉐 베 뿌흐 엉 뽀스뜨 드 꽁쎄이에 끌리엉땔

경력이 3~5년 되는 변호사를 채용하고자 합니다.

Nous recherchons un(e) avocat(e) ayant entre trois et cinq ans d'expérience.
누 흐쉐흐숑 엉(윈) 아보꺄(뜨) 에이양 엉트흐 트후아 에 쌩 깡 덱스뻬히엉쓰

면접은 당신이 회사에 발을 들여놓을 때부터 시작되는 것이지요.

L'entretien commence lorsque vous posez le pied dans les locaux de l'entreprise.
렁트흐띠엉 꼬멍쓰 로스끄 부 뽀제 르 삐에 당 레 로꼬 드 렁트흐프히즈

면접관은 첫인상부터 평가를 시작하지요.

Le recruteur commence à vous évaluer dès les premiers instants de votre rendez-vous.
르 흐크휘뙤 꼬멍쓰 아 부 제발뤼에 대 레 프흐미에 잿쓰땅 드 보트흐 헝데부

그룹 면접 토의 때 조용히 있지 말고 먼저 발언하되 다른 사람 말을 가로막지 마세요.

Lors du débat en entretien collectif, ne restez pas silencieux, prenez la parole en premier, et n'interrompez pas les autres.
로흐 뒤 데바 어 넝트흐띠엉 꼴렉띠프, 느 헤스뜨 빠 씰렁씨으, 프흐네 라 빠홀 엉 프흐미에, 에 냉떼홍뻬 빠 레 조트흐

면접 예상 질문

\# 왜 이 자리에 지원했나요?

Pourquoi avez-vous postulé pour ce poste ?
뿌흐꾸아 아베부 뽀스뛸레 뿌흐 쓰 뽀스뜨?

\# 공부했던 분야가 아니라 은행에서 일하고 싶은 이유는 무엇인가요?

Pourquoi voulez-vous travailler dans la banque plutôt que dans le domaine de vos études ?
뿌흐꾸아 불레부 트하바이에 당 라 방끄 쁠뤼또 끄 당 르 도멘 드 보 제뛰드?

\# 당신을 정의할 수 있는 단어가 있다면요?

Quel mot vous décrit ?
껠 모 부 데크히?

\# 3분 간 자신을 소개해 보세요.

Présentez-vous en trois minutes.
프헤정떼부 엉 트후아 미뉘뜨

\# 이 직책에 대해 본인이 이해한 대로 설명해 보세요.

Pouvez-vous me préciser ce que vous avez compris du poste ?
뿌베부 므 프헤씨제 쓰 끄 부 자베 꽁프히 뒤 뽀스뜨?

\# 보수가 얼마 정도인지 알려 주실 수 있으세요?

Pourriez-vous me donner un aperçu du niveau de rémunération prévu ?
뿌히에부 므 도네 어 나뻬흐쒸 뒤 니보 드 헤뮈네하씨옹 프헤뷔?

postulé/postuler 뽀스뛸레/뽀스뛸레 v. 지원하다
aperçu 아뻬흐쒸 n.m. 개괄
rémunération 헤뮈네하씨옹 n.m. 보수

꼭! 짚고 가기

구인 공고에서 볼 수 있는 단어들

프랑스 기업의 구인 공고에서 자주 나오는 채용 정보 관련 단어를 살펴보겠습니다.

- domaine d'activité 도멘 닥띠비떼
  담당 분야
- formation 포흐마씨옹 학력
- expérience 엑스뻬히엉쓰 경력
- lieu principal 리으 프행씨빨 주요 근무처
- CDI 쎄데이 정규직
  (contrat à durée indéterminée
  꽁트하 아 뒤헤 앵데떼흐미네의 약어)
- CDD 쎄데데 계약직
  (contrat à durée déterminée
  꽁트하 아 뒤헤 데떼흐미네의 약어)
- compétences techniques
  꽁뻬떵쓰 떼끄니끄 전문 기술 역량
- capacité d'analyse 꺄빠씨떼 다날리즈
  분석 능력
- rigueur et précision 히괴 에 프헤씨지옹
  엄격함과 명확함
- capacité de synthèse 꺄빠씨떼 드 쌩때즈
  총괄 능력
- capacité d'adaptation
  꺄빠씨떼 다답따씨옹 적응 능력
- bon niveau d'anglais 봉 니보 당글레
  뛰어난 영어 수준

- Ce poste est à pourvoir en CDI dès que possible.
  쓰 뽀스뜨 에 따 뿌부아 엉 쎄데이 대 끄 뽀씨블르
  즉시 정규직으로 채용할 수 있습니다.

Chapitre 10

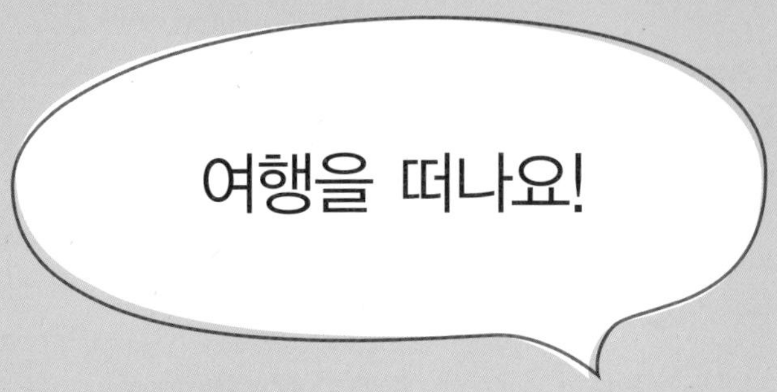

Chapitre 10

Unité 1 출발 전

Unité 2 공항에서

Unité 3 기내에서

Unité 4 기차에서

Unité 5 숙박

Unité 6 관광

Unité 7 교통

À l'aéroport 공항에서
아 라에호뽀

MP3. Word_C10

aéroport 아에호뽀 n.m. 공항 	départ 데빠 n.m. 출발 décollage 데꼴라즈 n.m. 이륙 	monter 몽떼 v. 타다, 탑승하다 	aller simple 알레 쌩쁠 편도
	arrivée 아히베 n.f. 도착 atterrissage 아떼히싸즈 n.m. 착륙 	descendre 데썽드흐 v. 내리다 	aller-retour 알레흐뚜 n.m. 왕복
	boutique hors taxes 부띠끄 오흐 딱쓰 면세점 	contrôle de départ 꽁트홀 드 데빠 출국 심사 	passeport 빠스뽀 n.m. 여권 
avion 아비옹 n.m. 비행기 	à bord 아 보흐 기내	bagage 바갸즈 n.m. 짐 	déposer 데뽀제 v. 맡기다
	siège 씨애즈 n.m. 좌석 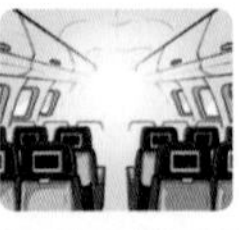	ceinture 쌩뛰흐 n.f. 안전벨트 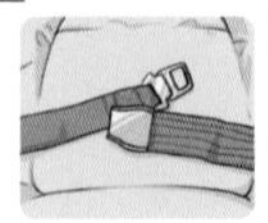	attacher 아따쉐 v. 매다
	plateau repas 쁠라또 흐빠 기내식 	billet d'avion 비에 다비옹 항공권 	vol 볼 n.m. 비행, 비행편

À la gare 기차역에서
아 라 갸흐

gare 갸흐
n.f. 기차역

guichet 기쉐
n.m. 매표소

quai 깨
n.m. 플랫폼

voie 부아
n.f. 선로, 레일

train 트행
n.m. 기차

voiture 부아뛰흐
n.f. 객차, 기차칸

compartiment
꽁빠흐띠멍
n.m. 객실

place 뿔라쓰
n.f. 자리

compostage
꽁뽀스따즈
n.m. 자동 개찰

billetterie automatique
비에뜨히 오또마띠끄
자동 발권기

panneau d'affichage
빠노 다피샤즈
게시판, 알림판

billet de train
비에 드 트행
기차표

train express
트행 엑스프헤쓰
급행 열차

train direct
트행 디헥뜨
직통 열차

correspondance
꼬헤스뽕당쓰
n.f. 환승

horaire 오헤흐
n.m. 운행 시간표

destination 데스띠나씨옹
n.f. 목적지, 도착지

trajet 트하제
n.m. 여정

À l'hôtel 호텔에서
아 로뗄

hôtel 오뗄
n.m. 호텔

chambre double
샹브흐 두블르
더블룸

chambre simple
샹브흐 쌩쁠
싱글룸

ascenseur 아썽쐬
n.m. 승강기

service de chambre
쎄흐비쓰 드 샹브흐
룸서비스

service de réveil
쎄흐비쓰 드 헤베이
모닝콜

escalier 에스깔리에
n.m. 계단

réception 헤쎕씨옹
n.f. 접수, 프론트데스크

check-in 체끄인
n.m. 체크인

valise 발리즈
n.f. 여행용 가방

garder 갸흐데
v. 보관하다

check-out 체끄아웃
n.m. 체크아웃

clé 끌레
n.f. 열쇠

rendre 헝드흐
v. 반납하다

chauffage 쇼파즈
n.m. 난방

équipement 에끼쁘멍
n.m. 시설, 설비

nettoyer 넷뚜아이예
v. 청소하다

À l'office de tourisme 관광 안내소에서
아 로피쓰 드 뚜히즘

office de tourisme 오피쓰 드 뚜히즘 관광 안내소 	tourisme 뚜히즘 n.m. 관광 	hébergement 에베흐즈멍 n.m. 숙박 	gastronomie 걍스트호노미 n.f. 식도락 
	séjourner 쎄주흐네 v. 머물다, 체류하다 	renseignement 헝쎄뉴멍 n.m. 안내 	plan 쁠랑 n.m. 지도 
site touristique 씨뜨 뚜히스띠끄 관광지 	célèbre 쎌래브흐 a. 유명한 	impressionnant 앵프헤씨오낭 a. 인상적인 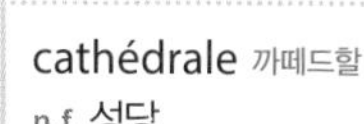	majestueux, 마제스뛰으 majestueuse 마제스뛰으즈 a. 장엄한 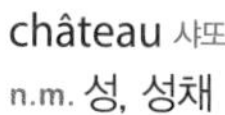
	bâtiment 바띠멍 n.m. 건물 	cathédrale 까떼드할 n.f. 성당 	château 샤또 n.m. 성, 성채
	monument 모뉘멍 n.m. 기념물, 기념비 	historique 이스또히끄 a. 역사적인 	commercial(e) 꼬메흐씨알 a. 상업적인

여행 계획

7월에 한 달 정도 여행을 떠나려고 해요.

Je pense partir en voyage pendant environ un mois en juillet.
즈 뻥쓰 빠흐띠 엉 부아이야즈 뻥당 엉비홍 엉 무아 엉 쥐에

목적지는 정했어요?

Avez-vous décidé où aller ?
아베부 데씨데 우 알레?

해외 여행을 가려고 해요.

Je vais voyager à l'étranger.
즈 베 부아이야제 아 레트항제

예산에 맞춰 여행지를 정할 거예요.

Je choisirai une destination en fonction du budget.
즈 슈아지헤 윈 데스띠나씨옹 엉 퐁씨옹 뒤 뷧제

추위를 피해 따뜻한 지역으로 가고 싶어요.

Pour éviter le froid, je veux aller dans une région chaude.
뿌흐 에비떼 르 프후아, 즈 브 알레 당 쥔 헤지옹 쇼드

일주일 동안 조용히 쉬다가 오고 싶어요.

Je veux revenir après m'être reposé(e) pendant une semaine.
즈 브 흐브니 아프해 메트흐 흐뽀제 뻥당 윈 쓰멘

휴가가 길지 않아서 잠깐 여행할 곳을 찾고 있어요.

Comme mes vacances ne sont pas longues, je cherche où aller pour une courte période.
꼼 메 바깡쓰 느 쏭 빠 롱그, 즈 쉐흐슈 우 알레 뿌흐 윈 꾸흐뜨 뻬히오드

교통편 예약①

거기 어떻게 가는지 알아봤어요?

Avez-vous regardé comment y aller ?
아베부 흐갸흐데 꼬멍 이 알레?

항공권은 미리 예약하는 게 좋아요.

Il vaut mieux réserver les billets d'avion à l'avance.
일 보 미으 헤제흐베 레 비에 다비옹 아 라방쓰

다음 달에는 항공권 가격이 오를 거예요.

Les prix des billets d'avions augmenteront le mois prochain.
레 프히 데 비에 다비옹 오그멍뜨홍 르 무아 프호쉥

기차를 타는 게 비행기를 타는 것보다 더 안전할 것 같아요.

Je pense que le train est plus sûr que l'avion.
즈 뻥스 끄 르 트핑 에 쁠뤼 쒸흐 끄 라비옹

기차를 타면 시간이 더 오래 걸릴 거예요.

Si vous prenez le train, ça prendra plus de temps.
씨 부 프흐네 르 트핑, 싸 프헝드하 쁠뤼쓰 드 떵

할인 요금 좌석을 찾고 있어요.

Je cherche une place à prix réduit.
즈 쉐흐슈 윈 쁠라쓰 아 프히 헤뒤

온라인으로 티켓을 찾아보는 게 더 편리해요.

Il est plus commode de chercher le billet en ligne.
일 레 쁠뤼 꼬모드 드 쉐흐쉐 르 비에 엉 린뉴
Il est plus pratique de chercher le billet en ligne.
일 레 쁠뤼 프하띠끄 드 쉐흐쉐 르 비에 엉 린뉴

교통편 예약②

언제 떠날 예정인가요?

Quand désirez-vous partir ?
깡 데지헤부 빠흐띠?

목적지가 어디인가요?

Quelle est votre destination ?
껠 레 보트흐 데스띠나씨옹?

뉴욕행 비행기 티켓을 예약하려고 합니다.

Je voudrais réserver un vol pour New-York.
즈 부드헤 헤제흐베 엉 볼 뿌흐 뉴욕

편도인가요, 왕복인가요?

Voulez-vous un aller simple ou un aller-retour ?
불레부 어 날레 쌩쁠 우 어 날레흐뚜?

성인 두 명과 어린이 한 명 이코노미석으로 예약하고 싶습니다.

Je voudrais réserver deux billets adultes et un billet enfant en classe économique.
즈 부드헤 헤제흐베 드 비에 아뒬뜨 에 엉 비에 엉팡 엉 끌라쓰 에꼬노미끄

예약 취소 규정이 어떻게 되는지 알고 싶어요.

J'aimerais connaître les conditions d'annulation de réservation.
쥄므헤 꼬네트흐 레 꽁디씨옹 다뉠라씨옹 드 헤제흐바씨옹

출발 이틀 전까지 취소할 수 있습니다.

Il vous est possible d'annuler votre réservation jusqu'à deux jours avant le départ.
일 부 제 뽀씨블르 다뉠레 보트흐 헤제흐바씨옹 쥐스꺄 드 주흐 아방 르 데빠

여권 & 비자

여권을 신청하려고 해요.

Je voudrais faire une demande de passeport.
즈 부드헤 페흐 윈 드망드 드 빠스뽀

제 여권이 만료되었어요.

Mon passeport est expiré.
몽 빠스뽀 에 떽스삐헤

여권 발급을 신청하려면 어디로 가야 하나요?

Où dois-je faire ma demande de passeport ?
우 두아즈 페흐 마 드망드 드 빠스뽀?
À quel guichet dois-je me rendre pour demander un passeport ?
아 껠 기쉐 두아즈 므 헝드흐 뿌흐 드망데 엉 빠스뽀?
(구체적으로 어느 창구로 가야 할지를 물어볼 때)

여권 발급하는 데 시간이 얼마나 걸리나요?

Dans combien de temps aurais-je mon passeport ?
당 꽁비엉 드 떵 오헤즈 몽 빠스뽀?

비자를 연장하고 싶어요.

Je voudrais prolonger mon visa.
즈 부드헤 프호롱제 몽 비자

비자 발급 승인 여부는 언제 알 수 있죠?

Quand pourrais-je savoir si mon visa est accepté ?
깡 뿌헤즈 싸부아 씨 몽 비자 에 딱쎕떼?

여기서 잠깐!

여권 발급 시, 신규냐 재발급이냐를 묻지요. 프랑스어로, 처음으로 여권을 만드는 것은 faire une demande de passeport 페흐 윈 드망드 드 빠스뽀라고 하고, 기존 여권의 기한이 만료되어 다시 만드는 것은 renouveler le passeport 흐누블레 르 빠스뽀라고 하지요.

공항 가기

\# 샤를드골 공항까지 어떻게 가죠?

Comment aller à l'aéroport Charles-de-Gaulle ?
꼬멍 알레 알 라에호뽀 샤흘드골?

\# 탑승 수속을 위해 출발하기 2시간 전에는 공항에 도착해야 해요.

Il faut arriver à l'aéroport deux heures avant le départ pour (régler) les formalités d'embarquement.
일 포 따히베 알 라에호뽀 드 죄흐 아방 르 데빠 뿌흐 (헤글레) 레 포흐말리떼 덩바흐끄멍

\# 국제선 터미널로 가려면 RER B선을 타세요.

Pour aller au terminal international, prenez la ligne B du RER.
뿌흐 알레 오 떼흐미날 랭떼흐나씨오날, 프흐네 라 린뉴 베 뒤 에흐으에흐

\# 택시를 타고 공항까지 가면 요금이 많이 나올까요?

Est-ce que cela coûtera cher si je prends le taxi jusqu'à l'aéroport ?
에스끄 쓸라 꾸뜨하 쉐흐 씨 즈 프헝 르 딱씨 쥐스꺄 라에호뽀?

\# 공항까지 빨리 도착하려면 택시를 타는 게 좋을 거예요.

Si vous voulez arriver rapidement à l'aéroport, il vaut mieux prendre le taxi.
씨 부 불레 아히베 하삐드멍 아 라에호뽀, 일 보 미으 프헝드흐 르 딱씨

\# 공항에 지하철이나 버스를 타고 갈 수 있어요.

Il est possible d'aller à l'aéroport par RER ou bus.
일 레 뽀씨블르 달레 아 라에호뽀 빠흐 에흐으에흐 우 뷔쓰

발권

\# 에어프랑스 카운터가 어디죠?

Où est le comptoir d'Air France ?
우 에 르 꽁뚜아 데흐 프항쓰?

\# 여권을 보여 주세요.

Montrez-moi votre passeport s'il vous plaît.
몽트헤무아 보트흐 빠스뽀 씰 부 쁠레
Pourriez-vous me montrer votre passeport ?
뿌히에부 므 몽트헤 보트흐 빠스뽀?

\# 전자 티켓 예약 확인서 있으신가요?

Avez-vous la confirmation de réservation du billet électronique ?
아베부 라 꽁피흐마씨옹 드 헤제흐바씨옹 뒤 비에 엘렉트호니끄?

\# 탑승권을 확인해 주시기 바랍니다.

Veuillez vérifier votre carte d'embarquement.
뵈이에 베히피에 보트흐 꺄흐뜨 덩바흐끄멍

\# 창가 쪽에 좌석 있나요?

Est-ce qu'il y a un siège côté fenêtre ?
에스낄 리 아 엉 씨애즈 꼬떼 프네트흐?

\# 짐은 전부 맡기실 건가요?

Désirez-vous enregistrer tous vos bagages ?
데지헤부 엉흐지스트헤 뚜 보 바가즈?

\# 기내 반입하는 가방은 무게 제한이 있나요?

Y a-t-il une limite de poids pour le bagage cabine ?
이아띨 윈 리미뜨 드 뿌아 뿌흐 르 바가즈 꺄빈?

탑승

\# 탑승 수속은 어디에서 할 수 있나요?

Où puis-je faire mon embarquement ?
우 쀠즈 페흐 모 넝바흐끄멍?

\# 아직 30분 정도 더 기다려야 해요.

Vous devez encore attendre trente minutes.
부 드베 정꼬흐 아땅드흐 트헝뜨 미뉘뜨

\# 대한항공 702번 비행기 탑승은 몇 번 게이트에서 하나요?

Quel est le numéro de la porte d'embarquement de l'avion Korean Air sept cent deux ?
껠 레 르 뉘메호 들 라 뽀흐뜨 덩바흐끄멍 드 라비옹 꼬리안 에흐 쎄 썽 드?

\# KE 702번 편을 이용하시는 승객 여러분은 11번 게이트로 오시기 바랍니다.

Nous invitons les passagers du vol KE sept cent deux à se rendre porte onze pour l'embarquement.
누 쟁비똥 레 빠싸제 뒤 볼 까으 쎄 썽 드 자 쓰 헝드흐 뽀흐뜨 옹즈 뿌흐 렁바흐끄멍

\# 11번 게이트는 여기에서 멀리 떨어져 있어요. 가능한 한 미리 이동하시기 바랍니다.

La porte onze se trouve loin d'ici. Veuillez-vous y rendre aussi tôt que possible.
라 뽀흐뜨 옹즈 쓰 트후브 루앙 디씨. 뵈이에부 지 헝드흐 오씨 또 끄 뽀씨블르

\# 탑승권을 미리 준비하시기 바랍니다.

Nous vous prions de préparer votre carte d'embarquement à l'avance.
누 부 프히옹 드 프헤빠헤 보트흐 꺄흐뜨 덩바흐끄멍 아 라방쓰

꼭! 짚고 가기

비자 발급

한국 국적자라면 프랑스에 여행이나 가족 방문 등 일반적인 목적으로 방문할 경우 비자 없이 90일까지 체류 가능합니다. 90일 이상 체류할 경우 반드시 비자를 발급받아야 하며, 여기에 학생 비자, 학생 및 인턴십 비자, 관광 취업 비자, 과학자 비자, 노동 비자 등이 있습니다. 비자 발급은 주한 프랑스 대사관을 통해 신청 후 심사를 거쳐 발급받게 됩니다.
비자 신청 후 발급받기까지 2~3주 정도 소요되지만, 6~9월과 11~1월은 신청자가 많이 몰려 3~4주까지 걸릴 수 있어요. 또한 심사 결과에 따라 비자 발급을 거부당할 수도 있어요. 그렇기 때문에 비자 신청 전에 미리 신청 일정을 확인하고 필요 서류를 꼼꼼하게 준비해 두는 게 좋습니다.

세관

\# 세관 신고서를 작성해 주세요.

Veuillez remplir un formulaire de déclaration de douane.
뵈이에 헝쁠리 엉 뽀흐뮐레흐 드 데끌라하씨옹 드 두안

\# 신고하실 물품이 있나요?

Avez-vous des choses à déclarer ?
아베부 데 쇼즈 아 데끌라헤?

\# 이 세관 신고서는 어떻게 작성하는 건가요?

Comment dois-je remplir ce formulaire de déclaration de douane ?
꼬멍 두아즈 헝쁠리 쓰 포흐뮐레흐 드 데끌라하씨옹 드 두안?

\# 세관 신고 대상 물품을 기재하고, 본인의 이름과 생년월일을 적으면 됩니다.

Vous devez inscrire les objets déclarables en douane, ainsi que votre nom et votre date de naissance.
부 드베 쟁쓰크히흐 레 조브제 데끌라하블르 엉 두안, 앵씨 끄 보트흐 농 에 보트흐 다뜨 드 네쌍스

\# 달러로 얼마까지 면세가 되나요?

À partir de quelle somme en dollar, est-il possible d'avoir une détaxe ?
아 빠흐띠 드 껠 솜 엉 돌라, 에띨 뽀씨블르 다부아 윈 데딱쓰?

면세점

\# 면세점에서 가족들에게 줄 선물을 사려고 해요.

Je vais acheter des cadeaux pour ma famille dans la boutique hors taxes.
즈 베 자슈떼 데 꺄도 뿌흐 마 파미이 당 라 부띠끄 오흐 딱쓰

\# 면세점이 백화점보다 훨씬 싸거든요.

Les boutiques hors taxes sont moins chères que les grands magasins.
레 부띠끄 오흐 딱쓰 쏭 무앙 쉐흐 끄 레 그항 마갸쟁

\# 탑승구 방향으로 가다 보면 면세점이 나올 거예요.

En vous rendant vers votre porte d'embarquement, vous verrez les boutiques hors taxes.
엉 부 헝당 베흐 보트흐 뽀흐뜨 덩바흐끄멍, 부 베헤 레 부띠끄 오흐 딱쓰

\# 면세점에서 쇼핑할 시간이 있을까요?

Est-ce qu'on aura assez de temps pour faire du shopping au duty-free ?
에스꼬 노하 아쎄 드 떵 뿌흐 페흐 뒤 쇼삥 오 듀띠프히?

\# 액체류는 기내 반입이 안 되지만, 면세점에서 구입한 술이나 화장품은 괜찮아요.

Les liquides sont interdits à bord, hormis l'alcool ou les cosmétiques acheté au duty-free de l'aéroport.
레 리끼드 쏭 땡떼흐디 아 보흐, 오흐미 랄꼴 우 레 꼬쓰메띠끄 아슈떼 오 듀띠프히 드 라에호뽀

출국 심사

\# 출국 심사장이 어디인가요?

Où se fait le contrôle de départ ?
우 쓰 페 르 꽁트홀 드 데빠?

\# EU 회원국 국민을 위한 창구가 따로 있어요.

Il y a un guichet séparé pour les résidents des pays de l'Union européenne.
일 리 아 엉 기쉐 쎄빠헤 뿌흐 레 헤지덩 데 뻬이 들 뤼니옹 으호뻰

\# 비유럽 국가 승객은 옆줄입니다.

La queue pour les passagers de nationalité non-européenne se fait à côté.
라 꾀 뿌흐 레 빠싸제 드 나씨오날리떼 논으호뻰 쓰 페 아 꼬떼

\# 여권과 탑승권을 보여 주세요.

Veuillez montrer votre passeport et votre carte d'embarquement.
뵈이에 몽트헤 보트흐 빠스뽀 에 보트흐 꺄흐뜨 덩바흐끄멍

\# 어디까지 가십니까?

Jusqu'où vous rendez-vous ?
쥐스꾸 부 헝데부?

\# 출국 신고서를 작성해야 하나요?

Dois-je remplir la déclaration de départ ?
두아즈 헝쁠리 라 데끌라하씨옹 드 데빠?

\# 출국 신고서는 작성하실 필요 없습니다.

Vous n'avez pas besoin de remplir la déclaration de départ.
부 나베 빠 브주앙 드 헝쁠리 라 데끌라하씨옹 드 데빠

꼭! 짚고 가기

샤를드골 공항 터미널

프랑스의 수도 파리의 관문이라 할 수 있는 샤를드골 국제공항. 공항명에서 바로 알 수 있듯이 프랑스의 대통령 샤를 드골(Charles de Gaulle 샤흘 드 골, 1890-1970)의 이름을 따서 지은 공항입니다. 호아시(Roissy 후아씨) 공항이라고 부르기도 해요.
여행을 마치고 파리에서 RER 에흐으에흐선을 타고 샤를드골 공항으로 향하는 이들이 많은데, 이때 미리 공항 터미널을 잘 확인하고 타야 합니다. RER과 연결된 역이 터미널에 따라 구분되어 있기 때문이에요.
샤를드골 공항은 기본적으로 총 3개의 터미널(Terminal 떼흐미날 1 엉, 2 두, 3 트후아)이 있습니다. 이 중 2번 터미널은 7개의 부속 터미널(Terminal 떼흐미날 2A 두아, 2B 두베, 2C 두쎄, 2D 두데, 2E 두으, 2F 두에프, 2G 두줴)로 구성되어 있어요. 각 항공사별로 입·출국하는 터미널이 다르기 때문에 본인이 이용하는 항공사에 따라 몇 번 터미널로 가야 하는지 확인해야 합니다.
국내 항공사인 대한항공은 Terminal 2E, 아시아나 항공은 Terminal 1과 연결되어 있으며, 프랑스 대표 항공사 에어프랑스는 Terminal 2E, 2F, 2G에 위치하고 있습니다.
더 자세한 정보는 샤를드골 공항 안내 웹사이트(http://cdgfacile.com/)를 참조하세요. 여행 마지막 길에 헤매는 일이 없도록 하는 게 좋겠지요.

보안 검사

\# 가방은 검색대 위 바구니에 넣어 주세요.

Mettez votre sac dans la panière sur le comptoir de contrôle.
메떼 보트흐 싸끄 당 라 빠니애흐 쒸흐 르 꽁뚜아 드 꽁트홀

\# 겉옷과 주머니에 든 물건은 전부 꺼내 바구니에 넣으세요.

Retirez tous les objets qui sont dans vos poches et mettez-les avec votre manteau dans la panière.
흐띠헤 뚜 레 조브제 끼 쏭 당 보 뽀슈 에 메떼레 아베끄 보트흐 망또 당 라 빠니애흐

\# 전자 제품은 다른 바구니에 넣어 주세요.

Mettez les appareils électroniques dans une autre panière.
메떼 레 자빠헤이 젤렉트호니끄 당 쥔 오트흐 빠니애흐

\# 방금 뜯은 주스병인데 이것도 버려야 해요?

C'est une bouteille de jus que je viens juste d'ouvrir. Est-ce que je dois aussi la jeter ?
쎄 뛴 부떼이 드 쥐 끄 즈 비엉 쥐스뜨 두브히. 에스끄 즈 두아 오씨 라 즈떼?

\# 음료수는 반입이 안 됩니다.

Il est interdit d'embarquer avec une boisson.
일 레 땡떼흐디 덩바흐께 아베끄 윈 부아쏭

\# 금속 탐지기를 통과해 주세요.

Passez sous le portique.
빠쎄 쑬 르 뽀흐띠끄

\# 신발을 벗어 주세요.

Veuillez-vous déchausser.
뵈이에부 데쇼쎄

입국 심사

\# 작성한 입국 신고서를 보여 주세요.

Veuillez montrer la déclaration d'arrivée que vous avez remplie.
뵈이에 몽트헤 라 데끌라하씨옹 다히베 끄 부 자베 헝쁠리

\# 국적이 어디입니까?

Quelle est votre nationalité ?
껠 레 보트흐 나씨오날리떼?

\# 프랑스에서 목적지가 어디입니까?

Quelle est votre destination en France ?
껠 레 보트흐 데스띠나씨옹 엉 프항쓰?

\# 방문 목적은 무엇입니까?

Quel est l'objectif de votre visite ?
껠 레 로브젝띠프 드 보트흐 비지뜨?

\# 관광차 왔습니다.

C'est une visite touristique.
쎄 뛴 비지뜨 뚜히스띠끄

\# 사업차 왔습니다.

C'est un voyage d'affaires.
쎄 뛴 부아이야즈 다페흐

\# 친지 방문차 왔습니다.

C'est une visite familiale.
쎄 뛴 비지뜨 파밀리알

\# 얼마 동안 체류할 예정이신가요?

Combien de jours allez-vous séjourner ici ?
꽁비엉 드 주흐 알레부 쎄주흐네 이씨?
Combien de jours restez-vous ici ?
꽁비엉 드 주흐 헤스떼부 지씨?

\# 2주간 머물 예정입니다.

Mon séjour va durer deux semaines.
몽 쎄주 바 뒤헤 드 쓰멘

마중

공항에 누가 마중을 와 있나요?

Est-ce que quelqu'un vient vous chercher à l'aéroport ?
에스끄 껠껑 비엉 부 쉐흐쉐 아 라에호뽀?

거래처에서 사람이 나오기로 했어요.

Une relation de travail doit venir me chercher.
윈 흘라씨옹 드 트하바이 두아 브니 므 쉐흐쉐

만나기로 한 분 성함이 어떻게 되죠?

Quel est le nom de la personne que vous devez rencontrer ?
껠 레 르 농 들 라 뻬흐쏜 끄 부 드베 헝꽁트헤?

비행기 연착 때문에 1시간은 더 그를 기다려야 해요.

L'avion étant en retard, je dois l'attendre une heure de plus.
라비옹 에땅 떵 흐따, 즈 두아 라떵드흐 윈 외흐 드 쁠뤼

마중 나오기로 한 사람이 안 나왔어요.

La personne qui était censée venir me chercher, n'est pas venue.
라 뻬흐쏜 끼 에떼 썽쎄 브니 므 쉐흐쉐, 네 빠 브뉘

네가 마중 나올 줄은 미처 몰랐어!

Je ne savais pas que tu viendrais me chercher !
즈 느 싸베 빠 끄 뛰 비엉드헤 므 쉐흐쉐!

마중 나와 줘서 정말 고마워.

Merci beaucoup d'être venu(e) me chercher.
메흐씨 보꾸 데트흐 브뉘 므 쉐흐쉐

공항 기타

승객 여러분, 9시 20분 출발 예정인 인천행 702편기가 연착하고 있습니다.

Mesdames et Messieurs, le vol sept cent deux pour Incheon, prévu au départ à neuf heures vingt, est en retard.
메담 제 메씨으, 르 볼 쎄 썽 드 뿌흐 인천, 프헤뷔 오 데빠 아 뇌 뵈흐 뱅, 에 떵 흐따

비행기가 연착해서 자정에나 도착할 것 같아요.

Comme l'avion est en retard, je pense arriver vers minuit.
꼼 라비옹 에 떵 흐따, 즈 뻥쓰 아히베 베흐 미뉘

현재 런던 직항 비행편은 없고 경유 항공편만 있어요.

Il n'y a pas de vol direct pour Londres pour le moment, mais seulement un vol avec escale.
일 니 아 빠 드 볼 디헥뜨 뿌흐 롱드흐 뿌흐 르 모멍, 메 쐴멍 엉 볼 아베끄 에스꺌

수하물은 곧 나올 겁니다.

Les bagages seront sortis dans un instant.
레 바갸즈 쓰홍 쏘흐띠 당 저 냉스땅

제 짐이 아직도 나오지 않았어요.

Mon bagage n'est pas encore sorti.
몽 바갸즈 네 빠 정꼬흐 쏘흐띠

죄송합니다. 알아보니 선생님의 짐이 일본의 하네다 공항으로 갔습니다.

Je regrette. Selon nos recherches, votre bagage est à l'aéroport Haneda au Japon.
즈 흐그헷뜨, 쓸롱 노 흐쉐흐슈, 보트흐 바갸즈 에 딸 라에호뽀 아네다 오 자뽕

좌석 찾기

A열 23번 좌석은 어디에 있나요?

Où est le siège numéro vingt-trois du rang A ?
우 엘 르 씨애즈 뉘메호 뱅트후아 뒤 항 아?

23번 좌석은 오른쪽으로 가시기 바랍니다.

Veuillez aller à droite pour le siège vingt-trois.
뵈이에 잘레 아 드후아뜨 뿌흐 르 씨애즈 뱅트후아

실례지만 여긴 제 자리 같은데요.

Excusez-moi, je pense qu'ici c'est ma place.
엑스뀌제무아, 즈 뻥쓰 끼씨 쎄 마 쁠라쓰

죄송합니다. 제가 자리를 착각했네요.

Pardon, je me suis trompé(e) de place.
빠흐동, 즈 므 쒸 트홍뻬 드 쁠라쓰

비즈니스석은 앞쪽으로 가시기 바랍니다.

Veuillez aller tout droit pour la classe affaires.
뵈이에 잘레 두 드후아 뿌흐 라 끌라쓰 아페흐

선생님, 좌석이 승급되었습니다. 비즈니스 석으로 안내해 드리겠습니다.

Monsieur (Madame), votre siège a été surclassé. Je vais vous guider en classe affaires.
므씨으 (마담), 보트흐 씨애즈 아 에떼 쉬흐끌라쎄.
즈 베 부 기데 엉 끌라쓰 아페흐

혹시 다른 좌석으로 바꿀 수 있을까요?

Est-ce qu'il est possible de changer de place ?
에스낄 레 뽀씨블르 드 샹제 드 쁠라쓰?

기내

제 가방 좀 선반 위에 놓도록 도와주시겠어요?

Pourriez-vous m'aider à mettre mon sac sur l'étagère ?
뿌히에부 메데 아 메트흐 몽 싸끄?
Pourriez-vous m'aider à mettre mon sac dans le casier ?
뿌히에부 메데 아 메트흐 몽 싸끄 당 르 꺄지에?

안전벨트를 매 주시기 바랍니다.

Veuillez attacher votre ceinture de sécurité.
뵈이에 아따쉐 보트흐 쌩뛰흐 드 쎄뀌히떼

곧 이륙할 예정입니다. 전자 기기는 전원을 꺼 주시기 바랍니다.

Notre avion va décoller dans un instant. Veuillez éteindre vos appareils électroniques.
노트흐 아비옹 바 데꼴레 당 저 냉스땅.
뵈이에 제땡드흐 보 자빠헤이 엘렉트호니끄

담요와 베개 좀 주실 수 있을까요?

Auriez-vous une couverture et un oreiller ?
오히에부 윈 꾸베흐뛰흐 에 어 노헤이에?
Pourriez-vous me donner une couverture et un oreiller ?
뿌히에부 므 도네 윈 꾸베흐뛰흐 에 어 노헤이에?

창문 블라인드 좀 내려 주시겠어요?

Pourriez-vous descendre le store de la fenêtre, s'il vous plaît.
부히에부 데썽드흐 르 스또흐 들 라 프네트흐,
씰 부 쁠레

도착하려면 얼마나 더 걸리나요?

Dans combien de temps arrive-t-on ?
당 꽁비엉 드 떵 아히브똥?

기내식

물 좀 한 잔 주시겠어요?

Je voudrais un verre d'eau, s'il vous plaît.
즈 부드헤 엉 베흐 도, 씰 부 쁠레

혹시 커피가 지금 서비스 되나요?

Est-ce qu'il est possible de prendre un café maintenant ?
에스낄 레 뽀씨블르 드 프헝드흐 엉 꺄페 맹뜨낭?

식사는 한식과 프랑스 요리가 있습니다. 어떤 걸로 드릴까요?

Pour le repas, il y a de la cuisine française et de la cuisine coréenne. Que désirez-vous ?
뿌흐 르 흐빠, 일 리 아 들 라 뀌진 프항쎄즈 에 들 라 뀌진 꼬헤엔. 끄 데지헤부?

프랑스 요리로 주시고, 연어 요리로 주세요.

Je vais prendre le plat français au saumon, s'il vous plaît.
즈 베 프헝드흐 르 쁠라 프항쎄 오 쏘몽, 씰 부 쁠레

선택하신 요리는 지금 준비가 어렵습니다. 양해해 주시기 바랍니다.

Je suis navré(e) mais ce choix n'est plus disponible.
즈 쒸 나브헤 메 쓰 슈아 네 쁠뤼 디스뽀니블르

비행 중 아이스크림이 제공됩니다.

Nous vous offrons des glaces au cours du vol.
누 부 조프홍 데 글라쓰 오 꾸흐 뒤 볼

저녁 식사는 언제 준비되나요?

Quand le dîner sera-t-il servi ?
깡 르 디네 쓰하띨 세흐비?

Unité 4 **기차에서** MP3. C10_U04

기차표 구입

여름 휴가 기차표를 지금 예매해 두세요.

Réservez dès maintenant votre billet de train pour les vacances d'été.
헤제흐베 대 맹뜨낭 보트흐 비에 드 트행 뿌흐 레 바깡쓰 데떼

기차 운행 시간표는 확인했어요?

Avez-vous vérifié les horaires de train ?
아베부 베히피에 레 조헤흐 드 트행?

리옹행 2등석으로 두 장 주세요.

Deux billets en deuxième classe pour Lyon, s'il vous plaît.
드 비에 엉 두지앰 끌라쓰 뿌흐 리옹, 씰 부 쁠레

올 여름 유럽 여행할 기차표를 벌써 사 놨어요.

J'ai déjà acheté un billet pour faire le tour de l'Europe en train cet été.
줴 데자 아슈떼 엉 비에 뿌흐 페흐 르 뚜흐 드 르호쁘 엉 트행 쎄 떼떼

스트라스부르까지 차보다 기차로 가는 게 더 편해요.

C'est plus facile d'aller à Strasbourg en train qu'en voiture.
쎄 쁠뤼 파씰 달레 아 스트하쓰부 엉 트행 껑 부아뛰흐

스트라스부르까지 가는 기차표가 매진되었어요.

Tous les billets pour Strasbourg ont été vendus.
뚜 레 비에 뿌흐 스트하쓰부 옹 떼떼 벙뒤

기차 타기

몇 시 기차 타나요?

À quelle heure prenez-vous le train ?
아 껠 뢰흐 프흐네부 르 트행?

11시 출발하는 기차예요.

Le train part à onze heures.
르 트행 빠흐 아 옹즈 외흐

몇 번 선로에서 타는 건지 확인하고 타세요.

Vérifiez de quelle voie part le train et prenez le.
베히피에 드 껠 부아 빠흐 르 트행 에 프흐네 르
Vérifiez de quel quai part le train et prenez le.
베히피에 드 껠 께 빠흐 르 트행 에 프흐네 르

그 기차는 11번 선로에서 탈 수 있어요.

Vous pouvez prendre ce train sur la voie onze.
부 뿌베 프헝드흐 쓰 트행 쒸흐 라 부아 옹즈

8번 객차가 어느 쪽에 있죠?

Où est la voiture huit ?
우 에 라 부아뛰흐 위뜨?

2등석 칸은 오른쪽에 있어요.

Le wagon de deuxième classe se trouve à droite.
르 바공 드 두지앰 끌라쓰 쓰 트후브 아 드후아뜨

기차표는 개찰하고 타야 합니다. 자동 개찰기는 플랫폼에 있습니다.

Vous devez composter votre billet avant de monter dans le train. La machine à composter est sur le quai.
부 드베 꽁포스떼 보트흐 비에 아방 드 몽떼 당 르 트행. 라 마쉰 아 꽁뽀스떼 에 쒸흐 르 께

객실에서

23번 좌석이 여기 맞나요?

Est-ce que c'est bien la place vingt-trois ?
에스끄 쎄 비엉 라 쁠라쓰 뱅트후아?

52번 좌석은 여기 없는데요. 도대체 어디에 있는 거죠?

Il n'y a pas de place cinquante-deux ici. Où peut-elle bien se trouver ?
일 니 아 빠 드 쁠라쓰 쌩깡뜨드 이씨.
우 쁘뗄 비엉 쓰 트후베?

실례지만 저와 자리를 바꿔 주실 수 있나요?

Excusez-moi, pourriez-vous changer de place avec moi ?
엑스뀌제무아, 뿌히에부 샹제 드 쁠라쓰 아베끄 무아?

큰 가방은 선반 위에 올려놔 주세요.

Veuillez mettre les gros sacs en hauteur.
뵈이에 메트흐 레 그호 싸끄 어 노뙤

식당칸에 잠깐 갔다 올게요.

Je vais au wagon-restaurant et je reviens.
즈 베 오 바공헤스또항 에 즈 흐비엉

다음 정차역이 어디예요?

Quelle est la prochaine gare ?
껠 레 라 프호쉔 갸흐?

잠시 검사가 있겠습니다. 기차표와 여권을 보여 주세요.

Nous allons effectuer un contrôle. Merci de montrer votre billet de train et votre passeport.
누 잘롱 에펙뛰에 엉 꽁트홀. 메흐씨 드 몽트헤 보트흐 비에 드 트행 에 보트흐 빠스뽀

역 도착

이제 곧 니스-빌 역에 도착합니다.

Nous arrivons bientôt à la gare de Nice-ville.
누 자히봉 비엉또 알 라 갸흐 드 니쓰빌

우리 기차는 10분 후에 니스-빌 역에서 정차하겠습니다.

Notre train arrivera en gare de Nice-ville dans dix minutes.
노트흐 트행 아히브하 엉 갸흐 드 니쓰빌 당 디 미뉘뜨

역에 내리기 전에 놓고 내리는 물건이 없는지 잘 확인하세요.

Avant de descendre du train, veuillez vérifier que vous n'avez rien oublié à votre place.
아방 드 데썽드흐 뒤 트행, 뵈이에 베히피에 끄 부 나베 히엉 우블리에 아 보트흐 쁠라쓰

짐을 미리 챙기도록 해요.

Préparez vos bagages à l'avance.
프헤빠헤 보 바갸즈 아 라방쓰

가방 내리는 걸 도와드릴까요?

Puis-je vous aider à descendre votre valise ?
쀠즈 부 제데 아 데썽드흐 보트흐 발리즈?

여기가 앙티브 역 맞나요?

Est-ce bien la gare d'Antibes ici ?
에쓰 비엉 라 갸흐 당띠브 이씨?

안내 방송에서 이번이 무슨 역이라고 했나요?

Quelle gare a été annoncée cette fois ?
껠 갸흐 아 에떼 아농쎄 쎗뜨 푸아?

꼭! 짚고 가기

파리의 기차역

프랑스의 수도인 파리는 전국으로 뻗어 가는 교통망의 중심이기도 합니다. 파리 내에만 지방과 연결되는 7개의 역이 있어서, 어느 지역으로 가느냐에 따라 역이 구분되어 있습니다.

- Gare Saint-Lazare 갸흐 쌩라자흐
  생-라자르 역
  파리에서 두 번째로 붐비는 역으로 꼽히는 생 라자르 역은 프랑스 북부 노르망디 지역과 연결되어 있으며, 영국으로 가는 열차로 환승할 수 있습니다.
- Gare Montparnasse 갸흐 몽빠흐나쓰
  몽파르나스 역
  프랑스 브르타뉴 지방, 아키텐 지방과 연결된 TGV를 운행합니다.
- Gare du Nord 갸흐 뒤 노흐 북역
  파리에서 가장 많은 이들이 이용하는 역인 파리 북역은 프랑스 북부 지방, 독일, 스칸디나비아 국가, 벨기에와 네덜란드(탈리스), 영국(유로스타)과 연결되어 있습니다.
- Gare de l'Est 갸흐 드 레스뜨 동역
  파리에서도 가장 오래되고 규모가 큰 파리 동역은 이름처럼 프랑스 동부 지방과 연결되어 있으며, 룩셈부르크, 독일, 오스트리아 스위스, 동유럽 국가와도 이어져 있습니다.
- Gare de Lyon 갸흐 드 리옹 리옹 역/
  Gare de Bercy 갸흐 드 베흐씨 베르시 역
  파리에서 TGV를 타고 프랑스 남동 지방으로 갈 수 있는 역입니다. 스위스, 이탈리아와 연결되어 있기도 합니다.
- Gare de l'Austerlitz 갸흐 드 로스떼흘릿즈
  오스테를리츠 역
  주로 프랑스 남서부 지방과 연결되어 있으며, 스페인, 포르투갈로 가는 기차를 탈 수 있는 곳입니다.

기차 기타

\# 이 기차는 마르세이유행 기차입니다.

Ce train est pour Marseille.
쓰 트행 에 뿌흐 마흐쎄이

\# 기차를 잘못 탔네요.
이게 파리행 기차인 줄 알았어요.

Je me suis trompé(e) de train.
Je pensais que c'était le train pour Paris.
즈 므 쒸 트홍뻬 드 트행. 즈 뻥쎄 끄 쎄떼 르 트행 뿌흐 빠히

\# 다음 역에서 파리행 기차로 갈아 타세요.

Vous pouvez changer de train pour Paris à la prochaine gare.
부 뿌베 샹제 드 트행 뿌흐 빠히 알 라 프호쉔 갸흐

\# 기차를 놓쳤어요.

J'ai raté le train.
줴 하떼 르 트행

\# 이 역에선 TGV가 정차하지 않습니다.
TGV를 타려면 다른 역으로 가세요.

Le TGV ne s'arrête pas à cette gare.
Pour prendre le TGV vous devez vous rendre à une autre gare.
르 떼줴베 느 싸헤뜨 빠 자 쎗뜨 갸흐. 뿌흐 프헝드흐 르 떼줴베 부 드베 부 헝드흐 아 위 노트흐 갸흐

\# 이 기차역 안에 기다릴 수 있는 곳이 있나요?

Est-ce qu'il y a un lieu d'attente dans cette gare ?
에스낄 리 아 엉 리으 아떵뜨 당 쎗뜨 갸흐?

\# 기차역 안 카페에서 기다릴게요.

Je vais vous attendre dans le café de la gare.
즈 베 부 자떵드흐 당 르 꺄페 들 라 갸흐

숙박 시설 예약①

\# 숙소는 예약했어요?

Avez-vous réservé le logement ?
아베부 헤제흐베 르 로즈멍?

\# 아직 마음에 드는 호텔을 찾지 못했어요.

Je n'ai pas encore trouvé d'hôtel qui me plaît.
즈 네 빠 정꼬흐 트후베 도뗄 끼 므 쁠레

\# 그 호텔은 가격에 비해 시설이 좋지 못해요.

Cet hôtel n'a pas un bon rapport qualité-prix.
쎄 또뗄 나 빠 정 봉 하뽀 꺌리떼프히

\# 몽파르나스 역 근처 호텔을 찾고 있어요.

Je cherche un hôtel près de la gare de Montparnasse.
즈 쉐흐슈 어 노뗄 프해 들 라 갸흐 드 몽빠흐나쓰

\# 온라인으로 그 호텔 이용 후기를 읽어 보고 선택하세요.

Vous pouvez choisir après avoir lu en ligne les commentaires concernant cet hôtel.
부 뿌베 슈아지 아프해 자부아 뤼 엉 린뉴 레 꼬멍떼흐 꽁쎄흐낭 쎄 또뗄

\# 유스호스텔을 예약하는 게 나을 것 같아요.

Je pense qu'il serait mieux de réserver une auberge de jeunesse.
즈 뻥쓰 낄 쓰헤 미으 드 헤제흐베 윈 오베흐즈 드 죄네쓰

숙박 시설 예약②

드디어 파리에서 묵을 숙소를 예약했어요.

J'ai enfin réservé un logement à Paris.
줴 엉팽 헤제흐베 엉 로즈망 아 빠히

좀 오래되었지만 깨끗한 호텔을 찾았어요.

J'ai trouvé un hôtel qui date un peu mais qui est propre.
줴 트후베 어 노뗄 끼 다뜨 엉 쁘 메 끼 에 프호프흐

지하철 역에서 가까운 호텔을 예약했어요.

J'ai réservé un hôtel près de la station de métro.
줴 헤제흐베 어 노뗄 프해 들 라 스따씨옹 드 메트호

유스호스텔에 1인실을 예약했어요.

J'ai réservé une chambre pour une personne dans une auberge de jeunesse.
줴 헤제흐베 윈 샹브흐 뿌흐 윈 뻬흐쏜 당 쥔 오베흐즈 드 죄네쓰

제가 예약한 방은 가격은 싸지만 공용 화장실을 이용해야 해요.

La chambre que j'ai réservée n'est pas chère, mais les toilettes sont communes.
라 샹브흐 끄 줴 헤제흐베 네 빠 쉐흐, 메 레 뚜알렛뜨 쏭 꼬뮌

그 방은 조식 포함된 1박 요금이 80유로밖에 안돼요.

Cette chambre ne coûte que quatre-vingts euros pour une nuit petit déjeuner compris.
쎗뜨 샹브흐 느 꾸뜨 끄 꺄트흐뱅 으호 뿌흐 윈 뉘 쁘띠 데죄네 꽁프히

체크인

호텔에 좀 일찍 도착할 텐데 체크인 가능한가요?

Je risque d'arriver tôt à l'hôtel, sera-t-il possible de faire mon check-in ?
즈 히쓰끄 다히베 또 알 로뗄, 쓰하띨 뽀씨블르 드 페흐 몽 체끄인?

많이 늦을 것 같은데요, 접수 데스크는 몇 시까지 열려 있나요?

Je pense arriver assez tard. Jusqu'à quelle heure ouvre la réception ?
즈 뻥쓰 아히베 아쎄 따흐.
쥐스꺄 껠 뢰흐 우브흐 라 헤셉씨옹?

체크인하려고 합니다.

Je voudrais faire un check-in.
즈 부드헤 페흐 엉 체끄인

예약한 분 성함이 어떻게 되나요?

À quel nom avez-vous fait la réservation ?
아 껠 농 아베부 펠 라 헤제흐바씨옹?

손님 방은 307호입니다. 여기 방 열쇠입니다.

Votre chambre est la trois cent sept. Voici votre clé.
보트흐 샹브흐 에 라 트후아 썽 쎄뜨.
부아씨 보트흐 끌레

짐이 좀 많아요. 엘리베이터는 어디 있나요?

J'ai beaucoup de bagages. Où est l'ascenseur ?
줴 보꾸 드 바갸즈. 우 에 라썽쐬?

짐은 방까지 가져다드리겠습니다.

Nous allons apporter les bagages à votre chambre.
누 잘롱 아뽀흐떼 레 바갸즈 아 보트흐 샹브흐

체크아웃

몇 시까지 체크아웃해야 하나요?

Pour quelle heure dois-je faire le check-out ?
뿌흐 껠 뢰흐 두아즈 페흐 르 체끄아웃?
À quelle heure est le check-out ?
아 껠 뢰흐 에 르 체끄아웃?

체크아웃하겠습니다.

Je voudrais faire le check-out.
즈 부드헤 페흐 르 체끄아웃

영수증과 함께 청구 내역서도 드릴까요?

Voulez-vous avoir une facture avec votre reçu ?
불레부 아부아 윈 팍뛰흐 아베끄 보트흐 흐쒸?

이 추가 요금은 무엇인가요?

À quoi est du ce supplément ?
아 꾸아 에 뒤 쓰 쒸쁠레멍?

하룻밤 더 묵을 수 있나요?

Puis-je rester une nuit de plus ?
쀠즈 헤쓰떼 윈 뉘 드 쁠뤼쓰?

예정보다 하루 일찍 체크아웃 가능한가요?

Puis-je faire le check-out un jour plus tôt que prévu ?
쀠즈 페흐 르 체끄아웃 엉 주흐 쁠뤼 또 끄 프헤뷔?

제 짐을 카운터에 오후 5시까지 맡겼으면 해요.

Je voudrais laisser mes bagages au comptoir jusqu'à dix-sept heures.
즈 부드헤 레쎄 메 바갸즈 오 꽁뚜아 쥐스꺄 디쎄 뙤흐

숙박 시설 이용

아침 식사는 어디에서 하는 거죠?

Où puis-je prendre le petit déjeuner ?
우 쀠즈 프헝드흐 르 쁘띠 데죄네?

혹시 객실 내에서 아침 식사를 할 수 있나요?

Est-ce que je peux prendre le petit déjeuner dans ma chambre ?
에스끄 즈 쁘 프헝드흐 르 쁘띠 데죄네 당 마 샹브흐?

세탁실은 어디에 있나요?

Où est la salle de blanchisserie ?
우 에 라 쌀 드 블랑쉬쓰히?

룸서비스로 뭐가 있죠?

Quels services sont proposés par le room service ?
껠 쎄흐비쓰 쏭 프호뽀제 빠흐 르 훔 쎄흐비쓰?

203호에 수건 좀 두 장 더 주시겠어요?

Pourriez-vous apporter deux serviettes de bain supplémentaires dans la chambre deux cent trois ?
뿌히에부 아뽀흐떼 드 쎄흐비엣뜨 드 뱅 쉬쁠레멍떼흐 당 라 샹브흐 드 썽 트후아?

추가로 침대를 놔 줄 수 있나요?

Pourriez-vous ajouter un autre lit ?
뿌히에부 아주떼 어 노트흐 리?

국제 전화 사용에 대한 추가 요금은 얼마인가요?

Combien coûte le supplément pour les appels à l'étranger ?
꽁비엉 꾸뜨 르 쒸쁠레멍 뿌흐 레 자뻴 아 레트항제?

불편사항

침대 옆에 있는 램프가 고장 났어요.

La lampe qui se trouve à côté du lit est en panne.
라 랑쁘 끼 쓰 트후브 아 꼬떼 뒤 리 에 떵 빤

샤워실에서 온수가 나오질 않아요.

Il n'y a pas d'eau chaude dans la salle de douche.
일 니 아 빠 도 쇼드 당 라 쌀 드 두슈

세면대에 물이 새는데요.

Il y a une fuite d'eau dans le lavabo.
일 리 아 윈 퓌뜨 도 당 르 라바보

방 청소는 언제 해 주시나요? 아직도 정리가 안 되었어요.

Quand nettoyez-vous les chambres ? Ma chambre n'a pas encore été rangée.
깡 넷뚜아이예부 레 샹브흐? 마 샹브흐 나 빠 정꼬흐 에떼 항제

제 방 문이 잘 안 닫혀요.

La porte de ma chambre ne se ferme pas bien.
라 뽀흐뜨 드 마 샹브흐 느 쓰 페흠므 빠 비엉

방에서 이상한 냄새가 나요. 혹시 다른 방으로 옮길 수 있나요?

Il y a une odeur bizarre dans ma chambre. Pourriez-vous me changer de chambre ?
일 리 아 윈 오되 비자흐 당 마 샹브흐. 뿌히에부 므 샹제 드 샹브흐?

관광 안내소

이 도시에는 관광 안내소가 어디 있나요?

Où est l'office du tourisme dans cette ville ?
우 에 로피쓰 뒤 뚜히즘 당 쎗뜨 빌?

관광 안내 지도 한 장 받을 수 있을까요?

Est-ce que je peux avoir un plan touristique ?
에스끄 즈 쁘 자부아 엉 쁠랑 뚜히스띠끄?

관광 안내소에서는 관광객들에게 친절하게 안내해 줘요.

À l'office du tourisme, on renseigne les touristes avec gentillesse.
알 로피쓰 뒤 뚜히즘, 옹 헝쎄뉴 레 뚜히스뜨 아베끄 정띠에쓰

이곳에서 열리는 지역 축제에 대해 알고 싶어요.

Je voudrais avoir des informations sur les festivals tenus dans cette ville.
즈 부드헤 자부아 데 쟁포흐마씨옹 쒸흐 레 페스띠발 뜨뉘 당 쎗뜨 빌

이 지역에서 3일 동안 묵을 호텔을 찾고 싶어요.

Je voudrais trouver un hôtel pour pouvoir rester trois jours dans la région.
즈 부드헤 트후베 어 노뗄 뿌흐 뿌부아 헤스떼 트후아 주흐 당 라 헤지옹

이 지역 명소 좀 알려 주세요.

Pourriez-vous m'indiquer les sites célèbres de cette région ?
뿌히에부 맹디께 레 씨뜨 쎌래브흐 드 쎗뜨 헤지옹?

투어 참여

투어 프로그램이 있다고 들었는데요. 자세히 알고 싶어요.

J'ai entendu dire qu'il y avait un programme touristique. Pourriez-vous m'en dire plus à ce sujet ?
줴 엉떵뒤 디흐 낄 리 아베 엉 프호그함 뚜히스띠끄. 뿌히에부 멍 디흐 쁠뤼쓰 아 쓰 쒸제?

투어에 총 몇 명까지 참여할 수 있나요?

Environ combien de personnes peuvent participer au programme touristique ?
엉비홍 꽁비엉 드 뻬흐쏜 뾔브 빠흐띠씨뻬 오 프호그함 뚜히스띠끄?

투어 코스는 어떻게 되나요?

Quel est l'itinéraire touristique emprunté ?
껠 레 리띠네헤흐 뚜히스띠끄 엉프헝떼?

투어 프로그램에 참여하려면 일인당 비용이 얼마인가요?

Combien coûte par personne la participation au programme touristique ?
꽁비엉 꾸뜨 빠흐 뻬흐쏜 라 빠흐띠씨빠씨옹 오 프호그함 뚜히스띠끄?

자유 시간이 있나요?

Est-ce qu'il y a des moments de temps libre ?
에스낄 리 아 데 모멍 드 떵 리브흐?

내일 아침 10시까지 역 앞으로 모이시기 바랍니다.

Nous vous prions de vous rassembler devant la gare demain matin à dix heures.
누 부 프히옹 드 부 하썽블레 드방 라 갸흐 드맹 마땡 아 디 죄흐

가이드 안내

이제 출발하겠습니다. 저를 따라오세요.

Nous partons maintenant. Suivez-moi, s'il vous plaît.
누 빠흐똥 맹뜨낭. 쒸베무아, 씰 부 쁠레

차로 이동하겠습니다.

Nous allons voyager en voiture.
누 잘롱 부아이야제 엉 부아뛰흐

왼쪽에 보이는 건물이 샹보르 성입니다.

À votre gauche, vous pouvez voir le château de Chambord.
아 보트흐 고슈, 부 뿌베 부아 르 샤또 드 샹보

샹보르 성은 레오나르도 다빈치가 설계에 참여한 것으로 유명합니다.

Le château de Chambord est célèbre pour avoir compté Léonard de Vinci dans ses architectes.
르 샤또 드 샹보 에 쎌래브흐 뿌흐 아부아 꽁떼 레오나 드 뱅씨 당 쎄 자흐쉬떽뜨

다음 장소로 이동할까요?

Pouvons-nous nous rendre à la prochaine destination ?
뿌봉누 누 헝드흐 알 라 프호쉔 데스띠나씨옹?

이 대성당은 역사적인 건물입니다.

Cette cathédrale est un bâtiment historique.
쎗뜨 꺄떼드할 에 떵 바띠멍 이스또히끄

저희 사진 좀 찍어주시겠어요?

Pouvez-vous nous prendre en photo ?
뿌베부 누 프헝드흐 엉 포또?

길 묻기①

이 동네 주민이신가요?

Habitez-vous dans ce quartier ?
아비떼부 당 쓰 꺄흐띠에?

200번 버스 정류장이 어디인가요?

Où est l'arrêt du bus deux cents ?
우 에 라헤 뒤 뷔쓰 드 썽?

공원을 지나 쭉 직진하시면 됩니다.

Il vous suffit de passer le parc puis d'aller tout droit.
일 부 쒸피 드 빠쎄 르 빠흐끄 쀠 달레 뚜 드후아
Il vous suffit d'aller tout droit après avoir traversé le parc.
일 부 쒸피 달레 뚜 드후아 아프해 자부아 트하베흐쎄 르 빠흐끄

길을 건너서 오른쪽으로 꺾으세요.

Traversez la rue et tournez à droite.
트하베흐쎄 라 휘 에 뚜흐네 아 드후아뜨

저기 하얀색 건물 보이시죠? 그 앞이에요.

Voyez-vous le bâtiment blanc là ? C'est juste devant celui-ci.
부아예부 르 바띠멍 블랑 라?
쎄 쥐스뜨 드방 쓸뤼씨

그 박물관은 여기에서 좀 멀어요.

Ce musée est un peu loin d'ici.
쓰 뮈제 에 떵 쁘 루앙 디씨

여기에서 걸어서 20분 정도 걸릴 거예요.

Il faudra vingt minutes pour y aller à pied d'ici.
일 포드하 뱅 미뉘뜨 뿌흐 이 알레 아 삐에 디씨

길 묻기②

에펠탑에 가려면 이쪽 방향으로 가는 게 맞나요?

Est-ce que c'est bien la bonne direction pour aller à la tour Eiffel ?
에스끄 쎄 비엉 라 본 디헥씨옹 뿌흐 알레 알 라 뚜흐 에펠?

거기까지 걸어갈 만한 거리인가요?

Est-ce qu'il est possible d'aller jusque là-bas à pieds ?
에스낄 레 뽀씨블르 달레 쥐스끄 라바 아 삐에?

거기까지 가려면 지하철을 타는 게 좋을 거예요.

Pour y aller, il vaut mieux prendre le métro.
뿌흐 이 알레, 일 보 미으 프헝드흐 르 메트호

에펠탑이 어느 역에서 가깝죠?

Quelle station est près de la tour Eiffel ?
껠 스따씨옹 에 프해 들 라 뚜흐 에펠?

여기가 무슨 거리죠?

Dans quelle rue sommes-nous ?
당 껠 휘 쏨누?

제가 알려 드릴게요. 따라 오세요.

Je vais vous indiquer le chemin. Suivez-moi, s'il vous plaît.
즈 베 부 쟁디께 르 슈맹. 쒸베무아, 씰 부 쁠레

죄송하지만 저도 이곳은 처음이에요.

Je suis désolé(e), mais je ne suis pas non plus du quartier.
즈 쒸 데졸레, 메 즈 느 쒸 빠 농 쁠뤼 뒤 꺄흐띠에

구경하기

정말 장엄하네요!

C'est très majestueux !
쎄 트해 마제스뛰으!

그림 같은 풍경이에요.

C'est un paysage pittoresque.
쎄 떵 빼이자즈 삐또헤스끄

내부를 둘러봐도 될까요?

Puis-je regarder à l'intérieur ?
쀠즈 흐갸흐데 아 랭떼히외?

Puis-je jeter un coup d'œil à l'intérieur ?
쀠즈 즈떼 엉 꾸 되이 아 랭떼히외?

그 방은 들어가실 수 없습니다.

Il est interdit d'entrer dans cette chambre.
일 레 땡떼흐디 덩트헤 당 쎗뜨 샹브흐

여기 몇 시까지 관람할 수 있나요?

À quelle heure ça ferme ?
아 껠 뢰흐 싸 페흠므?

죄송합니다. 공사 중이라 관람이 불가합니다.

Je regrette. À cause des travaux, les visites sont interdites.
즈 흐그헷뜨. 아 꼬즈 데 트하보, 레 비지뜨 쏭 땡떼흐디뜨

Je regrette. Les visites sont interdites car des travaux sont en cours.
즈 흐그헷뜨. 레 비지뜨 쏭 땡떼흐디뜨 꺄흐 데 트하보 쏭 떵 꾸흐

출구가 어디인가요?

Où est la sortie ?
우 에 라 쏘흐띠?

pittoresque 삐또헤스끄 a. 그림이 될 만한, 경치가 좋은
travaux 트하보 n.m.pl. 공사, 토목 공사

관광 기타

전 관광 대신에 조용히 쉬고 싶어요.

Au lieu de faire du tourisme, je préfère me reposer.
오 리으 드 페흐 뒤 뚜히즘, 즈 프헤패흐 므 흐뽀제

이 지역 특산물로 뭐가 있나요?

Quels sont les produits locaux ?
껠 쏭 레 프호뒤 로꼬?

그건 가이드가 알 거예요. 그에게 물어 보세요.

Je pense que notre guide le sait. Demandez-lui.
즈 뻥쓰 끄 노트흐 기드 르 쎄. 드망데뤼

다음번에는 당신도 함께 여행 가면 좋겠어요.

J'espère que la prochaine fois vous pourrez voyager avec moi.
줴스빼흐 끄 라 프호쉔 푸아 부 뿌헤 부아이야제 아베끄 무아

여긴 관광지라 모든 게 비싸요.

Comme c'est un lieu touristique, tout est cher.
꼼 쎄 떵 리으 뚜히스띠끄, 뚜 떼 쉐흐

여긴 관광지지만, 사람이 많지 않아요.

Bien que ce soit un site touristique, il n'y a pas beaucoup de monde.
비엉 끄 쓰 쑤아 엉 씨뜨 뚜히스띠끄, 일 니 아 빠 보꾸 드 몽드

버스

\# 여기에서 그라스에 가려면 버스를 타는 게 나아요.

Si vous voulez aller à Grasse d'ici, il vaut mieux prendre le bus.
씨 부 불레 알레 아 그하쓰 디씨, 일 보 미으 프헝드흐 르 뷔쓰

\# 버스를 이용하는 편이 당신에겐 편할 거예요.

Je pense qu'il est pratique pour vous de prendre le bus.
즈 뻥쓰 낄 레 프하띠끄 뿌흐 부 드 프헝드흐 르 뷔쓰

\# 거기까지 멀지 않으니 버스를 이용하세요.

Comme ce n'est pas loin d'ici, vous pouvez prendre le bus pour vous y rendre.
꼼 쓰 네 빠 루앙 디씨, 부 뿌베 프헝드흐 르 뷔쓰 뿌흐 부 지 헝드흐

\# 몇 번 버스를 타야 하나요?

Quel bus dois-je prendre ?
껠 뷔쓰 두아즈 프헝드흐?

\# 버스는 언제쯤 오나요?

Quand arrive le bus ?
깡 따히브 르 뷔쓰?

\# 그라스에 가려면 어느 역에서 내려야 하나요?

À quelle station faut-il descendre pour Grasse ?
아 껠 스따씨옹 포띨 데썽드흐 뿌흐 그하쓰?

\# 그라스가 종점이에요.

Le terminus est à Grasse.
르 떼흐미뉘 에 따 그하쓰

꼭! 짚고 가기

프랑스의 버스 & 운전

프랑스어로 버스는 보통 bus 뷔쓰라고 하는데, bus 외에 car 꺄흐라는 단어도 있습니다. 더불어 autobus 오또뷔쓰와 autocar 오또꺄라는 단어도 있는데 어떤 차이가 있을까요?
bus는 autobus의 줄임말로, autobus는 시내버스, 즉 시내에서 일정한 거리를 둔 정류장을 오가는 버스입니다.
car는 autocar의 줄임말로, 영어의 car와는 다른 어휘입니다. autocar라고 하면 autobus와 달리 시외버스를 뜻해요. 다시 말해 도시와 도시를 연결하는 버스, 혹은 중간에 서는 정류장이 없거나 있더라도 시내버스에 비해 상당히 거리가 멀리 떨어진 정류장을 둔 버스를 뜻해요.

그럼, 프랑스에서 운전하려면 어떻게 해야 할까요? 프랑스는 우리나라와 운전면허 상호 인정국가이기 때문에 국내에서 운전면허를 취득한 사람이라면 프랑스에서도 차를 운전할 수 있어요.

- **단기 무비자 방문**
  '국제 운전면허증'을 지참하여야 차를 운전할 수 있어요. 국제 운전면허증은 1년간 유효합니다.
- **장기 체류**
  국제 운전면허증을 소지하였더라도 유효 기간이 1년밖에 안 되므로 입국 후 1년 이상 체류 시 반드시 프랑스 운전면허증으로 교환하여야 합니다. 현지 운전면허 담당 기관을 통해 프랑스 현지에서 운전 가능한 면허증으로 교환 또는 신규 발급 받아야 하며, 발급 절차는 1~3개월이라는 긴 시간이 걸리기 때문에 사전에 신청해 둘 필요가 있어요. 무작정 국내 면허증만 갖고 운전할 경우 무면허 운전자로 걸릴 수 있으니 유의해야 합니다.

선박

배를 타고 모나코에 갈 수 있어요.

Vous pouvez aller à Monaco en bateau.
부 뿌베 알레 아 모나꼬 엉 바또

오전 중에 모나코행 배편이 있나요?

Y a-t-il un bateau pour Monaco dans la matinée ?
이아띨 엉 바또 뿌흐 모나꼬 당 라 마띠네?

몇 시에 승선하나요?

À quelle heure peut-on embarquer ?
아 껠 뢰흐 쁘똥 엉바흐께?
À quelle heure peut-on monter à bord ?
아 껠 뢰흐 쁘똥 옹떼 아 보흐?

다음 기항지는 어디인가요?

Quelle est la prochaine escale ?
껠 레 라 프호쉔 에스꺌?

이제 곧 입항합니다.

Nous allons bientôt entrer dans le port.
누 잘롱 비엉또 엉트헤 당 르 뽀흐

뱃멀미 때문에 배를 타고 싶지 않아요.

Je ne veux pas prendre le bateau car j'ai le mal de mer.
즈 느 브 빠 프헝드흐 르 바또 꺄흐 줴 르 말 드 메흐

거기에는 배를 타고 가는 게 가장 빨라요.

Pour aller là-bas, le bateau est le moyen de transport le plus rapide.
뿌흐 알레 라바, 르 바또 엘 르 무아이영 드 트항스뽀르 르 쁠뤼 하삐드

트램

이 도시에서 트램이 주요 교통수단이에요.

Le tramway est le principal transport de cette ville.
르 트함웨 에 르 프행씨빨 트항스뽀 드 쎗뜨 빌

역에서 시청으로 가려면 트램을 타세요.

Pour aller de la gare à l'Hôtel de ville, il vous faut prendre le tramway.
뿌흐 알레 들 라 갸흐 아 로뗄 드 빌,
일 부 포 프헝드흐 르 트함웨

트램이 좀 느려도 이용하긴 편리해요.

Le tram est un peu lent mais pratique à utiliser.
르 트함 에 떵 쁘 렁 메 프하띠끄 아 위띨리제

트램으로 시내 한 바퀴를 돌 수 있어요.

Vous pouvez faire le tour de la ville en tram.
부 뿌베 페흐 르 뚜흐 들 라 빌 엉 트함

걸어가기 힘들면 트램을 타세요.

Si vous avez du mal à marcher, prenez le tramway.
씨 부 자베 뒤 말 아 마흐쉐, 프흐네 르 트함웨

트램 정류장은 어디에 있나요?

Où est la station de tramway ?
우 에 라 스따씨옹 드 트함웨?

길을 건널 때 트램을 조심하세요.

Faites attention au tramway quand vous traversez la rue.
페뜨 자떵씨옹 오 트함웨 깡 부 트하베흐쎄 라 휘

자전거

\# 이 근처에 자전거 대여소가 있나요?

Est-ce qu'il y a un endroit où je peux louer un vélo près d'ici ?
에스낄 리 아 어 넝드후아 우 즈 쁘 루에 엉 벨로 프해 디씨?

\# 자전거 대여소가 어디 있죠?

Où puis-je louer un vélo ?
우 쀠즈 루에 엉 벨로?

\# 자전거 하루 대여료가 얼마인가요?

Combien coûte la location d'un vélo à la journée ?
꽁비엉 꾸뜨 라 로까씨옹 덩 벨로 알 라 주흐네?

\# 여기에서 대성당까지 자전거로 시간이 얼마 정도 걸리나요?

Combien de temps faut-il pour aller d'ici à la cathédrale en vélo ?
꽁비엉 드 떵 포띨 뿌흐 알레 디씨 알 라 꺄떼드할 엉 벨로?

\# 자전거로 타고 가면 10분 정도 걸릴 거예요.

Vous en avez pour environ dix minutes en vélo.
부 저 나베 뿌흐 엉비홍 디 미뉘뜨 엉 벨로

\# 자전거를 탈 땐 자전거 전용 도로를 타고 가야 해요.

Quand vous êtes en vélo, vous devez emprunter les pistes cyclables.
깡 부 제뜨 엉 벨로, 부 드베 정프헝떼 레 삐스뜨 씨끌라블르

\# 자전거를 이용하는 게 훨씬 경제적이죠.

La bicyclette est beaucoup plus économique.
라 비씨끌렛뜨 에 보꾸 쁠뤼 제꼬노미끄

교통 기타

\# 저는 차를 렌트해서 여행할 예정이에요.

Je vais voyager en voiture de location.
즈 베 부아이야제 엉 부아뛰흐 들 로꺄씨옹

\# 저는 차를 타는 것보다 걷는 것을 더 좋아해요.

Je préfère marcher que prendre la voiture.
즈 프헤패흐 마흐쉐 끄 프헝드흐 라 부아뛰흐

\# 시간이 없으니 우리 택시를 탑시다.

Comme nous n'avons pas assez de temps, prenons un taxi.
꼼 누 나봉 빠 자쎄 드 떵, 프흐농 정 딱씨

\# 저 모퉁이에서 내려 주세요.

Déposez-moi au coin.
데뽀제무아 오 꾸앙

\# 길이 엄청 막히네요.

La route est complètement embouteillée.
라 후뜨 에 꽁쁠래뜨멍 엉부떼이에

\# 지름길로 가 주시겠어요?

Pourriez-vous prendre un raccourci ?
뿌히에부 프헝드흐 엉 하꾸흐씨?

\# 친구가 차로 공항까지 데려다주기로 했어요.

Un(e) ami(e) va me conduire / m'amener / m'accompagner en voiture jusqu'à l'aéroport.
엉(윈) 아미 바 므 꽁뒤흐 / 마므네 / 마꽁빠녜 엉 부아뛰흐 쥐스꺄 라에호뽀

piste cyclable 삐스뜨 씨끌라블르 자전거 전용 도로
embouteillé(e) 엉부떼이에 a. 혼잡한, 길이 막힌
raccourci 하꾸흐씨 n.m. 지름길

Chapitre 11

위급할 땐 이렇게!

Chapitre 11

Unité 1 응급 상황

Unité 2 길을 잃음

Unité 3 사건&사고

À l'hôpital 병원에서
아 로삐딸

se blesser 쓰 블레쎄
v. 상처 입다, 다치다

blessure 블레쒸흐
n.f. 상처, 부상

avoir mal 아부아 말
~가 아프다

souffrir 쑤프히
v. 아프다

engelure 엉즐뤼흐
n.f. 동상

brûlure 브휠뤼흐
n.f. 화상

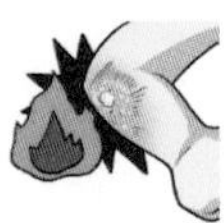

se brûler 쓰 브휠레
v. 데다

fracture 프학뛰흐
n.f. 골절

soutenir 쑤뜨니
v. 부축하다

guérison 게히종
n.f. 치유, 회복, 진정

guérir 게히
v. 고치다, 치료하다,
(고통을) 진정시키다

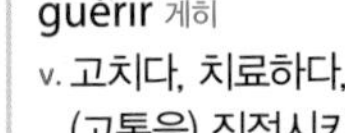

saigner 쎄녜
v. 피흘리다

casser 꺄쎄
v. 부러지다

couper 꾸뻬
v. (날카로운 물건에) 베다,
상처 입히다

os 오쓰
n.m. 뼈

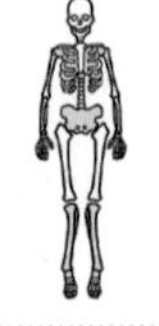

sang 쌍
n.m. 피

hémostase 에모스따즈
n.f. 지혈

urgence 위호정쓰
n.f. 응급, 긴급

attaque cardiaque
아따끄 꺄흐디아끄
심장 마비

attaque 아따끄,
crise 크히즈
n.f. 발작

respiration 헤스삐하씨옹
n.f. 호흡
respirer 헤스삐헤
v. 숨 쉬다, 호흡하다

réanimation
헤아니마씨옹
n.f. 심폐소생술

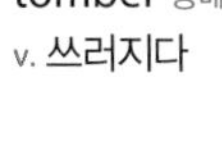

tomber 똥베
v. 쓰러지다

étouffement 에뚜프멍
n.m. 질식, 숨막힘
étouffer 에뚜페
v. 숨이 막히다

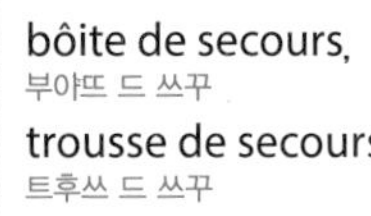

secours d'urgence
쓰꾸 뒤호정쓰
응급조치

ambulance 앙뷜랑쓰
n.f. 구급차, 앰뷸런스

boîte de secours,
부야뜨 드 쓰꾸
trousse de secours
트후쓰 드 쓰꾸
구급상자

médecin 메드쌩
n.m. 의사

infirmier 앵피흐미에,
infirmière 앵피흐미애흐
n. 간호사

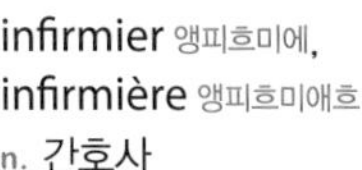

malade 말라드,
patient(e) 빠씨엉(뜨)
n. 환자

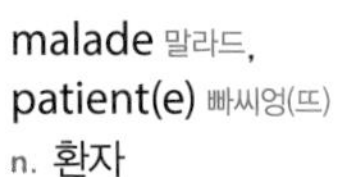

hôpital 오삐딸
n.m. (종합)병원

service des urgences
쎄흐비쓰 데 쥐호정쓰
응급실

salle d'hôpital
쌀 도삐딸
병실

Au poste de police 경찰서에서

오 뽀스뜨 드 뽈리쓰

déclaration 데끌라하씨옹 n.f. 신고	poste de police 뽀스뜨 드 뽈리쓰 경찰서	policier 뽈리씨에, policière 뽈리씨애흐 n. 경찰관	meurtre 뫼흐트흐 n.m. 살인
	disparition 디스빠히씨옹 n.f. 분실, 실종	vol 볼 n.m. 도난	crime 크힘 n.m. 범죄
	pickpocket 삑뽀께 n.m. 소매치기	voleur 볼뢰, voleuse 볼르즈 n. 강도	témoin 떼무앙 n.m. 증인, 목격자
	chercher 쉐흐쉐 v. 찾다	perdre 뻬흐드흐 v. 잃다, 분실하다	voler 볼레 v. 훔치다
	enfant perdu 엉팡 뻬흐뒤 미아	objet perdu 오브제 뻬흐뒤 분실물	bureau des objets trouvés 뷔호 데 조브제 트후베 분실물 보관소

accident 악씨덩 n.m. 사고	accident de la route, 악씨덩 들 라 후뜨 accident de la circulation, 악씨덩 들 라 씨흐뀔라씨옹 accident de voiture 악씨덩 드 부아뛰흐 교통사고	collision 꼴리지옹 n.f. 충돌 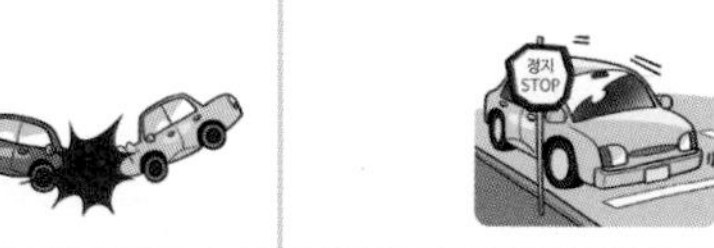	arrêter 아헤떼 v. 정지하다
	heurter 외흐떼 v. 부딪히다, 충돌하다	accélérer 악쎌레헤 v. 속력을 내다 	freiner 프헤네 v. 제동을 걸다
	feu (de signalisation) 프 (드 씨냘리자씨옹) n.m. 신호등	contravention 꽁트하벙씨옹 n.f. 위반	carte d'identité 꺄흐뜨 디덩띠떼 신분증
	permis de conduire 뻬흐미 드 꽁뒤흐 운전면허증	conducteur 꽁뒥뙤, conductrice 꽁뒥트히쓰 n. 운전자	piéton 삐에똥, piétonne 삐에똔 n. 보행자 
	passage à niveau 빠싸즈 아 니보 건널목 	carrefour 꺄흐푸, croisement 크후아즈멍 n.m. 교차로 	accrochage 아크호샤즈 n.m. 접촉 사고
	assurance 아쒸항쓰 n.f. 보험	dépanneuse 데빠느즈 n.f. 견인차 	fourrière 푸히애흐 n.f. 견인 차량 보관소

응급 상황

\# 여기 사람이 쓰러졌어요!
도와주세요!

Un homme s'est évanoui !
Au secours !
어 놈 쎄 떼바누이! 오 쓰꾸!

Un homme a perdu conscience ici !
À l'aide !
어 놈 아 뻬흐뒤 꽁시엉쓰 이씨! 아 레드!

\# 불이야!

Au feu !
오 프!

\# 불이 났어요! 빨리 대피해요!

Il y a le feu !
Mettez-vous vite à l'abri !
일 리 아 르 프! 메떼부 비뜨 아 라브히!

\# 친구가 심하게 다쳤어요.

Mon ami(e) est sévèrement blessé(e).
모 나미 에 쎄배흐멍 블레쎄

\# 환자가 지금 어떤 상태인가요?

Dans quel état est le patient (la patiente) maintenant ?
당 껠 레따 에 르 빠씨엉 (라 빠씨엉뜨) 맹뜨낭?

\# 그가 의식을 잃었어요.

Il a perdu conscience.
일 라 뻬흐뒤 꽁씨엉쓰

Il s'est évanoui.
일 쎄 떼바누이

\# 피가 멈추질 않아요.

Il n'arrête pas de saigner.
일 나헤뜨 빠 드 쎄녜

구급차①

\# 응급 상황이에요!
18에 전화하세요!

C'est une urgence !
Appelez le dix-huit !
쎄 뛴 위흐정쓰! 아쁠레 르 디즈위뜨!

\# 다친 사람이 있어요.
여기로 구급차를 보내 주세요.

Quelqu'un est blessé.
Envoyez une ambulance ici.
껠껑 에 블레쎄. 엉부아이예 윈 앙뷜랑쓰 이씨

\# 지금 구급차가 오고 있어요.

Une ambulance est en train d'arrivée.
윈 앙뷜랑쓰 에 떵 트행 다히베

\# 곧 구급차가 도착할 겁니다.

Une ambulance va bientôt arriver.
윈 앙뷜랑쓰 바 비엉또 아히베

\# 구급차 불렀어요?

Avez-vous appelé une ambulance ?
아베부 아쁠레 윈 앙뷜랑쓰?

\# 아직도 구급차가 안 왔어요.
다시 전화해 봐요!

L'ambulance n'est pas encore arrivée. Rappelez-les !
랑뷜랑쓰 네 빠 정꼬흐 아히베. 하쁠레레!

\# 심각한 상황은 아니에요.
구급차 안 불러도 돼요.

Ce n'est pas grave. Pas besoin d'appeler une ambulance.
쓰 네 빠 그하브. 빠 브주앙 다쁠레 윈 앙뷜랑쓰

구급차②

\# 지금 구급차가 그쪽으로 가고 있습니다.

Une ambulance est en train de s'y rendre.
윈 앙뷜랑쓰 에 떵 트행 드 씨 헝드흐

\# 진정하세요.
5분 후면 구급차가 도착할 겁니다.

Calmez-vous. Une ambulance va arriver dans cinq minutes.
깔메부. 윈 앙뷜랑쓰 바 아히베 당 쌩 미뉘뜨

\# 구급차가 도착할 때까지 환자가 움직이지 못하게 하세요.

Jusqu'à l'arrivée de l'ambulance, il ne faut pas que le patient (la patiente) ne bouge.
쥐스꺄 라히베 들 랑뷜랑쓰, 일 느 포 빠 끄 르 빠씨엉 (라 빠씨엉뜨) 느 부즈

\# 구급차가 올 때까지 제가 할 수 있는 일이 뭐가 있나요?

Qu'est-ce que je peux faire en attendant l'arrivée de l'ambulance ?
께스끄 즈 쁘 페흐 어 나떵당 라히베 들 랑뷜랑쓰?

\# 다친 사람을 곁에서 안심시켜 주세요.

Restez à côté du blessé (de la blessée) et faites qu'il (elle) se calme.
헤스떼 아 꼬떼 뒤 블레쎄 (들 라 블레쎄) 데 페뜨 낄 (엘) 쓰 깔므

\# 다행히 구급차가 바로 왔어요.

Heureusement l'ambulance est vite arrivée.
외흐즈멍, 랑뷜랑쓰 에 비뜨 아히베

길을 잃음

여기가 어디죠?

Où sommes-nous ?
우 쏨누?

길을 잃은 것 같아요.

Je crois que je me suis perdu(e).
즈 크후아 끄 즈 므 쒸 뻬흐뒤

한 시간째 같은 장소에서 헤매고 있어요.

Ça fait une heure que je tourne en rond.
싸 페 윈 외흐 끄 즈 뚜흔느 엉 홍

어느 방향으로 가야 하는지 모르겠어요.

Je ne sais pas dans quelle direction je dois aller.
즈 느 쎄 빠 당 껠 디헥씨옹 즈 두아 잘레

카페 옆 골목에 있는 호텔이라고 했는데 못 찾겠어요.

On m'a dit que l'hôtel se trouvait dans la ruelle à côté du café, mais je ne le trouve pas.
옹 마 디 끄 로뗄 쓰 트후베 당 라 휘엘 아 꼬떼 뒤 꺄페, 메 즈 느 르 트후브 빠

베르나르 카페가 이 거리에 있지 않나요?

Le café Bernard ne se trouve-t-il pas dans cette rue ?
르 꺄페 베흐나 느 쓰 트후브띨 빠 당 쎗뜨 휘?

지금 여기가 지도 상 어디죠?

Où sommes-nous sur la carte ?
우 쏨누 쒸흐 라 꺄흐뜨?

미아

아이를 잃어버렸어요!

J'ai perdu mon enfant !
줴 뻬흐뒤 모 넝팡!

장 보는 사이에 아이가 사라졌어요!

Mon enfant a disparu pendant que je faisais les courses !
모 넝팡 아 디스빠휘 뻥당 끄 즈 프제 레 꾸흐쓰!

아이 인상착의를 알려 주시겠어요?

Pouvez-vous me donner le signalement de votre enfant ?
뿌베부 므 도네 르 시냘멍 드 보트흐 엉팡?

아이를 잃어버린 곳이 어디입니까?

Où a-t-il disparu ?
우 아띨 디스빠휘?

아이 주변에 수상한 사람은 없었나요?

Est-ce que dans l'entourage de votre enfant, quelqu'un vous paraît suspect ?
에스끄 당 렁뚜하즈 드 보트흐 엉팡, 껠껑 부 빠헤 쒸스뻬?

저희 아이는 갈색 머리에 빨간색 웃옷을 입은 남자아이예요.

Mon enfant est un petit garçon aux cheveux bruns portant une veste rouge.
모 넝팡 에 떵 쁘띠 갸흐쏭 오 슈브 브헝 뽀흐땅 윈 베스뜨 후즈

우리 아이가 무서워하고 있을 거예요. 빨리 찾아 주세요.

Mon enfant doit avoir peur.
Il faut vite le retrouver.
모 넝팡 두아 따부아 뾔흐. 일 포 비뜨 르 흐트후베

분실

제 가방 못 봤어요?

N'auriez-vous pas vu mon sac ?
노히에부 빠 뷔 몽 싸끄?
Est-ce que vous auriez vu mon sac ?
에스끄 부 조히에 뷔 몽 싸끄?

테이블 위에 제 가방을 놔두었는데 없어졌어요.

J'ai posé mon sac sur la table, mais il n'y est plus.
줴 뽀제 몽 싸끄 쒸흐 라 따블르, 메 질 니 에 쁠뤼

10분 전까지도 가방은 분명히 테이블 위에 있었어요.

Je suis sûr(e) qu'il y a dix minutes, le sac était sur la table.
즈 쒸 쒸흐 낄 리 아 디 미뉘뜨, 르 싸끄 에떼 쒸흐 라 따블르

화장실에 가방을 두고 온 거 아니에요?

N'auriez-vous pas laissé votre sac aux toilettes ?
노히에부 빠 레쎄 보트흐 싸끄 오 뚜알렛뜨?

아니요, 거기에 없었어요.

Non, il n'y est pas.
농, 일 니 에 빠

전부 찾아 봤는데 도저히 못 찾겠어요.

Je l'ai cherché partout, mais je n'arrive pas à le trouver.
즈 레 쉐흐쉐 빠흐뚜, 메 즈 나히브 빠 자 르 트후베

여기서 잠깐!

chercher 쉐흐쉐와 trouver 트후베는 둘 다 '찾다'라는 뜻으로 통하지만, 차이가 있어요. chercher는 찾는 행위를 뜻하는 반면, trouver는 찾아냈다는 결과를 표현하는 데 쓰이죠. 그래서 이곳저곳 찾아봤는데도(chercher) 결과적으로는 찾지(trouver) 못했다고 말하는 것이지요.

꼭! 짚고 가기

긴급 전화

프랑스에서 응급 상황이 발생했을 때 화재나 각종 사고는 18번으로, 응급 진료는 15번, 그리고 경찰이 필요하면 17번으로 전화할 수 있습니다. (p. 91 참조)

이 3개의 번호 외에 112번이 1995년부터 추가되었습니다. 112번은 프랑스뿐만 아니라 유럽 연합 국가 어디에서나 사용할 수 있는 EU 공통 긴급 전화번호입니다. 하지만 여전히 기존의 긴급 번호들도 그대로 사용할 수 있어서 프랑스 내에서는 아직까지 익숙한 18번이나 15번, 17번을 더 사용한다고 합니다.

하지만 112번만의 장점도 있습니다. 유럽연합 가입국 어디에서든 쓸 수 있다는 것 외에도 휴대전화가 필수인 시대에 맞춰진 번호라는 점입니다. 긴급상황에서 휴대전화 비밀번호를 풀지 않고도 바로 연결 가능하기 때문이지요. 대신 휴대폰에 USIM 카드가 있어야만 연결된다는 걸 기억해 두는 것이 좋겠습니다.

- **112**
  EU 공통 긴급 상황(특히 휴대전화용)
- **15**
  의료구급대
- **17**
  경찰
- **18**
  소방구조대

분실 신고 & 분실물 센터

분실 신고를 하려고 합니다.

Je voudrais faire une déclaration de perte.
즈 부드헤 페흐 윈 데끌라하씨옹 드 뻬흐뜨

잃어버린 물건이 무엇인가요?

Qu'est-ce que vous avez perdu ?
께스끄 부 자베 뻬흐뒤?
Quel objet avez-vous perdu ?
껠 로브제 아베부 뻬흐뒤?

분실물은 어디로 신고해야 하죠?

Où puis-je déclarer mon objet perdu ?
우 쀠즈 데끌라헤 모 노브제 뻬흐뒤?

분실물 센터에 문의해 보세요.

Vous pouvez demander au bureau des objets trouvés.
부 뿌베 드망데 오 뷔호 데 조브제 트후베

분실물 센터가 어디 있나요?

Où est le bureau des objets trouvés ?
우 에 르 뷔호 데 조브제 트후베?

분실물 센터에서는 얼마 동안 물건을 보관하나요?

Pendant combien de temps les objets sont-ils gardés au bureau des objets trouvés ?
빵당 꽁비엉 드 떵 레 조브제 쏭띨 갸흐데 오 뷔호 데 조브제 트후베?

습득한 물건은 6개월 동안 보관해요.

On garde les objets trouvés pendant six mois.
옹 갸흐드 레 조브제 트후베 빵당 씨 무아

도난

제 차를 도난당했어요.

Ma voiture a été volée.
마 부아뛰흐 아 에떼 볼레

어제 차를 집 앞에 주차했는데, 밤 사이에 누가 훔쳐갔어요.

J'ai garé ma voiture en face de la maison, et quelqu'un l'a volé pendant la nuit.
줴 갸헤 마 부아뛰흐 엉 파쓰 들 라 메종,
에 껠껑 라 볼레 뻥당 라 뉘

도난당한 차종이 무엇인가요?

De quel type de voiture s'agit-il ?
드 껠 띠쁘 드 부아뛰흐 싸지띨?

차량 등록 번호가 어떻게 되나요?

Quelle est son immatriculation ?
껠 레 쏘 니마트히뀔라씨옹?
Quel est le numéro de la plaque d'immatriculation ?
껠 레 르 뉘메호 들 라 쁠라끄 디마트히뀔라씨옹?

가게에 강도가 들었어요.

Un voleur s'est introduit dans le magasin.
엉 볼뢰 쎄 땡트호뒤 당 르 마갸쟁

진열장에 있던 보석들이 전부 사라졌어요.

Tous les bijoux qui étaient dans la vitrine ont disparu.
뚜 레 비쥬 끼 에떼 당 라 비트힌 옹 디스빠휘

도난 신고서를 작성해 주세요. 곧 연락드리겠습니다.

Remplissez la déclaration de vol. Nous vous contacterons bientôt.
헝쁠리쎄 라 데끌라하씨옹 드 볼. 누 부 꽁딱뜨홍 비엉또

소매치기

\# 버스에서 소매치기를 당했어요.

On m'a volé mon portefeuille dans le bus.
옹 마 볼레 몽 뽀흐뜨푀이 당 르 뷔쓰

\# 가방을 열어 보니 지갑이 사라졌어요.

Quand j'ai ouvert mon sac, j'ai réalisé que mon portefeuille avait disparu.
깡 줴 우베 몽 싸끄, 줴 헤알리제 끄 몽 뽀흐뜨푀이 아베 디스빠휘

\# 버스에서 내 옆에 있던 그 남자가 소매치기였던 것 같아요.

Je crois que l'homme qui était à côté de moi dans le bus est le pickpocket.
즈 크후아 끄 롬므 끼 에떼 아 꼬떼 드 무아 당 르 뷔쓰 에 르 삑뽀께

\# 지갑에는 뭐가 있었죠?

Qu'est-ce qu'il y avait dans votre portefeuille ?
께스낄 리 아베 당 보트흐 뽀흐뜨푀이?

\# 신용카드와 면허증, 그리고 현금이 조금 있었어요.

Il y avait une carte bleue, mon permis de conduire et un peu d'espèces.
일 리 아베 윈 꺄흐뜨 블르, 몽 뻬흐미 드 꽁뒤흐 에 엉 쁘 데스빼쓰

\# 도난당한 신용카드는 빨리 정지시켜야 합니다.

Vous devez vite bloquer la carte de crédit volée.
부 드베 비뜨 블로께 라 꺄흐뜨 드 크헤디 볼레

꼭! 짚고 가기

분실물 신고

낯선 나라에서 물건을 잃어버리면 많이 당황하게 되지요. 프랑스의 경우 파리 경시청(Préfecture de police de Paris 프헤펙뛰흐 드 뽈리쓰 드 빠히)에 따르면 잃어버린 장소에 따라 대처 방법은 다음과 같습니다.

- **도로에서** 물건을 잃어버렸을 경우
  잃어버린 지 5일 안에 분실한 장소에서 가장 가까운 경찰서에 분실 신고를 해야 합니다.

- **지하철에서** 물건을 잃어버렸을 경우
  잃어버린 지 24시간 안에 해당 역 창구 또는 해당 노선 종착역에서 분실 신고를 해야 합니다.

- **택시에서** 물건을 잃어버렸을 경우
  해당 택시의 전화번호 및 차량 번호를 확인하여 경찰서에 신고해야 합니다.

- **공항에서** 물건을 잃어버렸을 경우
  잃어버린 지 15일 안에 해당 터미널 경찰서에 신고해야 합니다.

- **관광객이 몰리는 건물에서** 물건을 잃어버렸을 경우
  잃어버린 지 5일 안에 해당 건물 관리실에 방문하여 신고해야 합니다.

사기

\# 유명 관광지에는 사기꾼이 많으니 조심하세요.

Comme il y a beaucoup d'escrocs dans les sites touristiques célèbres, faites attention.
꼼 일 리 아 보꾸 데스크호끄 당 레 씨뜨 뚜히스띠끄 쎌래브흐, 페뜨 자떵씨옹

\# 요즘은 인터넷이나 전화 사기도 많아요.

Récemment, il y a beaucoup d'arnaques sur internet ou par téléphone.
헤싸멍, 일 리 아 보꾸 다흐나끄 쒸흐 앵떼흐네뜨 우 빠흐 뗄레폰

\# 누군가가 어머니에게 전화해서 경찰을 사칭했어요.

Quelqu'un a appelé ma mère en se faisant passer pour un agent de police.
껠껑 아 아쁠레 마 매흐 엉 쓰 프장 빠쎄 뿌흐 어 나정 드 뽈리쓰

\# 그 사람에게 속아서 많은 이들이 돈을 사기당했어요.

Beaucoup de monde y a cru et y ont perdu de l'argent.
보꾸 드 몽뜨 이 아 크휘 에 이 옹 뻬흐뒤 드 라흐정

\# 사기 사건을 신고하고 싶어요.

Je voudrais déclarer une escroquerie.
즈 부드헤 데끌라헤 윈 에스크호끄히

escroc 에스크호끄 n.m. 사기꾼

arnaque 아흐나끄, escroquerie 에스크호끄히 n.f. 사기

경찰 신고

\# 여보세요, 경찰서죠?

Allô, est-ce le poste de police ?
알로, 에쓰 르 뽀스뜨 드 뽈리쓰?

\# 방금 목격한 사고를 신고하려 해요.

Je voudrais déclarer un incident dont je viens d'être témoin.
즈 부드헤 데끌라헤 어 냉씨덩 동 즈 비엉 데트흐 떼무앙

\# 지금 당장 경찰을 부르겠어요.

Je vais tout de suite appeler la police.
즈 베 뚜 드 쒸뜨 아쁠레 라 뽈리쓰

\# 경찰관을 여기로 보내 주세요.

Envoyez un agent de police ici, s'il vous plaît.
엉부아예 어 나정 드 뽈리쓰 이씨, 씰 부 쁠레

\# 저를 위협하는 사람이 있어요. 도와주세요!

Quelqu'un me menace. Au secours !
껠껑 므 므나쓰. 오 쓰꾸!

\# 가까운 경찰서에 가서 신고하는 게 좋겠어요.

Je pense qu'il vaut mieux aller faire une déclaration au poste de police le plus près d'ici.
즈 뻥쓰 낄 보 미으 알레 페흐 윈 데끌라하씨옹 오 뽀스뜨 드 뽈리쓰 르 쁠뤼 프해 디씨

\# 범죄 신고는 112번이나 17번으로 전화하세요.

Pour déclarer un crime, appelez le cent douze ou le dix-sept.
뿌흐 데끌라헤 엉 크힘, 아쁠레 르 썽 두즈 우 르 디쎄뜨

incident 앵씨덩 n.m. 사소한 사건, 소동

menace/menacer 므나쓰/므나쎄 v. 위협하다

교통사고①

충돌 사고가 있었어요.

Il y a eu une collision entre des voitures.
일 리 아 위 윈 꼴리지옹 엉트흐 데 부아뛰흐

부상자가 있나요?

Y a-t-il des blessés ?
이아띨 데 블레쎄?

한 명은 피를 많이 흘렸고, 또 한 명은 쇼크 상태예요.

Une personne a beaucoup saigné et une autre est en état de choc.
윈 뻬흐쏜 아 보꾸 쎄녜 에 윈 오트흐 에 떠 네따 드 쇼끄

운전자가 많이 다쳤어요.

Le chauffeur est gravement blessé.
르 쇼푀 에 그하브멍 블레쎄

괜찮아요. 그냥 접촉 사고예요.

Ce n'est pas grave. C'est juste un accrochage.
쓰 네 빠 그하브. 쎄 쥐스뜨 어 나크호샤즈

저 빨간 차가 갑자기 속력을 내는 바람에 사고가 났어요.

En accélérant soudainement, cette voiture rouge a causé un accident.
어 낙쎌레항 쑤덴멍, 쎗뜨 부아뛰흐 후즈 아 꼬제 어 낙씨덩

collision 꼴리지옹 n.f. 충돌, 싸움
accélérant/accélérer 악쎌레항/악쎌레헤
v. 속력을 내다, 빨라지다

교통사고②

빙판길에 제 차가 미끄러졌어요.

Ma voiture a glissé sur le verglas.
마 부아뛰흐 아 글리쎄 쒸흐 르 베흐글라

갑자기 타이어에 펑크가 났어요.

Le pneu a soudainement éclaté.
르 쁘느 아 쑤덴멍 에끌라떼
Le pneu a soudainement crevé.
르 쁘느 아 쑤덴멍 크흐베

그 차가 제 차 측면을 받았어요.

Cette voiture a heurté le côté de ma voiture.
쎗뜨 부아뛰흐 아 외흐떼 르 꼬떼 드 마 부아뛰흐

과속으로 심각한 교통사고가 발생했어요.

Il y a eu un grave accident de voiture dû à un excès de vitesse.
일 리 아 위 엉 그하브 악씨덩 드 부아뛰흐 뒤 아 어 넥쌔 드 비떼쓰

이곳은 교통사고 다발 지점입니다.

Ici, c'est un endroit à haut risque.
이씨, 쎄 떠 넝드후아 아 오 히스끄

운전면허증을 보여 주세요.

Veuillez me montrer votre permis de conduire.
뵈이에 므 몽트헤 보트흐 뻬흐미 드 꽁뒤흐

앞에 5중 추돌 사고가 발생했어요.

Devant, il y a eu une collision en chaine impliquant cinq véhicules.
드방, 일 리 아 위 윈 꼴리지옹 엉 쉔 앵쁠리깡 쌩 베이뀔

verglas 베흐글라 n.m. 빙판
impliquant/impliquer 앵쁠리깡/앵쁠리께
v. 끌어들이다, 연루시키다

안전사고

누군가가 바다에 빠졌어요!

Quelqu'un est tombé à la mer !
껠껑 에 똥베 알 라 메흐!

안전 요원이 물에 빠진 저를 구해 줬어요.

Un secouriste m'a sauvé de la noyade.
엉 쓰꾸히스뜨 마 쏘베 들 라 누아이야드

저는 계단에서 넘어져 발목을 삐었어요.

Je me suis foulé la cheville en tombant dans les escaliers.
즈 므 쒸 풀레 라 슈비이 엉 똥방 당 레 제스깔리에

호수 위 얼음이 깨지는 바람에 저와 친구는 빠져 죽을 뻔했어요.

Lorsque la glace se trouvant sur le lac s'est cassée, mon ami et moi avons failli mourir noyés.
로흐스끄 라 글라쓰 쓰 트후방 쒸흐 르 라끄 쎄 꺄쎄, 모 나미 에 무아 아봉 파이 무히 누아이예

얼음물에 빠져서 발에 동상이 걸렸어요.

Comme je suis tombé(e) dans l'eau glacée, j'ai les pieds gelés.
꼼 즈 쒸 똥베 당 로 글라쎄, 줴 레 삐에 즐레

빙판길에서 넘어지지 않게 조심하세요.

Faites attention à ne pas tomber sur le verglas.
페뜨 아떵씨옹 아 느 빠 똥베 쒸흐 르 베흐글라

제라르는 라이터로 장난을 치다가 화상을 입었어요.

Gérard s'est brûlé en jouant avec un briquet.
제하 쎄 브휠레 엉 주앙 아베끄 엉 브히께

화재

생모르 가에 큰 화재가 발생했어요.

Il y a eu un grand incendie dans la rue Saint-Maur.
일 리 아 위 엉 그항 땡썽디 당 라 휘 쌩모흐

화재로 인해 호텔 건물 전체가 불에 탔어요.

Tout l'immeuble de l'hôtel a été brûlé dans l'incendie.
뚜 리뫼블르 드 로뗄 아 에떼 브휠레 당 랭썽디

소방서에 연락하세요.

Appelez les pompiers.
아쁠레 레 뽕삐에

소화기 빨리 가져와요!

Apportez vite l'extincteur !
아뽀흐떼 비뜨 렉스땡뙤!

화재는 빠르게 진압되었어요.

L'incendie a rapidement été sous contrôle.
랭썽디 아 하삐드멍 에떼 쑤 꽁트홀

원인을 알 수 없는 화재가 발생했습니다.

Il y a eu un incendie dont on ne connait pas la cause.
일 리 아 위 어 냉썽디 동 똥 느 꼬네 빠 라 꼬즈

다행히 건물 안에 있던 사람들이 빨리 대피했어요.

Heureusement, toutes les personnes se trouvant dans l'immeuble se sont rapidement mis à l'abri.
외흐즈멍, 뚜뜨 레 뻬흐쏜 쓰 트후방 당 리뫼블르 쓰 쏭 하삐드멍 미 자 라브히

자연재해

\# 간밤에 지진이 일어났어요.

La terre a tremblé dans la nuit.
라 떼흐 아 트헝블레 당 라 뉘

\# 지진으로 인해 해안가에 해일이 발생했습니다.

À cause du tremblement de terre, il y a eu un raz de marée.
아 꼬즈 뒤 트헝블르멍 드 떼흐, 일 리 아 위 엉 하 드 마헤

\# 심한 태풍으로 나무가 지나가던 사람에게 쓰러졌어요.

La force du typhon a entraîné la chute d'un arbre sur un passant.
라 포흐쓰 뒤 띠퐁 아 엉트헤네 라 쉬뜨 더 나흐브흐 쒸흐 엉 빠쌍

\# 갑작스런 우박으로 농작물이 심각한 피해를 입었어요.

La grêle soudaine a sérieusement fait du mal aux récoltes.
라 그헬 쑤덴 아 쎄히으즈멍 페 뒤 말 로 헤꼴뜨

\# 눈사태 때문에 겨울 휴가 계획을 취소했어요.

J'ai annulé mes projets pour les vacances d'hiver à cause de l'avalanche.
줴 아뉠레 메 프호제 뿌흐 레 바깡쓰 디베 아 꼬즈 드 라발랑슈

\# 자연재해로 인한 피해자들은 보상받을 수 있어요.

Les victimes d'une catastrophe naturelle peuvent recevoir une indemnisation.
레 빅띰 뒨 꺄따스트호프 나뛰헬 뾔브 흐쓰부아 윈 앵뎀니자씨옹

꼭! 짚고 가기

사고 관련 표현

살다 보면 뜻하지 않은 사고를 겪을 때도 있지요. 사고 상황에 따라 사용할 수 있는 표현들을 살펴봅시다.

- 삐다
  se fouler 쓰 풀레
- (뼈에) 금이 가다
  avoir une fracture 아부아 윈 프학뛰흐
- 부러지다
  se casser 쓰 꺄쎄
- 멍들다
  se faire un bleu 쓰 페흐 엉 블르,
  avoir un bleu 아부아 엉 블르
- 긁히다
  se griffer 쓰 그히페
- 실신하다
  s'évanouir 쎄바누이,
  perdre conscience 뻬흐드흐 꽁씨엉쓰
- 익사하다
  se noyer 쓰 누아이예
- 화상을 입다
  se brûler 쓰 브휠레
- 더위 먹다
  attraper une insolation,
  아트하뻬 윈 앵쏠라씨옹
  attraper un coup de chaleur
  아트하뻬 엉 꾸 드 샬뢰
- 물집 잡히다
  avoir une ampoule 아부아 윈 앙뿔
- 동상에 걸리다
  avoir des engelures 아부아 데 정즐뤼흐
- 베다
  être coupé(e) 에트흐 꾸뻬

Chapitre 12

디지털 시대엔 필수!

Chapitre 12

Unité 1 컴퓨터

Unité 2 인터넷

Unité 3 휴대전화

Unité 4 기타 기기

Installler l'ordinateur 컴퓨터 설치하기

앵스딸레 로흐디나뙤

MP3. Word_C12

installer 앵스딸레 v. 설치하다	ordinateur 오흐디나뙤 n.m. 컴퓨터	écran 에크항 n.m. 모니터, 화면	clavier 끌라비에 n.m. 자판, 키보드
	mémoire vive 메무아흐 비브 램(RAM)	disque dur 디스끄 뒤흐 하드디스크	programme 프호그함 n.m. 프로그램
	souris 쑤히 n.f. 마우스	imprimante 앵프히망뜨 n.f. 프린터	scanner 스깨네 n.m. 스캐너
se connecter 쓰 꼬넥떼 v. 접속하다, 로그인하다	internet 앵떼흐네뜨 n.m. 인터넷	réseau 헤조 n.m. 네트워크	internet sans fil 앵떼흐네뜨 쌍 필 무선 인터넷
	cliquer 끌리께 v. 클릭하다, 마우스를 누르다	taper 따뻬 v. (키보드를) 치다, 입력하다	pirater 삐하떼 v. 해킹하다

Être en ligne 온라인 연결
에트흐 엉 린뉴

en ligne 엉 린뉴 온라인	navigateur 나비갸뙤 n.m. 브라우저	fichier 피쉬에 n.m. 파일
	courrier électronique 꾸히에 엘렉트호니끄 이메일	jeu en ligne 즈 엉 린뉴 온라인 게임 achat en ligne 아샤 엉 린뉴 온라인 쇼핑
	accès 악쌔 n.m. 접속	sécurité 쎄뀌히떼 n.f. 보안
	réseaux sociaux 헤조 쏘씨오 소셜 네트워크	messagerie instantanée 메싸즈히 앵스땅따네 인스턴트 메시지
	blog 블로그 n.m. 블로그	spam 쓰빰 n.m. 스팸 메일
	compte 꽁뜨 n.m. 계정	s'inscrire 쌩스크히흐 v. 가입하다
	télécharger 뗄레샤흐제 v. 다운로드하다	bloquer 블로께 v. 차단하다

Utiliser le téléphone portable 휴대전화 사용하기

위띨리제 르 뗄레폰 뽀흐따블르

téléphone portable 뗄레폰 뽀흐따블르 휴대전화	communication (téléphonique) 꼬뮈니꺄씨옹 (뗄레포니끄) n.f. (전화)통화	téléphoner 뗄레포네 v. 전화를 걸다	raccrocher 하크호쉐 v. 전화를 끊다
smartphone 스마흐뜨폰 n.m. 스마트폰	texto 떽스또, SMS 에쓰엠에쓰 n.m. 문자 (메시지)	message 메싸즈 n.m. 메시지	envoyer 엉부아이예 v. 보내다
batterie 밧뜨히 n.f. 배터리	charger 샤흐줴 v. 충전하다	numéro 뉘메호 n.m. 전화번호	sauvegarder 소브갸흐데 v. 저장하다
service d'itinérance 쎄흐비쓰 디띠내항쓰 로밍 서비스	visiophone 비지오폰 n.m. 영상 통화	sonnerie 쏘느히 n.f. 벨(소리)	réveil 헤베이 n.m. 알람

Utiliser les appareils numériques 디지털 기기 사용하기
위띨리제 레 자빠헤이 뉘메히끄

appareil photo numérique 아빠헤이 포또 뉘메히끄 디지털카메라	flash 플라쉬 n.m. 플래시, 섬광	stabilisateur optique 스따빌리자뙤 옵띠끄 떨림 방지 기능	focaliser 포깔리제 v. 초점을 맞추다
caméscope 꺄메스꼬쁘 n.m. 비디오 카메라	clip vidéo 끌립 비데오 동영상	filmer 필메 v. 동영상을 촬영하다 prendre une photo 프헝드흐 윈 포또 사진을 촬영하다	monter 몽떼 v. (영상을) 편집하다
ordinateur portable 오흐디나뙤 뽀흐따블르 노트북 컴퓨터, 랩톱	poids 뿌아 n.m. 무게	léger 레제, légère 레재흐 a. 가벼운	pratique 프하띠끄 a. 편리한, 실용적인
tablette tactile, 따블렛뜨 딱띨 tablette électronique, 따블렛뜨 엘렉트호니끄 tablette 따블렛뜨 n.f. 태블릿 PC	épaisseur 에뻬쐬 n.f. 두께	mince 맹쓰 a. 얇은	utile 위띨 a. 유용한

컴퓨터

컴퓨터를 설치했어요.

J'ai installé un ordinateur.
좨 앵스딸레 어 노흐디나뙤

컴퓨터 설치할 줄 아세요?

Savez-vous comment installer un ordinateur ?
싸베부 꼬멍 앵스딸레 어 노흐디나뙤?

컴퓨터 설치하는 건 의외로 쉬워요.

L'installation d'un ordinateur est plus facile qu'on ne le croit.
랭스딸라씨옹 더 노흐디나뙤 에 쁠뤼 파씰 꽁 느 르 크후아

전 데스크톱 컴퓨터가 쓰기 편해요.

Je trouve qu'il est plus pratique d'utiliser un ordinateur de bureau.
즈 트후브 낄 레 쁠뤼 프하띠끄 뒤띨리제 어 노흐디나뙤 드 뷔호

L'utilisation d'un ordinateur de bureau me convient mieux.
뤼띨리자씨옹 더 노흐디나뙤 드 뷔호 므 꽁비엉 미으

제 남동생은 컴퓨터 없이는 못 살아요.

Mon petit frère ne peut pas vivre sans ordinateur.
몽 쁘띠 프해흐 느 쁘 빠 비브흐 쌍 조흐디나뙤

밤이 깊었어. 이제 컴퓨터 좀 꺼라.

Il est tard. Éteins ton ordinateur.
일 레 따흐. 에땡 또 노흐디나뙤

숙제 때문에 계속 컴퓨터를 써야 해요.

À cause de mes devoirs, je suis obligé(e) d'utiliser mon ordinateur en continu.
아 꼬즈 드 메 드부아, 즈 쒸 오블리제 뒤띨리제 모 노흐디나뙤 엉 꽁띠뉘

모니터

컴퓨터 모니터가 망가졌어요.

L'écran d'ordinateur est cassé.
레크항 도흐디나뙤 에 꺄쎄

모니터를 수리하려고 해요.

Je voudrais réparer l'écran.
즈 부드헤 헤빠헤 레크항

LCD 모니터를 새로 샀어요.

J'ai acheté un nouvel écran à cristaux liquides.
좨 아슈떼 엉 누벨 에크항 아 크스또 리끼드

제 컴퓨터 모니터는 화면이 넓어서 영화 보기 좋아요.

Comme mon écran d'ordinateur est large, c'est parfait pour y regarder des films.
꼼 모 네크항 도흐디나뙤 에 라흐즈, 쎄 빠흐페 뿌흐 이 흐갸흐데 데 필므

컴퓨터는 새것인데 모니터는 낡았어요.

L'ordinateur est nouveau, mais l'écran est vieux.
로흐디나뙤 에 누보, 메 레크항 에 비으

모니터 화면이 다 깨져 보여요.

Toutes les images qui s'affichent sur l'écran sont déformées.
뚜뜨 레 지마즈 끼 싸피슈 쒸흐 레크항 쏭 데포흐메

모니터 전원 껐는지 확인했어요?

Avez-vous vérifié si l'écran est éteint ?
아베부 베히피에 씨 레크항 에 떼땡?

déformé(e) 데포흐메 a. 변형된, 일그러진

키보드 & 마우스

\# 그는 하루 종일 키보드만 두드리고 있어요.

Il ne fait que taper au clavier toute la journée.
일 느 페 끄 따뻬 오 끌라비에 뚜뜨 라 주흐네

\# 키보드 두드리는 소리가 신경 쓰여요.

Le son que le clavier produit me gêne.
르 쏭 끄 르 끌라비에 프호뒤 므 젠

\# 키보드 스페이스바가 눌리지 않아요.

La barre d'espace du clavier ne fonctionne pas.
라 바흐 데스빠쓰 뒤 끌라비에 느 퐁씨온 빠

\# 그는 아직 키보드 칠 줄 몰라요.

Il ne sait pas encore comment taper au clavier.
일 느 쎄 빠 정꼬흐 꼬멍 따뻬 오 끌라비에

\# 그 아이콘에 대고 오른쪽을 클릭하세요.

Cliquez avec le bouton droit sur cette icône.
끌리께 아베끄 르 부똥 드후아 쒸흐 셋뜨 이꼰

\# 마우스가 망가진 것 같아요. 클릭이 안 돼요.

La souris semble en panne. Je ne peux pas cliquer.
라 쑤히 썽블르 엉 빤. 즈 느 쁘 빠 끌리께

\# 무선 마우스로 바꿨어요.

J'ai changé de souris pour une sans fil.
줴 샹제 드 쑤히 뿌흐 윈 쌍 필

gêne/gêner 젠/제네
v. 신경 쓰이게 하다, 불안하게 하다

꼭! 짚고 가기

컴퓨터 부품 명칭

모국어 사랑이 남다른 프랑스에서 컴퓨터는 영어 명칭 'computer' 대신 라틴어 'ordinator 오르디나토르(정리하는 사람, 질서 잡는 사람)'에서 비롯된 'ordinateur 오흐디나뙤'로 불립니다. 뿐만 아니라 컴퓨터 부품 명칭도 영어식 표현을 가급적이면 프랑스어 표현으로 바꾸어 사용한답니다. 그렇다면 프랑스에서 컴퓨터 부품을 어떻게 말하는지 알아볼까요?

- 모니터 : écran 에크항
- 키보드 : clavier 끌라비에
- 마우스 : souris 쑤히
- 메인보드(마더보드) : carte mère 꺄흐뜨 메흐
- CPU : CPU 쎄뻬위 또는 microprocesseur 미크호프호쎄쐬
- RAM : mémoire vive 메무아흐 비브
- 그래픽 카드 : cartes graphique 꺄흐뜨 그하피끄
- 하드디스크 : disque dur 디스끄 뒤흐
- 전원 : alimentation 알리멍따씨옹 (électronique 엘렉트호니끄)
- CD 드라이브 : lecteur de disque optique 렉뙤 드 디스끄 옵띠끄 (disque compacte 디스끄 꽁빡뜨)

프린터 & 스캐너

잠깐 당신 프린터를 써도 될까요?

Est-ce que je peux utiliser votre imprimante un instant ?
에스끄 즈 쁘 위띨리제 보트흐 앵프히망뜨 어 냉스땅?

레이저 프린터라 인쇄가 잘 돼요.

Comme c'est une imprimante laser, elle imprime bien.
꼼 쎄 뛴 앵프히망뜨 라제, 엘 앵프힘 비엉

지금은 흑백 인쇄만 가능해요.

Pour le moment, il n'est possible d'imprimer qu'en noir et blanc.
뿌흐 르 모멍, 일 네 뽀씨블르 댕프히메 껑 누아 에 블랑

프린터에 자꾸 종이가 걸려요.

L'imprimante continue à accrocher le papier.
랭프히멍뜨 꽁띠뉘 아 아크호쉐 르 빠삐에

이 프린터로 복사도 할 수 있어요.

Il est aussi possible de faire des photocopies avec cette imprimante.
일 레 또씨 뽀씨블르 드 페흐 데 포또꼬삐 아베끄 쎗뜨 앵프히망뜨

혹시 스캐너 있어요?

Auriez-vous un scanner ?
오히에부 엉 스께네?

서류를 전부 스캔하느라 시간이 오래 걸렸어요.

Il a fallu beaucoup de temps pour scanner tous les documents.
일 라 팔뤼 보꾸 드 떵 뿌흐 스깨네 뚜 레 도뀌멍

컴퓨터 사양

제 컴퓨터는 너무 오래되어서 제대로 작동하지 않아요.

Mon ordinateur est tellement vieux, qu'il ne fonctionne pas correctement.
모 노흐디나뙤 에 뗄멍 비으, 낄 느 퐁씨온 빠 꼬헥뜨멍

제 컴퓨터는 사양이 낮아서 그 프로그램을 설치할 수 없어요.

Mon ordinateur étant de mauvaise qualité, je ne peux pas installer ce programme.
모 노흐디나뙤 에땅 드 모베즈 꺌리떼, 즈 느 쁘 빠 쟁스딸레 쓰 프호그함

이 컴퓨터는 윈도우 최신 버전으로 업그레이드해야 해요.

Vous devez installer la dernière version de Windows sur cet ordinateur.
부 드베 쟁스딸레 라 데흐니애흐 베흐지옹 드 윈도즈 쒸흐 쎄 또흐디나뙤

제 컴퓨터는 가격에 비해 사양이 좋아요.

Comparé à ce qu'il m'a coûté, mon ordinateur est de bonne qualité.
꽁빠헤 아 쓰 낄 마 꾸떼, 모 노흐디나뙤 에 드 본 꺌리떼

그 컴퓨터를 고치느니 차라리 하나 사는 게 나아요.

Plutôt que de réparer cet ordinateur, il vaut mieux en acheter un nouveau.
쁠뤼또 끄 드 헤빠헤 쎄 또흐디나뙤, 일 보 미으 어 나슈떼 엉 누보

운영 체제 & 프로그램

\# 당신 컴퓨터는 어떤 운영 체제를 사용하나요?

Quel est le système d'exploitation de votre ordinateur ?
껠 레 르 씨스땜 덱쓰쁠루아따씨옹 드 보트흐 오흐디나뙤?

\# 컴퓨터를 새로 샀는데, 아직 아무런 프로그램도 깔지 않아서 사용할 수 없어요.

J'ai acheté un ordinateur, mais je ne peux pas l'utiliser car aucun programme n'est encore installé.
줴 아슈떼 어 노흐디나뙤, 메 즈 느 쁘 빠 뤼띨리제 꺄흐 오껑 프호그함 네 떵꼬흐 앵스딸레

\# 이 프로그램은 어떻게 설치하나요?

Comment installe-t-on ce programme ?
꼬멍 앵스딸똥 쓰 프호그함?

\# 쓸모없는 프로그램은 삭제하세요.

Effacez les programmes inutiles.
에파쎄 레 프호그함 지뉘띨

\# 잘 모르는 프로그램을 설치했다가 컴퓨터에 바이러스가 침입했어요.

Après avoir installé un programme que je ne connaissais pas, mon ordinateur a été infecté par un virus informatique.
아프해 자부아 앵스딸레 엉 프호그함 끄 즈 느 꼬네쎄 빠, 모 노흐디나뙤 아 에떼 앵펙떼 빠흐 엉 비휘쓰 앵포흐마띠끄

꼭! 짚고 가기

디지털 신조어

인터넷이 필수가 되고, 스마트폰을 누구나 갖고 다니면서 프랑스에서도 SNS에 열중하는 사람들이 늘어났어요. 특히 젊은 층을 중심으로 온라인 활동이 활발해지면서 관련한 새로운 문화와 어휘들이 등장했답니다.

SNS, 즉 소셜 네트워크 서비스는 간단하게 les réseaux sociaux 레 헤조 쏘씨오라고 하지요.

그렇다면 블로그는? 블로그는 그대로 blog 블로그라 씁니다. 블로그하는 것을 영어식 그대로 써서 blogging 블로깅이라 하기도 해요.

흔히 파일이나 사진 등을 다운로드 하는 것은 télécharger 뗄레샤흐제라고 합니다.

한편, 악성 댓글의 주범인 키보드 워리어는 guerrier du clavier 게히에 뒤 끌라비에 또는 militant du clavier 밀리땅 뒤 끌라비에라고 해요.

SNS가 활성화되면서 자기 사진 찍는 게 한창 인기죠. 소위 말하는 셀카는 영어 표현 그대로 selfie 셀피라고 합니다. 캐나다 퀘벡 지역에선 autoportrait 오또뽀흐트헤 또는 égo-photo 에고-포또라고 한다네요.

더불어 이런 신조어, 또는 신조어 사용을 프랑스어로 néologisme 네올로지즘이라고 부른답니다.

문서 작업

워드 프로그램으로 리포트를 작성했어요.

J'ai écrit le rapport sur Word.
줴 에크히 르 하뽀 쒸흐 워드

워드나 엑셀은 사용할 줄 아세요?

Savez-vous utiliser Word ou Excel ?
싸베부 위띨리제 워드 우 엑셀?

전 오피스 프로그램 다루는 건 자신 있어요.

Je suis confiant(e) en ce qui concerne l'utilisation des programmes Office.
즈 쒸 꽁피앙(뜨) 엉 쓰 끼 꽁쎄흔느 뤼띨리자씨옹 데 프호그함 오피쓰

오피스 프로그램을 설치하긴 했는데, 어떻게 사용하는지를 몰라요.

J'ai installé le pack office, mais je ne sais pas comment l'utiliser.
줴 앵스딸레 르 빡끄 오피쓰, 메 즈 느 쎄 빠 꼬멍 뤼띨리제

엑셀 프로그램 덕분에 자료를 쉽게 정리할 수 있어요.

Grâce au programme Excel, il est facile de ranger les données.
그하쓰 오 프호그함 엑셀, 일 레 파씰 드 항제 레 도네

워드로 문서 작업을 하려면 어떻게 해야 하나요?

Comment utilise-t-on Word pour rédiger un document ?
꼬멍 위띨리즈똥 워드 뿌흐 헤디제 엉 도뀌멍?

파일 저장 & 관리

그 파일은 어디에 저장했어요?

Où avez-vous sauvegardé ce fichier ?
우 아베부 소브갸흐데 쓰 피쉬에?

바탕화면에 있는 폴더에 파일을 저장했어요.

J'ai sauvegardé le fichier dans un dossier sur le bureau.
줴 소브갸흐데 르 피쉬에 당 정 도씨에 쒸흐 르 뷔호

분명히 파일을 저장했는데 어디 있는지 모르겠어요.

Je suis sûr(e) d'avoir sauvegardé le fichier, mais je ne sais pas où il est.
즈 쒸 쒸흐 다부아 소브갸흐데 르 피쉬에, 메 즈 느 쎄 빠 우 일 레

그 폴더 이름이 뭐예요?

Quel est le nom de ce dossier ?
껠 레 르 농 드 쓰 도씨에?

그 파일은 중요한 내용이 담겨 있으니 꼭 비밀번호를 걸어 두세요.

Le contenu de ce fichier étant important, il faut y mettre un mot de passe.
르 꽁뜨뉘 드 쓰 피쉬에 에땅 앵뽀흐땅, 일 포 이 메트흐 엉 모 드 빠쓰

파일이 너무 많네요. 폴더를 만들어 정리하세요.

Il y a beaucoup trop de fichiers. Créez des dossiers et faites le tri.
일 리 아 보꾸 트호 드 피쉬에. 크헤에 데 도씨에 에 페뜨 르 트히

rédiger 헤디제 v. 작성하다, 쓰다
sauvegardé / sauvegarder 쏘브갸흐데/쏘브갸흐데 v. 저장하다
dossier 도씨에 n.m. 폴더

인터넷①

\# 인터넷 연결이 되었나요 ?

Vous avez réussi à vous connecter à l'Internet ?
부 자베 헤위씨 아 부 꼬넥떼 아 랭떼흐네뜨?

\# 네트워크 문제로 지금은 인터넷을 쓸 수 없어요.

À cause d'un problème de réseau, on ne peut pas utiliser Internet pour le moment.
아 꼬즈 덩 프호블램 드 헤조, 옹 느 쁘 빠 위띨리제 앵떼흐네뜨 뿌흐 르 모멍

\# 컴퓨터는 문제가 없지만 인터넷 연결이 좋지 않아요.

L'ordinateur n'a pas de problème, mais la connexion à Internet n'est pas bonne.
로흐디나뙤 나 빠 드 프호블램, 메 라 꼬넥씨옹 아 앵떼흐네뜨 네 빠 본

\# 인터넷으로 기사를 검색해 보았어요.

J'ai recherché l'article sur Internet.
줴 흐쉐흐쉐 라흐띠끌 쒸흐 앵떼흐네뜨

\# 인터넷이 정보를 찾는 데 유용하지만, 불확실한 정보도 많다는 것에 유의하세요.

Bien qu'Internet soit utile pour la recherche d'information, faites attention aux nombreuses informations incertaines qui s'y trouve.
비엉 깽떼흐네뜨 쑤아 뛰띨 뿌흐 라 흐쉐흐슈 댕포흐마씨옹, 페뜨 아떵씨옹 오 농브흐즈 쟁포흐마씨옹 앵쎄흐뗀 끼 씨 트후브

인터넷②

\# 여기 무선 인터넷 사용 가능한가요?

Est-il possible de me connecter à l'Internet sans fil d'ici ?
에띨 뽀씨블르 드 므 꼬넥떼 아 랭떼흐네뜨 쌍 필 디씨?

\# 제가 자주 들르는 카페에서는 무선 인터넷을 쓸 수 있어요.

Dans le café où je vais souvent, il est possible d'utiliser le wifi.
당 르 까페 우 즈 베 쑤벙, 일 레 뽀씨블르 뒤띨리제 르 위피

\# 여긴 무선 인터넷 연결이 안 되는 곳이라 검색할 수가 없어요.

Comme le wifi ne fonctionne pas, je ne peux pas faire de recherches sur Internet.
꼼 르 위피 느 퐁씨온 빠, 즈 느 쁘 빠 페흐 드 흐쉐흐슈 쒸흐 앵떼흐네뜨

\# 네트워크 연결 상태를 다시 확인해 보세요.

Revérifiez l'état de la connexion réseau.
흐베히피에 레따 들 라 꼬넥씨옹 헤조

\# 숙제 때문에 인터넷에서 검색할 것이 좀 있어요.

Je dois faire une recherche sur Internet pour mes devoirs.
즈 두아 페흐 윈 흐쉐흐슈 쒸흐 앵떼흐네뜨 뿌흐 메 드부아

\# 요즘은 어디서나 인터넷이 필수적이죠.

De nos jours, il est nécessaire d'avoir Internet n'importe où.
드 노 주흐, 일 레 네쎄쎄흐 다부아 앵떼흐네뜨 냉뽀흐뜨 우

이메일

\# 이메일 주소 좀 알려 주세요.

Pourriez-vous me donner votre adresse électronique ?
뿌히에부 므 도네 보트흐 아드헤쓰 엘렉트호니끄?

\# 자세한 이야기는 이메일로 전달할게요.

Je vous ferai parvenir les détails par mail.
즈 부 프헤 빠흐브니 레 데따이 빠흐 메일

\# 제가 이메일 보냈는데 받았어요?

Avez-vous reçu le mail que je vous ai envoyé ?
아베부 흐쒸 르 메일 끄 즈 부 제 엉부아이예?
Je vous ai envoyé un mail. L'avez-vous reçu ?
즈 부 제 엉부아이예 엉 메일. 라베부 흐쒸?

\# 스팸메일이 자꾸 와서 짜증 나요.

Les spams successifs m'énervent.
레 스빰 쒹쎄씨프 메네흐브

\# 메일함 용량이 충분하지 않아요.

La mémoire de la boîte mail est insuffisante.
라 메무아흐 들 라 부아뜨 메일 에 땡쒸피쌍뜨

\# 저는 메일 계정이 세 개예요.

J'ai trois comptes de courrier électronique.
줴 트후아 꽁뜨 드 꾸히에 엘렉트호니끄

\# 메일을 받으면 답장 부탁해요.

Merci de me répondre dès que vous aurez reçu mon mail.
메흐씨 드 므 헤뽕드흐 대 끄 부 조헤 흐쒸 몽 메일

SNS

\# 페이스북 하세요?

Avez-vous un compte Facebook ?
아베부 엉 꽁뜨 페이쓰북?

\# 페이스북 아이디가 어떻게 되나요?

Quel est votre nom d'utilisateur Facebook ?
껠 레 보트흐 농 뒤띨리자뙤 페이쓰북?

\# 전 요즘 인스타그램을 시작했어요.

J'ai récemment commencé à utiliser Instagram.
줴 헤싸멍 꼬멍쎄 아 위띨리제 앵스따그함

\# 인스타그램에 사진을 올렸어요.

J'ai affiché une photo sur Instagram.
줴 아피쉐 윈 포또 쒸흐 앵스따그함

\# SNS로 새로운 친구들을 사귀었어요.

Je me suis fait de nouveaux amis sur les réseaux sociaux.
즈 므 쒸 페 드 누보 자미 쒸흐 레 헤조 쏘씨오

\# 페이스북 덕분에, 연락이 끊겼던 친구들과 다시 연락하게 되었어요.

Grâce à Facebook, j'ai pu recontacter des amis avec qui j'avais perdu le contact.
그하쓰 아 페이쓰북, 줴 쀠 흐꽁딱떼 데 자미 아베끄 끼 자베 뻬흐뒤 르 꽁딱

\# 전 SNS가 시간 낭비라고 생각해요.

Je pense que les réseaux sociaux sont une perte de temps.
즈 뻥쓰 끄 레 헤조 쏘씨오 쏭 뛴 뻬흐뜨 드 떵

successif (successive) 쒹쎄씨프 (쒹쎄씨브)
a. 계속되는, 잇달아 오는
recontacter 흐꽁딱떼 v. 다시 연락하다

휴대전화

휴대전화 번호를 알려 주시겠어요?

Pourriez-vous me donner votre numéro de téléphone portable ?
뿌히에부 므 도네 보트흐 뉘메호 드 뗄레폰 뽀흐따블르?

휴대전화 배터리가 방전됐어요.

La batterie de mon téléphone portable est déchargée.
라 밧뜨히 드 몽 뗄레폰 뽀흐따블르 에 데샤흐제

전 휴대전화가 있어도 자주 사용하지 않아요.

Bien que j'aie un téléphone portable, je ne l'utilise pas souvent.
비엉 끄 줴 엉 뗄레폰 뽀흐따블르, 즈 느 뤼띨리즈 빠 쑤벙

그건 휴대전화로 통화를 자주 해서 그래요.

C'est parce que vous téléphonez beaucoup avec votre téléphone portable.
쎄 빠흐쓰 끄 부 뗄레포네 보꾸 아베끄 보트흐 뗄레폰 뽀흐따블르

휴대전화 문제

통화 연결 상태가 나빠요.

La ligne est mauvaise.
라 린뉴 에 모베즈

통화할 때 소리가 자꾸 끊겨요.

La ligne coupe souvent quand je suis au téléphone.
라 린뉴 꾸쁘 쑤벙 깡 즈 쒸 조 뗄레폰

배터리가 너무 빨리 닳아요.

La batterie se décharge trop rapidement.
라 밧뜨히 쓰 데샤흐즈 트호 하삐드멍

버튼이 눌리지 않아요.

Le bouton ne fonctionne pas.
르 부똥 느 퐁씨온 빠

휴대전화를 떨어뜨리는 바람에 액정이 깨졌어요.

L'écran de mon téléphone s'est cassé quand je l'ai jeté.
레크항 드 몽 뗄레폰 쎄 꺄쎄 깡 즈 레 즈떼

제 휴대전화에서 무선 네트워크가 연결되지 않아요.

Le réseau sans fil n'est pas connecté sur mon téléphone portable.
르 헤조 쌍 필 네 빠 꼬넥떼 쒸흐 몽 뗄레폰 뽀흐따블르

제 휴대전화가 전혀 작동하지 않아요.

Mon téléphone portable ne fonctionne jamais.
몽 뗄레폰 뽀흐따블르 느 퐁씨온 자메

휴대전화 기능

\# 서로의 얼굴을 보며 이야기하고 싶을 땐 영상 통화 기능을 사용할 수 있어요.

Quand vous voulez parler face à face, vous pouvez utiliser le vidéophone.
깡 부 불레 빠흘레 파쓰 아 파쓰, 부 뿌베 위띨리제 르 비데오폰

\# 한번에 여러 사람과 함께 통화할 수 있는 기능이 있어요.

Il y a une fonction qui permet d'être en conversation avec plusieurs personnes à la fois.
일 리 아 윈 퐁씨옹 끼 뻬흐메 데트흐 엉 꽁베흐싸씨옹 아베끄 쁠뤼지외 뻬흐쏜 알 라 푸아

\# 음성 인식으로 문자도 보낼 수 있다는 거 알아요?

Savez-vous que l'on peut envoyer un texto par commande vocale ?
싸베부 끄 롱 쁘 엉부아예 엉 떽스또 빠흐 꼬망드 보깔?

\# 아침 일찍 일어나기 위해 휴대전화 알람을 맞춰 놓았어요.

Pour pouvoir me réveiller tôt le matin, j'ai réglé le réveil de mon téléphone portable.
뿌흐 뿌부아 므 헤베이에 또 르 마땡, 줴 헤글레 르 헤베이 드 몽 뗄레폰 뽀흐따블르

문자 메시지

\# 문자로 루이의 연락처를 알려 드릴게요.

Je vais vous envoyer le numéro de Louis par SMS.
즈 베 부 정부아이예 르 뉘메호 드 루이 빠흐 에쓰엠에쓰

\# 저에게 문자 보내 주세요.

Envoyez-moi un texto.
엉부아이예무아 엉 떽스또

\# 문자를 실수로 잘못 보냈어요.

J'ai mal envoyé un texto par erreur.
줴 말 엉부아이예 엉 떽스또 빠흐 에회

\# 그가 보내는 문자에는 오타가 많아요.

Il y a beaucoup de fautes de frappe dans le texto qu'il a envoyé.
일 리 아 보꾸 드 포뜨 드 프하쁘 당 르 떽스또 낄 라 엉부아이예

\# 전 휴대전화 자판이 익숙하지 않아서 문자 보내는 데 시간이 많이 걸려요.

Comme je ne suis pas habitué(e) au clavier téléphonique, je mets du temps à envoyer un texto.
꼼 즈 느 쒸 빠 자비뛰에 오 끌라비에 뗄레포니끄, 즈 메 뒤 떵 아 엉부아이예 엉 떽스또

\# 요즘은 다들 문자보다 메신저 애플리케이션을 주로 사용하죠.

Ces jours-ci tout le monde préfère utiliser les applications de messages plutôt que d'envoyer des textos.
쎄 주흐씨 뚜 르 몽드 프헤패흐 위띨리제 레 자쁠리꺄씨옹 드 메싸즈 쁠뤼또 끄 덩부아이예 데 떽스또

벨소리

벨소리를 바꿨어요.

J'ai changé de sonnerie (téléphonique).
줴 샹제 드 쏘느히 (뗄레포니끄)

도서관에서 누군가의 휴대전화 벨소리가 울렸어요.

Un téléphone portable a sonné dans la bibliothèque.
엉 뗄레폰 뽀흐따블르 아 쏘네 당 라 비블리오떼끄

벨소리를 진동으로 바꿔 주세요.

Mettez votre téléphone en mode vibreur, s'il vous plaît.
메떼 보트흐 뗄레폰 엉 모드 비브회, 씰 부 쁠레

영화를 볼 때는 벨소리가 관객들에게 방해가 됩니다.

Les sonneries de téléphone sont dérangeantes pour les spectateurs au cinéma.
레 쏘느히 드 뗄레폰 쏭 데항장뜨 뿌흐 레 스뻭따뙤 오 씨네마

벨소리가 너무 시끄러워요.

La sonnerie est trop bruyante.
라 쏘느히 에 트호 브휘양뜨

이거 누구 휴대전화 벨소리야?

À qui est cette sonnerie de téléphone portable ?
아 끼 에 쎗뜨 쏘느히 드 뗄레폰 뽀흐따블르?

계속 벨소리가 울려요. 전화 좀 받아요!

Un téléphone n'arrête pas de sonner. Répondez-y !
엉 뗄레폰 나헤뜨 빠 드 쏘네. 헤뽕데지!

Unité 4 **기타 기기** MP3. C12_U04

디지털카메라

혹시 디지털카메라 갖고 있어요?

Est-ce que vous avez un appareil photo numérique ?
에스끄 부 자베 어 나빠헤이 포또 뉘메히끄?

이 디지털카메라는 새로운 기능이 많아요.

Cet appareil photo numérique a beaucoup de nouvelles fonctions.
쎄 따빠헤이 포또 뉘메히끄 아 보꾸 드 누벨 퐁씨옹

사진을 찍은 후 사진 파일을 바로 컴퓨터로 전송할 수 있어요.

Une fois la photo prise, il est possible de directement envoyer le fichier vers un ordinateur.
윈 푸아 라 포또 프히즈, 일 레 뽀씨블르 드 디헥뜨멍 엉부아이예 르 피쉬에 베흐 어 노흐디나뙤

당신 디지털카메라는 화소가 얼마인가요?

Combien de pixel a votre appareil photo numérique ?
꽁비엉 드 삑셀 아 보트흐 아빠헤이 포또 뉘메히끄?

그건 전문가들이 주로 쓰는 디지털카메라예요.

C'est un appareil photo numérique généralement utilisé par les professionnels.
쎄 떠 나빠헤이 포또 뉘메히끄 제네할멍 위띨리제 빠흐 레 프호페씨오넬

디지털카메라는 어느 회사 제품이 좋은가요?

Quelle est la meilleure marque d'appareil photo numérique ?
껠 레 라 메이외흐 마흐끄 다빠헤이 포또 뉘메히끄?

노트북

\# 노트북을 하나 샀어요.

J'ai acheté un ordinateur portable.
줴 아슈떼 어 노흐디나뙤 뽀흐따블르

\# 이 노트북은 최신 모델이에요.

Cet ordinateur portable est le dernier modèle.
쎄 또흐디나뙤 뽀흐따블르 에 르 데흐니에 모댈

\# 이 노트북은 데스크탑 못지않은 기능을 지녔어요.

Cet ordinateur portable a les mêmes fonctions qu'un ordinateur de bureau.
쎄 또흐디나뙤 뽀흐따블르 아 레 멤 퐁씨옹 꺼 노흐디나뙤 드 뷔호

\# 그 노트북은 얼마에 샀어요?

À combien avez-vous acheté cet ordinateur portable ?
아 꽁비엉 아베부 아슈떼 쎄 또흐디나뙤 뽀흐따블르?

\# 화면이 더 큰 노트북이 필요해요.

J'ai besoin d'un ordinateur portable avec un plus grand écran.
줴 브주앙 더 노흐디나뙤 뽀흐따블르 아베끄 엉 쁠뤼 그항 떼크항

\# 지금 갖고 있는 노트북은 너무 오래됐어요.

L'ordinateur portable que j'ai maintenant est trop vieux.
로흐디나뙤 뽀흐따블르 끄 줴 맹뜨낭 에 트호 비으

\# 좀 더 가벼운 노트북을 사고 싶어요.

Je voudrais acheter un ordinateur portable un peu plus léger.
즈 부드헤 자슈떼 어 노흐디나뙤 뽀흐따블르 엉 쁘 쁠뤼 레제

태블릿 PC

\# 전 노트북 대신 태블릿 PC를 샀어요.

J'ai acheté une tablette PC au lieu d'un ordinateur portable.
줴 아슈떼 윈 따블렛뜨 뻬쎄 오 리으 더 노흐디나뙤 뽀흐따블르

\# 최근에 출시된 아이패드를 샀어요.

J'ai acheté la version d'iPad la plus récente.
줴 아슈떼 라 베흐씨옹 다이빼드 라 쁠뤼 헤썽뜨

\# 저렴한 태블릿 PC도 쓸 만해요.

Les tablettes PC de prix raisonnables ne sont pas mal.
레 따블렛뜨 뻬쎄 드 프히 헤조나블르 느 쏭 빠 말

\# 출장을 자주 다녀서 태블릿 PC가 꼭 필요해요.

Comme je vais souvent en voyage d'affaires, j'ai absolument besoin d'une tablette PC.
꼼 즈 베 쑤벙 엉 부아이야즈 다페흐, 줴 압쏠뤼멍 브주앙 뒨 따블렛뜨 뻬쎄

\# 태블릿 PC를 살 때는 여러 제품들을 비교해 보세요.

Lorsque vous voulez achetez une tablette PC, il vous faut comparer plusieurs produits.
로흐스끄 부 불레 자슈떼 윈 따블렛뜨 뻬쎄, 일 부 포 꽁빠헤 쁠뤼지외 프호뒤